스토리텔링성경 5

스토리텔링 성경

사도행전

스토리텔링 성경

5 사도행전: 십자가 복음 들고 땅끝까지

2024년 10월 31일 초판 2쇄 발행

지은이 김영진, 강정훈, 천종수
발행처 (유) 성서원
일러스트 김천정
교정·교열 유영일
출판등록 1997년 7월 8일 (제300-1997-79호)
창업일 1972년 2월 1일
주 소 경기도 고양시 덕양구 덕은로 60-12 우) 10541

전 화 (02)765-0011~17
팩 스 (02)743-6811
성서원 홈페이지 www.biblehouse.co.kr
페이스북 · E-mail saebut-9106@hanmail.net

ISBN 978-89-360-2746-9 03230

스토리텔링성경 • 신약

5

성경 전 장章을 이야기로 풀어 쓴

스토리텔링 성경

지은이
김영진 강정훈 천종수

사도행전

십자가 복음 들고 땅끝까지

성서원

차례

사도행전

십자가 복음 들고 땅끝까지

인류의 죄를 대신 짊어지고
십자가에서 돌아가신 예수 그리스도는
무덤에서 부활하신 후 제자들에게
복음을 전도하라며 승천하시네

오순절 마가의 다락방에 모인 제자들은
성령 충만의 놀라운 권능을 받고는
예루살렘과 유대와 사마리아와
땅끝까지 이르러 복음을 증거하네

놀라운 권능을 받고 일어선 제자들은
회오리 같은 성령의 불길에 휩싸여
십자가 복음을 들고 주의 증인이 되니
성령의 뜨거운 불길이 활활 타오르네

주의 명령에 따라 퍼지는 십자가 복음
사도들의 피땀 어린 전도 여행으로
복음의 터전 위에 교회가 세워지고
온 땅에 성령의 불길이 널리 퍼지네

1

내 증인이 되어라

예수는 부활 후 40일을 이 땅에 머물며
성령을 보내겠다고 약속하시네
예루살렘과 유대와 사마리아와
땅끝까지 내 증인이 되라 하시네

서막

불, 그것은 불과 같았다. 마른 들판에 급속도로 번져나가는 불. 예루살렘 성읍 안에 있는 마가의 다락방에서 시작된 불씨가 그렇게 거대한 불길로 번질 줄은 누구도 예상하지 못했다. 예루살렘에서 출발하여 전 세계를 태워나간 그 불은 그냥 불이 아니라 거룩한 불이었다. 그래서 사람들은 그 불을 '성령의 불'이라 불렀다.

예루살렘에서 시작된 성령의 불을 맞은 사람들은 뜨거운 변화를 체험하고 신앙 공동체로 모여 그 불을 더욱더 크게 키웠다. 그들 하나하나는 불이 활활 붙어 타오르는 장작개비였고, 각자가 다른 이들에게 불쏘시개 역할을 했다. 그렇게 예수님의 부활 승천 이후에 주후 1세기의 초대교회는 거룩한 불덩이로 시작되었다.

하지만 의사 출신인 누가가 초대교회에 요원의 불길처럼 일고 있는 성령의 불을 기록하지 않았다면, 세상을 태우고 있는 불의 출발점조차

깜깜이 역사로 남겨졌을 것이다. 다행히도 사도 바울의 동역자인 누가가 성령의 역사를 기록하였다. 아시다시피 의사 누가는 사복음서 중의 하나인 '누가복음'의 저자이다.

사도 바울이 가이사(로마 황제)에게 재판을 받기 위해 기다리고 있을 당시였다. 유대의 종교 지도자들이 바울을 율법 파괴자로 규정하면서 그가 백성들을 선동하여 유대 사회를 혼란하게 만든 자라고 로마 당국에 고발했기 때문에, 가이사의 판결을 받기 위해 로마 근교의 한 셋집에서 가택연금의 상태로 대기하게 되었다. 그런데 그 세월이 기약 없이 길어져 바울이 로마에 도착한 지 어언 2년이 다 되어가고 있었다.

'바울 선생님의 재판을 기다리며 마냥 시간을 보낼 게 아니라, 뭔가 의미 있는 일을 해야겠다. 그래! 예수님의 부활과 승천 이후에 사도들에게 일어난 일들과 특히 바울 선생님과 함께 두루두루 전도여행 다닌 일들을 잘 정리하여 책으로 써야겠구나. 책을 다 쓰고 나면, 저번에 그랬던 것처럼 데오빌로 각하에게 보내야겠다.'

때는 주후 63년경, 누가(Luke)는 책을 쓰려고 다시금 펜을 들었다. 그는 앞서 수개월 전에 '누가복음'을 써서 데오빌로 각하에게 보낸 적이 있었다. '데오빌로'는 '하나님의 사랑을 받는 자'란 뜻을 지닌 이름인데, 그는 기독교로 개종한 이방인으로서 로마의 고위 공직자였다. 누가가 '누가복음'에 이어 이번에 쓰려고 하는 '사도행전' 역시 그에게 보내려고 하는 까닭은, 그가 모든 이방인을 대표한다고 여겼기 때문이다.

누가는 '데오빌로'라는 인물로 대표되는 모든 이방인에게 예수 그리스도의 십자가와 부활을 증언하기 위해, 그리고 성령의 역사로 말미암는 교회의 탄생을 비롯하여 사도들의 활약으로 그리스도의 십자가 복음이 예루살렘으로부터 시작하여 유대와 사마리아를 거쳐 로마제국 전역으로 뻗어나가는 과정을 보여주기 위해 이 책을 쓰려고 마음먹은 것이다.

누가는 로마 외곽의 어느 셋집에 가택연금 된 바울 선생님을 도우면서 이 책을 썼다. 누가는 지난날 바울 선생님을 도와 전도여행을 함께 다니면서 생생하게 직접 체험한 일들은 물론 다른 사도들과 동역자들을 통해 전해들은 내용들도 잘 정리하고자 했다. 말하자면 사도 바울의 동역자로 활동한 누가는 자신의 전도 여행기를 기초로 사도행전을 쓴 것이다.

사도행전은 복음서에 그 뿌리를 두고 있으며 서신서의 배경을 이루고 있다. 또한 이 책은 '성령행전'이라 불릴 만큼 성경의 다른 어느 책보다도 성령의 사역이 생생하게 부각된다. 누가의 객관성 있는 기록과 탁월한 문체가 돋보이는 사도행전에는, 의원으로서의 의학적인 전문용어가 여러 곳에 나타나고 있는 것을 발견할 수 있다.

요약하자면, 사도행전은 예수님의 지상(至上) 대명령 곧 "모든 족속으로 제자를 삼아 아버지와 아들과 성령의 이름으로 세례를 베풀고, 내가 너희에게 분부한 모든 것을 가르쳐 지키게 하라!"는 선교의 명령을 좇아, 예수님의 제자들이 그리스도의 십자가 복음을 들고 모든 나라, 모든 민족, 모든 백성에게로 담대하게 찾아가 힘차게 그 복음을 전파한 사실을 기록한 역사서다.

신약성경 중 유일한 역사서인 이 책은 앞에 있는 복음서와 뒤에 놓인 서신서를 잇는 가교로서 오순절에 이 땅에 임한 성령의 능력으로 말미암아, 그리고 베드로와 바울의 전도 활동을 중심으로, 예수 그리스도의 십자가 복음이 예루살렘에서 시작하여 유대와 사마리아를 거쳐 로마제국 전역과 땅 끝까지 퍼져나가고 있는 사실을 생생하고 박진감 있게 묘사하고 있다.

예수께서 사도들에게 성령 세례를 약속하시다 (1:1-5)

『데오빌로 각하, 저 누가는 앞서 쓴 책 누가복음에서 예수께서 행하시고 가르치신 모든 것에 관한 일, 곧 예수께서 친히 택하신 사도들에게 성령을 통하여 가르침을 주신 후에 하늘로 들려 올라가신 날까지의 일에 관하여 말씀드렸습니다. 과연 예수께서는 십자가 고난을 받으신 후에 부활의 몸으로 사도들에게 몸소 여러 차례 나타나셔서 자신이 살아 계시다는 확실한 증거를 여러모로 보여주셨습니다.
부활 후에 예수께서는 40일 동안 제자들에게 나타나셔서 자신의 부활을 알리시며 하나님 나라에 관해 말씀해 주셨습니다. 그러므로 이제 제가 앞서 써 보낸 누가복음에 이어, 그 이후의 일들에 관해 사실대로 기록하여 각하께 써 보내오니 부디 잘 살펴주시기 바랍니다.』

사도행전이 누가복음의 속편 격임을 알 수 있다. 그러니까 누가가 기록한 2부작의 전편인 '누가복음'은 예수님의 탄생과 공생애 3년과 부활과 승천까지의 기록이라면, 후편인 '사도행전'은 예수님의 승천 이후에 예수님의 분부대로 사도들이 십자가 복음을 들고 세상으로 나아가 그 복음을 모든 사람들에게 널리 전파하는 일에 관한 전도의 기록인 셈이다.

누가가 이 편지를 데오빌로 각하 개인에게 써 보낸 것은 사실이지만, 그 수신자는 어디까지나 데오빌로 개인에게 국한되는 것이 아니라 로마의 고위 공직자인 '데오빌로'로 대표되는 모든 이방인을 대상으로 삼은 것이다.

한편, 예수님은 부활 후에 곧바로 승천하지 않으시고 부활의 신령한 몸으로 지상에 40일 동안 머무시면서 많은 이들에게 자신의 부활을 확신시켜 주시면서 하나님 나라에 관한 진리를 가르치셨다. 성경의 기록을 종합하면 부활하신 예수님이 승천하시기 직전까지 자신의 부활의 몸을 나타내 보인 사람들은 그 시간 순서대로 이러하다.

① 무덤에서 막달라 마리아 ② 다른 신실한 여인들(야고보의 어머니 마리아 곧 살로메, 요안나, 그리고 익명의 여인들) ③ 베드로 ④ 엠마오

도상에서 두 제자 ⑤ 다락방에서 도마를 제외한 열 제자 ⑥ 다락방에서 도마를 포함한 열한 제자 ⑦ 갈릴리 바닷가에서 고기를 잡고 있던 일곱 제자 ⑧ 갈릴리의 어느 산(다볼산?)에서 열한 제자 ⑨ 500여 명의 신자들 ⑩ 예수님의 동생 야고보 ⑪ 감람산에서 승천할 때 열한 제자.

무덤에서 부활하신 예수님은 왜 속히 승천하지 않으시고 지상에 40일이나 그대로 머무셨을까? 분명 예수님은 십자가 위에서 "다 이루었다!"라는 말로써 인류구원에 필요한 대가를 완벽하게 치렀다고 선언하셨다. 그런데도 40일 동안이나 지상에 남아 계셨던 것은 순전히 제자들을 위한 배려에서였다. 예수님은 부활로 말미암아 영광의 자리에 이르렀지만 당시 제자들은 완전히 무너진 상태였다. 그런 제자들을 지상에 그대로 두고 훌쩍 하늘로 떠난다면 제자들은 어찌 될까? 위대한 복음의 증인이 되어 신자들을 이끄는 사도 노릇은커녕, 제 스스로 십자가 복음을 올바르게 믿는 신자노릇도 제대로 못할 판이었다.

때에 제자들은 위기에 처한 스승님을 배신했다는 생각에 수치감과 후회감에 휩싸여 몸과 마음이 완전히 지쳐 있었다. 그래서 예수님은 부활 이후에 40일 동안 지상에 머물면서 오직 제자들만을 위해 시간을 보냈고, 그들 하나하나를 치유하는 데 심혈을 기울였다. 그리하여 제자들이 어느 정도 마음을 추스르고 십자가 복음에 대한 확신이 생겼다고 여겨질 때쯤, 예수님은 제자들에게 당부하신다.

"나의 사랑하는 제자들아, 너희는 예루살렘을 떠나지 말라. 너희는 예루살렘에 머물면서 내가 너희에게 이미 말한 적 있는바 나의 아버지께서 약속하신 선물을 기다려라. 세례 요한은 물로 세례를 주었지만, 이제 얼마 안 있으면 너희가 성령으로 세례를 받게 될 것이다."

부활하신 예수님이 지상에 머물고 계시던 어느 날, 예수께서 자신의 열한 사도들과 함께 식사를 하시던 중에 분부하신 말씀이다(본래는 열두 사도였지만, 그들 중 하나인 가룟 유다는 예수님을 배반함으로써 사도의 반열에서 탈락하였다).

그러니까 사도들이 다른 데 가지 않고 예루살렘에 머물고 있으면, 예수님이 승천하신 후에 얼마 지나지 않아 아버지께서 약속하신 선물 곧 '성령'을 보내주실 것이란 말씀이다. 그러면 사도들은 세례 요한이 이전에 사람들에게 베푼 '물세례'와는 완전히 차원이 다른 '성령 세례'를 받게 될 것이라는 말씀이다.

'물세례'는 복음을 듣고 회개함으로써 이제는 신자가 되었다는 사실을 물로써 씻는 세례의식이나 물속에 몸을 푹 잠그는 침례의식을 통해 자신의 신앙을 고백하는 일종의 외적인 종교의식이다. 반면 '성령 세례'는 성령의 사역으로 말미암아 참된 마음의 회개와 내적인 변화가 일어나는 현상이다. 따라서 물세례가 아니라, 성령 세례를 받아야만 성령에 의해 구원을 보장받을 수 있다.

예수님은 바로 이 같은 성령 세례를 약속하셨는데, 과연 예수님이 승천하신 이후로 대략 열흘 만인 오순절에 불 같은 형태로 성령 세례가 제자들에게 뜨겁게 임하게 된다.

예수께서 승천하시다 (1:6-11)

"주님, 주님께서 이스라엘을 회복시켜 주실 때가 바로 지금입니까?"

부활하신 예수님이 지상에 머문 지 40일째 되던 날, 제자들이 예루살렘 동편에 있는 올리브산(감람산)에 다 함께 모여 있었을 때였다. 예수님이 다시 그들에게 나타나셨고, 그때 제자들이 예수님께 물었다.

제자들은 부활하신 예수님을 이전에도 몇 차례 뵌 적이 있지만 그날따라 분위기가 뭔지 모르게 달랐다. 예수님의 모습은 무척 비장하셨고,

이제 곧 뭔가 놀라운 일을 하실 듯한 분위기였다. 그래서 제자들은 부활하신 예수께서 이스라엘을 로마의 압제에서 해방시켜 주실 때가 마침내 이른 줄 알고 사뭇 진지한 표정으로 질문한 것이다.

참으로 안타깝게도, 제자들은 아직까지도 장차 회복될 주님의 나라를 영원한 하늘나라로 인식하지 못하고 이스라엘의 정치적인 해방으로 이해하고 있었다. 그들은 예수님의 공생애 기간 중에도 예수님을 정치적인 메시아로 오해하곤 했는데, 이때까지도 별반 달라진 게 없었다. 제자들의 어리석은 질문에 예수께서 답변하신다.

"이스라엘의 회복이라…? 그때가 언제인가는 오직 하늘 아버지께서 그분의 권한으로 정해 두셨으니 너희가 알 바 아니다."

"네엣? 우리가 알 바 아니라고요?"

제자들은 예수님의 냉정한 답변에 적이 실망하고 당황한 표정을 지었다. 그런 제자들을 향해 예수께서 용기를 잃지 말고 힘을 내란 듯 확신 있게 말씀하신다.

"그러나 이제 곧 성령이 너희에게 임하시면, 너희는 권능을 받게 될 것이다. 그러면 너희는 예루살렘에서, 유대와 사마리아 전 지역에서, 그리고 땅끝까지 나의 증인이 될 것이다."

예수님의 지상 대명령인 복음 전파의 가장 핵심적인 요소는 무엇보다 먼저 전도자가 성령의 권능을 덧입어야 한다는 사실을 보여준다. 그리하여 '성령의 권능'은 사도들의 전도 행적을 기록한 사도행전 전체를 통해 핵심적인 주제로 부각되고 있다.

그렇다면 왜 복음 전파가 예루살렘에서부터 시작되는 것일까? 복음 전파는 사람의 힘에 의해서가 아니라 오직 성령의 능력으로 이루어져야 하는데, 승천하실 때 예수님이 보내주시기로 약속한 그 성령이 '예루살렘'에 임할 것이기 때문이다. 실제로 성령은 오순절에 예루살렘의 한 다락방에 모인 제자들에게 강력하게 임했고, 그리하여 성령을 받은 제자들에 의해 마치 물결이 사방으로 퍼져나가듯 복음의 물결이 예루살렘에서부터 시작되어 온 유대와 사마리아를 거쳐 땅끝까지 퍼져나갔다.

또한 '예루살렘부터 유대와 사마리아를 거쳐 땅끝까지'라는 표현은 복음이 가까운 데서부터 점차 먼 곳으로 점진적으로 전파되어야 함을 보여준다. 특히 '땅끝까지'라는 말은, 일차적으로는 복음 전파의 지역에는 경계가 있을 수 없다는 공간적인 영역을 설정해 준다. 뿐만 아니라 이차적으로는 전도의 대상에는 나라, 민족, 신분, 성별, 빈부 등의 구분이나 차별이 있어서는 안 된다는 사실을 교훈한다.

"아, 아앗! 주, 주님이…. 아, 주님!"

땅끝까지 이르러 내 증인이 되라는 말씀을 하신 후, 예수님은 제자들이 지켜보는 가운데 하늘로 천천히 들려 올라가셨다. 그러더니 이내 구름에 휩싸여 제자들의 시야에서 사라져 더는 보이지 않았다. 예수님과 관련된 주요 5대 사건(탄생, 십자가 죽음, 부활, 승천, 재림) 가운데 네 번째에 해당하는 승천의 장면이다. 이제 예수님에게 마지막 남아있는 큰 사건은 '재림'뿐이다.

이로써 사람의 몸을 입으시고 이 땅에 임하신 예수님은 33년 동안의 지상 생애를 온전히 마감하시고 다시 본래의 영광스러운 자리로 돌아가셨다. 이때는 예수께서 무덤에서 부활하신 지 40일째 되는 날이었다(주후 30년, 4월 말쯤).

제자들이 지켜보는 가운데 하늘로 올라가신 예수님

"오, 주님! 오, 주

여!"

제자들은 넋을 놓은 채 예수께서 승천하시는 모습을 바라보고만 있었다. 예수님의 모습이 구름에 휩싸여 더는 보이지 않는데도 하늘만 멍하니 쳐다보고 있었다. 엄마 잃은 아이의 모습과 같았다.

바로 그때였다! 예수님이 사라진 하늘에서 구름 사이로 갑자기 흰옷 입은 두 천사가 나타나더니, 제자들에게로 다가와 그들에게 말한다.

"갈릴리 사람들아, 너희가 어찌하여 여기 서서 하늘만 계속 쳐다보고 있느냐? 너희를 떠나 하늘로 올라가신 예수께서는 너희가 지금 하늘로 올라가신 것을 본 것과 똑같은 방식으로 다시 내려오실 것이다."

예수님의 주요 5대 사건(탄생, 십자가 죽음, 부활, 승천, 재림) 중에서 맨 마지막에 실현될 '재림'에 관한 언급이다. 예수님의 초림(탄생)은 인류의 구원을 위한 것이지만, 예수님의 재림은 불신자에 대한 심판과 믿는 자들의 영생을 위한 것이다.

여기 두 천사의 말을 통해 알 수 있는 것은, 승천 때 제자들이 예수께서 승천하시는 모습을 본 것처럼 재림 때에도 사람들이 예수님의 모습을 볼 수 있는 가시적(可視的) 형태로 오실 것이라는 사실이다. 성경은 예수님의 재림과 관련하여, 그 광경이 아주 극적일 뿐만 아니라 사람들이 그 시기를 아주 예상하기 어려울 것이라고 가르치고 있다.

[재림의 극적인 광경] "주께서 큰 호령과 천사장의 소리와 하나님의 나팔소리와 함께 친히 하늘로부터 내려오실 터인데, 그때에 그리스도 안에서 이미 죽은 자들이 먼저 일어나고, 그런 다음에 아직 살아남아 있는 우리가 그들과 함께 구름 가운데로 이끌려 올라가 공중에서 주님을 만나게 될 것입니다. 그리하여 우리는 영원히 주님과 함께 있을 것입니다" (살전 4:16-17).

[재림의 시기] "주의 재림의 날은 마치 밤중에 도둑이 오는 것처럼 그렇게 올 것입니다. 사람들이 '평안하다, 안전하다'하고 말하면서 마음 놓고 지내고 있을 때, 마치 아이 밴 여인에게 해산의 진통이 오는 것처럼 큰 재난의 순간이 갑자기 닥칠 것인데, 사람들은 결코 그것을 피하지 못할 것입니다. 그러나 형제들이여, 여러분은 어둠 속에 있지 않기 때문에 여러분에게는 그날이 도둑처럼 갑자기 닥치지는 않을 것입니다"(살전 5:2-4).

하늘은 구름 한 점 없이 맑았다. 조금 전에 보았던 구름은 어느새 사라지고 없었다.

'아, 우리가 무엇을 보았던가? 꿈이라도 꾼 것 같구나.'

제자들은 저마다 깊은 생각에 잠겼다. 그들이 목격한 것은 꿈도 환영도 아니었다. 열 명 이상의 사람들이 동시에 같은 꿈을 꿀 수도 없고 동시에 같은 환영을 볼 수도 없는 것이다. 제자들이 목격한 모든 것은 사실이었다. 사실은 시간이 흐르면 역사가 된다. 그렇다. 예수님의 승천은 엄연한 사실에 바탕을 둔 실제의 역사였다! 제자들은 지금 주후 1세기에 올리브산에서 일어난 역사의 무대 위에 서 있는 것이다. 그들은 예수님의 부활의 증인일 뿐 아니라 승천의 증인이었다.

배반자 가룟 유다를 대신하여 맛디아를 사도로 뽑다 (1:12-26)

"여보게들, 이제 그만 산에서 내려가도록 하세! 우리 주님은 우리를 떠나 영영 하늘나라로 돌아가신 것 같네."

"그런 것 같구먼! 그러세, 그만 내려가세. 일단은 주님의 말씀대로 예루살렘에 머물도록 하세나."

예수님이 승천하신 올리브산은 예루살렘에서 동쪽으로 대략 1km 떨어진 거리에 위치한다. 올리브산은 예루살렘에서 가까워서 안식일에

도 걸어 다닐 수 있는 거리였다. 미쉬나(Mishnah, 유대교 랍비들의 구전을 집대성한 책)에 따르면, 안식일에 걸어갈 수 있는 최대 거리는 2천 규빗이다(1규빗이 대략 45.6cm이므로, 2천 규빗은 대략 912m).

예루살렘으로 돌아온 제자들은 자신들이 묵고 있었던 '다락방'으로 올라갔다. 이 다락방은 제자들에게 아주 익숙한 장소로, 예수님과 함께 유월절 최후 만찬을 가졌던 마가(Mark)의 다락방이다. 마가의 어머니 마리아의 집으로 보이며, 큰 주택의 2층 방이다.

예수님의 승천 이후, 이 다락방은 예수님을 따르던 제자들과 신자들이 상시적으로 기도 모임을 갖는 장소로 사용되었다. 그러다가 오순절에 이곳에 모여 기도하던 무리들에게 성령님이 임하셨고, 이후로 이곳은 예루살렘 교회의 요람과 모체가 되었다. 아무튼 마가의 다락방은 후일 빌립보의 루디아 집, 에베소의 아굴라 부부의 집 등과 함께 가정교회의 모범이 된다.

"주께서 우리더러 예루살렘에 계속 머물고 있으라고 하셨으니, 무슨 별도의 지시가 내려질 때까지 이곳에 있도록 하세나."

예수님의 지시에 따라 제자들은 예루살렘 성읍 내의 마가 다락방에 모여 있었다. 자살로 이미 생을 마감한 배반자 가룟 유다를 제외한 열한 제자가 전부 모였다. 그들 열한 제자들의 면면은 이러하다.

'시몬' 혹은 '게바'로도 불리는 수석 제자 베드로, 세베대의 아들로서 예수님께 가장 많은 사랑을 받은 요한, 세베대의 아들로서 요한의 친형인 야고보, 베드로의 친동생인 안드레, 나다나엘을 예수님께로 인도한 빌립, 일명 '디두모'로도 불리는 도마, 일명 '나다나엘'로도 불리는 바돌로매, 가버나움 지역의 세리였던 마태복음의 저자 마태, 알패오의 아들인 야고보, 열심당원인 시몬, 그리고 일명 '다대오'로도 불리는 야고보의 아들 유다.

열한 제자들은 항상 마가의 다락방에 함께 모여 한마음 한뜻으로 계속 기도하기를 힘썼다. 이때 그곳 다락방에는 열한 제자들만 있었던 게 아니라, 예수님의 형제들(야고보, 요셉, 유다, 시몬)과 예수님의 어머니(마리아)를 비롯한 몇몇 신실한 여자들도 매일 함께 했다. 예수님을 따랐던 신실한 자들이 그렇게 다 함께 다락방에 모여 기도에 힘쓰며 지내던 어느 날, 대략 120명 정도의 사람들이 모여 있을 때, 베드로가 그들 가운데 일어나서 말한다. 언제 기회를 보아 말하려고 별렀던 일을 마침내 열한 제자를 대표해서 말한 것이다.

"형제 여러분, 무법한 폭도들에게 우리 주님을 팔아넘긴 가룟 유다에 관해서는 다윗의 입을 통해 성경에 오래전에 성령께서 말씀하신 내용으로, 그대로 성취되었습니다. 가룟 유다는 우리와 똑같이 주님에게서 사도로 선택받은 자였고, 그래서 우리의 동료였습니다."

'흐흠, 그랬었지…. 아, 가룟 유다….'

베드로의 말을 듣는 사람들의 표정이 일순간 모두 일그러졌다. 자살로 생을 마감한 배반자 가룟 유다가 기억 속에 떠올랐기 때문이다. 모두가 씁쓸하고 착잡한 심정이었다.

"그런데 그 사람은 자신의 악한 행동에 대한 대가를 받아 그 돈으로 밭을 샀다가, 결국 그 밭에 거꾸로 떨어져 배가 터지고 창자가 밖으로 쏟아져 나와 죽고 말았습니다."

가룟 유다의 죽음은 비참했다. 마태와 누가는 배반자 가룟 유다의 끔찍한 죽음에 관해 기록했다. 마태는 그가 목을 매달아 죽었다고 기록했고, 누가는 몸이 곤두박질하여 배가 터져 창자가 다 흘러나와 죽었다고 기록했다. 둘의 기록을 종합하면 이렇다. 양심의 가책을 견디지 못한 가룟 유다는 분명 높은 나뭇가지에 밧줄로 자기 목을 매달았고, 그때 줄이 끊어졌거나 나뭇가지가 부러지는 바람에 높은 데서 떨어져 땅이나 바위에 세게 곤두박질하는 통에 주요 장기가 다 터져서 처참하게 죽음에 이르렀던 것이다.

"이 같은 가룟 유다의 비극적인 죽음에 관한 소식은 예루살렘에 사는 모든 사람들에게 알려졌습니다. 그래서 사람들은 그 밭을 자기들의 말로 '아겔다마'라고 불렀는데, 그 말은 '피의 밭'(가룟 유다의 피로 더럽혀진 밭이란 뜻. 이후 이 밭은 객사한 이방 나그네들의 묘지가 됨)이란 뜻입니다. 그런데 이런 사실은 오래전에 다윗이 시편에서 예언한 그대로 된 것입니다. 다윗은 시편에서 이렇게 예언했습니다."

"그의 거처를 폐허가 되게 하시고, 아무도 거기에 살지 못하게 하소서"(시 69:25).
"그가 맡았던 직분을 다른 사람이 차지하게 하소서"(시 109:8).

"그러므로 여러분, 가룟 유다 대신 사도의 직분을 맡을 사람을 새로 뽑아야 할 것입니다!"

"베드로 사도님, 그렇다면 누구를 새로 뽑으면 좋겠습니까?"

"사도의 직분을 아무에게나 맡길 순 없습니다. 자격 있는 사람을 뽑아야 합니다. 우리 주 예수님께서 생전에 우리와 함께 다니시던 동안에, 다시 말해 주님이 세례 요한에게서 세례를 받으신 때로부터 우리를 떠나 하늘로 올라가신 날까지의 동안에, 항상 우리와 함께 다닌 사람들 가운데서 한 명을 새로 뽑아야 합니다. 가룟 유다 대신에 그를 뽑아 사도의 직분을 맡긴 후에 그로 하여금 우리와 함께 부활의 증인이 되게 해야 합니다."

성경에서 '사도'와 '제자'는 다른 개념이다. 제자는 예수님을 믿고 따르는 모든 사람을 일반적으로 일컬어 부르는 말이지만, 사도(使徒)는 '보냄 받은 자'란 뜻으로 초대교회의 상황 하에서 복음 전파를 위해 예수님께 직접 선택되어 보냄 받은 자를 가리킨다.

누구든지 예수님을 믿고 따르면 '제자'로 불릴 수 있지만, '사도'로 불리는 데는 일정한 자격이 필요했다. 사도는 생전의 주님을 직접 보고 따른 자로서, 부활의 주님을 목격함으로써 예수님의 증인이 될 수 있는 자라야 했다.

예수님께 선택받아 세움 받은 열두 제자는 특별히 '12사도'로 불렸는데, 이제 그들 중 예수님을 배반한 가롯 유다가 탈락되었으므로, 그를 대신하여 다른 사람을 새로 뽑아 '사도'로 세워야 했다. 그런데 훗날 바울이 특별히 '사도'로 인정받게 된 것은, 생전에 주님을 직접 보고 따른 자가 아니었지만, 다마스쿠스 도상에서 부활의 주님을 직접 체험하고 예수께로부터 복음 전파의 사명자로 직접 위임되었기 때문이다.

"여러분, 그러므로 내가 말한 자격을 갖춘 자들 가운데서 사도의 직분을 맡기에 적합한 사람을 추천해 주십시오."

"저는 요셉을 추천하는 바입니다."

"저는 맛디아를 추천합니다."

다락방에 모인 120명가량의 신자들은 각자 마음에 있는 사람들을 말했고, 그들 중에서 최종적으로 두 사람이 사도의 후보로 추천되었다. 그 두 사람 중 한 명은 '바사바' 또는 로마식 이름으로는 '유스도'라 불리는 '요셉'이었고, 다른 한 명은 '맛디아'였다.

"자, 두 사람은 앞으로 나와 주세요."

열한 사도들은 두 사람을 모든 사람들 앞에 세워놓고 기도하였다.

"모든 사람의 마음을 헤아리시는 주님, 이 두 사람 가운데 누구를 사도로 택하여 이전에 가롯 유다가 맡았던 그 직분을 새로이 맡겨야 할지 저희에게 알려주십시오."

기도를 마친 후, 사도들은 두 사람을 놓고 제비를 뽑았다. 유대인들은 오랜 세월에 걸쳐 '제비뽑기'의 방식이 하나님의 뜻과 부합된다고 믿었다. 실제로 구약시대에 하나님은 제비뽑기의 방식을 장려하셨고, 그 방식을 통해 자신의 뜻을 나타내셨다. 이때 사도들이 행한 제비뽑기는

사도 맛디아 (루벤스 작)

성경에 나타난 제비뽑기의 마지막 사례이다. 이후로 성령 강림과 더불어 하나님은 성령의 감화 감동을 통해 자기 백성들과 보다 직접적으로 교제를 나누셨다.

"오, 맛디아!"

사도들이 제비를 뽑으니 '맛디아'의 이름이 나왔다. 그래서 사도들은 맛디아에게 안수했다. 구약시대에 안수는 다른 사람을 축복할 때, 사람의 죄를 짐승에게 전가할 때, 책임을 맡길 때 등에 사용되었다. 신약시대에서는 치유, 축복, 직분을 임명하거나 위임할 때 등에 머리에 손을 얹어 안수하였다.

이후로 맛디아는 가룟 유다 대신에 다른 열한 사도와 함께 사도의 직분을 감당하게 되었다. '맛디아'란 이름의 뜻은 '여호와의 선물'인데, 초대교회의 전승에 의하면 사도로 세움 받은 후 그는 에티오피아 지역으로 가서 그곳 사람들에게 부지런히 복음을 전하다가 유대 지방에서 순교했다고 한다.

2

오순절 성령 강림

오순절에 신자들이 한 자리에 모이자
집 안에 강한 바람소리가 가득 차네
불길 같은 성령이 각자에게 임하자
모두 각 나라 말로 방언하네

오순절의 성령 강림 사건(2:1-13)

오순절이 되었다. 유대 사회에서 오순절은 아주 큰 절기다. '칠칠절' 또는 '맥추절'로도 불리는 오순절은 유월절(무교절) 및 초막절(장막절, 수장절)과 더불어 이스라엘의 주요 3대 절기 가운데 하나다.

오순절을 가리키는 헬라어 '펜테코스테'는 '50일째 되는 날'이란 뜻으로, 유월절 후 첫 안식일의 다음날(일요일)부터 산술하여 7주(칠칠)째가 되는 안식일 다음날, 곧 50일째 되는 날이었다. 일주일 동안 준수한 다른 두 절기(무교절, 초막절)와는 달리 오순절은 단 하루만 지키는 절기였는데, 이 날에는 예물을 하나님께 드리고 다 함께 성전 집회에 참석하여 절기를 지냈다.

오순절을 맞아 예루살렘은 들썩거렸다. 해발 800m가량의 예루살렘에는 세계 각처에서 몰려온 유대인 순례자들로 붐볐다. 순례자들은 아는 얼굴을 만나면 반갑다고 인사했고, 더러는 시편을 암송하면서 성전으로 올라갔다. 산등성이에 위치한 성전은 가팔랐다. 허약자나 노인이나 여자나 어린이들이 올라가기에는 쉽지 않았다. 그러나 모두가 성전 예배에 대한 열정으로 잰걸음이었다.

예수님은 유월절 전날에 십자가에 못 박혀 죽으시고, 그날 해지기 전에 무덤에 장사되었다. 그리고 무덤에 장사된 지 사흘째 되는 날인 안식일의 다음날(일요일)에 부활하시어 이후로 40일 동안 지상에 머무시면서 여러 차례 부활의 몸을 제자들에게 나타내 보이셨다. 그런 뒤 부활 이후 40일째 되던 날에 올리브산에서 하늘로 들려 올라가셨다.

예수님이 승천하신 지 열흘이 지나 맞이한 오순절, 제자들은 평소처럼 예루살렘 성읍 내의 한 다락방에 모두 모여 있었다. 그리고 늘 하던 대로 주님 안에서 서로를 위로하고 격려하는 말로 따뜻한 교제를 나누면서 마음과 뜻을 모아 열심히 기도하고 있었다. 바로 그때였다!

"휘이익 휙 휘익 쏴 쏴아."

처음에는 뜨거운 사막 열풍이 불어오는 줄 알았다. 조금 덥다 싶었다. 그러나 제자들은 기도를 멈추지 않았다. 그러던 중 하늘로부터 갑자기

오순절에 함께 모여 기도하던 제자들에게 성령이 강림하다

강한 바람이 휘몰아치는 듯한 소리가 들려오더니, 제자들이 모여 있는 다락방 전체를 가득 채웠다. 폭풍 소리 같은 것이 온 집을 온통 휘감고 있었다. 그러고는 곧 불길이 위로부터 임하는데, 그 불길이 마치 혀를 날름거리듯이 여러 갈래로 갈라지더니, 다락방에 모여 있는 각 사람들의 머리 위에 하나씩 내려앉아 그대로 머물러 있었다. 예수님이 약속하신 '하나님의 선물' 곧 성령이 드디어 바람과 불의 형태로 임한 것이다.

예수님이 세례 요한에게서 세례를 받고 요단강에서 올라오실 때에는 성령이 '비둘기' 형태로 임했다. 성령은 영(靈)이시므로 사람들의 눈에 보이지 않는다. 그래서 성령이 임하실 때에는 종종 사람들의 눈에 보이고 귀로 들을 수 있는 어떤 외적인 형태를 취하여 나타난다. 오순절 강림 때에는 강한 바람 소리와 혀 같은 불길의 형태로 임한 것이다.

오순절 성령 강림! 이 사건은 삼위일체 하나님 가운데 제3위 하나님 되시는 성령님의 공식적인 지상 강림이라는 점에서 무척 고유하고 특별하다. 이때의 성령 강림은 또다시 반복되지 않는 단회적인 것이며, 구약에서처럼 임시적인 강림이 아닌 영구적인 강림이었다.

오순절 성령 강림의 현장은 아주 놀랍고 드라마틱했다. 급하고 강한 바람, 혀처럼 갈라져 사방으로 퍼진 불길, 각종 다양한 언어들의 구사 등. 하지만 이것은 단지 쇼가 아니었다. 그것의 실제적인 효과 역시 아주 놀랍고 드라마틱했다. 이후 그리스도의 교회가 탄생되었고, 신자들이 폭발적으로 증가했으며, 유대인과 헬라인이 그리스도 예수 안에서 하나로 연합되었기 때문이다.

"오, 오, 주님!"

제자들 모두 위에 성령이 충만하게 임했다. 말로는 도무지 표현할 수 없는 벅찬 감정으로 뜨거워졌다. 한 번도 경험해보지 못한 기쁨이 가슴을 채웠다.

'아, 이것이 성령 임재로구나….'

제자들은 멈추지 않고 더욱 간절하게 기도했다. 성령은 점점 충만해졌다. 성령으로 충만해지자, 성령께서 부여한 능력에 따라 신도들은 각자 다른 나라 말을 하기 시작했다. 방언이 터진 것이다. 다락방에 모인 120명가량 되는 신도들 모두의 입에서 일제히 방언이 터진 것이다. 그리고 그 소리는 먼 데까지 퍼져나갔다.

"어? 이게 무슨 소리지?"

당시 예루살렘 도성에는 오순절을 맞아 세계 여러 나라에서 올라온 수많은 경건한 유대인들이 머물고 있었다. 유다가 멸망하고 예루살렘이 파괴된 후(주전 586년경), 세계 각지에 흩어져 살던 유대인들 곧 디아스포라 유대인들은 이스라엘의 주요 3대 절기(유월절, 오순절, 초막절)에 예루살렘에서 성회로 모이는 오랜 관례를 좇아 외국 각처에서 예루살렘으로 순례 여행을 왔던 것이다.

예루살렘 도성의 어느 다락방에서 이상한 말소리가 크게 들리자, 많은 사람들이 놀라서 그곳 주변으로 모여들었다. 그들은 제자들의 입에서 저마다 자기네 나라의 말이 터져 나오는 것을 듣고는 무슨 영문인지 몰라 어리둥절했다. 그런 놀라운 현상을 접한 사람들은 너무나 이상하게 여기며 서로에게 말한다.

"여보게, 저 사람들은 모두 갈릴리 사람들이 아니오?"

당시 갈릴리 사람들은 독특한 사투리를 구사하였기에 일반 유대인들과 쉽게 구별할 수 있었다. 처음에는 제자들의 방언을 지역 사투리쯤으로 생각한 것이다.

"저들이 갈릴리 사람들인 것은 맞는 것 같소. 그런데 가만 들어보니, 저들이 사투리로 말하는 게 아니고 외국어를 말하고 있는 게 분명하오."

"맞소! 그러니 우리들 각자가 저 사람들에게서 우리네 나라의 말로 알아듣고 있는 게 아니겠소. 거참, 이게 도대체 어찌된 일이란 말이오?"

"그러게 말이오. 참으로 이상한 노릇이오. 우리들 가운데는 바대,

메대, 엘람, 메소포타미아, 유대, 갑바도기아, 본도, 아시아, 브루기아, 밤빌리아, 이집트, 그리고 구레네 근처의 리비야 지방에서 사는 사람들이 있는데, 저들이 어떻게 우리 모두가 알아들을 수 있는 말을 구사할 수 있단 말이오? 저들은 분명 제대로 배우지 못한 갈릴리 사람들인데, 언제 우리네 외국어를 배웠단 말이오?"

"뿐이겠소. 우리들 가운데는 멀리 로마에서 온 유대인들과 유대교로 개종한 이방인들, 게다가 크레타 사람들과 아라비아 사람들까지도 있지 않소! 그런데 우리들 각자가 저들에게서 우리네 나라의 말로 하나님이 행하신 놀라운 일에 대해 이렇게 듣고 있다니, 참으로 희한한 일이구려!"

"이게 대체 어떻게 된 일이오? 뭐 좀 아는 게 없소?"

유월절을 맞아 예루살렘을 찾은 유대인 순례자들, 그들 중에서도 마가의 다락방 주변에 모인 사람들은 120명가량의 제자들에게서 일제히 터져 나오는 외국 방언을 듣고서 모두가 너무도 놀랍고 당황스러워서 이러쿵저러쿵 말하면서 서로에게 이것저것을 물었다.

"아냐! 저런 자들이 무슨 외국어를 한다고 그래! 어림도 없는 소리!"

"그러게 말이야, 내가 볼 땐 저자들이 새 술(아직 완전하게 발효되지 않은 술)에 잔뜩 취해서 자기도 모르는 말을 마냥 지껄이고 있는 거구먼!"

유대인 순례자들 가운데 더러는 제자들의 방언을 한낱 술주정으로 비하하면서 조롱하기도 했다. 하기야 생명력 없고 무기력한 유대 율법주의에 젖은 자들이 성령 충만함으로 인한 거룩한 방언 은사의 기쁨을 어찌 이해할 수 있으랴! 다락방에서 터져 나오는 방언을 듣고서 순례자들이 모여들었고, 주변을 지나던 행인들은 발걸음을 멈추었다.

베드로가 군중들 앞에서 설교하다 (2:14-36)

"여러분! 모두 조용히 하시고, 제 말에 귀를 기울여주시기 바랍니다!"

그때 베드로가 열한 사도와 함께 자리에서 일어나 목소리를 높여 군중을 향해 크게 말한다. 다락방 주변의 넓은 공터에서 베드로의 능력 있는 오순절 설교가 시작된 것이다.

"유대인 순례자 여러분, 그리고 예루살렘에 사시는 여러분, 제가 오늘 일어난 일을 자세히 설명해드릴 테니 잘 들어보시기 바랍니다!"

"여보게, 조용히 좀 해보게! 저자가 다락방 무리의 대표인 듯한데 지금 무슨 말을 하려고 하네. 무슨 말인지 한번 들어나 보세."

다락방 주변의 공터에 모인 군중이 각자 중구난방 떠들던 소리를 그치고 모두 잠잠해지자, 베드로가 조금 높은 데로 올라가 군중을 바라보며 설교를 하기 시작한다.

"여러분 중에는 우리가 술에 취해 우리도 알지 못하는 말을 마구 지껄인다고 생각하는 사람들도 계십니다. 하지만 그렇지 않습니다! 지금은 오전 9시가 아닙니까! 우리는 절대로 술에 취한 것이 아닙니다. 아침부터 만취할 정도로 단체로 술을 퍼마시는 자들이 세상에 어디 있겠습니까!"

"허긴, 그렇기도 하네. 미치지 않고서야…."

군중은 대체로 수긍하는 자세로 고개를 끄덕인다. 베드로의 설교는 이어진다.

"오늘 아침에 여러분이 목격하신 이 일은 구약시대의 선지자 요엘이 예언한 대로입니다. 오래전에 요엘 선지자는 이렇게 예언했습니다.

> "하나님께서 말씀하시기를, 마지막 날에 내가 너희 모두에게 나의 영을 부어 주겠노라. 그리하여 너희의 아들딸들은 예언을 할 것이고, 젊은이들은 환상을 볼 것이며, 나이 든 사람들은 꿈을 꿀 것이다. 또 그날에는 남종이든 여종이든 가리지 않고 나의 모든 종들에게도 나의 영을 부어줄 것인데, 그러면 그들 역시 예언을 할 것이다"(욜 2:28-29).

오순절 성령 강림 사건 직후에 베드로가 군중 앞에서 설교하다

요엘(Joel)은 유다 왕 요아스 시대(주전 835-796년)에 활동한 선지자로, 12소선지서 중의 한 권인 '요엘'의 저자다. 요엘 2장 28-32절에서 요엘 선지자는 후일에 도래할 메시아 시대에는 하나님께서 남녀노소나 빈부귀천의 구별 없이 구하고 사모하는 모든 자들에게 하나님의 영 곧 성령을 물 붓듯이 부어주실 것이라고 예언했는데, 지금 오순절 설교에서 베드로는 그 말을 인용하고 있는 것이다.

요엘은 또, 성령을 받은 자들은 예언을 하고 환상을 보며 꿈을 꿀 것이라고 선포했는데, 이때 '예언'이나 '환상'이나 '꿈'은 주로 구약시대에 하나님께서 자신의 뜻을 사람들에게 나타내실 때 사용하시던 초자연적인 계시의 방편들이다. 예언은 성령 충만한 상태에서 하나님의 뜻이나 계획을 미리 선포하는 것을 말하고, 환상은 무아지경의 상태이지만 맑은 정신으로 하나님의 계시를 보는 것을 가리키며, 꿈은 수면 중에 하나님의 계시를 보거나 듣는 것을 가리킨다. 베드로는 계속해서 요엘 선지자의 예언을 인용한다.

"그때에 하늘에서는 놀라운 일들이 나타나고 땅에서도 여러 징조들이 나타날 것이니, 곧 피와 불과 소용돌이치는 연기들이다. 주의 크고 영광스러운 날이 이르기 전에 해는 칠흑같이 캄캄해지고 달은 피같이 붉어질 것이다. 그러나 그때에 누구든지 주의 이름을 부르는 사람은 구원을 받을 것이다"(욜 2:30-32).

주전 9세기 초엽의 요엘 선지자는 장차 도래할 메시아 시대(예수님의 초림)를 바라보고 이 같은 예언을 한 것인데(물론, 더 멀리는 예수님의 재림 상황에도 적용할 수 있다), 과연 이 땅에 오신 메시아 예수로 말미암아 크고 놀라운 일들과 여러 징조들이 나타났다.

특히 베드로의 설교가 있기 대략 7주 전, 그러니까 유월절 직전에 예수님이 십자가에 못 박혀 운명하실 때에 해가 빛을 잃고 온 땅에 칠흑 같은 어둠이 3시간쯤 뒤덮었다. 당시 예루살렘 사람들은 그 사실을 똑똑히 기억하고 있었다. 따라서 요엘의 예언을 인용한 베드로의 설교가 그들의 가슴속에 깊숙이 파고들었을 것이다. 베드로가 요엘을 인용하여 설교한 핵심은 이것이다. 십자가에 못 박혀 죽으신 '그 예수님'이 곧 구약에서 예언된 '그 메시아(그리스도)'라는 것이다.

베드로는 또한 요엘 선지자가 예언한 하나님의 영 곧 성령이 이날 오순절에 마가의 다락방에 모인 120명가량의 신도들에게 임한 성령임을 암시했는데, 오순절에 임한 성령 강림은 아주 특별한 것이었다.

오순절 성령 강림 이전의 구약시대에도 하나님의 영인 성령은 사람들에게 종종 임했지만 특정한 사람에게 제한된 범위에서 한시적으로 이루어졌다. 그러니까 하나님의 특별한 과업을 이루기 위해 선택된 소수의 인물들, 예를 들면 사사나 선지자나 제사장이나 왕 같은 사람들에게 임했는데, 임시로 임했다가 떠나가곤 했다.

그렇지만 요엘 선지자의 예언대로 메시아 시대를 맞아 오순절에 임한 성령은 남녀노소 빈부귀천을 막론하고 모든 믿는 자들에게 부어졌고, 그것도 언제까지나 떠나가지 않는 영구적인 것이었다. 그러므로 성탄절이 제2위 하나님이신 예수님의 지상 강림이라면, 오순절 성령 강림은 제3위 하나님이신 성령님의 지상 강림이다. 이렇게 볼 때 오순절 성령 강림 사건은 확실히 기독교회사에 있어서 큰 획을 긋는 중요한 전환점이었다. 베드로의 오순절 설교는 이어진다.

"이스라엘 동포 여러분, 제 말을 들어 보십시오. 여러분도 아시다시피, 하나님은 나사렛 예수를 통해 큰 능력과 놀라운 기적과 수많은 표징을 보여주셨습니다. 이것은 하나님께서 모든 사람 앞에서 나사렛 예수야말로 자신이 보낸 자인 것을 증언하려고 행하신 일입니다. 그런데 예수께서는 하나님께서 정하신 뜻과 예정대로 여러분에게 넘겨졌고, 여러분은 악한 사람들의 도움을 받아 그분을 십자가에 못 박아 죽게 했습니다."

베드로의 설교를 듣는 유대인들의 얼굴이 순간 일그러졌다. 그들 중에는 불과 얼마 전에 예수님이 죄 없는 줄 빤히 알면서도 자신들의 정치적 욕망 때문에 "바라바를 풀어주고, 예수를 십자가에 못 박으라!"고 고래고래 소리 지른 자들이 많았기 때문이다. 양심이 찔렸던 것이다.

"하지만 여러분, 하나님은 그분 나사렛 예수를 사망의 고통에서 해방시켜 다시 살아나게 하셨습니다. 사망의 손아귀에 그분을 가두어둔다는 것은 결코 있을 수 없는 일이기 때문입니다. 그래서 오래전에 다윗은 그분을 두고 이렇게 말한 적이 있습니다."

"언제나 내 앞에 계시는 주 여호와를 뵙니다. 주께서는 내 오른편에 계시니 내가 흔들리지 않습니다. 그리하여 내 마음은 기쁘고 내 입술은 즐겁습니다. 내 육체 또한 소망 속에서 살 것입니다. 주 여호와께서는 내 영혼을 무덤에 버리지 않으시고 주 여호와의 거룩하신 자를 무덤 속에서 썩지 않게 하실 것입니다. 주 여호와께서 내게 생명의 길을 알려주셨으니 주 여호와 앞에서 내 기쁨이 항상 차고 넘칠 것입니다"(시

16:8-11).

시편 16편 8-11절까지를 헬라어 역본인 70인역(LXX)에서 인용한 것이다. 지금 베드로는 나사렛 예수 그리스도의 십자가 죽음과 부활이 구약성경에서 예언된 것임을 증거하기 위해 이 부분을 인용한 것이다. 이 부분에서 일인칭인 주체는 일차적으로는 다윗 본인이지만, 구속사적으로는 장차 다윗의 후손으로 오실 '메시아'를 가리킨다. 그래서 다윗의 이 시는 '메시아 예언시'로 분류된다. 베드로의 오순절 설교는 이어진다. 성령 충만한 상태에서 열정적으로 외치는 베드로의 설교는 군중의 폐부 깊숙이 닿았다.

"형제 여러분, 저는 이 자리에서 여러분에게 자신 있게 말씀드릴 수 있습니다. 우리 조상 다윗은 이미 죽어서 묻혔고 여러분이 아시는 바와 같이 그의 무덤이 오늘날까지 우리 곁에 남아 있습니다. 하지만 다윗은 선지자였기에 그는 자신의 자손 중에서 한 사람을 세워 자신의 왕좌에 앉힐 것이라고 하신 하나님의 변치 않는 약속을 잘 알고 있었습니다. 그래서 다윗은 장차 도래할 일을 미리 내다보고 예수 그리스도의 부활에 대해 말하기를 '그분은 무덤 속에 버려지지 않을 것이며, 그분의 몸 또한 썩지 않을 것이다'라고 말했던 것입니다."

이스라엘의 성군으로 추앙받는 다윗의 무덤은 당시 예루살렘 시내의 실로암 연못 부근에 있었다. 이스라엘을 최대의 강병부국으로 이끈 성군 다윗이 묻힌 무덤은 베드로 시대뿐만 아니라 오늘날에도 유대인들에게 최고의 성지로 여겨진다. 그런 위대한 성군일지라도 죽은 후에 무덤에 묻혀 그 육신이 썩었다. 그러나 장차 그의 후손으로 오실 영원한 왕 메시아는 십자가 죽음 이후에 무덤 속에 버려진 채 썩을 수 없었다. 그분은 사망의 굴레에 얽매인 인류를 그 사망의 줄에서 해방시킬 하나님의 아들 메시아이기 때문이다.

"과연 하나님은 여러분이 십자가에 못 박아 죽인 이 나사렛 예수를 죽은 자 가운데서 다시 살리셨습니다. 이 일에 대해서는 우리 제자들 모두가 증인입니다. 지금 예수께서는 하늘에 올라 하나님의 오른편에 앉아 계시는데, 그분은 우리에게 주시겠다고 약속하신 성령을 아버지 하나님께 받으시어 여러분이 방금 보고 들은 대로 오늘 우리에게 아낌없이 쏟아부어 주셨습니다."

오순절을 맞아 예루살렘을 찾은 유대인 순례자들과 본래 예루살렘 성읍에 살고 있었던 유대인 거주민들이 오늘 목격하고 들은바, 마가의 다락방에서 떠들썩하게 일어난 큰 소리와 소동은 절대로 술에 취해서 그런 게 아니고 예수께서 약속하신 그 성령을 예수님의 제자들이 받았기 때문에 일어난 일임을 변호한 것이다. 그런 성령을 받은 베드로가 지금 군중 앞에서 담대히 설교하고 있는 것이다.

"여러분, 이제 내가 인용하려고 하는 이 말 역시 다윗이 자신에 대해서 한 말이 아닙니다. 그는 하늘에 올라간 일이 없기 때문입니다. 그런데도 다윗은 오래전에 자신이 쓴 시에서 이렇게 말했습니다."

> "주님께서 나의 주께 이르신 말씀이라. 너는 여기 내 오른편에 앉아라. 내가 네 원수들을 네 발 아래에 모두 굴복시킬 때까지 너는 여기 앉아 있어라"(시 101:1).

다윗이 쓴 시편 101편 1절의 말씀이다. 이 시에서 앞에 언급된 '주님'은 '여호와 하나님'을 가리키고, 뒤이어 나오는 '주'는 다윗 왕이 자신보다 더 높은 왕을 칭한 인물로 장차 오실 '메시아'를 가리킨다. 그리고 그 메시아는 '예수 그리스도'로 판명되었다. 그래서 이전에 예수님이 바리새인들에게 일깨워 주셨듯이(마 22:45), 이제 성령 충만함을 받은 베드로가 유대인들 앞에서 그들이 십자가에 못 박아 죽인 그 예수가 바로 다윗이 오래전에 '주'라고 부른 '그 메시아'임을 힘차게 증언했던 것이다. 이제 베드로는 오순절 설교를 마무리 짓는다.

"여러분, 그러므로 나는 이 자리에서 이스라엘 집안의 모든 사람들에게 분명히 말합니다. 하나님은 여러분이 십자가에 못 박아 죽인 그분 나사렛 예수를 오늘날 우리의 주(主)요 그리스도(메시아)가 되게 하셨습니다. 여러분은 이 사실을 믿어야 합니다!"

베드로가 외친 오순절 설교의 결론이자 핵심 주제다. 여기서 '주'는 세상 만물의 주인이 되시는 예수님의 절대 주권을 나타내는 말이며, '그리스도' 곧 메시아는 '기름부음을 받은 자'란 뜻으로 인류의 구원을 위해 하나님께 기름부음을 받아 대속(代贖)의 사명을 받고 이 땅에 내려오신 구원자 예수님을 나타내는 말이다.

베드로의 설교에 수많은 사람들이 회개하고 세례를 받다 (2:37-42)

베드로의 오순절 설교를 듣고, 사람들은 저마다 마음이 크게 찔렸다. 성령께서 각 사람의 마음을 감화, 감동시켰기 때문이다. 사람들은 메시아 되신 예수님을 십자가에 못 박아 죽였다는 강렬한 죄책감에 가슴을 부여잡고 베드로와 다른 사도들에게 간절한 어투로 말한다.

"오, 형제들이여, 그러면 이제 우리가 어떻게 해야 좋겠습니까?"

자신들의 잘못을 깨닫고 진심에서 우러나온 물음이다. 회개가 묻어나는 그 물음에 베드로가 망설임 없이 대답한다.

"회개하십시오! 그리고 예수 그리스도의 이름으로 세례를 받으십시오! 그러면 여러분의 죄를 용서받을 수 있고, 우리처럼 성령을 선물로 받게 될 것입니다."

회개하는 무리를 향해 베드로는 무엇보다 '세례' 받을 것을 권면했다. 이는 예수님이 승천하시기 직전에 누구든지 예수님의 제자가 되려고 하는 자들에게는 세례를 베풀 것을 명하셨기 때문에(마 28:19) 그 명령에 충실하게 따른 것이다.

'회개'의 헬라어 원뜻은 '돌이키는 것'이다. 자신의 삶의 방향을 180도 바꾸는 것이다. 죄의 길과 자기중심의 삶에서 온전히 돌이켜 믿음과 순종으로 예수님을 따르는 제자가 된다는 것이다.

세례는 이 같은 변화를 상징적으로 보여주는 일종의 종교의식적인 행동이다. 물로 집행하는 세례 의식은 죄로부터 깨끗하게 되었음과 예수 그리스도 안에서 새 사람으로 다시 태어났음을 가시적으로 보여주는 상징적인 행동이다. 요컨대 세례를 받는다는 것은 이제부터 예수 그리스도의 제자가 되었다는 사실을 공개적으로 나타내 보여주는 의식이었다.

세례가 의식(儀式) 행위라는 말에서 알 수 있듯이, 세례 자체가 곧 죄 사함을 가져다주고 구원을 보장하는 행위인 것은 아니다. 구약시대의 희생제사와 마찬가지로, 신약시대의 세례 역시 죄 사함이나 구원을 보장해주지는 않는다. 세례는 단지 마음속의 신앙을 밖으로 드러내 보이는 종교의식일 뿐이다. 세례를 통해 표현된 그 신앙이 예수를 메시아로 인정할 수 있게 하고, 그리하여 마음속에 예수님을 자신의 구주로 진심으로 영접할 때 비로소 죄 사함을 얻고 구원을 보장받게 된다.

"오, 우리가 회개하고 세례를 받으면 죄 사함을 받고, 형제들처럼 성령을 선물로 받을 수 있단 말입니까?"

"그렇습니다! 그 말은 제 말이 아니라 예수님의 말입니다. 예수 그리스도께서 하나님의 부르심을 받은 여러분과 여러분의 자녀들, 그리고 먼 나라에 살고 있는 사람들에게까지 하신 변치 않는 영원한 약속입니다."

"그게 정말입니까? 누구에게든지 해당되는 약속입니까?"

"정말입니다! 남녀노소 빈부귀천의 차별이 전혀 없습니다. 그러므로 여러분은 회개하여 세례를 받고 성령을 선물로 받음으로써 이 타락한 세대에서 여러분 자신을 구원하십시오!"

그날에 베드로와 사도들은 사람들의 질문에 일일이 답변해주면서 여러 가지 다른 말들로 군중에게 예수 그리스도의 십자가 복음을 전했다. 그 결과, 그날에 베드로와 사도들의 말을 받아들인 사람들은 모두 세례를 받았는데, 그 수효가 무려 3천 명이나 되었다.

뜨거운 성령의 사역으로 오순절 대부흥의 놀라운 역사가 일어났고, 그리하여 초대교회의 탄생과 더불어 그 기틀이 다져졌다. 그날에 베드로의 설교를 듣고 새로이 예수님의 제자가 된 사람들은 저마다 열심을 내어 더욱 사도들의 가르침을 부지런히 받았고, 서로 간에 어울리고 교제하면서 빵을 떼어 음식을 함께 나누어 먹으며 사랑과 화목의 친교를 나누었다. 물론, 기도하는 일에도 전적으로 힘썼다.

가르침, 교제, 기도는 초대교회를 특징짓는 3대 요소라고 할 수 있다. 여기서 '교제'는 신자들 간에 떡을 떼어 함께 나누어 먹음으로써 이루어졌는데, 유월절 최후만찬 때에 예수님이 제자들에게 부탁하신 성찬식을 초대교회에서는 신자들이 모일 때마다 거행했던 것이다. 또한 초대교회에서는 수시로 모여 '기도'를 드리기도 했지만, 또한 유대인들의 전통을 좇아 하루에 일정한 시간을 정해놓고 정기적인 기도모임도 가졌던 것으로 보인다.

초대교회 신자들의 공동생활 (2:43-47)

모든 신자들마다 하나님을 경외하는 마음이 더욱 깊어졌고, 또한 사도들을 통해 놀라운 기적들이 많이 행해졌다. 오순절 성령 강림을 통해 성령 충만함을 받은 사도들은 성령의 도우심으로 힘 있게 십자가 복음을 전파했고, 병자들의 병도 낫게 하였다.

"형제님, 이번에 형제님의 도움 덕분에 모든 일이 잘 해결되었어요, 감사드립니다. 주님의 복 주심이 형제님에게 임하기를 기도합니다."

"오, 자매님, 응당 해야 할 일을 했을 뿐입니다. 오히려 교회를 위한 자매님의 헌신적인 봉사에 모두가 고마워하고 있습니다. 주님의 은총이 임하기를 기도합니다."

초대교회 당시, 믿는 사람들은 형편과 사정이 허락하는 대로 함께 모여 살면서 모든 것을 공동으로 소유하였다. 또 그들은 자신들의 재산과 물건을 기꺼이 팔아서 필요한 사람들에게 나누어주었다. 그리고 날마다 성전에 모여 함께 예배를 드리고, 또한 집집마다 번갈아가며 모이는 가운데 저마다 기쁨과 감사함에 넘쳐 성찬의 음식을 서로 나누면서 하나님을 찬양했다.

이와 같이 초대교회의 신자들은 공동체 생활을 하면서 서로 공유하는 삶을 살았다. 하지만 이는 어디까지나 자발적인 의사에 의해서였고, 신자가 되려면 재산을 팔아 함께 공유해야 한다는 식으로 강요하지는 않았다. 이런 초대교회의 모습은, 복음이 얼마나 삶을 획기적으로 변화시킬 수 있는지를 잘 보여준다. 하지만 초대교회 공동체의 삶이 오늘날 모든 크리스천 공동체가 본받아야 할 경제 모델이라는 것을 의미하진 않는다. 그것은 오순절 성령 강림 직후에 '교회의 탄생'이라는 특수한 상황 아래에서 이해되어야 한다.

여하튼 믿는 자들은 서로 공유하는 공동체 생활을 하면서 틈나는 대로 함께 모여 예배드리고 기쁘게 찬송하며 열심히 기도했다. 그리고 밖으로 나가 사람들에게 부지런히 복음을 전했다. 그리하여 주께서는 날마다 구원받는 사람들의 숫자를 더하여 주셨다. 그 결과, 초대교회는 하루가 다르게 나날이 부흥하고 성장했다. 알게 모르게 거룩한 성령의 불이 사방으로 퍼지며 사람들의 죄를 태워갔다.

3

베드로의 전도 활동

베드로와 요한이 성전으로 가네
문전에서 한 앉은뱅이가 구걸하자
베드로가 손을 잡아 일으키며
예수 이름으로 걸으라 하네

베드로가 하반신 장애인을 고치다 (3:1-10)

"자, 우리 기도하러 성전으로 올라가세."

어느 날, 오후 3시의 정기적인 기도 시간에 맞추어 베드로와 요한은 하나님께 기도드리기 위해 예루살렘 성전으로 올라갔다. 베드로와 요한은 요한의 친형인 야고보와 더불어 예수님의 주요 세 제자 가운데 두 사람인데, 둘은 예수님께 부르심을 받기 전부터 갈릴리 바다에서 동업자로 협력했으며, 예수님의 제자가 된 이후에도 예수님의 고난과 죽음과 부활 그리고 이후 초대교회의 전도활동에 이르기까지, 긴밀한 유대관계를 유지했다.

베드로와 요한을 비롯한 사도들은 모두가 예수님을 믿고 따르는 신자들이었지만 동시에 충실한 유대인들이기도 했다. 그래서 유대인들의 종교적 삶의 중심인 성전은 유대인 신자들에게도 예배의 장소로 여전히 소중한 곳이었다.

당시 경건한 유대인들은 하루에 세 번(삼 시, 육 시, 구 시. 오늘날 태양력으로 계산하면 오전 9시, 정오 즉 12시, 오후 3시) 시간을 정해놓고 성전에 올라가 기도를 드렸다. 베드로와 요한이 이때에 맞춰 성전에 올라간 것은, 많은 사람들이 성전에 모일 것이므로 복음을 전파할 수 있는 좋은 기회로 생각했기 때문이다.

때에 사람들이 태어날 때부터 하반신 장애를 입은 한 사람을 메고 와서 성전 문 앞에 앉혔다. 이 사람은 하반신 장애인 중에서도 앉기는 하여도 아예 서거나 걷지는 못하는 사람이었다. 기도하러 성전으로 들어가는 사람들에게 구걸을 할 수 있게 하려고 이웃 사람들이 그 장애인을 '아름다운 문' 즉 '미문(美門)'이라 불리는 성전 문 앞에 앉혀놓았던 것이다. 미문은 성전의 동쪽에 위치하고 있었는데, 각종 보석으로 정교하고 아름답게 만들어졌기에 그런 이름이 붙여졌다. 일명 '니카놀 문'이라고도 한다.

"선생님들, 제게 한 푼만 적선하십시오! 한 푼만 도와주십시오!"

그 하반신 장애인은 때마침 베드로와 요한이 성전 안으로 들어가려는 것을 보고는 두 사도에게 손을 내밀며 돈을 달라고 구걸했다. 구제 행위를 최고의 선행과 미덕이라고 여겼던 당시의 신앙 관습으로 인해 성전 문의 주변에는 구걸하는 자들이 많았나. 구걸하는 자로 인해 두 사도는 걸음을 멈추었다. 그런 뒤 그 사람을 눈여겨보았다. 하나님의 기적을 받아들일 만한 자인지 살펴본 것이다. 이윽고 베드로가 입을 열어 확신에 찬 어투로 그 사람을 향해 말한다.

"자, 우리를 똑바로 쳐다보시오!"

그 사람은 '어? 왜 그러지?' 하는 생각을 하면서도 무엇을 좀 얻을 수 있을지도 모른다는 기대감에 두 사도를 똑바로 쳐다보았다. 그러자 베드로가 그 사람을 향해 힘찬 목소리로 말한다.

"은이나 금은 내게 없소! 그러나 내가 가진 것을 당신에게 주겠소!

베드로와 요한이 성전 미문 앞의 병자를 고치다

나사렛 예수 그리스도의 이름으로 명하노니, 그대는 일어나 걸으시오!"

그러면서 베드로는 그 하반신 장애인의 오른손을 붙잡아 힘껏 일으켰다. 그러자 그 장애인은 즉시로 다리와 발목에 힘이 생겨 벌떡 일어나더니 걷기 시작했다. 이때 베드로가 굳이 예수 그리스도가 '나사렛' 출신의 사람임을 강조한 이유가 있다. 그것은 "나사렛에서 무슨 선한 것이 날 수 있겠느냐"라는 당시의 유대인 속담에서 보이듯, 유대인들이 그토록 멸시하고 배척하던 그 나사렛 사람 예수가 하나님께서 보내신 능력 있는 메시아(그리스도)임을 분명히 밝히기 위해서였다.

"아니, 이럴 수가! 내가, 내가 일어나 걷다니! 오, 세상에!"

태어날 때부터 하반신 장애를 입어 일평생 일어나 걸어본 적이 없었던 그 사람은 연신 감탄을 발하며 믿기지 않는 듯 걸어보기도 하고 두 발을 굴려 껑충껑충 뛰어보기도 했다.

"오, 주님! 감사합니다! 감사합니다!"

그 사람은 자신에게 일어난 놀라운 기적에 하나님을 찬양하면서 두 사도와 함께 성전 안으로 들어갔다.

성전 안에 있던 사람들은 어떤 사람이 걸어 들어오면서 하나님을 찬양하는 것을 바라보다가, 그 사람이 바로 성전의 '아름다운 문(미문)' 앞에 앉아 날마다 구걸을 하던 하반신 장애인임을 알아보았다.

"이게 웬일인가? 어떻게 저 사람이 두 발로 걷게 되었단 말인가?"

모두가 몹시 놀라 어리둥절해 하며 할 말을 잃었다.

이처럼 사도들은 큰 이적을 행했다. 오순절 성령 강림과 더불어 '교회의 탄생'이라는 특수한 상황 아래에서 갓 태어난 교회를 이끌고 나갈 사도들에게는 특별한 권위와 능력이 필요했다. 그래서 하나님은 사도들의 권위를 보장해주기 위해 그들에게 표적과 기사와 능력을 행할 수 있게 하셨던 것이다.

베드로가 솔로몬 행각에서 설교하다 (3:11-26)

평생을 일어나 걸어본 적이 없는 하반신 장애인으로 살다가 하나님의 능력으로 기적적으로 고침 받은 그 사람은 베드로와 요한의 제자라도 되려는 듯 두 사도를 붙잡고 그들 곁에 바싹 붙어 다녔다.

"뭐라고? 미문에 앉아 구걸하던 그 하반신 장애인이 일어나 걷게 되었다는 말이지? 세상에, 자네는 그런 일이 있을 수 있다고 생각하는가?"

"정말이네! 내가 두 눈으로 똑똑히 보았다네!"

소문을 듣는 사람들마다 크게 놀라서 고침 받은 그 사람을 직접 만나려고 그 사람이 있다는 '솔로몬 행각'으로 모여들었다. 이곳은 예루살렘 성전의 동편에 위치한 대리석으로 지은 행각인데 솔로몬 왕이 세웠다고 해서 그렇게 불렸다.

소문을 들은 사람들이 솔로몬 행각으로 많이 몰려들자, 베드로가 복음 전파의 좋은 기회라고 여기고 사람들을 향해 설교한다. 이때 고침 받은 그 사람이 사도들 곁에 서 있었으므로 생생한 기적의 증인을 곁에 두고 설교한 것이다.

"이스라엘 동포 여러분! 왜 이번 일로 그렇게들 놀라십니까? 마치 우리에게 무슨 큰 능력이나 깊은 신앙이 있어서 이 사람을 걷게 한 것처럼, 왜 그렇게 우리를 쳐다보십니까?"

때에 사람들은 하반신 장애인에게 놀라운 기적의 능력을 베푼 베드로와 요한을 위대한 선지자들로 여기고 크게 우러러 보고 있었다. 그래서 베드로는 본격적인 설교를 하기에 앞서 하반신 장애인을 일으킨 이적은 자신들의 능력에 의해서가 아니라 오로지 하나님의 능력에 의한 것임을 강조한 것이다.

"여러분, 아브라함과 이삭과 야곱의 하나님 곧 우리 조상들의 하나님께서 자신의 종 예수를 영광스럽게 하시려고 이런 놀라운 일을 베풀어 주셨습니다! 여러분은 예수를 넘겨주어 십자가에 죽게 했습니다. 도리어 총독 빌라도는 예수를 풀어주려 했는데도, 여러분이 기어코 그것을 거부했습니다. 여러분은 거룩하고 의로우신 예수를 풀어주기는커녕, 예수 대신에 살인자 바라바를 풀어주라고 세차게 요구했습니다."

그랬다. 불과 두 달여 전에 유대인 군중은 무언가에 홀린 듯 로마 총독 빌라도에게 예수를 십자가에 못 박으라고 줄기차게 부르짖었다. 빌라도는 예수에게 죄가 없는 줄 알았기에 관례를 좇아 유월절 특별사면으로 풀어주려 했지만, 유대인 군중은 예수 대신에 살인자요 강도인 바라바를 대신 풀어주라고 부르짖었다. 참으로 비상식적이고 어처구니 없는 어리석은 짓을 자행했다. 그러면서 자신들의 그런 행위에 대해 모든 책임을 지겠다고 큰소리를 쳤었다. 지금 베드로는 그런 사실을 예리하게 지적하고 있다.

"결국 여러분은 생명의 근원 되시는 예수를 죽였습니다. 그러나 하나님은 십자가에 못 박혀 죽으셨던 그 예수를 무덤에서 다시 살리셨습니다. 우리는 그 부활의 사실을 직접 목격한 증인들입니다."

십자가에 못 박혀 죽은 지 사흘 만에 무덤에서 부활하신 예수님은 곧바로 승천하시지 않고, 40일 동안 지상에 머무시면서 제자들에게 여러 번 나타나셨다. 처음에는 제자들조차 예수님의 부활을 믿지 않고 의심했지만, 부활하신 예수님의 손에 있는 못 자국 흉터와 옆구리에 있는 창 자국 흉터를 보고서 예수님의 부활을 확실히 믿었다. 부활 후 함께 해주신 40여 일은 예수님이 제자들에게 주신 큰 선물의 시간들이었다. 그래서 나약한 겁쟁이들이 부활의 생생한 증인들이 될 수 있었다. 고침 받은 사람을 곁에 둔 채 솔로몬 행각에서 행해진 베드로의 열정적인 설교는 계속 이어진다.

"여러분도 잘 알다시피, 제 곁에 있는 이 사람은 본래 일어서지도 걷지도 못하는 선천성 하반신 장애인이었습니다. 그러나 예수님의 이름을 믿음으로써 지금은 이렇게 성한 몸이 되었습니다. 이 사람에게 이런 완전한 치유가 일어난 것은 오직 예수님에게서 비롯되는 믿음의 힘 때문입니다."

베드로는 선천성 하반신 장애인을 일으켜 걷게 한 놀라운 기적은 결코 자신의 능력으로써가 아니라 오직 예수님의 능력에서 비롯된 것임을 밝히 일러주었다. 베드로는 성령으로 충만해져서 더욱 열정적으로 설교한다.

"형제들이여, 여러분의 지도자들처럼 여러분 역시 제대로 알지 못하고 무지 가운데서 예수님을 못 박아 죽였다는 것을 나는 잘 압니다. 일찍이 하나님께서 선지자들을 통하여 예수 그리스도께서 고난을 받으실 것이라고 미리 선포하셨던 것을 그런 식으로 이루신 것입니다."

유대인들은 예수님이 메시아인 줄 알지 못하고 그분을 십자가에 못 박아 죽였다고 베드로는 말했다. 그렇다면 알지 못하고 범한 죄는 죄라고 볼 수 없는가? 그렇지 않다. 몰랐다는 것이 면책의 사유가 될 수는 없다. 알았든지 몰랐든지, 유대인들은 메시아를 죽이는 끔찍한 죄를 이미 범했다. 그러므로 지은 죄에 대하여 반드시 회개해야만 했다. 놀랍게도 예수 그리스도의 복음은 회개하는 자에게 죄 사함의 은총이 임한다고 가르쳐준다. 그래서 베드로 역시 메시아를 죽인 유대인들에게 회개하고 죄 사함의 은총을 누릴 것을 역설한다.

"동포 여러분, 그러므로 이제 회개하십시오! 회개하고, 하나님께로 돌아오십시오! 그러면 하나님은 여러분의 죄를 깨끗하게 씻어주실 것이고, 그렇게 되면 여러분은 새 사람으로 거듭나게 될 것입니다. 뿐만 아니라 하나님은 여러분을 위해 이전에 약속하셨던 그리스도이신 예수를 다시 보내주실 것입니다."

성경이 말하는 회개(헬, 메타노이아)란 '생각이나 마음을 완전히 바꾸는 상태'를 뜻하는 말이다. 이렇게 마음이 완전히 바뀌어 이제부터는 하나님께로 향하는 삶을 살아가겠다고 결심한 회개한 자들에게는 하나님께서 이전에 선지자들을 통해 약속하셨던 그리스도(메시아) 예수를 보내주실 것이라고 베드로는 말했다. 이 말은 누구든지 회개하고 하나님께로 돌이킬 때에 비로소 하나님께서 이 땅에 보내신 예수님을 '메시아(그리스도)'로 받아들이게 된다는 의미다. 다시 말해, 유대인들에게 있어 참된 메시아 시대의 도래는 그가 회개하고 예수님을 메시아로 받아들이는 그 시점에 놓여 있다는 것이다. 그래서 예수님을 메시아로 받아들이지 않는 유대인들은 오늘날까지도 여전히 메시아를 간절히 기다리고 있다. 베드로의 설교는 이어진다.

"하지만 예수님은, 하나님께서 일찍이 선지자들을 통해 예언하신 대로, 만물을 새롭게 하여 회복하실 때까지는 마땅히 하늘에 머물러 계셔야 합니다."

이 말을 달리 생각하면 이러하다. 지금 예수님은 승천하셔서 하늘에 머물러 계시는데, 아버지 하나님께서 만물을 새롭게 회복하시면 다시금 하늘에서 땅으로 임하실 것이라는 의미다. 이는 곧 '예수님의 재림'을 가리킨다. 그러니까 만물이 회복된 때에 예수님이 재림하시고, 동시에 예수님의 재림으로 인해 만물의 회복이 온전히 완성되는 것이다.

여기서 '회복'이란 말에 주목하라. 성경이 말하고 있는 '회복'(헬, 아포카타스타세오스)이란 하늘과 땅에 있는 모든 것들이 예수 그리스도

안에서 전부 하나로 통일되어 그 지음 받은바 본래의 목적대로 하나님을 사랑하고 그분의 말씀에 순종하는 상태를 일컫는다(엡 1:10). 그리하여 마침내 모든 죄와 불의가 사라지고 오직 의로움이 거하는바 새 하늘과 새 땅이 완성되는 지극히 복스러운 상태가 된다(계 21:1).

이 같은 회복은 메시아(그리스도)의 도래로 인해 이미 시작되었고, 현재도 진행 중에 있으며, 장차 예수님이 재림하실 때에 온전히 완성될 것이다. 이제 베드로는 만물의 회복을 완성시키실 예수님이 오래전에 구약성경에서 예언된 그 선지자요 그 메시아임을 입증하기 위해 유대인들의 가장 존중하는 모세의 글을 인용하고, 덧붙여 사무엘도 언급한다.

"여러분, 일찍이 모세는 말하기를 '하나님은 여러분의 동족 가운데서 나 같은 선지자 하나를 세우실 것인데, 여러분은 그분이 하시는 말씀에 귀를 기울여야 합니다. 만일 그분의 말씀에 따르지 않는 사람은 하나님의 백성이 되지 못하고 멸망에 이르게 될 것입니다.'라고 했습니다. 또한 사무엘을 비롯한 구약의 모든 선지자들도 우리 시대에 일어나고 있는 일을 예언하였습니다."

여기서 베드로가 인용한 모세의 글은 신명기 18장 15절과 19절의 말씀을 의역한 것이다. 당시 모세가 언급한 '나 같은 선지자'는 일차적으로는 모세 이후에 이스라엘 백성을 인도할 큰 지도자들을 가리키는 말이지만, 궁극적으로는 하나님 백성의 참된 지도자로서 모든 선지자들 중의 선지자이신 '메시아 예수'를 가리키는 말이다.

그런데 성경의 기록상 선지자 사무엘이 메시아 예수에 대하여 분명하게 적용할 수 있는 어떤 예언을 했던 것은 아니다. 다만 사무엘은 하나님의 뜻에 따라 다윗에게 기름을 부어 이스라엘의 왕이 되게 하면서 그의 왕국과 관련된 여러 예언을 했는데, 그런 예언들이 장차 다윗의 후손으로 오실 메시아 예수에 의하여 궁극적인 성취를 보게 되었다. 모세와 사무엘 외에 선지자 이사야, 다니엘, 미가, 그리고 다윗 같은 경우에는 아주 명확하게 메시아 예수에 관해 예언하였다. 그런 예언들을 '메시아 예언'이라 일컫는데, 성경을 읽다보면 그런 메시아 예언들이 도처에 나타난다. 이제 베드로는 '솔로몬 행각의 설교'를 마무리 짓는다.

"동포 여러분! 여러분은 선지자들의 자손이며, 하나님이 여러분의 조상들과 맺으신 언약의 상속자들입니다. 과연 하나님께서 일찍이 아브라함에게 말씀하시기를 '땅 위의 모든 사람들이 너의 후손으로 말미암아 복을 받게 되리라!' 하였습니다. 그래서 하나님은 자기 종 예수 그리스도를 택하시고 세우셔서 가장 먼저 여러분에게 보내셨습니다. 그것은, 여러분 각자를 악한 길에서 돌이키게 함으로써 여러분 모두가 복을 받도록 하기 위해서입니다."

베드로가 소개하고 인용한 아브라함, 모세, 사무엘 같은 이들은 모든 유대인들이 하나같이 존경하고 추앙하는 인물들이다. 결국 베드로는 예수 그리스도를 통한 하나님의 구원 사역이 선지자들의 자손이며 언약의 상속자들인 유대인들에게 가장 먼저 임했다는 사실을 일깨워주면서, 그런 은총의 구원 사역을 알지 못하고 하나님이 보내신 메시아 예수를 십자가에 못 박아 죽인 동족 유대인들에게 무엇보다 먼저 회개할 것을 촉구한 것이다.

메시아 예수를 죽인 죄에 대하여 진심으로 회개하고 예수를 구주로 영접하면, 죄 사함의 은총을 입을 뿐만 아니라 하나님께서 베푸시는 복을 받을 것이라고 역설하였다. 그렇다면 그 복은 무엇인가? 메시아 예수를 믿음으로 말미암는 구원과 영생이다.

솔로몬 행각에서 선포한 베드로의 성령 충만한 설교는 듣는 이들의 가슴과 가슴 속에 깊숙이 파고들었다. 그리하여 회개하고 세례 받는 자들이 많이 생겼고, 그 결과 신자들의 수효가 나날이 증가하였으므로 교회가 크게 흥왕하였다. 예수님의 선교 명령대로 복음 전파의 힘찬 물결이 예루살렘에서부터 출렁이며 파도치기 시작했다.

4

공회 앞에 선 두 사도

"진심으로 회개하고 예수를 믿으시오."
베드로와 요한이 열렬한 복음 전파 사역은
많은 결신자를 낳지만, 종교 지도자들은
두 사도를 붙잡아 옥에 가두네

베드로와 요한이 공회 앞에 서서 심문을 받다 (4:1-22)

"잠깐! 지금 무얼 하고 있는 게냐? 어디서 요상한 말을 지껄이고 있는 거야! 당장 멈추지 못할까!"

성전의 솔로몬 행각에서 설교를 마친 베드로가 요한과 함께 계속 그 자리에 머물면서 사람들에게 이런저런 말을 하고 있을 때, 이디선가 갑자기 제사장들과 성전 경비대장과 사두개파 사람들이 크게 성난 표정을 지은 채 큰 소리를 치며 우르르 몰려왔다. 그들은 두 사도가 사람들에게 예수 그리스도의 죽음과 부활에 대해 가르치고 선포하는 것에 격분해서 두 사도를 붙잡아 끌고 갔다.

당시 유대를 지배한 로마 정부는 자신들의 정부에 위협이 되지 않는 범위 내에서 유대인들에게 종교적인 자유를 허락했고, 유대의 종교 지도자들은 로마 정부에 협조함으로써 많은 기득권을 누려왔다. 이런 상황에서 유대 종교 지도자들의 눈에는 십자가 복음을 전하는 사도들이 사회를 어지럽히는 민중 선동가로 비춰졌고, 그래서 자신들의 기득권을 위태롭게 만드는 훼방꾼들로 보였다. 게다가 사도들이 외친 그리스도의 부활 사상은 부활을 전혀 믿지 않는 사두개인들을 짜증나게 했고 괴롭게 만들었다. 그래서 사두개인들은 두 사도를 붙잡는 일에 팔 걷어 부치고 앞장섰다.

"이자들을 감옥에 가두어라!"

성전의 솔로몬 행각에서 두 사도를 붙잡았을 때는 날이 이미 저문 뒤였다. 그래서 유대의 종교 지도자들은 두 사도를 다음날까지 감옥에 가두어 놓았다. 하지만 그날에 베드로의 설교를 들은 사람들 가운데 많은 이들이 예수님을 믿게 되었는데, 그렇게 믿음을 갖게 된 사람들의 수효는 성인 남자만 얼추 계산해도 5천 명가량이나 되었다(여기 '5천 명'이란 수효는 앞서 행한 베드로의 오순절 설교에서 믿음을 갖게 된 '3천 명'을 포함한 숫자로서, 그러니까 지금까지 베드로의 설교를 듣고 예수님을 구주로 받아들인 예루살렘 신자들의 전체 수효인 듯하다).

성인 남자들은 대체로 한 집안의 가장이었고, 고대에는 가장의 신앙을 아내와 자녀들이 그대로 받아들이는 경우가 일반적이었다. 따라서 5천 명 정도 되는 남자 가장들에게 딸린 아내와 자녀들까지 모두 합산하면, 그때에 베드로의 설교를 듣고 복음을 받아들인 예루살렘 신자들의 총 수효는 적게 잡아도 1만 5천 명~2만 명 정도로 추산된다. 성서고고학자들의 연구에 따르면, 당시 예루살렘의 전체 시민은 대략 20만 정도라고 한다. 그러니까 예루살렘 주민의 십분의 일(1/10)가량이 예수님을 믿고 따르는 신자들이었다. 성령의 뜨거운 불길로 말미암은 굉장한 복음화였다. 반면에 그것은 예루살렘 교권주의자들과의 한 판 대결을 불러올 수밖에 없었다.

두 사도를 감옥에 가둔 다음날, 유대의 지도자들과 장로들과 율법교사들(서기관들)이 예루살렘에 모였다. 전직 대제사장인 안나스를 비롯하여 현직 대제사장인 가야바, 요한과 알렉산더, 그리고 그 밖에 대제사장 가문에 속하는 유력한 사람들이 모두 참석했다. 공회가 소집된 것이다.

히브리어로 '산헤드린'이라 불리는 공회(公會)는 '모임'을 뜻하는 헬라어 '쉬네드리온'에서 비롯된 말인데, 모두 71명으로 구성된 유대의 최고 의결기구를 가리킨다. 공회 구성원들은 주로 바리새인들과 사두개인들로서, 그들은 (대)제사장, 장로, 서기관(율법교사) 등의 직분을 맡고 있는 종교 지도자들이었다. 주전 3세기 말엽에 처음으로 구성되어 예루살렘 함락 때(주후 70년)까지 지속되었다. 유대의 최고 의결 기구인 산헤드린 곧 공회는 거짓 선지자로 의심되는 인물을 심문하고 조사할 권한이 있었다. 그래서 그들은 공회를 소집한 뒤에 두 사도를 감옥에서 이끌어내어 자기들 가운데 세워놓고 심문하기 시작한다.

"어디 대답해 보아라! 너희 같은 자들이 대체 무슨 권한으로, 또 누구의 이름으로 성전에서 사람들을 가르친 것이냐?"

그때에 베드로가 성령이 충만하여 그들에게 대답한다. 예수님이 약속하신 대로 특별한 상황에서 순간적으로 성령이 더욱 강렬하게 역사하신 것이다. 앞서 예수님은 제자들에게 이런 약속을 하신 적이 있었다. 장차 제자들이 집권자들이나 당국에 붙잡혀 심문을 당할 때 무슨 말로 답변할까 염려하지 말라고 하시면서, 그때가 되면 성령께서 능히 대답할 말을 주실 것이라고 하셨다(마 10:17-20). 과연 그 약속대로 지금 베드로가 성령께서 주시는 말로 답변하고 있다.

"존경하는 이 나라의 지도자들과 장로 여러분, 오늘 우리가 공회에서 심문을 받는 것이 성전 미문의 그 장애인에게 선한 일을 베풀었기 때문이고, 또 그 병자가 어떻게 해서 낫게 되었는지를 묻고 계시는 것이라면, 나는 여러분과 온 이스라엘 백성에게 분명히 답변해 드릴 수 있습니다."

공회(산헤드린) 앞에 서서 심문받는 베드로와 요한

"좋다! 어서 답변해 보아라!"

"하반신 장애인으로 태어나 평생을 일어나지도 걷지도 못했던 이 사람이 성한 몸으로 여러분 앞에 서 있게 된 것은 여러분이 십자가에 못 박은 그분, 곧 나사렛 예수의 이름과 그 능력으로 그리 된 것입니다. 여러분은 그분 예수님을 십자가에 못 박아 죽였지만, 하나님은 죽었던 그분을 무덤에서 다시 살리셨습니다."

성전 미문에 앉아 구걸하다가 두 사도(베드로, 요한)에 의해 고침받은 선천성 하반신 장애인이었던 그 사람도 당일에 참고인의 자격으로 공회에 불려나와 두 사도 옆에 계속 서 있었다. 이처럼 두 사도에게 고침을 받아 기적의 증인으로서 성한 몸으로 멀쩡하게 서 있는 그 사람으로 인해 공회원들은 두 사도의 치유 사실을 부인할 수 없었고, 그래서 두 사도를 힐책하거나 정죄할 수도 없었다. 그저 당혹스럽고 난감한 표정으로 베드로의 변호와 증언을 계속 들을 수밖에 없었다.

"이분 예수님은 '건축자들 된 여러분이 쓸모없다고 버린 돌이었지만,

마침내 집 모퉁이의 머릿돌이 되신 분'입니다."

이때 베드로는 시편 118편 22절의 말씀을 인용하였다. 유대의 종교 지도자들인 공회원들도 익히 잘 알고 있는 말씀이었다. 그러나 그들은 단지 알고만 있었을 뿐 그 의미는 모르고 있었는데, 지금 베드로가 그 의미를 일깨워주었다.

그러니까 건축자들에게 아무 쓸모없다고 버림받은 돌과 같이, 예수님도 유대인들에게 쓸모없는 사람으로 낙인 찍혀 크게 멸시당하고 버림당하여 십자가에 죽으셨지만, 하나님께서 그를 다시 살리시어 자신의 하늘 보좌 우편에 두시고 또 그를 영화롭게 하시어 인류 구원의 기초로 삼았으므로 곧 구원의 집(교회)의 모퉁이 머릿돌이 된 셈이다.

베드로의 말을 듣고서 공회원들은 심기가 아주 불편했던지 찡그린 표정으로 연신 헛기침을 해댔다. 그런 그들을 향해 베드로는 위대한 복음을 힘차게 선포한다.

"그러므로 여러분! 그분 예수 그리스도의 이름이 아니고서는 어느 누구에게서도 구원을 받을 수 없습니다. 온 천하의 사람들 가운데 우리를 구원할 수 있는 이름은 오직 예수님뿐입니다. 그 이름 외에는, 세상의 어떤 다른 이름도 우리에게 주어진 일이 없습니다."

베드로 사도는 예수님 이외에는 세상의 그 어떤 이름으로도 구원을 받을 수 없음을 확신 있게 선포했다. 성경에서 구원의 유일한 길을 가장 분명하게 제시한 구절이다. 따라서 지금껏 율법의 성실한 준수로 구원을 받을 수 있다고 믿고 가르쳐왔던 공회(산헤드린)의 회원들 역시 예수 그리스도를 믿지 않으면 구원을 받을 길이 전혀 없다고 선포한 것이므로, 사도의 증거는 아주 혁신적이고 충격적인 것이었다.

"아니, 저, 저런! 지금 저자가 무슨 말을 하는 게야!"

"에잇, 제대로 배워먹지 못한 자 같으니라고! 감히 우릴 가르치려고 하다니!"

공회원들은 예수를 십자가에 못 박아 죽인 자신들의 죄를 지적하면서, 바로 그 예수 외에는 구원을 얻을 다른 길이 전혀 없다는 말을 듣고 속이 부글부글 끓었다. 그러면서도 그들은 아무런 교육도 받지 못한 변방 갈릴리의 어부 출신들인 베드로와 요한이 그처럼 확신 있게 말하는 것을 보고는 내심 깜짝 놀랐다.

하지만 두 사람이 그럴 수 있는 것은 예수님과 오랫동안 함께 지내면서 예수님의 가르침을 받은 자들이기 때문이라는 것을 인정할 수밖에 없었다. 더군다나 선천성 장애인이었다가 병 고침을 받은 당사자가 생생한 증인이 되어 두 사람 곁에 서 있는 것을 보고는 더 이상 트집 잡을 말이 없었다. 공회원들은 두 사도를 일단 공회 밖으로 내보낸 뒤 자기들끼리 머리를 맞대고 서로 의논하기 시작한다.

"저 사람들을 어찌하면 좋겠소?"

"그자들이 성전 미문에서 큰 기적을 행한 사실이 예루살렘 주민들에게 많이 알려졌고, 우리도 그 사실을 무조건 부정할 수만은 없소. 그자들에게 고침 받은 증인까지 저렇게 멀쩡하게 서 있는 판이니…."

"어쨌든 이 일이 백성들 사이에 더는 널리 퍼져나가지 않도록 막아야 합니다. 기왕 일어난 일은 어쩔 수 없다고 해도, 앞으로는 예수의 이름으로 말하거나 행동하지 않도록 그자들에게 엄중히 경고하는 게 좋겠소."

"좋소! 그리하도록 합시다! 단단히 타이르고 경고하도록 합시다."

이 같은 결론을 내리고서, 공회원들은 두 사도(베드로, 요한)를 다시 공회로 불러들인 후에 가운데 세웠다.

"잘 들어라! 이번 일은 문제 삼지 않고 그냥 넘어가겠다. 그러나 이후로는 더 이상 예수의 이름으로 사람들에게 말하거나 가르치지 마라! 이를 어길 시에는 더는 묵과하지 않고 강력한 처벌을 내릴 것이다."

유대의 종교 지도자들은 법으로는 사도들을 정죄할 수 없게 되자, 공회의 권위와 힘으로 사도들의 입을 단단히 틀어막기로 한 것이다.

공회 의장을 포함하여 전부 71명의 유력한 인사들로 구성된 공회의 권위는 막강한 것이었다. 유대인에게 있어 최고의 의결기구인 공회의 엄중한 분위기에 누구든지 기세가 꺾이고 압도당할 만했다. 그러나 베드로와 요한은 그런 공회의 경고를 받고서도 전혀 위축되지 않고 어깨를 편 채 당당하게 대답한다.

"우린 그렇게 할 수 없습니다! 하나님의 눈에 어느 쪽이 옳게 비칠지, 여러분 스스로 판단해 보십시오. 하나님께 복종하는 것이 옳습니까, 아니면 여러분에게 복종하는 것이 옳습니까? 누가 뭐래도, 우리는 우리가 보고 들은 것을 예수님의 이름으로 말하지 않을 수 없습니다!"

사도들이 권세를 지닌 인간 지도자들보다 만왕의 왕이신 하나님을 더욱 두려워하고 그분께 더욱 충성했음을 보여준다. 이 같은 정신은 후일에 위대한 종교개혁자 칼뱅(J. Calvin)의 '코람 데오'(Coram Deo, '하나님 앞에서'란 뜻) 신학의 바탕이 되었다.

"뭐, 뭐라? 그렇게 할 수 없다고? 이런 괘씸한 자들을 봤나! 감히 공회의 지시를 무시하다니, 간땡이가 부은 게로구나!"

사도들의 답변을 듣고, 공회원들은 크게 분노했다. 하지만 때에 예루살렘의 온 백성들이 두 사도가 행한 엄청난 기적, 곧 예수님의 이름으로 선천성 하반신 장애인을 고친 그 놀라운 사건을 보거나 듣고서 하나님께 큰 영광을 돌리고 있었으므로 공회원들이 민심을 거슬러 두 사도를 처벌할 방도가 없었다. 그래서 그들은 두 사도를 이런저런 험악한 말로 더 심하게 위협만 하고서는 그냥 풀어주었다.

한편, 두 사도가 성전 미문에서 베푼 기적으로 선천성 하반신 장애를 치유 받은 그 병자는 당시 마흔 살이 넘은 사람이었다. 태어날 때부터 40년이 넘도록 겨우 앉을 수 있을 뿐, 전혀 서거나 걷지 못하는 비정상적인 삶을 살아온 사람이 자기 생애에 전혀 기대하지 못했던 놀라운 기적을 체험하게 된 것이다. 인간의 의술과 노력으로는 도무지 불가능한 일이 '예수 그리스도의 이름'으로 능히 일어났음을 보여준다.

초대교회의 신자들이 다함께 모여 큰 소리로 기도하다 (4:23-31)

"형제자매님들, 우리 때문에 걱정 많이 하셨지요? 주님께서 우리를 잘 보살펴 주시어 아무 탈 없이 무사할 수 있었습니다."

두 사도 곧 베드로와 요한은 공회에서 풀려나자마자 곧장 자신의 동료 사도들과 신자들에게로 돌아가, 공회에서 대제사장들과 장로들이 자기들에게 한 말들을 모두 들려주었다. 두 사도의 말을 듣고, 다른 사도들과 신자들은 향후 믿는 자들에 대한 공회와 유대인들의 핍박이 점차 심해질 것임을 예상하고는, 다함께 소리를 높여 하나님께 간절히 기도한다.

"하늘과 땅과 바다와 그 안에 있는 모든 것들을 창조하신 주님, 주님께서는 일찍이 주님의 종이며 우리의 조상인 다윗의 입을 통해 성령의 힘으로 말씀하시기를 '나라들마다 어찌하여 시끄러운가? 민족들마다 어찌하여 군대를 모으고 있는가? 세상의 왕들이 일어나고 통치자들이 다함께 모여 주님을 거슬러 대항하고, 주님께서 기름 부으신 자에게 대항하는구나.' 하셨습니다.

정말로 그렇습니다. 분봉왕 헤롯(헤롯 안디바)과 총독 본디오 빌라도가 한패가 되어 이방인들 및 이스라엘 백성들과 합세하여 주님께서 기름 부으신 주님의 거룩한 종 예수를 거슬러 음모를 꾸미려고 이 예루살렘 성에서 다함께 만났습니다. 하지만 실상 그들은 주님께서 주님의 권능과 뜻으로 오래전에 미리 예정하신 그 일을 행한 것입니다.

그러므로 주님! 이제 그들의 위협과 박해 앞에 놓인 우리를 굽어 살피시어, 주님의 종들이 담대하게 주님의 말씀을 힘차게 전파할 수 있게 하옵소서. 주님의 크신 능력의 손길을 뻗으시어 주님의 거룩한 종 예수 그리스도의 이름으로 병을 낫게 하시고, 기적과 놀라운 일들을 능히 이룰 수 있게 하옵소서."

공회에서 심문 받은 두 사도(베드로, 요한)의 이야기를 전해 듣고, 초대교회의 신자들이 다함께 통성으로 기도한 내용이다. 특별히 신자들은 기도의 말미에서, 자신들이 위협을 무릅쓰고 복음을 전파할 때 주님의 능력의 손길로 말미암아 치유의 기적과 놀라운 표적들이 나타나게 해달라고 기도했다. 당시에는 그런 기적과 표적이 절실하게 필요했다.

갓 태어난 초대교회는 여러 방면에서 신앙의 걸음마를 막 걷고 있었다. 그들에겐 오늘날처럼 신약성경도 없었다. 따라서 무언가 확실하게 보고 들을 수 있는 기적이나 표적이 필요했다. 또한 당시는 오순절 성령 강림의 뜨거운 영향력이 교회를 감싸고 있던 때였다.

이런 특수한 상황 아래에서 신자들은 주님께 기적과 표적을 요청했고, 그런 신자들에게 주님은 믿음의 확신을 심어주기 위해, 또한 주께서 함께하고 계신다는 사실을 알려주기 위해, 많은 표적과 기적을 제공해 주셨다. 그래서 사도행전에는 사도들이 예수 그리스도의 이름으로 귀신을 내쫓고, 병자들을 고치고, 심지어 죽은 자까지도 살리는 놀라운 기적들이 많이 나타난다.

"오, 주여! 할렐루야! 아멘!"

한마음 한뜻으로 드린 동성기도가 끝나자, 신자들이 모여 있던 곳이 크게 흔들렸다. 마치 지진이 나서 땅이 좌우로 흔들리는 것 같았다. 이전의 오순절 성령 강림 때처럼 이때에도 성령께서 신자들의 마음속에 강력하게 역사하셨기 때문이다. 그 결과, 그 자리에 모인 모두가 성령으로 충만해져서 하나님의 말씀을 담대하게 전파하게 되었다. 성령 충만함을 입은 신자들에게 공회의 위협이나 박해 따위는 아무런 문제가 되지 않았다. 모든 박해를 기꺼이 감수하고 힘차게 복음을 선파했다.

'성령 충만'이란 '성령 세례'와는 구별된다. 성령 세례는 성도들의 생애에 있어서 '단 한 번' 일어나는 거듭남 곧 중생의 사건을 가리킨다.

하지만 '성령 충만'은 성령 세례를 받은 성도들의 심령과 인격이 온전히 성령의 주관 아래 놓이고 사로잡히는 상태로서, 성령의 뜻에 따라 말하고 행하는 성숙한 신앙상태를 가리킨다.

이로 인해 성령 충만을 받은 성도들의 삶은 각종 은사와 능력을 덧입게 되고, 또한 성령의 선한 열매를 풍성하게 맺게 된다(갈 5:22-23). 따라서 성령 충만은 성령 세례를 받은 성도들의 신앙 삶에 있어서 반복적으로 일어나는 것으로, 주님의 뜻을 실현하고 교회를 올바로 세우는 강력한 원동력이 된다. 그러하기에 사도 바울은 기회가 닿을 때마다 교인들에게 보내는 서신을 통해 '성령 충만을 받아라!' 하고, 거듭거듭 권면했던 것이다.

초대교회 신자들이 한마음 한뜻으로 물건을 서로 통용하다(4:32-37)

성령 충만을 받은 초대교회의 신자들은 모두가 한마음 한뜻이 되었다. 그들은 함께 모여 공동생활을 했는데, 어느 누구도 자기 소유를 자기 것이라고 주장하지 않고 모두가 공동으로 사용할 수 있도록 자신들이 가진 것들을 아낌없이 내어놓았다. 이처럼 아름답고 신실한 초대교회의 공동체 생활을 살펴보면 이러하다.

첫째, 성전에 모이기를 힘썼다. 둘째, 모일 때마다 떡을 떼며 친밀하게 교제했다. 여기서 '떡을 떼는' 행위는 성찬식을 가졌다는 의미다. 셋째, 자신들의 소유를 아낌없이 내어놓고 모두가 공동으로 사용할 수 있게 했다. 그래서 신자들은 물건을 서로 통용하였다. 넷째, 모여서 한마음 한뜻으로 기도하고 하나님을 찬미하며 예배를 드렸다. 다섯째, 교회 안에서 굳게 다진 뜨거운 신앙 열정으로 세상으로 나가 힘차게 복음을 전파하였다.

"여러분, 회개하십시오! 여러분이 십자가에 못 박아 죽인 그분 예수님은 하나님의 아들로서 인류를 그 죄악에서 구원할 메시아입니다. 그분은 영영 무덤에 갇히지 않았고, 죽은 지 사흘 만에 부활하시어 지금은 하나님 보좌 우편에 앉아 계십니다. 그러므로 누구든지 예수님을 믿고 구주로 받아들이면 죄 사함을 받고 구원을 얻을 수 있습니다!"

사도들은 큰 권능으로 주 예수의 부활을 확신 있게 선포하였고, 신자들도 힘닿은 대로 주변 사람들에게 전도했다. 그리하여 복음을 접하는 사람들마다 모두 풍성한 은혜를 받았고, 초대교회는 하루가 다르게 부흥하고 성장하였다.

"생활이 궁핍한 형제자매님들은 조금도 어려워하지 말고 언제든지 말씀해 주세요. 우리가 힘껏 돕겠습니다."

초대교회의 신자들 가운데 생활에 쪼들리는 사람은 아무도 없었다. 땅이나 집을 가진 부유한 사람들이 그것들을 판 후에 그 돈을 가져와서 사도들의 발 앞에 아낌없이 내어놓는 경우가 적지 않았고, 그러면 사도들은 그 돈으로 궁핍한 신자들에게 적절하게 구제를 베풀었기 때문이다.

당시 초대교회 내에는 키프로스 섬 출신으로 레위 지파에 속하는 '요셉'이라는 사람이 있었는데, 사도들은 그를 '바나바'라고 불렀다. '바나바'란 '위로의 아들'이라는 뜻이다.

"이것은 제 소유의 밭을 팔아서 만든 돈입니다. 궁핍한 이들을 위해 사용해 주십시오."

하루는 그 사람 바나바가 자기 소유의 밭을 판 돈을 사도들의 발 앞에 내놓았다. 이전에도 다른 소유를 팔아 기꺼이 헌금하였는데, 이번에도 밭을 팔아 구제 헌금으로 내놓았던 것이다.

이때까지만 해도 교회의 구제 행위는 전적으로 사도들에 의해 관리되고 집행되었다. 그래서 바나바는 사도들의 발 앞에 헌금을 내어놓았는데, 여기서 '발 앞'이란 표현은 아무런 비밀 없이 헌금 행위가 공개적이고 투명하게 이루어졌음을 보여주는 표현이다.

5

아나니아와 삽비라

"땅을 판 돈의 전부를 바칩니다."
아나니아와 삽비라는 헌금을 바치지만
일부를 숨겨 두곤 전부라고 하여
성령을 속인 죄로 목숨이 끊어져 죽네

아나니아와 삽비라 부부의 거짓말과 하나님의 징벌 (5:1-11)

"여보, 우리도 바나바처럼 우리 소유의 재산을 팔아 사도들의 발 앞에 돈을 내어놓아야 되지 않겠소? 어떻게 생각하시오?"

초대교회에 '아나니아'라는 사람이 있었다. 그도 바나바처럼 헌금을 하고 싶어서 아내인 '삽비라'와 의논한 후에 자기 소유의 땅을 팔았다. 그런데 막상 땅을 팔아 큰돈을 손에 쥐고 보니 마음이 달라졌다. 전부를 바친다는 게 아까웠던 것이다. 그렇지만 바나바처럼 사도들과 다른 신자들에게 신실한 사람으로 존중받고 인정받고 싶었다.

'아무래도 전부 바치기엔 너무 아까워. 일부만 바쳐야겠다.'

그래서 아나니아는 땅 판 돈의 일부를 따로 떼어 숨겨놓고는 나머지 돈만을 사도들의 발 앞에 내어놓았다.

"사도님들, 이것은 제 소유의 땅을 팔아 만든 돈의 전부입니다. 가난한 자들을 위해 사용해 주십시오."

그 돈이 땅 판 돈의 전부가 아니라는 사실은 그의 아내인 삽비라도 알고 있었다. 둘이 짜고서 그렇게 말하자고 했기 때문이다. 여기서 아나니아와 삽비라 부부의 문제는 그들이 땅 판 돈의 일부만을 바쳤다는 데에 있지 않다. 얼마든지 일부만 바칠 수도 있었고, 아예 아무것도 바치지 않아도 전혀 문제될 것이 없었다. 어디까지나 교회의 구제 헌금은 강제나 의무가 아니라 자발적인 것이기 때문이다.

문제는 그들 부부의 허영심과 소유욕, 그리고 위선과 거짓이었다. 사도들에게 인정받고 다른 신자들에게 존경받을 허영심으로, 다른 한편으로는 물질에 대한 집착과 소유욕으로, 자기 소유의 땅을 팔아 헌금은 하였으되 일부는 감추어두고 나머지 일부만 바치면서도 마치 땅 판 돈의 전부를 바치는 것처럼 위선적으로 행동하고 거짓말했던 것이다.

사탄이 그런 기회를 놓치지 않고 그들 부부의 허영심과 소유욕 가운데로 파고든 것이다. 때에 사도들은 성령 충만한 상태에 있었기 때문에 사탄에게 조종 받는 아나니아의 위선과 거짓말을 능히 간파할 수 있었다. 사도들을 대표해서 베드로가 그런 사실을 지적하며 아나니아를 준엄하게 꾸짖는다.

"아나니아여, 그대는 어찌하여 사탄에게 마음을 빼앗긴 채 성령을 속여 거짓말을 하는 것이오? 그대는 땅 판 값의 일부를 따로 챙겨두었으면서 왜 전부라고 말하는 것이오? 땅을 팔기 전에도 그것은 그대의 소유였고, 땅을 판 후에도 그 돈의 처분은 전적으로 그대에게 달린 일이 아니오? 그런데도 어찌하여 이처럼 거짓으로 행동하는 것이오? 그대는 우리를 속인 것이 아니라 하나님을 속인 것이오!"

베드로의 꾸짖음을 듣자마자, 아나니아는 두 손으로 머리를 감싼 채 단말마의 괴로운 비명을 내지르며 그 자리에 푹 쓰러졌다. 그러고는 이내 숨이 끊어져 죽었다. 성령을 속인 죗값을 받은 것이다. 그런데 여기서 한 가지 의문이 생긴다. 아나니아가 분명 거짓말을 하긴 했지만,

아나니아의 죽음 (라파엘로 작)

어쨌든 헌금을 하던 중에 한 번의 거짓말을 한 죄로 이렇게 즉사의 징벌을 받은 것은 너무 과한 것이 아닌가 하는 의문이다.

만일 거짓말을 한 사람들이 아나니아와 삽비라 부부처럼 그 자리에서 즉각적으로 모두 죽임을 당하게 된다면 세상에 살아남을 수 있는 사람은 거의 없을 것이다. 따라서 이 같은 일은 분명 '초대교회'라는 특수한 상황 하에서 일어났다고 보아야 한다.

오순절 성령 강림으로 인해 태어난 지 얼마 되지 않은 초대교회는 마치 갓난아이와 같아서 조그만 충격에도 큰 상처를 입기 쉬웠다. 따라서 교회 속으로 파고드는 거짓과 사탄의 공작을 초기에 강력하게 제거하지 않으면, 초기 그리스도인의 공동체인 교회는 스스로 무너지고 말 것이었다. 그것이 바로 사탄이 노리는 목적이었다. 하나님은 그러한 특수한 상황을 충분히 파악하시고, 교회 속으로 파고들려는 거짓에 대하여 아주 신속하고도 엄격하게 일벌백계의 본보기 징벌을 내리셨던 것이다.

"뭐라고? 아나니아 형제가 성령을 속이고 거짓말을 한 죄로 하나님의 징벌을 받아 그 자리에서 즉사했다고? 아! 그게 정말이야?"

아나니아에 관한 소식을 전해 듣는 사람들마다 모두가 크게 두려워했다. 성령을 속이고 거짓말을 하는 죄가 얼마나 끔찍한 결과를 초래하는지 새삼 깨닫고는 하나님과 사도들 앞에서 삼가 근신하였다. 아나니아가 사도들의 발 앞에서 죽자, 젊은이들 몇이 들어와 아나니아의 시체를 천으로 감싼 뒤에 어깨에 메고 나가 땅에 묻었다. 당시 유대인들은 팔레스타인의 무덥고 습한 기후로 인해 죽은 자들을 당일에 매장했다.

'지금쯤 우리 남편은 사도들과 교인들에게서 엄청 칭찬을 듣고 있겠지. 이제 나도 슬슬 남편에게로 가볼까.'

아나니아가 하나님의 징벌로 죽임을 당한 뒤 대략 세 시간쯤 지나 그의 아내 삽비라가 아무것도 모르는 채 현장에 나타났다. 그녀를 보고 베드로가 묻는다. 물론, 그녀가 아나니아의 아내인 줄 익히 알고 있는 터였다.

"삽비라여, 그대와 그대의 남편 아나니아가 땅을 팔아서 받은 돈이 그게 전부요? 땅 판 돈 전부를 주님께 바쳤던 것이오?"

베드로의 이 질문은 몰라서 묻는 게 아니라 삽비라의 회개를 촉구하기 위한 질문이었다. 이제라도 삽비라는 진실을 말해야 옳았다. 그러나 삽비라는 교만한 태도로 사도의 칭찬을 잔뜩 기대하고 어깨를 으쓱하며 망설임 없이 대답한다. 물론 거짓말이다.

"네, 그게 전부입니다. 우리 부부는 땅 판 돈 전부를 사도님의 발 앞에 바친 것입니다."

얼굴색 하나 변하지 않은 채 거짓말을 하는 삽비라를 보고서, 베드로가 그녀를 준엄하게 꾸짖었다.

"그대들은 어찌하여 서로 짜고 주님의 영을 시험하려고 하는 것이오? 보시오, 그대 남편을 매장하고 돌아온 젊은이들이 문 밖에 방금 와 있소. 이제 그대 또한 그들의 손에 실려 나갈 것이오!"

바로 그 순간, 그녀도 남편처럼 베드로의 발 앞에 그대로 푹 쓰러져 혼(魂)이 떠나갔다. 여기서 혼(헬, 프쉬케)은 '호흡' 또는 '목숨'이란 뜻으로, 그것이 사람에게서 떠났다는 것은 곧 '죽었다'는 뜻이다. 그러자 청년 교인들이 들어와 그녀가 죽어 있는 것을 보고는 그 시신을 메고 나가서 그녀의 남편 곁에 묻었다.

"아니, 그게 정말이야? 아나니아와 삽비라 부부가 성령을 속인 죄로 하나님의 징벌을 받아 한날에 다 죽었다며?"

"베드로 사도 앞에서 땅 판 돈의 일부만 바치면서 전부를 바친다고 거짓말을 했다가, 부부가 둘 다 그 자리에서 즉사하고 말았다네!"

아나니아와 삽비라 부부의 이야기를 전해 듣는 사람들마다 큰 두려움에 사로잡혔다. 이처럼 주님의 영 곧 성령은 갓 태어난 초대교회를 강력하게 보살펴주셨다. 호시탐탐 교회 안으로 파고들려는 사탄의 간교한 침투를 철저하게 막아주셨다. 이 같은 성령님의 강력한 보살핌 아래 초대교회는 나날이 부흥하고 무럭무럭 성장해 나갔다.

사도들의 기적과 믿는 자들의 증가 (5:12-16)

"주 예수 그리스도의 이름으로 명하노니, 귀신아, 썩 물러가라!"

"주 예수 그리스도의 이름으로 명하노니, 병상에서 당장 일어나라!"

때에 사도들은 '주 예수 그리스도의 이름으로' 사람들 가운데 많은 기적과 놀라운 일들을 행했다. 생전에 예수님이 행하셨던 것처럼, 귀신을 쫓아내고 병자들을 고쳐주었다. 그러면서 부지런히 복음을 전파했다. 그리고 믿는 사람들은 모두 한마음 한뜻이 되어 성전 안의 '솔로몬 행각'에 모이곤 했다.

'솔로몬 행각'은 예루살렘 성전의 바깥뜰 동편 끝에 있는 기다란 회랑(回廊)으로, 평소에도 사람들의 왕래가 잦아 항상 붐비던 곳이었다. 따라서 이곳은 공공집회의 장소로 자주 활용되었는데, 율법교사들(서기관들) 및 유대인들이 자유롭게 강론과 토론을 펼치던 곳이었고, 초대교회의 신자들도 여기서 집회를 가지곤 했다. 예수님도 생전에 이곳에서 자주 가르침을 베푸셨다.

때에 일반 유대인들은 믿는 사람들을 크게 칭찬하면서도 대체적으로 오랜 유대교 전통에 젖어 초대교회의 신자들 속에 합류하지는 않았다. 그럼에도 불구하고 이런저런 계기를 통해 예수님을 믿는 남녀의 숫자는 점점 불어나 큰 무리를 이루게 되었다. 초대교회 당시에 무엇보다 놀라운 현상은, 기적이 수시로 나타났다는 점이다. 그래서 사람들은 병자들을 들것이나 자리에 뉘여 거리로 메고 나와 눕혀 놓았다. 베드로 사도가 지나갈 때, 그의 그림자만이라도 그들에게 드리우기를 바라서였다.

과연 베드로 사도의 그림자만으로도 효과를 보기도 했다. 후일 바울 사도의 경우에는, 그의 손수건으로도 사람들이 병 고침을 받았다. 물론, 베드로의 그림자나 바울의 손수건 자체에 신비한 효험이 있었던 것은 결코 아니다. 단지 하나님이 그것들조차도 능력의 도구로 사용하셨을 뿐이다. 하지만 이런 현상은 결코 보편적인 현상은 아니다. 교회의 태동기인 초대교회라는 특수한 상황 하에서 일어난 아주 특별한 경우다.

오순절 성령 강림 사건으로 말미암아 갓 태어난 초대교회는 마치 걸음마를 배우고 있는 신앙의 갓난아이 같았다. 그들에겐 오늘날의 우리와는 달리 신약성경도 없었다. 따라서 그들에겐 무언가 확실히 보고 들을 수 있는 기적적인 현상이 절실하게 필요했다. 그런 특수한 상황 하에서 하나님께서는 성령이 그들과 함께 하신다는 확신을 심어주기 위해 많은 표적과 기사를 허락하셨던 것이다.

그러나 오늘날에 이르러 교회는 어른처럼 성장했고, 무엇보다 하나님의 특별계시의 말씀인 신구약 성경도 모두 갖춰진 상태이므로 말씀 자체가 신앙의 나침반 역할을 충실히 감당하기 때문에 우리의 신앙생활에서 기적의 현상은 극히 드물다. 기적이 아예 없는 것은 아니지만 거의 불필요하게 되었다. 말씀이 기적 중에서도 최고의 기적이기 때문이다.

"사도님, 제 아들이 귀신들렸습니다. 제발 고쳐주십시오!"

"사도님, 저희 어머님이 중풍으로 쓰러져 오랜 세월 동안 고통을 겪고 있습니다. 부디 저희 어머님을 고쳐주십시오!"

예루살렘과 인근의 여러 동네에서 사람들이 각양각색의 병자들과 악한 귀신에게 사로잡혀 고통을 겪고 있는 자들을 데리고 사도들 앞으로 나왔다. 그러면 사도들은 '주 예수 그리스도의 이름으로' 그들을 모두 고쳐주었다. 그리하여 십자가 복음은 널리 전파되었고, 주님을 믿는 자들은 나날이 불어났다.

사도들이 박해를 당하고 공회에 서서 심문을 받다 (5:17-42)

"예수를 믿는 자들이 자꾸만 불어난다고?"

"예수는 이미 죽고 없어졌거늘, 예수가 부활했다는 헛소리로 민심을 어지럽히다니, 저들을 그냥 놔둘 수 없다!"

유대의 종교 지도자들인 대제사장과 그의 일당인 사두개파 사람들은 교회의 부흥 소식을 듣고 격분했다. 그들은 교회를 미워하고 예수교를 시기하는 마음으로 가득 차서 사도들을 붙잡아다가 감옥에 가두었다. 그런데 사도들이 감옥에 갇힌 그날 밤, 주님의 천사가 나타나 감옥 문을 열고 사도들을 밖으로 데리고 나왔다. 그러면서 사도들에게 말한다.

"가라! 너희는 성전으로 가서, 사람들에게 이 생명의 말씀을 남김없이 다 전하여라. 조금도 두려워하지 말고 담대히 복음을 전파하여라."

"네, 그리하겠습니다!"

사도들은 동이 틀 무렵에 성전으로 가서, 성전으로 모여든 사람들에게 예수 그리스도의 십자가 복음을 전하고 가르치기 시작했다.

"너희는 가서, 감옥에 갇혀 있는 사도들을 이리로 끌고 오라!"

한편, 날이 밝자 대제사장과 그 일당들은 이스라엘의 장로들로 구성된 공회를 소집한 후, 감옥에 갇혀 있는 사도들을 데려오라고 경비병들을 감옥으로 보냈다. 사도들을 공회에 세워놓고 심문하기 위해서였다.

"앗! 이럴 수가! 대체 이게 어찌된 일이지?"

경비병들이 감옥에 가서 보니, 어제 분명히 붙잡아 가두었던 사도들이 감옥 안에 아무도 없었다. 경비병들은 공회로 돌아와 사실대로 보고한다.

"대제사장님, 사도들이 없어졌습니다. 우리가 감옥에 가보니, 감옥 문도 단단히 잠겨 있고 보초도 문 밖에 서 있었습니다. 그래서 사도들을 이끌어내려고 감옥 문을 열었는데, 놀랍게도 그 안에 아무도 없었습니다. 정말 희한하게도 감쪽같이 사라졌습니다."

"뭐, 뭣이라? 그, 그게 사실이냐? 세상에, 어찌 그럴 수가!"

경비병들의 보고를 들은 대제사장들과 성전 경비대장은 아연실색했다. 그때 어떤 사람이 황급하게 공회 안으로 달려 들어와 아뢴다.

"대제사장님, 보십시오! 어제 감옥에 갇혔던 그 사람들이 지금 성전에서 사람들을 가르치고 있습니다!"

"뭐라? 지금 성전에서 사람들을 가르쳐? 당장 그들을 붙잡아 오너라!"

대제사장의 명을 받고 경비대장은 즉시 경비병들을 이끌고 성전으로 달려가서 사도들을 붙잡아 왔다. 하지만 그들은 사람들이 자신들에게 돌을 던질까 두려웠기 때문에 사도들을 붙잡을 때 폭력은 일체 쓰지 않았다. 이런 사실은 당시 사도들이 귀신을 쫓아내고 병을 고쳐주는 등 민간에 선한 영향력을 끼쳐 사람들에게서 크게 존경받고 있었음을 보여준다.

"그대들은 내가 묻는 말에 대답하여라. 추호의 거짓말도 없어야 한다. 알았느냐?"

경비병들이 성전에 있던 사도들을 붙잡아 와서 공회 앞에 세워 놓자, 대제사장이 심문하기 시작한다. 당시의 공회 풍경대로 공회원들은 반원형의 테이블에 빙 둘러 앉았고, 사도들은 그들 가운데 서 있었다.

"우리는 일전에 그대들에게 예수에 대해서는 두 번 다시 사람들에게 가르치지 말라고 단단히 일러두었다. 그런데도 그대들은 우리의 당부를 어기고 온 예루살렘 사람들에게 예수의 가르침을 퍼뜨리고 있다. 게다가 그대들은 그 사람 예수가 십자가에서 흘린 피에 대하여 그 책임이 우리에게 있다고 뒤집어씌우고 있다. 이런데도 그대들이 무죄라고 주장할 수 있겠느냐? 어디 할 말이 있다면 해보아라!"

그러자 베드로와 사도들이 대답한다. 당당하고도 떳떳한 자세다.

"우리는 사람이 아니라 마땅히 하나님께 복종해야 합니다! 우리 선조들의 하나님은 여러분이 십자가에 매달아 죽인 예수님을 다시 살리셨습니다. 그런 후에 하나님은 이스라엘 백성들이 회개하고 죄 용서함을 받도록 하시려고 그분 예수님을 높이시어 자신의 오른편 보좌에 앉히시고 우리의 왕이요 구주로 삼으셨습니다. 우리는 이 모든 일의 증인들입니다. 우리뿐만 아니라 하나님을 따르는 사람들에게 하나님이 주시는 성령님도 그 일의 증인이십니다."

베드로와 사도들의 답변 내용을 요약하면 이렇다. "왜 공회가 금지한 사항을 어겼느냐?"는 질문에 대해서는, 사람보다 하나님께 순종하는 것이 더욱 마땅하고 우선이기 때문이라고 답하고, "왜 예수의 가르침을 전하느냐?"란 질문에 대해서는, 예수님은 하나님의 아들로서 만왕의 왕이요 구주이시고 자신들은 그분의 부활을 직접 목격한 증인들이기 때문이라고 답한 것이다.

예수님의 생전 약속대로, 성령께서 사도들에게 대답할 말을 주셨기 때문에 이처럼 사도들의 답변은 시종일관 당당하고 떳떳했다. 도리어 심문하는 공회원들이 당황해서 쩔쩔매고 있었다.

"닥쳐랏! 지금 무슨 말도 안 되는 헛소리를 지껄이고 있는 것이냐!"

사도들의 답변을 듣고, 공회원들은 크게 격분하여 더는 심문할 필요 없이 사도들에게 사형을 언도하여 죽이려고 했다.

"자, 우리가 저들에게 사형을 언도하려 하는데 다른 견해는 없소?"

당시 공회는 만장일치 제도를 채택하고 있었다. 한 사람이라도 반대하면 최종 의결을 할 수 없었다. 공회 의장의 물음에 70명의 공회원들은 이견이 없다는 듯 다들 침묵했다. 그러자 공회 의장이 사도들에게 사형을 언도하려고 자리에서 일어섰다. 그런데 바로 그때였다.

"잠깐, 잠깐만 기다려 보시오!"

그때 바리새파에 속한 '가말리엘'이라는 사람이 자리에서 일어났다. 이 사람은 당시 이스라엘의 뭇 백성들에게서 크게 존경받고 있던 '라반' 가말리엘 1세로서, 당대에 바리새파의 두 주류인 샴마이 학파(율법의 강경파)와 힐렐 학파(율법의 온건파) 중에서 힐렐 학파를 이끌고 있던 거두였다. 그는 힐렐 학파의 창시자인 힐렐의 손자이며 또한 시므온의 아들로서 개종 전 바울의 스승이기도 했다. 이 사람은 정직하고 온유한 인품의 소유자인 데다가 율법에 아주 능통했기에 '라반'이라는 호칭으로 불렸다. '라반'은 랍비(율법 선생)보다 더욱 존경받는 큰 스승에게 붙여주는 칭호로, 당시 유대 사회에는 여섯 명의 라반이 있었다.

"내가 여러분에게 할 말이 있소. 내가 발언하는 동안에 사도들을 잠시 밖으로 내보내 주시오."

가말리엘의 요청을 듣고 공회 의장이 허락하자 경비병들이 사도들을 공회 밖으로 물렸다. 그런 광경을 잠시 지켜보다가 이윽고 가말리엘이 입을 열어 동료들에게 말하기 시작한다.

"존경하는 동료 여러분, 지금 우리가 저들에게 하고자 하는 일에 대해 섣불리 결정하지 말고 삼가 깊이 생각해보는 것이 좋겠소."

온건파인 힐렐 학파의 거두답게 매사를 조심스럽고 신중하게 처리하려는 가말리엘의 온유한 성품이 엿보인다. 이어서 그는 자신의 주장에 대해 논리적인 근거를 제시한다.

"이전에 '드다'라는 사람이 일어나서 자기가 위대한 사람이라고 주장하니 400명이나 되는 사람들이 그를 따랐소. 그러나 그가 죽임을 당하자,

라반 가말리엘이 동료 공회원들에게 제안하다

따르던 사람들이 제각각 흩어져 버렸고 지금은 그 모든 일이 아무것도 아니게 되었소."

여기 언급된 '드다'는 당시에 흔한 이름인 '데오도수스'의 약명인데, 헤롯 대왕 사후에 하늘의 계시를 받은 위대한 선지자로 자처하면서 로마에 대하여 반란을 일으킨 인물이다. 한때는 세력이 왕성했지만, 결국 반란이 진압되면서 형장의 이슬로 사라지고 말았다. 가말리엘의 말은 계속 이어진다.

"드다뿐만 아니라, 그 뒤 인구조사를 하던 해에도 '유다'라는 갈릴리 사람이 일어나서 이스라엘 백성들을 선동하여 많은 패거리를 이끌고 다녔소. 하지만 그자 역시 죽임을 당하자 그를 따르던 사람들이 모두 흩어져 버렸소."

여기 언급된 '유다'는 주후 6년경 수리아 지방의 로마총독 퀴리니우스가 유대 백성들에게 과세를 부과하기 위해 인구조사를 실시하자, 로마 정부에 납세하기를 거부하고 반란을 일으킨 갈릴리 가말라 지역 출신의 인물을 가리킨다. 그러니까 드다나 유다는 정복자 로마에 대해 무력으로 반란을 일으킨 유대인 민족주의자들이다. 로마 군대에 의해 둘 다 진압되었지만 '열심당'의 효시로 불리는 갈릴리 출신의 유다는 그 이후로도 유대인 열심당원 사이에 큰 영향력을 미쳤다. 이 같은 두 가지 사례를 언급한 후에, 이제 가말리엘은 자신이 하고자 하는 말을 꺼낸다.

"그러므로 동료 의원 여러분, 나는 이번 경우에 대해 여러분께 제안합니다. 저 사람들을 그냥 내버려두는 게 좋겠소. 그들을 자유롭게 풀어주는 게 어떻겠소? 만일 저들의 사상이나 행동이 사람에게서 나온 것이라면 그들은 드다나 유다처럼 분명 망하고 말 것이오. 그러나 만에 하나라도 하나님께로부터 나온 것이라면 여러분이 어떻게 저들을 막을 수 있겠소? 그러다가는 여러분이 도리어 하나님과 맞서 싸우는 자들이 될까 봐 심히 두렵소."

가말리엘의 포용적인 종교관이 드러난다. 가말리엘은 전통적인 유대교를 따르지 않는 모든 종교운동에 대해서 그것을 무리하게 탄압하기보다는 하나님의 뜻과 판단에 맡기는 게 좋겠다고 생각했다. 그렇다면 오늘날 가말리엘의 이런 주장은 올바른 것으로 받아들여지고 있는가?

어떤 이들은, 그가 진리의 편에 서지 않고 사태를 지켜보자는 입장에 대해 우유부단하다는 평가를 내린다. 하지만 또 다른 이들은, 그가 당시 공회의 살벌한 분위기를 진정시키고 복음이 하나님에게서 비롯된 진리일 수 있다는 개연성을 비추면서 사도들에게 복음 전도의 길을 터준 것에 대해 무척 지혜롭다는 평가를 내린다. 어쨌든 그의 말은 논리적으로 상당한 설득력을 지니고 있었다.

"흐흠, 듣고 보니 상당히 일리 있는 말이군요."

공회원들은 고개를 끄덕였다. 물론, 불만을 가진 공회원도 일부 있었지만 가말리엘의 영향력을 무시할 수 없었다. 그래서 공회원들은 가말리엘의 말이 옳다고 여겨 그의 제안을 받아들였다. 그래서 사도들에게 사형언도를 내리는 대신에 태형만을 가하고 풀어주기로 최종 결정했다.

"그자들을 다시 공회로 들이도록 하라."

공회 의장은 사도들을 다시 공회로 불러들인 뒤에 그들에게 채찍질을 가하게 했다. 모세 율법은 법을 어긴 자에게 40대까지 매를 때릴 수 있도록 규정했다(신 25:3). 이처럼 본래 율법이 정한 바는 40대였는데, 유대인들의 율법해설서인 '미쉬나'에는 39대만 매질하도록 제한되어 있다. 1대를 감한 까닭은 실수하거나 또는 분에 못 이겨 41대까지 때리는 잘못을 방지하기 위해서였다. 40대 이상의 매질은 사람의 생명을 위협하는 과실치사로도 이어질 수 있었기 때문이다.

주후 1세기경, 로마인들의 채찍질은 아주 가혹한 것이었다. 여러 가닥의 가죽 줄 끝에 금속이나 뼛조각을 박아 만든 채찍을 내리치면 피멍이 드는 것은 예사이고 살점까지도 뜯겼다. 후일에 사도 바울은 십자가 복음을 전파하다가 다섯 번은 39대의 매를 맞았고 세 번은 태장으로 맞았다고 간증하였다(고전 11:24-25).

"다시 경고한다! 이후로는 예수의 이름으로 사람들에게 가르치지 마라!"

매질을 가한 뒤에 공회 의장은 예수의 이름으로 다시는 말하지 말 것을 엄히 명하고는 사도들을 풀어주었다.

"오, 주여! 주님께 모든 영광을 돌립니다."

사도들은 예수님의 이름 때문에 박해를 받게 된 것을 영광으로 여겼다. 그래서 그들은 부당하게 매질을 당하고도 도리어 크게 기뻐하면서 공회를 떠났다.

이후에도 사도들은 날이면 날마다 성전에 들어가서 부지런히 사람들에게 복음에 대해 가르쳤고, 또한 가정집을 일일이 돌아다니면서 예수가 그리스도(메시아)이심을 깨우쳐주었다. 예수 그리스도의 십자가 복음을 조금도 부끄러워하지 않고 널리 가르치고 힘차게 선포했다. 그리하여 공회의 위협과 정통 유대인들의 핍박에도 불구하고 예수님을 믿는 신자들은 나날이 늘어났고 교회는 더욱 부흥되었다.

6

일곱 집사와 스데반

일곱 집사 중 뛰어난 스데반은
성령의 능력으로 기적들을 행하네
이를 시기한 유대인들이 그를 고발하지만
스데반의 얼굴은 천사처럼 빛나네

초대교회 신자들이 일곱 집사를 뽑다 (6:1-7)

"에게, 이게 뭐야. 우리 것은 왜 이리 적어?"

"그러게 말이야, 지금 우리를 이방인 취급해서 차별하는 거야 뭐야?"

그 무렵, 초대교회는 크게 왕성했다. 사도들의 적극적인 복음 전파로 예수님을 믿고 따르는 제자들의 수가 더욱 많이 늘어 교회가 신자들로 북적거렸다. 대략 2만에서 2만 5천 명 정도로 추산된다. 주후 1세기의 초대교회는 기도와 전도에 힘썼을 뿐만 아니라 구제하는 일에도 열심을 냈다. 그러던 중 헬라어를 쓰는 유대인들이 히브리어를 쓰는 유대인들에 대해서 불만을 갖게 되었다. 그 까닭은, 자기네 헬라파 과부들이 날마다 식량을 배급받을 때 히브리파 과부들에 비해 차별대우를 받고 있다고 생각했기 때문이었다.

초대교회는 두 그룹의 유대인들로 구성되어 있었다. 이스라엘 땅에서 태어나고 자란 히브리파 교인들과 여기저기 다른 나라에서 흩어져 살다가 이스라엘 땅으로 돌아온 헬라파 교인들이 있었다. 이들 두 부류는 사용하는 언어도 달랐고 가치관도 달랐다. 히브리파 유대인은 생활 언어로 히브리어(또는 아람어)를, 헬라파 유대인은 그리스어를 사용했는데, 교회에서 일어난 최초의 갈등은 언어와 문화적 배경의 차이에서 일어난 것이다.

종교관에서도 히브리파 교인들은 보수적이고, 헬라파 교인들은 개방적이었다. 자연히 두 그룹은 따로 모이는 경향이 있었다. 당시 초대교회는 히브리파 교인들에 의해 주도되었는데, 교회에서 시행하는 매일의 식량 배급과 생필품 지급에서 헬라파 교인들 가운데 일부가 누락된 일이 있었다. 이로 인해 평소 비주류의 소외감을 느끼고 있던 헬라파 교인들이 원망을 터뜨렸다. 자신들이 히브리파 교인들에 의해 푸대접을 받고 있다고 생각하고 그 문제로 사도들에게 불만을 제기했던 것이다.

"자, 자, 진정하세요. 문제가 무엇인지 잘 알았으니, 주님의 은혜 가운데 지혜롭게 해결하도록 합시다."

열두 사도는 헬라파 교인들이 제기한 그 문제를 두고 주님께 기도하면서 머리를 맞대고 상의했다. 그런 뒤에 어떤 결정을 내리고서 제자들을 모두 불러 모았다.

"여러분, 지금껏 우리가 공평무사하게 일을 처리한다고 했는데 의도치 않은 실수로 이번 문제가 발생한 듯합니다. 사실, 우리 사도들의 직무는 우리 주 예수님의 명령에 따라 복음을 전파하는 일이 가장 우선입니다. 그러니 우리가 식량 분배하는 일에 매달리느라 하나님의 말씀을 전하는 일을 등한시하는 것은 옳지 않습니다."

"맞는 말씀입니다. 그렇다면 사도님, 무슨 좋은 방안이 있습니까?"

"네, 그래서 우리 사도들이 주님께 기도하는 가운데 이렇게 하기로 결정했습니다. 형제 여러분, 여러분 중에서 지혜롭고 또 성령이 충만한 인물로 알려진 일곱 사람을 뽑도록 하십시오. 그렇게 해서 그들 일곱 집사로 하여금 과부를 구제하는 일 같은 교회의 여러 행정 업무를 감당하도록 하는 게 좋겠습니다. 그리하면 우리 사도들은 오롯이 기도하고 말씀 전파하는 일에 전념할 수 있을 것입니다."

"듣고 보니, 그렇게 하는 것이 좋겠습니다!"

"찬성입니다! 당장 그렇게 하도록 합시다!"

교인들 모두가 이견 없이 사도들의 제안을 기쁘게 받아들였다. 그래서 교인들은 총회를 열고 믿음과 성령이 충만한 일곱 사람을 뽑았다. 그렇게 해서 뽑힌 초대교회 일곱 집사의 이름은 이러하다. 스데반을 비롯하여 빌립(예수님의 제자 '빌립'과는 동명이인), 브로고로, 니가노르, 디몬, 바메나, 그리고 안디옥 출신의 이방 사람으로서 유대교로 개종한 니골라.

초대교회가 교회다운 것은 갈등이 없기 때문이 아니었다. 갈등이 없다는 것은 어찌보면 서로에 대한 관심도, 사랑도 없다는 이야기다. 초대교회는 갈등 때문에 건강하지 못한 교회가 된 것이 아니라, 오히려 갈등을 통해 건강한 조직 곧 '집사 제도'라는 탁월한 제도를 만들어냈다. 집사 조직에는 다양한 구성원이 포함되어 있었다. 유대파가 있었고 헬라파도 있었다. 안디옥 교회 출신인 이방인 니골라도 있었다.

이런 다양한 구성원들로 집사 조직이 구성되었고, 그들을 통해 갈등이 더 이상 증폭되지 않도록 조치를 취할 수 있었다. 그 결과, 갈등 때문에 오히려 더 부흥하는 초대교회가 될 수 있었다. 만약 사도들이 자신들의 권위에 도전한다며 헬라파 교인들의 원망을 무시해버렸다면, 갈등은 수면 아래로 스며들어 초대교회의 친목과 단합을 크게 해쳤을 것이다.

초대교회 최초의 일곱 집사 가운데 앞에 언급된 두 사람(스데반, 빌립)을 제외한 나머지 5인의 행적에 대해서는 성경에 기록된 바가 없다. 하지만 스데반과 빌립의 행적은 언급되었다. 스데반 집사는 성경에 기록된바 초대교회 최초의 순교자로 언급되었고, 빌립 집사는 사마리아 지역에서 전도활동을 한 것과 에티오피아의 궁중내시를 전도한 일, 그리고 그의 네 딸이 유명한 선지자라는 사실이 언급되었다.

"일곱 사람은 이제 앞으로 나오세요."

교인들이 일곱 사람을 집사로 뽑아 사도들에게 데리고 나오자, 사도들은 그들을 위해 기도하고 머리에 손을 얹어 축복하였다. 이처럼 누군가의 머리에 손을 얹고 축복하는 행위, 곧 안수는 무엇인가를 그에게 전달하고 부여한다는 상징적 행위다. 예컨대 축복, 상속, 직위 등을 넘겨주거나, 심지어 희생 짐승에게 죄를 전가할 때에도 손을 머리에 얹었다. 여기에서도 사도들은 택함 받은 일곱 집사에게 공적인 집사의 직분을 부여하기 위해 안수한 것이다.

식량 분배의 문제로 교인들 간에 불평불만과 갈등이 생길 뻔했지만, 사도들의 재빠르고 지혜로운 대처로 은혜롭게 잘 수습되었다. 그리하여 교인들은 모든 오해를 풀고 더욱 결속하게 되었고, 그 결과 하나님의 말씀은 계속 널리 퍼져나갔다. 특히 예루살렘에서는 하루가 다르게 제자들의 수효가 급격하게 늘어났고, 유대인 제사장들 가운데서도 예수 그리스도의 십자가 복음을 받아들여 믿음을 갖게 된 자들이 생겨났다.

예수님은 승천하실 때 사도들을 향해 "오직 성령이 임하시면, 예루살렘과 온 유대와 사마리아와 땅끝까지 이르러 내 증인이 되어 복음을 전파하라"고 명하셨는데, 어느덧 예루살렘과 유대 땅에는 복음이 널리 전파되었다. 이제 사도들과 신자들은 예루살렘을 벗어나 더 먼 곳으로 나아가 복음을 전파해야 할 때가 이른 것이다. 하지만 교인들은 예루살렘에 계속 머무는 것을 좋아했다. 초대교회의 은혜로운 공동생활과 안면 있는 친숙한 교인들 간의 위로와 교제가 좋았기 때문이다.

스데반 집사가 붙잡혀 공회로 끌려가다 (6:8-15)

"와, 놀랍다! 정말 놀라워! 저건 분명 하나님에게서 비롯된 기적임에 틀림없어!"

초대교회의 일곱 집사 가운데 하나인 스데반, 그는 특히 하나님의 은혜와 능력이 충만하여 뭇 사람들 앞에서 초자연적인 기적들과 여러 놀라운 일들을 행했다. 그는 힘 있게 십자가 복음을 전파했고 많은 사람들을 주께로 인도했다.

"스데반이란 자가 뭐 그리 대단하다고 저 난리들인지 원!"

때에 구레네(오늘날의 리비아), 알렉산드리아(이집트 북쪽에 위치한 항구도시), 길리기아 지방(소아시아 동남부에 있는 로마의 한 속주, 수도는 '다소') 및 아시아(소아시아 서부에 있는 로마의 한 속주, 수도는 '에베소') 등지에서 이스라엘 땅에 들어온 유대 사람들이 있었다. 이들은 '자유민'이라 불리는 자들로서, 로마 장군 폼페이의 유대 토벌 때(주전 53년경) 로마에 노예로 끌려갔다가, 이후에 거기서 자유민이 된 유대인들 및 그들의 후손을 가리킨다. 당시 예루살렘에는 '자유민의 회당'이라 불리는 자유민들만의 전용 회당이 있었다.

로마의 세속주의와 헬라의 이성주의에 깊이 물든 그들 자유민들은 스데반 집사가 행하는 기적과 표적에 사람들이 열광하는 것을 보고는 매우 고깝게 여겼다. 그래서 그들은 스데반에게 반발하여 이런저런 논쟁과 시비를 걸었다. 하지만 세상 학문과 모세 율법에 있어서는 제법 유식한 그들이라도 신령한 지혜와 성령의 도우심으로 말하는 스데반 집사를 도무지 당해낼 수 없었다.

"이거 말로는 도무지 안 되겠소! 무슨 다른 좋은 수가 없겠소?"

"글쎄…. 잠깐, 이렇게 하면 어떻겠소?"

지혜와 능력으로는 도무지 스데반 집사를 꺾을 수 없었던 자유민들은 비열하고 부정한 방법을 생각해냈다. 그들은 남몰래 여러 사람들을 선동하고 또한 두둑한 돈 봉투로 거짓 증인들을 매수했다. 유대 사회에서는 2인 이상의 증인이 있어야 법정에서 유효하기 때문에 2인 이상을 매수한 것이다.

"우리가 미리 손을 다 써놓았으니 다른 걱정은 조금도 하지 마시오! 당신들은 그저 '스데반이 모세와 하나님을 모독하는 말을 우리가 분명히 들었다'고 하고, 사람들 앞에서 스데반을 고발하고 증언만 해주면 되오. 뒷일은 우리가 다 알아서 처리하겠소!"

자유민들은 스데반 집사에게 신성모독의 죄를 뒤집어씌우려 했다. 당시 유대 사회에서 신성모독의 죄는 최고의 범죄 행위로 간주되어 사형에 처해졌다. 거짓 증인들을 만든 뒤 자유민들은 또한 유대 백성들과 장로들과 율법 교사들을 요상한 말로 선동하고 부추겨, 다함께 스데반에게로 몰려가서 그를 붙잡아 공회로 끌고 갔다.

"자, 이제 당신들이 보고 들은 대로 증언해 보시오!"

자유민들은 미리 손을 써놓은 대로 거짓 증인들을 동원하여 스데반을 거슬러 증언하게 했다. 그러자 돈에 양심을 팔아 매수당한 거짓 증인들이 스데반을 손으로 가리키며 시킨 대로 고발하면서 증언한다.

"나는 저 사람이 계속해서 거룩한 성전을 헐뜯고 모세 율법에 어긋나는 말만 하고 다닌 것을 들었습니다. 저 사람은 말하기를 '나사렛 예수가

공회(산헤드린) 앞에 끌려간 스데반 집사

이 성전을 헐어버리고, 또한 대대로 내려온 모세의 율법도 모조리 바꿀 것이다.'라고 말하는 것을 분명히 들었습니다."

"나도 그렇게 들었습니다!"

"나도 마찬가지입니다. 저 사람이 분명 그렇게 말했습니다!"

2인 이상의 증인들이 스데반을 신성모독의 죄로 고발하였으므로, 유대인 공회는 스데반을 본격적으로 심문하기 시작했다.

"스데반, 당신을 신성모독의 죄로 고발한 증인들이 나왔소! 이에 대해 스데반은 그들의 고발에 대해 변호할 말이 있으면 해보시오!"

그러면서 공회에 앉아 있던 사람들은 일제히 스데반을 주목하여 쳐다보았다. 거짓 증인들의 고발을 들은 스데반 집사는 얼마나 어처구니없고 억울하며 분하겠는가! 그러나 놀랍게도 그때 스데반 집사의 얼굴은 천사의 얼굴처럼 환하게 빛나고 있었다. 옛적에 모세도 시내산 정상에서 40일 동안 하나님과 지내다가 산 아래로 내려올 때 수건으로 감싸야 할 정도로 얼굴에서 거룩한 광채가 났다(출 34:29-35).

성령 충만한 상태에 있던 스데반 역시 예수 그리스도의 복음에 대하여 공회원들에게 말하고 있을 때, 그는 하나님에게서 메시지를 받은 천사와도 같은 입장이었다. 그렇기에 스데반의 얼굴은 마치 천사의 얼굴처럼 빛나고 있었던 것이다. 여기서 매우 아이러니한 것은, 모세의 규례를 뜯어고쳐 폐하고 있다는 죄로 고발된 자의 얼굴이 그 옛날에 하나님을 뵙고 내려올 때에 광채 나던 모세의 얼굴처럼 빛나고 있다는 사실이다. 이런 사실은 누가 참이고 진리인지를 여실히 보여주고 있었다. 그러나 거짓에 눈 먼 사람들은 참과 진리를 알아차리지 못했다.

공회 안은 잠시 무거운 정적이 흘렀다. 배도인가 순교인가? 오늘 누군가 한쪽은 살고, 한쪽은 죽는다. 공회 밖의 기도처에서는 스데반의 안부를 걱정하는 사람들의 기도 소리가 정적에 쌓인 예루살렘에 퍼져나가고 있었다. 그들의 기도는 스데반에게 큰 힘이 되었다.

7

스데반의 설교와 순교

스데반의 설교에 찔린 사람들은
회개는커녕 돌을 들어 내리치지만
순교자 스데반의 얼굴은 천사와 같네
하나님 오른편에 예수님이 서 계시네

스데반 집사가 공회에서 설교하다 (7:1-53)

"저 사람들의 고발 내용이 사실인가?"

거짓 증인들의 고발 내용을 듣고, 공회 의장인 대제사장이 스데반에게 물었다. 여기서 대제사장은 일전에 예수님을 심문하여 결국 죽음에 이르게 했던 가야바(주후 18-37년)로 추정된다. 그는 당시 공회 의장이었다. 대제사장의 질문을 받고, 스데반이 입을 열어 대답한다. 자기변호의 시간을 빌어 공회에서 예수 그리스도의 복음을 힘차게 전한다. 유대인 공의회 의원들을 대상으로 하는 변증이기에 스데반은 이스라엘의 역사를 순서대로 나열하면서 하나님의 섭리와 경륜을 논한다. 스데반의 긴 설교를 들어보면, 그는 메시아(그리스도) 사상과 관련하여 아주 해박한 성경 지식을 지닌, 거의 사도급의 집사라는 사실을 알 수 있다.

"형제 여러분, 그리고 어르신들이여, 제 말을 들어보십시오. 우리 조상 아브라함이 하란으로 옮겨가기 전, 아브라함이 아직 메소포타미아 지방에 살고 있을 때, 영광의 하나님께서 그에게 나타나셨습니다. 그리고 아브라함에게 말씀하시기를 '너는 네 고향과 친척을 떠나, 내가 네게 보여줄 땅으로 가라.' 하셨습니다."

아브라함의 소명에 관한 이야기다. 스데반은 예수 그리스도의 복음의 기원을 이스라엘의 조상인 아브라함에게 두고 있다. 여기 메소포타미아 지방은 아브라함이 태어나 살던 그의 고향 '갈대아 우르'를 가리킨다.

"하나님의 소명에 따라 우리 조상 아브라함은 갈대아 사람들의 땅을 떠나 하란 지방으로 가서, 그의 아버지 데라가 죽을 때까지 거기서 살았습니다. 그 후에 하나님은 아브라함을 여러분이 지금 살고 있는 이 땅으로 인도하셨습니다."

하란은 메소포타미아 북부에 위치한 도시로 고대에 달 숭배가 횡행하였다. 티그리스강과 지중해를 연결하는 '고산'과 '갈그미스' 사이의 중간에 위치하여 예로부터 교역의 중계도시로 크게 번영했다. 하나님의 소명에 부응하여 아브라함 가족이 가나안 땅으로 가던 도중에 이곳에서 꽤 오랜 세월 동안 체류했는데, 결국 여기서 아브라함의 부친 데라가 205세를 일기로 죽었다(주전 2091년경). 아브라함의 며느리이며 이삭의 아내이고 야곱의 어머니인 리브가의 고향이 바로 이곳이다.

그런데 여기서 한 가지 연대기적 문제가 발생한다. 창세기에 따르면, 아브라함의 부친 데라는 70세에 아브라함과 나홀과 하란을 낳았고(창 11:26), 205세에 하란에서 죽었다고 기록되었다(창 11:32). 그리고 아브라함이 하란을 떠날 때 75세라고 기록되었다(창 12:4). 하지만 여기 사도행전에 기록된 스데반의 증언에 따르면, 아브라함은 아버지가 죽었을 때 하란을 떠나 가나안 땅으로 옮겨갔다고 했다.

연대를 계산해 보면, 데라가 70세에 아브라함을 낳았다면 그가 205세에 하란 땅에서 죽었으므로 그때 아브라함의 나이는 135세가 되어야 한다. 다시 말해, 아브라함이 하란 땅을 떠날 때의 나이가 135세가 되어야 한다. 그런데 창세기에는 그때가 아브라함의 나이 75세라고 기록되었다. 무엇이 문제일까?

성경의 선택적 기록에 주목해야 한다. 성경은 구속사에 필요한 인물만을 선택해서 기록한다. 이런 맥락에서 생각해 보면, 데라가 꼭 70세에 아브라함을 낳았다고 해석하기보다는 70세 때부터 자녀를 낳기 시작하여 130세에 아브라함을 낳고, 그 뒤로 아브라함의 동생들인 나홀과 하란을 낳았다고 해석할 수도 있다(나홀과 하란 역시 이후의 구속사에서 필요한 인물들이므로 데라의 많은 자녀들 중 선택적으로 기록되었다. 나홀은 장차 아브라함의 며느리가 되는 '리브가'의 할아버지이고, 하란은 아브라함의 조카 되는 '롯'의 아버지다). 이처럼 데라가 130세에 아브라함을 낳았다면, 그가 하란 땅에서 205세 나이로 죽었을 때 그의 아들 아브라함의 나이는 75세가 된다.

예수 그리스도의 복음과 관련하여 구약시대 이스라엘의 역사를 해박하게 꿰뚫고 있는 스데반의 증언은 계속 이어진다.

"그러나 처음에 하나님은 아브라함에게 발붙일 만한 땅조차 주시지 않았습니다. 그런데도 하나님은 장차 가나안 땅이 전부 아브라함과 그의 후손의 소유가 될 것이라고 약속하셨습니다. 당시 아브라함에게는 대를 이을 자식조차 아직 없었는데도 말입니다."

아브라함은 그의 나이 75세 때에 하나님께로부터 가나안 땅에 대한 약속을 받았고(주전 2091년경), 이후 25년이 흐른 100세 때에 아내 사라에게서 외아들 '이삭'을 얻었다(주전 2066년경). 그러니까 아브라함의 뒤를 이을 후사(後嗣)가 없던 그 25년 동안에도 하나님은 줄곧 아브라함의 후손에게 가나안 땅을 줄 것이라고 약속하셨다.

"또 하나님께서 아브라함에게 말씀하시기를 '네 후손들은 이 땅을 떠나 400년 동안이나 남의 나라에 가서 종으로 살게 될 것이다. 그러나 때가 되면 내가 너희를 종으로 부리던 그 나라를 벌할 것이고, 그러면 너희는 그 나라에서 빠져나와 이곳 가나안 땅에서 나를 예배할 것이다'라고 했습니다."

아브라함의 후손인 이스라엘 백성들이 이집트 땅에서 400년 동안 종살이를 하다가, 마침내 출애굽하여 가나안 땅으로 다시 돌아와 하나님을 섬기게 될 것이라는 내용이다. 그런데 여기서 스데반이 말한 이집트 종살이 기간 '400년'은 정확하게 말하면 '430년'이다(출 12:40; 갈 3:17). 스데반이 '400년'이라고 말한 것은, 옛적에 하나님께서 아브라함에게 주신 그 400년이란 약속의 말씀에 근거했기 때문일 것이다(창 15:13). 일반적으로 유대인들은 정확한 숫자를 말해야 할 때를 제외하고는 대략적인 숫자를 사용하는 경향이 있다. 따라서 이집트 종살이 기간에 대하여 430년과 400년은 서로 틀린 숫자가 아니라, 단지 표기 방식의 차이일 뿐이다. 430년은 구체적인 숫자이고, 400년은 개략적인 숫자이다. 스데반의 설교식 증언이 이어진다.

"여러분, 그런 후에 하나님은 아브라함에게 할례의 언약을 주셨습니다. 그래서 아브라함은 이삭을 낳은 지 여드레 만에 그에게 할례를 베풀었습니다. 나중에 이삭은 야곱을 낳았고, 야곱은 열두 조상을 낳았습니다."

'할례의 언약'에서 할례는 남성 생식기의 포피를 베어내는 일종의 시술 행위인데, 하나님은 이것으로써 아브라함과 맺은 언약의 징표로 삼으셨다. 그리고 여기서 아브라함은 '이스라엘 백성 전체'를 대표한다.

"그런데 야곱이 낳은 그 조상들이 동생 요셉을 시기한 나머지, 그를 이집트에 노예로 팔아버렸습니다. 그러나 하나님은 요셉과 항상 함께하시면서 모든 역경에서 그를 건져내시고 또 그에게 지혜를 주시어 이집트 왕의 총애를 받게 하셨습니다. 그래서 이집트 왕은 요셉을 이집트 온 땅을 다스리는 총리로 세웠습니다."

요셉은 17세에 형들의 미움을 받아 억울하게 이집트에 노예로 팔려갔

공회 앞에서 당당하게 설교하는 스데반 집사

고(주전 1898년경), 이집트 왕의 친위대장인 보디발의 집에서 10년가량 종살이했다. 그 기간에 보디발의 인정을 받아 가사의 모든 일을 도맡아 처리하는 가정 총무로 일했지만, 사악하고 음란한 보디발 아내의 모함으로 3년가량 옥살이를 했다. 그때 감옥에서 만난 이집트 왕의 두 시종장의 해몽을 계기로 이집트 왕의 꿈을 해석하고 그 대책까지 제시함으로써 일약 이집트의 총리직에 올랐다. 그때 요셉의 나이 30세였다(주전 1885년경). 스데반의 설교는 이어진다.

"그때 이집트와 온 가나안 땅에 심한 흉년이 닥쳐왔으므로, 우리 조상들은 아주 어려운 처지에 빠졌습니다. 마침내 식량이 다 떨어지자, 야곱은 이집트에는 아직도 곡식이 남아 있다는 말을 듣고 양식을 구해오도록 자기 아들들을 낯선 이집트 땅으로 보냈습니다. 그리고 야곱의 아들들이 두 번째로 이집트에 갔을 때, 요셉은 비로소 자기 형제들에게 자신이 누구인지를 밝힌 후에 이집트 왕에게 형제들을 소개했습니다."

창세기 42장부터 45장의 내용을 압축한 것이다. 요셉이 해몽한 대로 이집트를 비롯한 중근동 일대에 7년 풍년 뒤에 7년 극심한 흉년이 임했는데, 그 흉년 기간 중에 가나안 땅에 살고 있던 야곱 가족이 이집트 총리 요셉에게 양식을 구하는 과정에서, 요셉을 노예로 팔아넘긴 요셉의 형들이 총리 요셉의 정체를 알고서 상호 화해하는 일련의 우여곡절이 잘 나타나 있다. 이 같은 이스라엘의 초창기 역사를 훑는 스데반의 설교는 계속 이어진다.

"그런 다음, 요셉은 사람을 보내어 아버지 야곱과 친족들까지 모두 75명을 이집트로 내려오게 했습니다. 그래서 요셉의 초청에 응해 야곱 일행은 가나안 땅을 떠나 이집트로 내려가서 거기서 살다가 모두 그곳에서 죽었습니다. 그리고 나중에 그들의 유해는 모두 가나안 땅 세겜으로 운반되어 그곳의 묘지에 묻혔습니다. 그곳은 오래전에 아브라함이 세겜에 살던 하몰의 아들들에게서 사 두었던 곳입니다."

여기서 스데반이 말한바 이집트에 내려간 야곱 일행 '75명'은 성경에 언급된(창 46:27; 출 1:5) '70명'에다가 요셉의 손자와 증손자 '5명'을 합한 숫자로 보인다. 이집트에 내려간 야곱 일행은 이집트의 국경지대인 '고센 땅'에 자리를 잡았는데, 나일강의 삼각주 지역에 위치한 비옥한 곳이었다. 이후 야곱 일행 75명은 200만 명가량의 이스라엘 민족으로 번성하여 출애굽할 때까지 430년 동안 그곳에 머물렀다. 물론, 그 기간 동안에 이주한 초창기 세대의 사람들은 모두 이집트 땅에서 죽었다.

그리고 가나안 땅에서 아브라함이 묘지 용도로 구입한 땅은, 실제로는 '헤브론'에 있는 막벨라 동굴이었다. '세겜'에 있는 하몰의 땅을 구입한 사람은 야곱이었다. 하지만 스데반은 가나안 땅을 아브라함과 그의 후손에게 주기로 약속하신 하나님의 언약적인 차원에서 두 사건을 엄밀하게 구분하지 않고 뭉뚱그려 언급했다.

한편, 이집트 땅에서 죽은 야곱의 시신은 가나안 땅으로 옮겨져 막벨라 동굴에 묻혔고, 요셉의 유해 역시 가나안 땅으로 옮겨져 자기 후손인 에브라임 지파가 분배받은 지역 내의 세겜에 묻혔다.

"여러분, 마침내 하나님께서 아브라함에게 하신 약속의 때가 가까워짐에 따라 이집트에 사는 우리 이스라엘 백성들의 수효도 엄청나게 불어났습니다."

일찍이 하나님은 아브라함에게 약속하시기를 '네 자손이 이방 땅의 객이 되어 400년 동안 종살이를 한 뒤에, 내가 그 나라를 징벌할 터인즉 그때에 네 자손이 그 땅에서 나올 것이다.'라고 하셨다(창 15:13-14, 주전 2082년경). 과연 그러했다. 아주 작은 규모의 일개 부족에 불과한 야곱 가족 75명이 이방 땅 이집트에 내려간 때(주전 1876년경)로부터 그곳에서 430년의 종살이를 하는 동안에 한 나라를 거뜬히 세울 만큼의 수효인 200만 명가량으로 엄청나게 불어났다(주전 1446년경).

"그 무렵, 이집트에는 요셉에 대해 전혀 알지 못하는 다른 자가 왕위에 올랐습니다. 그 이집트의 새로운 왕은 우리 이스라엘 백성을 아주 심하게 학대하고, 우리 조상들을 힘으로 억눌러 새로 태어난 남자아이들을 나일강에 내다버려 죽게 하는 일도 있었습니다. 그런 큰 핍박의 시기에 모세가 태어났습니다."

여기서 이집트의 새 왕은 신(新)왕국 18왕조의 초대 왕인 아하모스(Ahamose, 주전 1584-1560년경)로 추정된다. 그는 이집트 본토 사람으로 이전의 이방 왕조인 셈 계열의 힉소스 왕조를 무너뜨린 뒤 권력을 잡고는 힉소스 왕조와 같은 셈 계열인 이스라엘 백성을 학대하여 대대적인 민족말살 정책을 폈다. 그런 대핍박의 시기에 하나님의 섭리와 경륜하에서 장차 출애굽의 영도자가 될 '모세'가 태어났던 것이다(주전 1526년경).

"모세는 보통 아이가 아니었습니다. 모세의 부모는 석 달 동안이나 그 아기를 몰래 숨겨 키웠습니다. 그러나 아이가 자라나므로 더 이상 숨길 수 없게 되자, 할 수 없이 그 아기를 갈대 상자에 넣어 나일강에 내다버렸습니다. 그런데 그 갈대 상자가 때마침 이집트 왕의 딸의 눈에 띄었고, 그녀는 모세를 물에서 건져내어 자신의 양아들로 삼아 길렀습니다. 그리하여 모세는 이집트 궁중에서 당대 최고의 교육을 받아, 말로나 행동으로나 아주 능력 있는 사람이 되었습니다."

출애굽기 2장 1-10절의 내용이다. 갈대 상자에 담긴 갓난아기 모세를 건져 자신의 양아들로 삼은 이집트 공주는 '핫셉수트'로 추정된다. 그녀는 이집트의 신(新)왕국 18왕조를 세운 아하모스의 손자인 '투트모세 1세'와 18왕조의 2대 왕인 '아멘호텝 1세'의 딸 사이에서 태어난 무남독녀였다.

핫셉수트는 여자라서 왕위 계승권이 없었으므로 어쩔 수 없이 부왕의 후궁 소생으로 이복동생 되는 '투트모세 2세'와 혼인했다. 하지만 둘 사이에는 아기가 생기기 않았다. 그래서 핫셉수트는 신성한 나일강에서 목욕하면 아기가 들어선다는 이집트 사람들의 속설에 따라 그날도 나일강에 목욕하러 나왔다가 갈대 상자를 발견했고, 상자 안에 담긴 아기 모세의 출중한 모습을 보고는 신의 뜻으로 간주하고 자기 아들로 입양할 마음을 먹은 것이다.

물론, 이 모든 일의 배후에는 하나님의 손길이 있었다. 이집트 공주의 양아들이 된 모세는 이후 40년 동안 당시 중근동 지역의 패권국이었던 이집트의 궁중에서 당대 최고의 문무(文武) 교육을 받게 된다.

"모세가 마흔 살이 되었을 때, 그는 자기 동족인 이스라엘 사람들의 사정을 살펴볼 마음을 가졌습니다. 그런데 어느 날, 모세는 자기 동족 하나가 이집트 사람에게 억울하게 학대당하는 것을 보고는 동족의 편을 들어 싸우다가 그만 그 이집트 사람을 죽이고 말았습니다. 이때 모세는 자기가 이스라엘 사람을 도우라고 하나님이 보내신 사람이라는 것을 히브리 동족이 알아주기를 바랐지만, 이스라엘 사람들은 그 사실을 전혀 인정하지 않았습니다."

이집트 공주의 아들로 입양된 아기 모세는 유모가 된 친어머니 요게벳에게서 어릴 때에 히브리 민족의 교육을 받았다. 그렇게 어릴 적에 몸에 배인 민족적인 자긍심과 의협심으로 학대받는 자기 동족을 돕다가 그만 실수로 이집트 사람을 죽인 것인데, 그런 모세의 마음을 히브리 동족이 알아주지 않았다. 그 까닭은, 이때까지만 해도 모세가 하나님의 뜻에 따라 행동한 것이 아니라 그저 인간적인 혈기에 따라 행동했기 때문이다. 스데반의 설교는 계속된다.

"이튿날, 이번에는 모세가 같은 동족인 이스라엘 사람끼리 서로 싸우는 것을 보았습니다. 그래서 모세는 싸움을 말리며 말하기를 '여보시오, 한 핏줄끼리 싸우면 되겠소? 이게 무슨 짓들이오?' 하였습니다. 그러자 동료를 괴롭히던 사람이 쓸데없이 간섭하지 말라며 모세에게 대들며 말하기를 '당신은 뭐요? 누가 당신을 우리의 지도자나 재판관으로 세우기라도 했소? 어제는 이집트 사람을 죽이더니 오늘은 나를 죽일 작정이오?' 하였습니다. 그 말을 듣고 모세는 '아차!' 싶어 이집트 땅을 급히 도망쳐 나와 멀리 미디안 땅으로 달아났습니다. 그러고는 거기에 눌러앉아 살아가는 동안, 모세에게 두 아들이 태어났습니다."

고대 전제주의 국가에서 왕과 왕족의 권세는 법을 뛰어넘는 절대적인 것이었다. 그런데도 이집트 왕자인 모세가 건축공사의 현장에서 히브리인들에게 마구 채찍질을 해댄 이집트의 악질 십장 하나를 죽인 일로 큰 두려움에 빠져 나라 밖으로 급하게 부랴부랴 도망갔다. 그럴 만한 사정이라도 있는 걸까?

이집트 궁중 내의 알력 관계를 살펴보면 이번 일은 모세에게 치명적이었다. 당시 모세의 양모인 핫셉수트와 그녀의 남편 투트모세 2세 사이에는 자식이 없어, 투트모세 2세는 궁녀의 몸에서 아들 하나를 얻었다. 그 아들이 이집트 혈통이라는 이유로 왕위를 계승받아 '투트모세 3세'가 되어 나라를 통치하고 있었는데, 그에게는 핫셉수트의 보호를 받고 있는 강력하고 유능한 왕자 모세가 최대의 정적이었다.

투트모세 3세는 모세를 눈엣가시처럼 여기고 모세의 최대 약점인 히브리 혈통을 빌미 삼아 모세를 제거할 기회를 호시탐탐 노리고 있었다.

그러니 모세가 이집트 사람을 죽인 사건은 민족적인 감정을 부채질하여 모세를 제거할 수 있는 절호의 기회였다. 모세도 그런 사실을 익히 알고서 추호의 망설임도 없이 이집트 땅을 벗어나 시나이 반도를 건너 아주 멀리 미디안 땅으로 도피했던 것이다.

미디안 땅으로 도피한 모세는 그 지역의 제사장인 이드로(일명, 르우엘)의 딸 '십보라'와 결혼하고, 이후 40년 동안 평범한 목부로 지내는 동안 두 아들 '게르솜'과 '엘리에셀'을 얻게 된다. 이때 모세의 나이 80세였다(주전 1447년경). 스데반의 설교는 이어진다.

"모세가 미디안 땅으로 도망쳐온 지 40년이 흐른 뒤, 어느 날 모세가 시내산 근처의 광야에서 양떼를 치고 있을 때였습니다. 갑자기 한 천사가 불길이 활활 타오르고 있는 가시나무 덤불 속에 나타났습니다."

시내산은 홍해 북쪽의 시나이 반도 산악지대에 위치하고 있는 산이다. 모세는 이곳에서 출애굽의 영도자로 하나님께 소명을 받았고, 이후 출애굽한 이스라엘 백성들이 이 산 아래에서 1년 가까이 머물렀다. 이때 모세는 이 산의 정상에서 하나님께로부터 직접 십계명과 율법을 받았다. 오늘날의 '예벨 무사'(Jebel Musa, '모세의 산'이란 뜻으로 해발 2,286m)가 시내산으로 가장 유력시된다.

"계속해서 활활 불타고 있는 가시나무 덤불을 보고 크게 놀란 모세가 무슨 일인가 하고 더 자세히 보려고 가까이 다가갔습니다. 바로 그때 주님의 음성이 모세의 귀에 들렸습니다. '나는 네 조상들의 하나님, 곧 아브라함의 하나님, 이삭의 하나님, 야곱의 하나님이니라.' 이 같은 주님의 음성을 듣고, 모세는 두려워서 감히 고개조차 들지 못했습니다."

하나님은 모세에게 스스로를 '아브라함과 이삭과 야곱의 하나님'으로 소개하셨다. 아브라함과 이삭과 야곱은 언약 백성 이스라엘의 3대 족장으로, 하나님은 이들 3대 족장에게 대(代)를 이어 '땅'과 '후손'에 대한 약속을 해주심으로써 변치 않는 언약의 신실하심을 나타내 보이셨다.

그 '변치 않는 하나님의 신실하신 언약'이 마침내 모세에게까지 이르렀던 것이다.

"주님은 계속해서 모세에게 말씀하시기를 '네가 서 있는 땅은 거룩한 곳이니 너는 네 신을 벗어라. 나는 이집트에 있는 내 백성이 학대받는 것을 보았고 그들이 부르짖는 소리를 들었노라. 이제 내가 내 백성을 해방시키려고 내려왔으니, 그러므로 이제 너는 가라! 내가 너를 이집트로 보내노라.' 하셨습니다. 이 사람 모세로 말할 것 같으면 '누가 당신을 우리의 지도자나 재판관으로 세우기라도 했소?'라는 말을 들으면서 동족에게 배척받았던 사람인데, 하나님은 이런 모세를 활활 타오르는 가시나무 덤불의 불길 속에 나타났던 천사를 통해 이스라엘 민족의 통치자와 해방자로 세워 자기 동족을 구출해내도록 이집트로 돌려보내셨던 것입니다."

고대 중근동 사회에서 신을 벗는 행위는 상대방에 대한 존경과 복종의 의미였다. 그래서 당시 노예들은 신을 신지 않았다. 그런 의미에서 신을 벗으라는 하나님의 명령은 당연한 것이었다. 지극히 거룩하신 하나님이 임하여 계시는 거룩한 곳에서 세상의 온갖 더럽고 부정한 것들이 묻어 있는 신을 계속 신고 있어서는 안 되기 때문이다.

하나님은 일찍이 아브라함과 이삭과 야곱에게 주신 약속, 곧 가나안 땅과 수많은 후손에 관한 약속을 실현시키시기 위해 모세를 택하셨다. 이집트 궁중에서 40년 동안 당대의 모든 학술을 배우도록 섭리하셨고, 이후 미디안 땅에서 40년 동안 광야의 모든 속성을 터득하도록 인도하셨다. 80년에 걸친 오랜 연단과 훈련의 과정을 모두 마친 후에, 하나님은 마침내 때가 이르렀다고 판단하고 언약을 성취시키려고 시내산에서 모세를 부르시어 그에게 출애굽의 큰 사명을 맡기셨던 것이다(주전 1447년경). 스데반의 설교에 계속해서 귀를 기울여보자.

"마침내 모세는 이스라엘 백성을 이집트에서 이끌고 나왔습니다.

이집트 안에서는 물론이고, 홍해에서 또 광야에서 40년을 지내는 동안, 모세는 수많은 기적과 놀라운 표적을 행했습니다. 그런 모세가 이런 말을 한 것을 기억하십니까? 곧 모세가 말하기를 '하나님은 여러분을 위해 여러분의 동족 가운데서 나 같은 선지자를 하나 세워주실 것입니다.'라고 하지 않았습니까!"

그렇다. 모세는 신명기 18장 15절에서 이스라엘 백성들을 향해 분명 그런 말을 했다. 그렇다면 모세가 말한 '나와 같은 선지자'는 과연 누구일까?

모세가 예언한바 장차 하나님에 의해 세움 받을 모세 같은 선지자에 대해서 많은 유대인들은 그를 모세의 후계자인 '여호수아'로 보았다. 하지만 모세는 궁극적인 의미에서 그 이상의 위대한 선지자를 언급했음에 틀림없다. 그는 바로 하나님에 의해 이 땅에 보내심 받은 분으로서, 자기 백성을 그들의 죄에서 구원해내시어 영원한 생명의 길로 이끄실 또 다른 '여호수아'(히브리어 '여호수아'의 헬라식 표현이 '예수'다) 곧 '메시아 예수'를 가리켰음이 분명하다.

이렇게 볼 때 모세는 성령의 감동으로 장차 오실 '메시아 예수'를 예언한 것이고, 지금 그 메시아 예수를 선포하고 증거하는 스데반은 모세의 율법을 모독한 것이 아니라 도리어 모세의 예언이 성취되었음을 알림으로써 모세를 존귀하게 한 것이 된다. 스데반을 율법 모독자로 공회의 법정에 세운 극렬 유대인들의 고발이 크게 잘못되었음을 알 수 있다.

"이스라엘 백성이 광야 교회로 있을 때, 이 사람 모세는 시내산에서 그에게 말했던 그 천사와 우리 조상들 사이의 중개자가 되어 하나님의 율법인 살아있는 말씀을 그 천사에게 받아 이스라엘 백성에게 전해주었습니다. 그러나 우리 조상들은 모세의 말을 들으려 하지 않았을 뿐만 아니라 오히려 이집트로 되돌아가려고 했습니다. 그들은 아론에게 말하기를 '우리를 위해 우리를 인도할 신들을 만들어 주시오! 우리를 이집트에서 이끌어낸 모세는 지금 어떻게 되었는지 모르겠소!' 하였습니다. 그러고서 그들은 송아지 형상의 우상을 만들어 그 우상 앞에 희생제물을 바쳤습니다. 그렇게 그들은 자기들의 손으로 만든 그 우상을 섬기며 기뻐했습니다."

출애굽 이후 이스라엘 백성들이 시내산 아래에서 머물고 있을 때(주전 1446년경 3월), 모세는 하나님의 명에 따라 시내산 정상으로 올라가 십계명과 율법을 받았다. 이때 모세는 뒷일을 아론에게 부탁하고 시내산 정상에서 40일 동안 머물면서 하나님께로부터 율법을 받았는데, 시내산에 올라간 모세가 오래도록 내려오지 않자 이스라엘 백성들은 자신들의 새로운 인도자로 삼기 위해 아론에게 우상을 만들어달라고 강력하게 요구했다. 그 결과, 이스라엘 백성들은 이집트의 송아지 우상을 본떠 금으로 송아지 형상의 우상을 만든 뒤에 그 우상에게 희생제물을 바치면서 그 앞에서 절하고 뛰놀았다(출 32:1-6).

스데반은 이렇게 하나님을 거역한 조상들의 패역한 우상숭배 행위를 거론하면서, 마찬가지로 그 하나님께서 보내신 메시아 예수를 배척하고 거역하는 당시 유대인들의 패역한 불신 풍조를 지적하였다. 그래서 스데반의 설교를 듣고 있던 유대인들은 일그러진 표정을 지으면서 속으로 이를 갈며 크게 반발하고 있었다.

한편, 여기서 스데반은 '광야 교회'란 말을 사용했는데, 모세가 시내산 정상에서 하나님의 율법을 받고 있을 때 시내산 아래에 소집되어 하나님께서 수여하실 율법을 받아들일 준비를 갖추고 있던 이스라엘 백성들의 총회를 가리킨다. 스데반은 시내산 아래에 있던 하나님의 언약 백성인 이 이스라엘 백성들의 총회를 '광야 교회'로 묘사함으로써 장차 형성될 '신약 교회'의 모형으로 보았다. 여기서 '교회'(헬, 에클레시아)는 건물 곧 예배당으로서의 '유형 교회'가 아니라, 성도들의 모임 곧 총회로서의

'무형 교회'를 가리킨다.

"여러분, 그래서 하나님은 우상을 섬기는 이스라엘 백성들에게서 얼굴을 돌리시고 그들이 하늘 군대 곧 태양과 달과 별 등의 천체를 신처럼 섬겨도 내버려두셨습니다. 이것은 선지자들의 책에 기록된 것과 같습니다. 옛적에 기록되기를 '이스라엘 백성들아, 너희가 40년 동안 광야에 살면서 나를 위해 희생제물을 바친 적이 있었더냐? 너희는 너희가 예배하려고 만든 우상들 곧 몰록의 장막과 별의 신 레판을 떠메고 다녔다. 그러므로 나는 너희를 포로 되게 하여 바빌로니아 저편으로 옮겨버릴 것이다.' 했습니다."

스데반이 언급한 선지자의 글은 아모스 5장 25절과 27절의 내용을 헬라어 역본인 70인역(LXX)에서 인용한 것이다. 사실, 이스라엘 백성들은 광야 40년 동안 수없이 많은 희생제물을 하나님께 바쳤다. 그러나 선지자 아모스는 우상숭배에서 떠나지 못한 이스라엘 백성들이 하나님께 참된 제사를 드린 적이 없다고 말한 것이다. 그 결과, 이스라엘 백성들은 마침내 나라를 잃고 포로가 되어 이방 땅 바빌로니아로 끌려가게 되었던 것이다(주전 586년경).

한편, 선지자의 글에 언급된 '몰록'과 '레판'은 이스라엘 백성들이 숭배한 우상들이다. '몰록'은 암몬 사람들의 국가 신으로 '몰렉'이라고도 불린다. '레판'은 아시리아나 바빌로니아에서 숭배되던 별 신인데, 그중에서도 특히 '토성 신'을 가리킨다. 이 토성신이 페르시아에서 '렘판'으로 불리기 때문에 성경에서 '레판'으로 쓰인 듯하다. 이스라엘 역사를 회고하는 스데반의 설교는 계속 이어진다.

"여러분, 우리 조상들은 광야에서 증거의 장막을 가지고 다녔습니다. 이 장막은 하나님께서 모세에게 지시한 그대로, 모세가 보았던 모양에 따라 만들어진 것입니다. 우리 조상들은 이 장막을 물려받아 여호수아의 지휘 아래 하나님께서 여러 민족을 몰아내시고 허락해주신 가나안 땅으로 들어갈 때 가지고 들어갔습니다. 이 증거의 장막은 다윗 시대까지도 그 땅에 보존되었습니다. 그리고 하나님의 크신 사랑을 받은 다윗은 야곱의 하나님을 위해 처소를 짓게 해달라고 간구했습니다. 하지만 실제로 성전을 지은 사람은 다윗의 아들 솔로몬이었습니다."

'증거의 장막'은 모세가 광야에서 하나님의 명에 따라 만든 '성막'을 가리킨다. 이 성막의 지성소 안에 십계명이 보존된 '증거궤'(법궤, 언약궤)가 있었기 때문에, 성막은 '증거의 장막'으로도 불렸다.

모세에 의해 시내 광야에서 처음 만들어진 이 '증거의 장막'은 이후로 광야 유랑시대(40년), 가나안 정복 및 정착시대(15년), 사사시대(340년), 사울 왕 시대(40년)를 거치면서 여러 곳을 옮겨 다니다가, 다윗 시대에 이르러 예루살렘 성읍 안으로 옮겨졌다(주전 1003년경). 하지만 그 '증거의 장막'을 영구적으로 모실 성전은 아직 마련되지 않았다. 그래서 다윗은 자신의 손으로 그 성전을 짓게 해달라고 하나님께 간구한 것이다.

그러나 성전 짓기를 간절히 바란 다윗의 소원은 끝내 이루어지지 못했다. 하나님은 전쟁에서 많은 피를 흘린 다윗의 손에 의해서가 아니라, '평강의 사람'인 그의 아들 솔로몬의 손을 통해 성전이 지어지기를 원하셨기 때문이다. 그리하여 하나님의 성전은 다윗을 계승한 솔로몬 왕에 의해 마침내 건축되었다(주전 959년경).

여기서 스데반이 성막(증거의 장막)의 이동 사실을 강조한 것은, 유대인들의 고착화된 생각과는 달리, 오직 예루살렘 성전만이 하나님께서 임재하시는 유일한 장소가 아니라는 것을 일깨워주기 위해서였다. 이제 스데반은 그런 사실을 직접적으로 언급한다.

"여러분, 성전이 건축되었을지라도 지극히 높으신 하나님은 사람에 의해 지어진 집에 거하지 않으십니다. 이는 일찍이 선지자들이 말한바 '주님께서 말씀하신다. 하늘은 나의 보좌요 땅은 나의 발판인데, 너희가 나를 위해 무슨 집을 지을 수 있으랴! 내가 들어가 쉴 수 있는 곳이 지상에 어딘들 있으랴! 세상의 모든 것들이 다 나의 손으로 만들어진 것이 아니더냐!'라고 한 것과 같습니다."

스데반은 이사야 선지자의 글(사 66:1-2)을 인용하여 하나님의 무소부재성과 편재성을 강조하였다. 천지만물을 지으신 전능자 하나님은 시공간의 제한을 받는 인간들과는 달리 세상의 어느 일정한 공간 안에만 존재하시지 않고, 온 우주와 만유 가운데 계시지 않은 곳이 없는 초월적 존재라는 사실을 일깨워주었다.

이를 통해 스데반은 하나님을 오직 성전 안에만 가두어둔 채 그 성전을 절대시하는 유대인들에게 성전은 단순한 예배 처소일 뿐 경배의 대상이 될 수 없음을 가르친 것이다. 하지만 당시 유대인들은 스데반이 가르친 이 놀라운 진리를 전혀 깨닫지 못하고, 단지 그가 율법을 거역하고 성전을 모독한다고만 생각했다. 이제 스데반은 공회에서 행한 긴 설교식의 증언을 마무리한다.

"목이 뻣뻣하고 마음과 귀에 할례를 받지 못한 사람들이여! 여러분은 여러분의 조상들처럼 언제나 성령을 거역하고 있습니다. 여러분의 조상들이 박해하지 않은 선지자가 한 사람이라도 있었습니까? 여러분의 조상들은 장차 의로우신 분이 오실 것이라고 예언한 선지자들을 핍박하고 죽였지만, 이제 여러분은 선지자들이 예언한바 이 땅에 오신 바로 그 의로우신 분을 배반하고 십자가에 못 박아 죽였습니다. 진실로 여러분은 천사들이 전해준 하나님의 율법을 받았으면서도 그것을 지키지 않았습니다."

지금까지 이스라엘의 지난 역사를 회고하는 가운데 구약성경을 인용하여 유대인 조상들의 불신행위를 조목조목 지적했던 스데반은 이제 마지막으로 공회(산헤드린)에 모인 공회원들과 방청하고 있는 유대인들을 향해 그들도 조상들과 마찬가지로 '목이 뻣뻣하고 마음과 귀에 할례를 받지 못한 사람들'이라고 질책했다.

'목이 뻣뻣하다'는 말은 주인의 말을 듣지 않는 황소가 목을 뻣뻣하게 세우면서 버티는 것처럼 고집 센 마음자세를 가리키고, '마음과 귀에 할례를 받지 못했다'는 말은 할례 받지 못한 이방인들처럼 마음과 귀가 꽉 닫혀 있어서 하나님의 말씀을 조금도 들으려 하지 않는다는 의미다.

유대인들과 그들의 조상들이 그런 고집 센 마음과 꽉 닫힌 귀를 가졌기에, 과거의 조상들은 '의로우신 분' 곧 '메시아'가 오실 것이라고 예언한 선지자들을 다 잡아 죽였고, 작금의 유대인들은 선지자들의 예언대로 이 땅에 오신 그 메시아를 십자가에 못 박아 죽였던 것이다. 그러므로 천사들이 전해준 하나님의 율법을 받고도 그것을 지키지 않은 사람들은 유대인들이 율법 모독죄로 공회 법정에 세운 스데반이 아니라, 그 율법을 올바로 전하는 스데반을 붙잡아 그 자리에 세운 유대인들이었다.

한편, 여기서 스데반은 하나님의 율법을 이스라엘 백성에게 전해준 자가 '천사'라고 말했는데, 이는 율법의 신령한 기원을 나타내는 유대적인 표현이다. 실제로 율법은 시내산 위에서 하나님이 모세에게 직접 부여한 것이지만, 유대인들은 그 거룩한 과정에서 천사의 중보가 있었을 것으로 보았다.

스데반 집사의 순교 (7:54-60)

"저자가 지금 무슨 말을 하고 있는 게냐!"

"당장 입 닥치지 못할까! 여기가 어디라고 감히 그 따위 말을 함부로 내뱉고 있는 것이냐!"

지금까지 스데반의 설교를 들으며 부글부글 속을 끓이고 있다가 스데반이 결론적으로 자신들의 패역함을 직접적으로 지적하자, 공회에 모인 사람들은 화가 크게 치밀어 올라 스데반을 향해 이를 갈았다.

"저런 고약한 자를 더는 보고만 있을 수 없다!"

"저자를 당장 끌어내어 돌로 쳐 죽여야 한다!"

공회 의원들과 유대인들이 스데반을 향해 고래고래 소리 질렀다. 분위기가 아주 살벌했다. 그러나 스데반은 그들과는 정반대로 잔잔한 호수처럼 평온한 모습이었다. 그는 성령 충만한 상태에서 고개를 들어 하늘을 우러러보았다.

"오, 주님! 할렐루야!"

성령 충만으로 영안이 활짝 열린 스데반이 하늘을 우러러보니, 하늘 보좌에 앉으신 하나님의 크신 영광이 보였고, 또한 하나님의 보좌 오른편에 예수께서 자리에서 일어나 서 계신 모습이 보였다. 아버지 하나님의 우편 보좌에 앉아 계셨다가 이 순간에 자리에서 벌떡 일어나 서 계신 예수님, 그런 예수님의 모습은 자신의 신실한 종 스데반이 순교의 위기에 처한 사실을 안타까워하는 다급한 심정을 보여주었고, 동시에 곧 순교하게 될 스데반의 영혼을 두 손 크게 벌려 환대한다는 뜻이 담겨 있었다.

그러나 공회 광경은 살벌했다. 사람들은 스데반의 설교에 미친 듯이 격분하여 이를 박박 갈며 달려들었다. 하지만 스데반은 그런 살벌한 죽음의 순간에도 잔잔한 호수처럼 평온한 마음으로 하늘을 우러러 하나님의 영광과 예수님의 환대를 바라보며 미소 짓고 있었다. 그때 하늘의 영광스러운 광경을 바라보며 스데반이 감격에 북받쳐 솟아나는 환희의 목소리로 크게 소리쳐 말한다.

"보시오! 저기 하늘이 열리고, 인자가 하나님의 오른편에 서 계십니다!"

'사람의 아들'이란 뜻의 '인자(人子)'는 예수님이 생전에 스스로를 가리켜 말할 때 즐겨 사용하시던 호칭이었다. 인류의 구원자로서 사람의 몸을 입고 세상에 내려오신 성육신(成肉身)의 비밀이 함축된 호칭이다.

유대인들은, 하나님의 오른편에 서 계신다고 방금 스데반이 외친 그 '인자'가 자신들이 십자가에 못 박아 죽인 그 예수란 사실을 잘 알고 있었다. 하지만 그들은 그 사실을 도무지 받아들일 수 없었다. 지금쯤 무덤 속에서 그 시신이 썩어가고 있을 예수가 부활하고 승천하여 하나님의 보좌 우편에 있다니! 말도 되지 않는 헛소리라고 생각했다.

"저놈의 입을 당장 틀어막아랏!"

공회에 모인 사람들은 더는 들어줄 수 없다는 듯 두 손으로 귀를 틀어막으면서 목청껏 소리를 지르더니, 일제히 스데반을 향해 달려들었다. 모두가 극도로 흥분하고 격노하여 이성을 잃은 상태였다.

"이자를 당장 돌로 쳐 죽입시다! 그자가 하나님과 율법을 모독하는 모습을 더 이상 두고 볼 수 없소!"

공회 의원들이 신성모독죄를 뒤집어씌워 서둘러 스데반에게 사형을 언도하자, 유대인들이 우르르 달려들어 스데반을 단단히 붙잡은 뒤 예루살렘 성읍 밖으로 끌어냈다. 유대인들은 하나님의 성전이 있는 예루살렘의 거룩함을 보존하기 위해 예루살렘 성읍 밖에서 사형을 집행했다.

"자, 스데반을 고발한 증인들이 돌을 집어 먼저 스데반에게 던지시오!"

유대인들은 예수에 대해서는 로마 정부에 대항하는 반란죄로 기소했기에 로마법에 따라 십자가에 못 박아 죽였다. 반면, 스데반은 하나님과 율법을 모독한 종교적인 죄로 기소했기에 유대 공회의 결정 하에 율법에 따라 돌로 쳐 죽이고 있는 것이다. 이때 모세 율법은 사형수를 고발한 증인들부터 먼저 돌로 치고, 그 이후에 다른 사람들이 다함께 돌을 던져 죽이게 되어 있었다(신 17:7).

"에라이, 이놈! 죽어랏!"

"지옥에나 떨어져라!"

자유민 유대인들에게 매수당한 거짓 증인들이 스데반에게 저주를 퍼부으며 힘껏 돌을 던졌다. 그때 그들은 자기들의 겉옷을 벗어서 '사울'이라는 청년의 발 앞에 갖다놓았다. 사울은 기꺼이 그들의 겉옷을 맡으면서 크게 외친다.

"어서 돌로 쳐 저자를 죽이세요! 저런 자들은 마땅히 죽어야 해요!"

사울! 나중에 회심하여 위대한 복음 전도자가 된 바울 사도! 하지만 이때 사울은 30대 전후의 피 끓는 청년으로서, 당대의 위대한 라반인 가말리엘의 문하에서 모세 율법을 배우고 있던 정통 바리새인이었다.

이때만 해도 그는, 예수를 믿는 사람들을 하나님과 율법을 모독하고 정통 유대교를 훼손시키는 사악한 이단으로 규정하고, 그런 자들은 모조리 잡아 죽여야 된다고 생각했다. 그래서 이번에 스데반을 쳐 죽이는 일에도 적극적으로 동참했고, 이후에도 한동안 그는 누구보다 앞장서서 성도들을 핍박하고 교회를 말살시키는 데 열심을 냈다.

"주 예수님, 제 영혼을 받아주소서!"

돌들이 빗발처럼 날아와 온몸이 피투성이가 되어가는 중에도 스데반은 천사처럼 빛나는 얼굴로 평온하게 기도했다. 예수님도 십자가 위에서 운명하시기 직전에 아버지 하나님께 "아버지여, 내 영혼을 아버지의 손에 부탁하나이다."하고 기도하셨다(눅 23:46). 스데반 집사는 이제 죽음의 순간이 다가왔음을 직감했다. 그는 마지막 힘을 내어 무릎을 꿇고는 하늘을 향해 큰 소리로 부르짖는다.

"오, 주여! 이 죄를 저 사람들에게 돌리지 마옵소서."

격분에 찬 험상궂은 얼굴로 자신에게 온갖 저주와 욕설을 퍼부으며 마구 돌을 던지는 유대인들을 향하여 스데반은 천사 같은 평온한 얼굴로 용서의 기도를 드렸다. 앞서 십자가에 매달린 예수님도 십자가 아래에서 자신을 비웃고 저주하는 사람들을 향해 "아버지여, 저들을 용서해 주옵소서. 저들은 지금 자기들이 무슨 일을 하고 있는지 알지 못합니다."하고 기도하셨다(눅 23:34). 이런 맥락에서 스데반은 '원수까지도 사랑하라'는 예수님의 가르침을 온몸으로 실천한 참된 제자였다. 스데반은 환한 미소를 지으며 주님의 품 안에서 고이 잠들었다. 초대교회의 첫 순교자가

스데반 집사가 돌에 맞아 순교하다

된 것이다.

스데반의 순교는 의미 없는 헛된 죽음이 결코 아니었다. 그의 순교로 인해 그동안 '예루살렘'에만 머물고 있던 초대교회의 신자들이 극렬 유대인들의 핍박을 피해 예루살렘을 떠나 '온 유대'와 '사마리아'와 '땅끝'까지 뻗어나가는 계기가 되었던 것이다.

또한, 자신을 돌로 치는 원수들을 진심으로 용서하면서 천사 같은 평온한 얼굴로 죽음을 맞이하는 스데반의 순교는 그 현장에 있었던 청년 사울(후일의 '사도 바울')에게 크나큰 심적 충격을 주어, 나중에 그가 위대한 복음 전도자로 거듭나는 데 지대한 영향을 끼쳤을 것이다. 비유하자면 '스데반'이란 한 알의 밀알이 땅에 떨어져 썩음으로써 '바울'이라는 큰 열매를 맺게 되었다고 볼 수 있다.

스데반! 그는 12사도 중의 한 사람이 아니라, 초대교회의 평신도 집사로서 교회의 재정 일을 돌보도록 뽑힌 사람이었다. 그럼에도 그는 자신의 목숨을 바쳐서, 맡은바 직분이 어떠하든 성령이 충만한 사람이 되기만 하면 누구든지 위대한 복음의 전사가 될 수 있음을 보여준 것이다.

8

빌립의 사마리아 전도

빌립에게서 세례받은 마술사 시몬은
빌립이 베푸는 기적에 크게 놀라네
빌립은 사마리아 지역을 다니면서
여기저기 복음 전하기에 바쁘네

사울이 앞장서서 교회를 박해하다 (8:1-3)

"하나님을 모독하고 모세 율법을 거스른 자는 누구든지 다 잡아 죽여야 돼!"

스데반의 순교 현장에서 돌 던지는 사람들의 겉옷을 맡았던 사울, 그는 스데반이 돌에 맞아 죽임당한 것을 마땅하게 여겼다.

"여러분, 이제 예수를 따르는 다른 자들도 모조리 잡아 죽이도록 합시다!"

스데반을 돌로 쳐 죽인 극렬 유대인들은 피를 본 후에 더욱 광분하였다. 그래서 그날 이후부터 본격적으로 예루살렘에 있는 교회와 신자들을 핍박하기 시작했다. 초대교회에 매서운 박해의 광풍이 불어 닥쳤다. 신자들은 극렬 유대인들의 박해를 피해 예루살렘을 떠나 온 유대와 사마리아 지방으로 뿔뿔이 흩어졌다. 그러나 사도들은 여전히 예루살렘에 머물고 있었다.

유대 당국과 극렬 유대인들은 의심할 바 없이 교회를 앞장서 이끌고 있던 사도들을 핍박하는 데 혈안이 되었다. 사도들을 모조리 붙잡아 그들의 지도력을 무력화시킨다면, 그들에 의해 주도되고 있던 복음 전파의 운동도 자연스럽게 소멸될 것이라고 생각했다.

사도들도 이런 사실을 충분히 알았다. 하지만 오순절 성령 강림으로 갓 태어난 초대교회는 당시엔 아직도 자생력을 갖추지 못했기에 사도들의 지도력에 절대적으로 의존하고 있었다. 그 때문에 사도들은 큰 위험에도 불구하고 예루살렘을 쉽게 떠날 수 없었다.

"아, 스데반 집사님…. 부활의 그날까지 주님의 품 안에서 편히 안식하시기를!"

초대교회의 독실한 신자들은 돌에 맞아 순교한 스데반의 시신을 거두어 정성껏 무덤에 안치하였다. 그들은 스데반을 장사지내면서 생전에 성령 충만한 모습으로 힘차게 복음을 전파하고, 또한 힘닿는 대로 부지런히 가난한 자들을 구제하던 그를 생각하면서 몹시 슬프게 울었다.

그러나 유대 당국과 극렬 유대인들은 스데반의 죽음을 마땅하게 생각하면서 다른 신자들도 모조리 붙잡아 가두려 했다. 그들 중에서도 극렬 바리새파 사람인 청년 사울은 더욱 열심을 냈다. 정통 유대교인이라는 혈통적인 자부심과 모세 율법을 지켜야 한다는 교리적인 열정으로 똘똘 뭉친 사울, 그는 모세 율법을 거스르며 유대교에 도전하는 교회를 아예 뿌리째 뽑으려고 예루살렘 곳곳을 휘젓고 다니면서 집집마다 신자들을 잡으러 다녔다. 그래서 신자가 발견되면 남녀노소를 가리지 않고 무자비하게 끌어내어 감옥에 집어넣었다.

빌립 집사가 사마리아에 복음을 전파하다 (8:4-8)

예루살렘을 떠나 유대 땅과 사마리아 지역의 여기저기에 흩어진 신자들은 가는 곳마다 열정적으로 복음을 전파했다. 이런 사실은, 신자들이 단순히 핍박과 박해가 두려워 예루살렘을 떠난 것이 아니라 복음 전파를 하기 위해 주변 지역으로 흩어졌다는 것을 보여준다.

이 같은 행동은 예수님의 가르침을 따른 것이기도 하다. 예수님은 생전에 "이 동네에서 너희를 핍박하거든 저 동네로 피하라"고 가르치셨다(마 10:23). 나아가 이것은 또한 "예루살렘에서부터 시작하여 온 유대 땅과 사마리아 지역을 거쳐 마침내는 땅끝까지 이르러 나의 증인이 되라"(행 1:8)는 예수님의 전도 명령이 성취되는 과정이기도 했다.

흩어진 신자들 가운데 '빌립' 집사도 있었다. 그는 초대교회에서 처음 세운 일곱 집사 가운데 한 사람으로, 스데반 집사처럼 성령 충만한 인물이었다. 당시 그는 예루살렘을 떠나 사마리아 성읍으로 내려가서 그곳 사람들에게 예수가 구약성경에서 예언된 '그리스도(메시아)'임을 전했다.

"여러분, 유대인들이 골고다 언덕에서 십자가에 못 박아 죽인 그분 예수님이야말로 구약의 선지자들이 줄곧 예언한 구세주 그리스도입니다. 우리는 하나님의 아들이신 그분 예수님을 믿어야 죄 사함을 받고 구원과 영생을 얻습니다!"

사마리아 성읍의 사람들은 빌립 집사의 말을 듣고 예수님에 관하여 큰 관심을 보였다. 또한 빌립 집사가 행하는 놀라운 기적들을 보면서 온 마음을 기울여 그가 전하는 말에 귀를 기울였다. 더러는 죄악을 회개하고 세례를 받은 뒤 예수님을 믿기도 했다.

사마리아 성읍! 구약시대에 북왕국 이스라엘의 수도였는데, 신약시대에는 '세바스테'로 불렸다. 북왕국 이스라엘이 아시리아에 의해 패망한 이후(주전 722년경), 아시리아 제국의 이방민족 이주정책으로 인해 사마리아는 유대 민족의 혈통적, 신앙적 순수성을 상실하였다. 그래서 사마리아인들은 유대 땅에 살고 있는 전통적인 유대인들로부터 멸시와 조롱과 천대의 대상이 되었다.

신약시대 당시에는 팔레스타인 전 지역이 로마제국의 통치 하에 있었지만 유대인들과 사마리아인들 간의 갈등, 배척, 적대의 풍조는 여전했다. 이런 역사적인 상황에서, 유대인 빌립이 사마리아 지역에서 복음을 전파했다는 사실은 실로 대담하고 획기적인 일이 아닐 수 없었다. 이처럼 십자가 복음은 모든 국가, 인종, 세대, 언어, 혈통, 신분 등의 벽을 뛰어넘는다.

성령 충만한 빌립 집사가 십자가 복음을 전하면서 놀라운 권능을 행하자, 그 권능에 눌려 악하고 더러운 귀신들이 비명을 지르면서 많은 이들에게서 떠나갔다. 또한 예수 그리스도의 이름으로 수많은 중풍병자와 지체장애인들이 고침을 받았다. 그리하여 사마리아 온 성읍에는 복음으로 말미암아 큰 기쁨이 넘쳤다.

이처럼 초대교회 당시에는 사도들은 물론이고 평신도인 집사들도 예수 그리스도의 이름으로 놀라운 권능을 행사했다. 이적적인 권능으로 귀신을 내쫓고 병자들을 치유했다. 이 같은 당시의 축사(逐邪)와 치유의 보편적 현상은 초대교회라는 특수한 상황 하에서 이해되어야 한다. 당시는 복음이 기독교 경전으로 정립되기 이전의 단계였으므로 축사나 치유 같은 표적(의미를 지닌 기적)이 강력한 복음 전파의 수단으로 활용되어야 했기 때문이다.

하지만 복음이 온전한 기독교 경전으로 자리 잡은 오늘날에 있어서는 '말씀' 자체가 복음 전파의 강력한 수단이므로 구태여 부차적 수단인 표적들이 필요하지 않게 되었다(그렇다고 표적이 전혀 없는 것은 아니지만, 초대교회 당시의 상황과 비교하면 현저하게 줄어든 셈이다).

빌립 집사와 마술사 시몬 (8:9-13)

사마리아 성읍에 '시몬'이라는 사람이 있었다. 그는 여러 해 동안 요상한 마술을 부리며 사람들을 현혹하고 있었다. 그의 놀라운 마술을 보고 많은 사람들이 그를 추종했고, 그는 우쭐거리며 자신이 대단한 인물인 양 행세했다.

"저 사람이야말로 하나님께서 보내신 대단한 능력의 소유자다!"

"시몬은 보통 사람이 아니다. 그는 우리와는 전혀 다른 초자연적인 인물이야!"

사마리아 성읍의 사람들은 시몬의 마술에 크게 감탄하며 침이 마르도록 그를 칭찬하였다. 이처럼 시몬이 신기한 마술로 오랫동안 그곳 사람들을 놀라게 해왔기 때문에 사람들은 그를 마치 하늘에서 내려온 신이라도 되는 양 추앙하면서 너나 할 것 없이 모두가 믿고 따랐다.

그러나 이제 빌립 집사가 사마리아 성읍에 와서 귀신을 내쫓고 놀라운 기적을 행사하면서 하나님의 나라와 예수 그리스도에 관한 복음을 전파하자, 많은 사람들이 시몬을 떠나 빌립의 말을 믿고 세례를 받게 되었다.

"가만 보니, 빌립이란 사람이 진짜 같아! 그 사람이야말로 하나님의 선지자야!"

사실, 시몬은 실제로 하나님의 능력을 소유한 자가 아니다. 그는 성령 자체를 알지 못했기에 성령의 역사로 말미암는 하나님의 참된 능력을 소유했을 리가 없다. 그렇다면 그가 사마리아 성읍에서 오랫동안 행하여 사람들에게서 인정받은 그 능력은 오늘날의 유명한 마술사 같은 현란한 눈속임의 형태였거나 아니면 악령의 힘에 의한 것임에 틀림없다.

'음… 내가 보기에도 저 사람은 참으로 대단한걸! 거참, 놀랍구먼!'

빌립 집사가 행사하는 놀라운 기적을 직접 목격하고는 마술사 시몬도 크게 놀라워하면서 복음을 듣고서 세례를 받았다. 그런 뒤, 마술사 시몬은 빌립이 가는 곳이면 어디든지 따라다니면서 빌립이 베푸는 많은 기적들을 보고는 그때마다 감탄하고 크게 놀라워했다.

"놀랍군! 참으로 대단해! 어떻게 저런 기적이 가능할까!"

이때 마술사 시몬이 세례를 받은 까닭은 빌립이 전한 십자가 복음을 믿었기 때문이 아니라 빌립이 행한 표적과 큰 능력에 놀랐기 때문이다. 빌립이 행한 이적들은 지금껏 자신이 구사한 마술의 능력과는 차원이 다른 아주 놀라운 것이었기에, 시몬은 그것을 배우기 위해 세례를 받고 빌립의 추종자가 된 것이다. 그래서 그는 거짓으로 세례를 받은 초대교회 당시의 대표적인 인물이라 할 수 있다.

두 사도의 성령 세례와 마술사 시몬 (8:14-25)

"그게 정말입니까? 빌립 집사의 전도로 사마리아 사람들이 복음을 받아들였다고요?"

예루살렘 도성에 남아 있던 사도들은 사마리아 성읍의 사람들이 빌립의 전도를 받아 하나님의 말씀을 받아들였다는 기쁜 소식을 접하게 되었다. 그러자 예루살렘 교회는 빌립 집사를 도와 사마리아 지역을 더욱 활성화시키기 위해 베드로와 요한을 그곳으로 보냈다.

"주여! 이들 사마리아 사람들에게도 성령을 내려 주옵소서! 불처럼 뜨거운 성령을 충만하게 부어 주옵소서!"

베드로와 요한은 사마리아 사람들이 단지 주 예수의 이름으로 물세례만 받았을 뿐, 아직까지는 아무에게도 성령이 임하지 않았다는 사실을 알게 되었다. 빌립에게서 복음을 전해들은 사마리아 사람들은 그 복음을 믿고 신자 됨의 표시로 물세례를 받았다. 하지만 그것은 회개의 세례였을 뿐, 성령 충만을 받은 상태는 아니었다. 그래서 두 사도는 그곳 사마리아 사람들도 베들레헴 성읍의 신자들처럼 성령을 받을 수 있게 해달라고 하나님께 기도하였던 것이다.

하나님께 기도한 뒤, 베드로와 요한이 물세례를 받은 사마리아 신자들의 머리 위에 손을 얹고 안수하니 그들에게도 성령이 충만하게 임했다.

성령이 임하자, 사마리아 신자들의 입에서도 방언이 터져 나오고 예언을 하기 시작했다. 놀라운 현상이 나타났다.

그 자리에 있던 마술사 시몬도 그런 광경을 똑똑히 보고 크게 감탄했다. 사도들이 사람들의 머리에 손을 얹자 성령이 임하는 놀라운 현상을 보고는, 시몬이 사도들에게 돈을 내밀면서 부탁한다.

"오, 사도님들, 내게도 그런 능력을 주십시오. 그래서 내가 손을 얹는 사람마다 성령을 받게 해주십시오! 돈이 부족하다면, 달라는 대로 얼마든지 더 드리겠습니다!"

마술사 시몬은 돈이면 다 되는 줄 알았다. 그는 성령을 전혀 알지 못했다. 성령은 믿는 자들에게 보내주시는 하나님의 은사로서 신자를 구원과 영생의 길로 인도하시는 보혜사(保惠師)이시다. 따라서 성령은 결코 돈으로 사고팔 수 있는 상품이 아니었다. 그러나 마술사 시몬은 그것이 자신의 생업과 명성에 보탬이 된다면, 그것의 출처가 어디이건 그것의 본질이 무엇이건 전혀 상관하지 않고 많은 돈을 들여서라도 자신의 소유로 삼기를 원했다.

결국 그는 사도들의 저주와 책망을 받았다. 사도 베드로가 마술사 시몬을 엄히 꾸짖으며 말한다.

"닥치시오! 감히 하나님의 은사를 돈으로 사려 하나니, 당신은 그 돈과 함께 망할 것이오! 하나님 앞에서 마음을 올바로 쓰지 못하니, 당신은 이 일에 아무런 상관도 없고 또 얻을 것도 없소!"

"사도님, 대체 왜 그러십니까? 저는 단지 성령 베푸는 능력을 얻고 싶은 마음에…."

"그만하시오! 당신은 이제라도 속히 악한 생각을 뉘우치고 주님께 기도하시오. 그러면 하나님께서 혹 당신을 용서해 주실는지도 모르오. 내가 보기에, 당신은 마음이 크게 뒤틀려 있고 죄에 사로잡혀 있소!"

사도 베드로의 책망을 듣고 마술사 시몬이 크게 당황하며 대답한다.

사도 베드로와 마술사 시몬 (아반지노 누치 작)

"사도님들, 제게 그런 일이 일어나지 않도록 제발 저를 위해 기도해 주십시오."

하나님의 징벌을 초래하는 마술사 시몬의 악한 생각은 두 가지로 요약할 수 있다. 하나는, 돈이면 다 된다는 물질만능주의 사상이다. 또 하나는, 성령조차도 돈으로 살 수 있다고 믿는 성령모독이다. 그는 베드로의 책망을 듣고 자신에게 하나님의 저주가 임하지 않게 해달라고 간청했지만, 그것은 그저 징벌에 대한 두려움 때문에 그랬을 뿐이고 참된 회개를 수반한 것은 아니었다.

"여러분, 회개하고 주 예수님을 믿으십시오! 예수님이야말로 이 땅에 오신 하나님의 아들 메시아로서, 여러분에게 구원과 영생을 가져다주시는 분입니다."

쩔쩔매는 마술사 시몬을 뒤로 한 채, 베드로와 요한은 빌립 집사와 함께 사마리아 성읍에서 하나님의 말씀을 더욱 힘차게 증거하고 선포하였다. 그런 다음, 두 사도는 다시 예루살렘으로 돌아갔는데, 돌아가는 길에 사마리아 지역의 여러 마을에 들러 주 예수 그리스도의 십자가 복음을 힘써 전파했다.

빌립 집사와 에티오피아 여왕의 내시 (8:26-40)

두 사도가 예루살렘으로 돌아간 뒤, 주님의 천사가 초대교회의 일곱 집사 가운데 하나인 빌립에게 나타나 지시한다.

"빌립, 너는 일어나 예루살렘에서 가사로 통하는 광야 길을 따라 남쪽으로 내려가도록 하여라."

예루살렘에서 헤브론을 거쳐 가사를 잇는 80여km의 도로는 북쪽의 수리아에서 팔레스타인의 중부지방을 관통하여 이집트로 향하는 주요 간선도로다. 그리고 '남쪽'은 광활한 유대 광야가 있는 곳을 가리킨다. 따라서 빌립을 향한 천사의 지시는, 이제 (복음 전파가 이루어진) 사마리아를 떠나 유대 광야가 있는 남쪽으로 내려가되, 예루살렘에서 가사를 잇는 도로와 만나는 곳까지 내려가라는 의미다. 그곳에 주님께서 예비해 놓으신 새로운 전도 대상이 있었기 때문이다.

"네, 그리 하겠습니다."

빌립 집사는 주님의 천사가 일러준 대로 즉시 사마리아를 떠나 남쪽으로 내려갔다. 그렇게 내려가던 도중에 예루살렘에서 가사를 잇는 도로 위에서 에티오피아 사람 하나를 만났다. 그 사람은 에티오피아 여왕 간다게 밑에서 궁중의 재정을 도맡아 관리하는 내시였다. 그는 예루살렘에 예배를 드리러 왔다가 본국으로 돌아가는 길이었는데, 때마침 마차에 앉아 선지자 이사야의 글이 기록된 두루마리 책을 읽고 있었다.

성경에서 '에티오피아'는 상(上)이집트의 남쪽에 위치한 '누비아 왕국'을 가리키는데, '간다게'는 에티오피아 왕의 어머니 곧 황태후를 일컫는 호칭이다(이는 이집트 왕을 '파라오'라 하고, 로마 황제를 '가이사'라 하는 것과 같다). 당시 에티오피아에서 왕은 '태양의 아들'로 추앙받고 있을 뿐 나라를 직접 통치하지 않았고, 그 대신에 왕의 모친인 '간다게'가 나랏일을 돌보았다.

에티오피아는 '검은 피부'라는 의미를 지닌 흑인국가로 이집트의 남쪽 지역, 곧 나일강 상류 유역을 중심으로 형성된 구스 족속(사 11:11)의 후예들이다. 1974년에 공산화되었는데 그 이전까지는 '검은 부국'이라 불렸다. 우리나라와도 인연이 있어 6.25때 6천 명의 군사를 보낸 참전국이었다.

간다게 밑에서 궁중 재정을 도맡아 관리하던 내시가 하나님을 예배하러 예루살렘에 왔다가 다시 본국으로 내려가던 중이었다. 이처럼 당시에 이스라엘의 하나님에 관해 전해 듣고서 하나님을 경외하는 이방인들이 더러 있었다. 그들은 때로 예루살렘 성전에 헌금이나 예물을 보내기도 했고, 직접 방문하기도 했다. 에티오피아의 궁중내시도 이사야의 글이 적힌 두루마리까지 소유한 사실로 미루어볼 때 이스라엘의 하나님에 대해 깊은 관심을 가지고 있는 사람임에 틀림없었다.

"빌립아, 저 마차에 가까이 다가가거라."

그때 성령께서 빌립에게 말씀하셨고, 그 말씀에 순종하여 빌립은 마차에 가까이 다가갔다. 마차에 가까이 다가가서 보니, 어떤 고위층 이방인이 마차에 앉아 선지자 이사야의 글이 적힌 두루마리를 펼쳐들고 읽고 있는 게 아닌가! 그 모습을 보고 빌립이 정중하게 묻는다.

"지금 당신이 읽고 있는 글이 무슨 뜻인지 이해하십니까?"

"아뇨. 잘 모릅니다. 책을 읽긴 하지만, 아무도 가르쳐 주는 사람이 없는데 제가 어찌 알겠습니까? 자, 그렇게 서 있지 말고 이리로 올라오십시오."

내시는 빌립에게서 범상치 않은 기운을 느끼고는 자기 마차에 올라와서 자기 곁에 앉으라고 빌립에게 적극적으로 권하였다. 에티오피아에서는 큰 권세를 지닌 고위층 인사임에도 불구하고 그 내시는 낯선 나그네에게서라도 성경의 의미를 깨닫고자 하는 겸손한 자세를 지니고 있었다.

"지금 성경의 어느 부분을 읽고 있었습니까?"

"아, 바로 이 부분입니다. 내가 다시금 읽어보도록 하겠습니다."

그는 도살장에 끌려가는 양처럼 잠잠하였고, 털 깎는 자 앞에 선 어린 양처럼 입을 열지 않았다. 그는 온갖 수치를 당하면서 억울하게 불공정한 판결을 받아 이 땅에서 자기 생명을 빼앗겼으니, 누가 그 세대의 악함을 말로 다 표현할 수 있으랴.

에티오피아의 궁중내시에게 복음을 전하는 빌립 집사

에티오피아의 궁중내시가 읽은 성경구절은 이사야 53장 7-8절이다. 고난 받는 여호와의 종에 관한 예언이 나오는 대목이었는데, 곧 인류의 구원을 위해 하나님의 어린양으로 이 땅에 오셔서 불의한 재판을 받고 묵묵히 죽임 당하신 메시아 예수에 관한 글이 적혀 있었다. 큰 소리로 성경구절을 읽은 다음, 에티오피아 내시가 빌립에게 묻는다.

"여기서 '그'는 어떤 사람을 가리킵니까? 이사야 선지자 자신입니까, 아니면 다른 분입니까?"

"이사야 선지자가 그 부분에서 말한 '그' 말입니까? 그가 누구를 가리키는가 하면 말입니다, 그는…."

빌립 집사는 입을 열어, 예수 그리스도에 관한 기쁜 소식을 그에게 상세하게 설명해 주었다.

"그래요? 그것 정말 놀랍고 깊은 뜻이로군요! 오호, 그런 뜻이…."

에티오피아의 궁중내시는 사막에서 귀한 보물이라도 발견한 것처럼 연신 감탄을 발하며 빌립이 해석해주는 성경말씀의 오묘함에 푹 빠졌다.

그렇게 둘은 그리스도(메시아)에 관한 이야기를 주고받으면서 시간 가는 줄 모르고 길을 계속 내려갔다. 그러다가 마차가 어느 물 있는 곳에 이르자, 에티오피아 궁중내시가 빌립에게 말한다.

"보십시오, 저기 물이 있군요! 성경말씀대로 내가 세례를 받고 싶은데, 무슨 문제라도 있습니까?"

사막의 도로에서 물이 있는 그곳은 오늘날 예루살렘과 가사를 잇는 간선도로 상에서 가사 북동쪽에 위치한 '텔 엘-하시' 오아시스 지역으로 추정된다. 세례를 받고 싶다는 궁중내시의 말에 빌립 집사가 대답한다.

"다른 문제는 없습니다. 오직 믿음만 있으면 됩니다. 당신이 마음을 다해 예수 그리스도를 믿는다면 충분히 세례를 받을 수 있습니다."

그러자 내시가 기쁜 얼굴로 확신 있게 대답한다.

"나는 예수 그리스도가 하나님의 아들이시며 나의 구주되심을 진심으로 믿습니다!"

"좋습니다! 자, 그럼 물 있는 데로 내려가서 세례를 베풀도록 하겠습니다."

빌립 집사는 마차를 멈추게 한 뒤 에티오피아 내시와 함께 물가로 내려가서 그에게 세례를 베풀어주었고, 궁중내시는 복음을 받아들이는 즉시 망설임 없이 세례를 받았다. 이처럼 초대교회에서는 믿는 자들에게 지체 없이 세례를 베풀었다.

오늘날 교회도 기본적인 여건만 갖추어진다면 새 신자에게 세례를 베푸는 일에 주저하지 않는다. 물론, 이때 베푸는 세례는 물로 시행하는 '물세례'로서, 물세례가 곧 구원과 영생을 보장해주는 것은 아니다. 물세례는 이제 예수 그리스도 안에서 새 사람이 되었다는 사실을 나타내 보여주는 외적인 표시일 뿐이다. 그래도 타인 앞에서 행하는 당사자의 공개적인 신앙고백의 행위라는 점에서 물세례는 신자의 신앙생활에서 빠뜨릴 수 없는 매우 중요한 교회 의식이다.

구원과 영생은 물세례가 아니라 '성령 세례'를 받아야만 비로소 보장받을 수 있는데, 성령 세례는 성령의 역사로 말미암아 참된 마음의 회개 및 내적인 변화가 일어나는 현상이다. 그렇지라도 물세례는 필요하다. 그것은 예수님이 행하라고 명하신 것으로서(마 28:19), 어떤 사람이 자신의 회개와 신자 됨을 공개적으로 신앙 고백하는 것은 나름대로 의미를 지니기 때문이다.

"자, 이제 다시 마차로 돌아갑시다."

세례(침례)를 베풀고 받은 다음에 두 사람이 물에서 올라왔을 때, 주님의 영 곧 성령이 갑자기 빌립을 어디론가 데려가셨다. 그래서 내시는 더는 빌립을 볼 수 없었다.

"오, 주님! 감사합니다."

에티오피아 궁중내시는 자신에게 갑자기 나타나 성경말씀을 일깨워 주고 또 세례를 베푼 뒤에 갑자기 사라진 빌립을 하나님의 사람으로 분명히 인식하고 주님께 엎드려 경배했다. 그러고는 큰 기쁨에 넘쳐서 자기가 가던 길을 계속 갔다. 가사를 거쳐 본국이 있는 이집트 쪽으로 내려간 것이다. 빌립 집사에게서 세례를 받은 이 사람 덕분일까? 그 날 이후로 에티오피아에는 2천 년 동안 교회가 존재하게 된다. 1974년 공산화가 되기 전까지 에티오피아는 기독교 국가였다. 지금도 북아프리카 국가 중 예외적으로 기독교 인구가 절대 다수인 나라다.

"회개하고, 주 예수 그리스도를 믿으십시오!"

그 뒤, 빌립은 아소도에 나타나서 그 지역의 여러 마을을 두루 돌아다니면서 복음을 전하다가 더 북쪽으로 올라가 마침내 가이사랴에 이르렀다. 아소도는 가사 북쪽에 위치했는데, 유대와 이집트의 접경지대에 위치했던 '아스돗'의 헬라어 명칭이다. 그리고 후일의 상황을 보면(행 21:8-9), 빌립 집사는 이곳 가이사랴에 오랜 동안 머물면서 복음을 전했고, 또 가정을 갖고 자녀를 낳았다.

9

사울의 회심

사울이 신자들을 체포하러 갈 때
하늘에서 눈부신 빛이 임하네
주께서 사울을 부르시자
사울이 회개하고 회심하네

사울이 다마스쿠스 도상에서 부활의 주님을 만나다 (9:1-9)

"감히 모세 율법을 거스르는 유대인들이 있다니! 도무지 그들을 묵과할 수 없다! 한 놈도 빠뜨리지 않고 모조리 없애겠다!"

사울, 예수 그리스도의 복음을 전하다가 스데반 집사가 예루살렘 성문 밖에서 돌에 맞아 순교당할 때 돌 던지는 자들의 겉옷을 맡았던 그는, 바리새파 소속의 정통 유대인으로서 당대 최고의 랍비인 가말리엘의 문하에서 수학하고 있던 중이었다. 모세 율법에 절대적으로 충실했던 그는 예수를 따르는 무리들이 감히 그 율법을 거역한다고 생각하고, 눈에 보이는 대로 주님의 제자들을 모조리 잡아 죽이겠다고 다짐했다. 하루는 그가 살기등등한 기세로 대제사장을 찾아가서 요구한다.

사울의 회심 연도를 고려하면(주후 34년경), 이때의 대제사장은 예수를 모함하여 십자가에 못 박아 죽인 가야바(주후 18-37년 재임)다. 당시 대제사장은 유대의 최고 의결기구인 공회(산헤드린)의 의장으로서 종교문제에 관한 한 최고의 결정권자였기에, 사울은 신자들의 체포권을 위임받기 위해 대제사장을 찾아간 것이다. 비록 정치적으로는 유대가 로마의 식민 지배 아래 있었지만, 유대 공회는 종교와 관련된 문제들을 처리할 수 있는 권한을 가졌고, 그런 권한은 세계 도처에 있는 모든 유대인 회당에 대해서도 그 영향력이 미치고 있었다.

사울(바울)이 다마스쿠스로 향하다

"대제사장님, 살펴보니 예수를 따르는 무리들이 예루살렘을 떠나 다마스쿠스로 대거 피신한 것 같습니다. 그러므로 제가 지금 당장 다마스쿠스에 내려가서 예수의 도를 따르는 사람들을 체포하겠습니다. 그들을 보기만 하면 남녀노소 가리지 않고 모조리 붙잡아 예루살렘으로 끌고 올 테니, 다마스쿠스에 있는 여러 회당에 보내는 체포 공문을 써 주십시오!"

"좋다! 자네 같은 젊은이가 있으니 마음이 든든하구나. 그리할 테니, 한 놈도 빠뜨리지 말고 모조리 잡아들이도록 하여라!"

대제사장은 사울의 열정을 칭찬하면서 흔쾌히 공문을 써 주었고, 체포 공문을 받은 사울은 일단의 체포 조를 이끌고 다마스쿠스로 급히 길을 떠났다. 예루살렘에서 다마스쿠스까지는 240km 정도의 먼 거리다. 그럼에도 사울은 율법을 거스르고 하나님을 모독한 자들을 자기 손으로 붙잡아 처형하겠다는 뜨거운 열정을 갖고 부지런히 길을 재촉했다.

사울 일행이 예루살렘을 떠나 다마스쿠스 가까이에 이르렀을 때였다. 하늘에서 갑자기 어마어마하게 눈부신 빛이 내려와 사울을 온통 둘러쌌다. 이때가 정오(낮 12시)이긴 했지만, 이 빛은 단순한 태양빛이 아니라 그보다 한층 강렬하고 눈부신 신적인 빛이었다.

"아앗! 이게, 이게 대체 뭐야!"

사울은 눈부신 빛에 짓눌려 그만 땅에 엎드러지고 말았다. 바로 그때, 하늘에서 한 음성이 사울에게 들려온다. 위엄에 가득 찼지만 한없이 부드럽고 인자한 목소리다.

"사울아, 사울아, 네가 어찌하여 나를 핍박하느냐?"

실제로 주님의 지체 되는 교회와 신자들을 핍박하는 것은 그 머리 되시는 예수 그리스도를 핍박하는 것과 마찬가지였다. 강렬하고 눈부신 빛에 억눌려 눈조차 제대로 뜨지 못한 상태에서 사울이 두 손으로 허공을 휘저으며 반사적으로 묻는다.

"아, 다… 당신은 누구십니까?"

"나는 네가 핍박하는 예수니라."

"예…, 예수?"

사울(바울)의 회심 (벤자민 게리츠 코이프 작)

"이제 일어나, 너는 성 안으로 들어가라. 그러면, 네가 해야 할 일을 말해줄 사람을 만나게 될 것이다."

후일에 바울의 간증을 들어보면(고전 15:8), 이때 사울(바울)은 주님의 음성을 귀로 들었을 뿐만 아니라 환상을 통해 눈으로 주님의 실체를 직접 목격하였다. 이로써 주님은 자신을 핍박하던 자를 복음 전도자로 선택하셨다. 왜 그러셨을까?

하나님의 이 같은 선택에 관하여 우리는 따져 물을 수도 없고, 또 우리의 이성으로도 이해할 수가 없다. 다만 결과적으로 볼 때, 하나님은 복음의 최대 적대자를 변화시켜 복음의 최대 전도자로 삼으셨다. 후일에 바울은 죄인을 향한 하나님의 은혜가 얼마나 큰지에 대한 본으로 자신이 그런 긍휼을 입었다고 고백하였다(딤전 1:16).

"아니, 이게 갑자기 뭔 소리지? 어디서 들려오는 거야?"

때에 신자들을 체포하러 사울과 함께 길을 가던 사람들은 갑작스럽게 전개되는 낯선 상황에 모두가 말을 잃고 어리둥절해하며 멍하니 서 있었다. 그 사람들에게는 단지 어떤 소리만 들렸을 뿐, 아무것도 보이지 않았다. 누군가와 무어라고 대화하는 듯한 사울을 보고 저마다 고개를 갸웃하며 이상하게 생각했다.

"아, 내 눈, 내 눈이… 눈이 보이지 않는다."

주님의 말을 듣고 엎드러진 땅바닥에서 몸을 일으킨 사울, 겨우 눈을 떴지만 아무것도 보이지 않았다. 뭔가 비늘 같은 것들이 눈에 잔뜩 끼여 있는 것 같았다.

"나를…, 나를 성 안으로 데려가 다오."

일행은 갑작스럽게 앞을 보지 못하는 사울의 손을 잡고 가던 길을 따라 그를 성 안으로 인도했고, 사울은 일행의 손에 이끌려 다마스쿠스 성 안으로 들어갔다. 그런 뒤, 성 안의 직가(直街) 곧 '곧은 거리'로 나아가 '유다'란 이름을 가진 집으로 들어가 드러누웠다. 거기서 사울은 사흘 동안 앞을 보지 못하는 상태에서 아무것도 먹지도 마시지도 않은 채 폐인처럼 지냈다. 모든 게 혼란스러웠고 답답했다.

사울은 사흘 동안 식음을 전폐하며 스스로를 돌아보는 시간을 가졌다. 그리고 이때부터 사울은 내면의 영적 시력이 조금씩 회복되면서 그동안 육신의 눈으로는 전혀 보지 못했던 새로운 영적 세계, 곧 예수 그리스도로 말미암는 신령한 믿음의 세계를 차츰 볼 수 있게 되었다.

사울과 아나니아 (9:10-19)

"아나니아야!"

다마스쿠스 성읍 안에는 '아나니아'라는 주님의 제자가 살고 있었다. 그는 다마스쿠스 출신의 신실하고 경건한 신자였다. 하루는 주님께서 환상 속에서 그에게 나타나 그를 부르신다.

"네, 주님! 제가 여기 있나이다. 말씀하옵소서."

"아나니아야, 너는 지금 일어나 '직가'라는 곳으로 가서 '유다'라는 사람의 집을 찾아 거기서 다소 사람 사울을 만나도록 하여라. 그가 지금 거기서 기도하고 있는 중인데, 환상을 통해 '아나니아'라는 사람이 들어와서 자신에게 손을 얹자 자신이 다시 앞을 보게 되는 광경을 보았느니라."

여기서 직가(直街)는 '곧은 거리'란 뜻으로, 당시 다마스쿠스 동문에서 서문으로 직통으로 이어진 거리를 말한다. 오늘날에도 이 거리는 존재하는데, 아랍어로 '다브 엘-무스타킴'이라 불린다. 그 거리에 있는 '유다'란 사람의 집에 다소 사람 사울이 묵고 있었다.

사울의 고향인 다소(Tarsus)는 소아시아 남동편의 지중해 연안 도시로, 당시 로마제국 내의 길리기아 주(州)의 수도였다. 예로부터 학문과 직물제조 산업이 발달된 곳으로, 유대인이었던 바울의 집안은 천막 제조를 주업으로 삼았다. 바울은 태어날 때부터 로마 시민권을 소유했을 뿐만 아니라 멀리 예루살렘까지 유학을 가서 당대의 대석학이었던 저명한 가말리엘의 문하에서 수학을 할 수 있을 정도로 명망 있는 재력가 집안의 자손이었다. 사울은 이후에 '바울'이란 새로운 이름을 얻어 위대한 복음 전도자의 길을 걷게 된다.

"네엣? 사, 사울이라고요?"

주님의 지시를 받고 아나니아가 화들짝 놀라며 되묻는다. 그러면서 말을 잇는다.

"아, 주님! 저는 그 사람에 대해서는 악한 소문을 많이 들었습니다. 그 사람은 예루살렘에 있는 신자들을 핍박하고 온갖 해를 끼쳤다고 합니다. 게다가 지금 그 사람은 대제사장에게서 체포 공문을 받아 주님의 이름을 부르는 신자들을 모조리 붙잡아 가려고 체포 조를 이끌고 이곳 다마스쿠스로 왔다고 합니다. 그런 자에게 어찌 저를…."

당시 사울에 관한 악한 소문은 예루살렘과 유대 땅은 물론이고 팔레스타인 주변 지역에 널리 퍼져 있었다. 신자들이 가장 기피해야 할 요주의 인물이었던 것이다. 그럼에도 주께서는 아나니아에게 말씀하신다.

"아무 걱정하지 말고, 너는 일어나 그에게로 가거라! 그 사람은 내 이름을 이방 사람들과 그들의 왕들에게, 또한 이스라엘 백성들에게 전하기 위해 내가 특별히 선택한 나의 그릇이니라."

사울이 이스라엘 백성들은 물론이고, 특별히 이방인들을 위한 사도로 부르심 받았음을 알 수 있다. 이어서 주님은 그런 사명을 감당하는 과정에서 사울에게 많은 박해와 고난이 뒤따를 것임을 또한 일러주신다.

"장차 그 사람이 내 이름을 위하여 얼마나 많은 핍박과 고난을 받아야 할 것인지, 내가 그 사람에게 보여줄 것이다. 그러니, 너는 지금 일어나 그 사람에게로 가라."

"네, 주님! 주님의 뜻이 그러하시다면 말씀대로 순종하겠나이다."

마침내 아나니아가 일어나 직가로 가서 유다의 집을 찾아 안으로 들어갔다.

“실례합니다. 여기 사울이란 사람이 있습니까?”

“네, 그렇습니다만… 무슨 일로? 이리로 오시죠.”

주님의 말씀대로 사울은 거기 있었고, 아나니아는 유다의 인도를 받아 사울에게로 나아갔다. 앞을 보지 못한 채 망연하게 앉아 있는 사울을 보자, 아나니아가 그의 머리에 손을 얹고 말한다.

“사울 형제여, 나는 다마스쿠스에 살고 있는 아나니아라는 사람입니다. 주님의 지시에 따라 이곳에 있는 당신을 찾아왔습니다.”

“주님께서 당신을 나에게로…?”

“그렇습니다. 당신이 이리로 오는 도중에 당신에게 나타나셨던 주 예수께서 당신을 다시 보게 하고 또 당신이 성령으로 충만하게 되도록 하기 위해 저를 여기로 보내셨습니다.”

이렇게 말하면서 아나니아가 사울의 머리에 안수하자, 바로 그 순간에 사울의 눈에서 비늘 같은 것들이 떨어져 나갔다. 아마도 눈에서 얇은 막 같은 것이 벗겨져 떨어진 듯하다.

“아앗, 보인다. 이제 앞이 보여!”

사울은 이전처럼 시력을 회복하게 되었다. 단순히 육신의 시력만이 아니라 영적 시력 또한 회복되었다.

“아나니아 형제님, 제게 세례를 베풀어 주십시오.”

시력을 잃은 채 깊은 자성과 묵상에 빠졌던 3일 동안, 다마스쿠스 도상에서 주 예수를 직접 접한 사울은 성령의 감화 감동으로 인해 마음의 변화를 겪게 되었다. 그 결과, 견고한 율법의 장벽을 뛰어넘어 은혜로운 복음의 세계로 발을 딛게 되었다. 그래서 앞을 보게 되자마자 사울은 망설임 없이 그 자리에서 즉시 세례를 받았다. 율법의 아들이 복음의 아들로 거듭난 것이다. 세례를 통해 이제부터 주 예수 그리스도의 제자가 되었음을 공개적으로 신앙 고백했던 것이다. 이리하여 사울은 이제부터 명실상부하게 하나님의 백성이며 예수 그리스도의 제자가 되었다. 복음을 박해하던 자가 이후로는 복음을 위해 박해받는 자로 거듭나게 되었다.

"자, 이제는 금식을 중단하시고 음식을 드시도록 하세요. 잘 먹고 건강을 챙겨야 주님을 위해 일할 수 있지 않겠습니까."

"고맙습니다, 형제님!"

아나니아에게서 세례를 받은 뒤, 사울은 음식을 먹고 기운을 회복했다. 이후 사울은 며칠 동안 다마스쿠스에 더 머물면서 그곳에 있는 다른 신자들과 함께 어울려 지냈다. 처음에는 모두가 긴가민가하면서 사울을 경계하고 멀리했지만 아나니아의 적극적인 소개와 간증으로 차츰 격의 없이 가까워지게 되었다.

사울이 개종하여 다마스쿠스에서 복음을 전파하다 (9:20-22)

"형제님들, 저는 우리 주 예수 그리스도의 십자가 복음을 더 깊이 연구하러 잠시 내 나름대로의 시간을 가질까 합니다. 그런 후에 다시 여기로 돌아오겠습니다."

회심 이후, 며칠 동안 다마스쿠스의 신자들과 사랑과 위로의 친교를 나눈 사울은 주 예수 그리스도의 복음에 관하여 더욱 깊이 알고 싶은 열정에 불타올랐다. 그래서 그는 가족이나 친척들과 전혀 의논하지 아니하고, 또한 사도들이 있는 초대교회의 본산(本山) 예루살렘으로 올라가지 아니하고, 다마스쿠스에서 곧장 아라비아 광야로 나아갔다(갈 1:15-18).

그 외롭고 적막한 광야에서 사울은 3년 동안 기도하고 묵상하는 가운데 불철주야 십자가 복음을 연구했다. 뜨거운 열정으로 깊이 있게 살피고 또 살폈다. 율법과 복음의 상관관계에 대해서도 열심히 파고들었다. 사울에게 있어 아라비아 광야는 신앙 연단과 복음 연구의 치열한 훈련소였다. 그 아라비아 광야에서의 3년 세월이 사울을 예수님의 평범한 제자에서 예수님의 위대한 사도로 승화시켰다.

사울(훗날의 바울), 그는 주님께서 충분히 탐낼 만한 출중한 인재였다. 당대에 기독교 복음전파의 사도로 삼기에 가장 적합한 인물이었다. 복음의 적대자였던 그가 단기간에 기독교 역사상 가장 위대한 복음 전도자로 거듭날 수 있었던 비결은 활활 타오르는 뜨거운 영성 못지않게 학문적인 소양이 밑바탕에 깔려 있었기 때문이다.

사울은 당대의 대석학이었던 가말리엘 라반(Raban, 랍비보다 더 큰 스승)의 문하에서 고도로 훈련받은 바리새인으로서, 모세 율법 및 구약성경 전반에 관하여 방대한 지식을 갖추고 있었다. 또한 복음을 적대하는 과정에서 그 복음이 대체 무엇인지에 대해서도 나름대로 공부했음이 분명하다.

이 같은 바탕 위에 성령의 조명이 강하게 비춰졌고, 게다가 다마스쿠스 도상에서 예수 그리스도를 직접 만난 경험까지 보태져 사울은 누구보다도 예수 그리스도의 십자가 복음에 관하여 철저하고도 깊이 이해할 수 있게 되었다. 그랬기에 그는 신약성경 27권 중 무려 13권에 달하는, 이른바 '바울 서신'이라 불리는 책들을 저술할 수 있었던 것이다. 그 13권 중에서도 '로마서'는 기독교 사상의 정수요 백미라 할 수 있다.

"오, 사울 형제님! 약속대로 마침내 돌아오셨군요! 그동안 복음에 관해 충분히 공부하셨나요?"

"네, 주님의 크신 은혜로 십자가 복음이 무엇인지 제대로 파악한 것 같습니다."

"할렐루야! 사울 형제님은 분명 주님의 큰 그릇이 될 것입니다."

3년 후에 아라비아 광야에서 다시 다마스쿠스로 돌아온 사울, 그는 안면 있는 그곳 신자들과 반갑게 문안인사를 나눈 다음, 곧바로 다마스쿠스의 여러 회당으로 나아가서 전도하기 시작했다. 예수님이 하나님의 아들 메시아이심을 선포하기 시작했다.

회당은 나라가 망한 이후 바빌로니아 유배생활 때부터 각국에 흩어진 유대인들이 성전을 대신하여 자신들이 거주하는 각 지역에 세운 예배와 교육을 위한 집회 장소다. 신약시대에 이르러서는 이스라엘 전역은 물론이고 다른 나라와 지역에서도 대부분의 큰 도시와 비교적 큰 마을에 회당이 세워졌다. 초창기의 기독교 복음은 도처에 세워진 이런 유대인 회당을 발판으로 삼아 전도가 쉽게 널리 이루어졌다.

"여러분, 주 예수님을 믿으십시오! 유대인들이 십자가에 못 박아 죽인 그 예수님이 하나님의 아들입니다. 우리를 구원하시려고 하나님께서 이 땅에 보내신 메시아입니다! 그분은 무덤에 묻힌 지 사흘 만에 부활하시고 승천하셔서 하나님의 우편 보좌에 앉아 계십니다!"

"어라? 저 사람은 사울이란 자가 아닌가?"

"맞아! 예루살렘에서 예수 믿는 사람들을 마구 붙잡아 감옥에 쳐 넣었던 그 장본인이야!"

회당에서 사울의 말을 듣는 사람들은 모두가 자신들의 귀를 의심했다. 앞장서서 신자들을 박해하던 자가 스스로 신자가 되어 예수 그리스도의 복음을 열성적으로 전파하니 충분히 그럴 만도 했다. 그러나 사울은 사람들의 쑥덕거림이나 비아냥거림에 아랑곳없이 더욱더 힘을 내어 예수께서 그리스도(메시아)이심을 힘써 증언했다. 그러자 다마스쿠스에 사는 유대인들은 크게 당황했다. 그리고 율법을 떠나 복음으로 기울어진 사울에 대해 극심한 배신감을 느껴 분노로 부글부글 속이 끓었다.

사울이 유대인들의 핍박을 피해 몰래 피신하다 (9:23-25)

"사울 형제님, 들리는 소문으로는 유대인들이 형제님을 죽이려 한답니다. 그러니 이곳을 속히 떠나 다른 데로 피신해야 할 듯합니다."

그랬다. 여러 날이 지나도록 사울이 포기하거나 지치지도 않고 더욱 열심히 복음을 전파하자, 한동안 참고 있던 다마스쿠스의 극렬 유대인들이 더는 그대로 두고 볼 수 없다고 판단하고 사울을 죽이기로 모의했다. 하지만 그런 살해 음모 계획이 신자들에게 알려졌고, 사울도 그들의 계획을 알아차렸다.

"어디 이놈, 잡히기만 해봐라! 모세 율법을 배반한 대가가 얼마나 혹독한지 똑똑히 알게 해주마!"

다마스쿠스의 극렬 유대인들은 밤낮으로 다마스쿠스의 모든 성문들을 단단히 지키면서 사울을 붙잡아 죽일 기회만 노리고 있었다.

"쉿! 조용히! 형제님, 조심하세요!"

어느 날, 예수님의 제자 된 다마스쿠스의 신자들이 한밤중에 사울을 광주리에 넣어 몰래 다마스쿠스 성문 밖으로 달아 내렸다. 위험한 탈출 작전을 폈던 것이다.

사울을 죽이려는 유대인 극단주의자들이 다마스쿠스의 모든 성문을 밤낮으로 줄곧 지키고 있는 상황에서 바울이 그곳을 빠져나갈 수 있는 유일한 탈출구는 그들의 눈을 피해 성벽을 넘는 수밖에 없었다.

다마스쿠스처럼 고대 도시의 성벽들은 매우 높았고, 또한 그런 성읍들은 적들의 공격에 대비하기 위해 높은 언덕 위에 세워졌다. 게다가 탈출 시간은 한치 앞을 보기 힘든 캄캄한 한밤중이었다. 자칫 줄이 끊긴다거나 광주리가 엎어진다면, 깊은 아래로 추락하여 크게 다치거나 죽을 수도 있었다. 신자들은 식은땀을 흘리며 조심조심 사울이 담겨 있는 광주리를 아래로 조금씩 내려 보냈다. 여기서 '광주리'는 곡물이나 건초 등 각종 농작물을 보관하는 큰 광주리로, 사람 하나 정도는 충분히 들어갈 수 있었다.

사울이 예루살렘으로 올라가 제자들과 교류하다 (9:26-31)

"형제자매님들, 저는 사울이라 합니다. 예전엔 교회와 신자들을 핍박했지만, 이젠 회심하여 여러분들처럼 주님의 제자가 되었고 복음 전도자가 되었습니다."

극렬 유대인들의 철통같은 감시를 뚫고 한밤중에 다마스쿠스 성 밖으로 어렵사리 도망쳐 나온 사울, 그는 그 길로 곧장 예루살렘으로 올라갔다. 성경에 기록된바, 사울(바울)의 다섯 차례에 걸친 예루살렘 방문 중 그 첫 번째 경우다(주후 37년경). 예루살렘에 당도한 사울은 그곳의 신자들과 합류하려 했다. 하지만 모두가 사울을 두려워하여 기피할 뿐, 그가 정말로 예수님의 제자가 되었음을 믿으려 하지 않았다.

"사울 저자가 우리 신자들을 일망타진하려고 일부러 예수님의 제자가 된 척 위장전술을 펼치고 있는지도 몰라. 그러니 섣불리 그를 우리 공동체에 받아들여선 안 돼!"

회심 이전에 사울이 행한 무자비한 악행은 제자들 사이에서 유명했다. 그러니 회심하고 예수님의 제자가 되었다는 사울의 말을 곧이곧대로 받아들일 수 없었다. 사울은 난감했다. 그러나 지난 과오가 하도 크기에 어쩔 도리가 없었다. 그런 때에 바나바가 사울에게 손을 내밀었다.

"사울 형제님, 나는 형제님의 회심이 진실한 것으로 믿습니다. 나와 함께 사도들에게로 갑시다."

바나바! 그는 구브로(키프로스) 섬 출신의 유대인으로 본명은 '요셉'이고 '바나바'는 별명이다. '바나바'란 별명은 평소 다른 형제들을 위로하고 격려하는 그의 온화한 성품에 따라 사도들에 의해 붙여진 것인데, '격려의 아들' 또는 '위로의 아들'이란 뜻이다.

그는 예루살렘 교회의 중요한 구성원으로서 예수님의 부활에 대한 사도들의 증거에 은혜를 받고 자기 소유의 밭을 몽땅 팔아 하나님께 바친 헌신적인 인물이다. 이후에 그는 사울(바울)과 함께 팀을 꾸려 제1차 전도여행(주후 47-49년)을 떠나기도 했다.

"바나바 형제님, 저를 믿어주시니 참으로 고맙습니다."

위로와 격려의 사람 바나바가 사울을 받아들여 그를 데리고 사도들에게로 함께 나아갔다. 사울을 보고 사도들 역시 흠칫 놀랐다. 교회의 박해자로서 사울의 악명이 워낙 컸기 때문이다.

"사도님들, 조금도 두려워하지 마십시오! 이 사람과 대화해보니, 사울의 회심은 진짜입니다. 우리 주님께서 이 사람을 택하여 복음 전도자로 삼으신 게 확실합니다."

바나바는 사울의 든든한 보증인이 되어주었다. 사울이 다마스쿠스로 가는 도중에 어떻게 주님을 뵙게 되었으며, 주님께서 그에게 무슨 말씀을 하셨고, 다마스쿠스에서 그가 얼마나 두려움 없이 예수 그리스도의 이름으로 담대히 십자가 복음을 전파했는지를, 사도들에게 상세히 설명해주었다.

"우리 주님의 손길은 참으로 놀랍군요! 그리고 신실하신 바나바 형제님이 보증해주시니 사울의 회심이 정말인 게 틀림없군요."

"사울 형제님! 주님의 제자가 된 것을 진심으로 환영합니다. 우리 서로 힘을 합쳐 땅끝까지 십자가 복음을 전파하도록 합시다."

바나바의 적극적인 소개와 보증으로 사울은 비로소 과거의 오명과 악명을 벗고 예루살렘 교회에서 사도들과 제자들에게 신임을 얻게 되었다. 이렇게 제자들은 마음을 열어 사울을 믿음의 형제로 받아들였고, 사울은 제자들과 더불어 사랑의 친교를 나누는 가운데 예루살렘 교회를 자유롭게 드나들면서 주 예수 그리스도의 이름을 담대히 전파했다.

"사울! 당신은 뭔가에 홀려도 단단히 홀렸구먼! 어찌 그런 말도 안 되는 헛소리를 지껄이는가! 십자가에 못 박혀 죽은 예수가 다시 살아났다고?"

때에 사울은 헬라어를 쓰는 유대인 몇몇 사람들과 예수 그리스도에 관하여 이야기를 나누고 치열하게 토론도 했다. 하지만 그들은 바울의 변증에는 아예 귀를 막은 채 길길이 날뛰면서 무조건 사울을 죽이려고 했다.

"사울 형제님, 속히 예루살렘을 벗어나는 게 좋겠습니다. 아무래도 분위기가 심상치 않습니다."

예루살렘 교회의 신자들은 일전에 스데반을 죽인 극렬 유대인들이 사울의 배반에 치를 떨며 수단과 방법을 가리지 않고 어떻게든 사울을 죽이려 한다는 유력한 정보를 알아내고 사울에게 도피할 것을 적극적으로 권고했다. 그래서 믿는 형제들이 사울을 데리고 예루살렘을 벗어나 지중해 연안의 항구도시인 가이사랴로 올라갔다가, 거기서 배편으로 사울을 그의 고향인 다소로 내려 보냈다.

다소는 사울의 가족과 일가친족이 있는 그의 고향이었다. 회심 이후, 사울은 자신의 출신지인 이곳에 이때 한 번 들렀다. 아브라함처럼 고향을 잊은 채 오직 복음 전파에만 일평생 매진했기 때문이다.

사울이 예루살렘을 벗어나 아주 멀리 다소로 내려가자 극렬 유대인들도 사울 죽이기를 포기했다. 이외에도 교회와 신자들에 대한 유대인들의 크고 작은 박해와 핍박이 있었지만, 하나님의 보호하심과 성령님의 뜨거운 역사로 교회는 유대와 갈릴리와 사마리아 온 지방에 걸쳐 나날이 성장하면서 주님 안에서 평안을 누렸다. 또한 주님을 경외하는 삶을 살아가는 가운데 성령님의 위로를 받으면서 하루가 다르게 예수 그리스도를 믿는 신자들의 수가 늘어났다. 핍박과 환난 가운데 도리어 교회는 평안을 누리고 날로 부흥했다.

베드로가 중풍병자 애니아를 고치다 (9:32-35)

그 무렵, 사마리아에서 돌아온 베드로 사도는 예루살렘에만 머물지 않고 유대 땅의 여러 지방을 두루 다니면서 복음 전파의 사역을 충실하게 수행하고 있었다. 예수님의 공생애 때 수석제자로 활동했던 베드로는 당시 교회의 지도자로 활동하고 있었다. 그래서 신자들은 여기저기에서 베드로의 방문을 요청했다.

하루는 룻다에 내려가서 그곳의 신자들을 방문하게 되었다. 룻다는 예루살렘 북서쪽 40km가량 지점의 사론 평원에 자리 잡고 있는 작은 성읍인데, 예루살렘 도성과 지중해 연안의 큰 도시인 욥바 사이에 있었다. 작은 성읍이지만 북쪽의 수리아에서 팔레스타인 중부 지역을 관통하여 이집트로 향하는 주요 도로와 예루살렘에서 욥바로 연결되는 간선도로가 만나는 교통의 요충지였다. 오늘날의 '디오스폴리스'다.

"사도님, 우리 자매님들 가운데 한 사람이 오랜 세월 동안 병석에 누워 있습니다. 한번 들르셔서 기도해 주십시오."

룻다 성읍에서 베드로는 다른 신자들의 안내로 '애니아'라는 여신도를 병문안했다. 그녀는 어느 날 갑작스레 중풍으로 쓰러진 이래 8년째 병석에 누워 힘겨운 투병의 세월을 보내고 있었다. 베드로 사도가 병석에 누워 있는 그녀를 향해 말한다. 때에 베드로는 성령이 충만한 상태였다.

"애니아 자매여, 예수 그리스도께서 지금 당신의 병을 고쳐주셨소. 그러니, 이제 일어나 당신의 침구를 정돈하도록 하시오!"

베드로는 애니아를 낫게 하시는 치유의 주체가 '예수 그리스도'임을 분명히 밝혔다. 베드로의 말이 떨어지자마자 애니아는 즉시 힘을 얻어 8년째 앓아 누워 있던 병석에서 벌떡 일어났다. 놀라운 기적이었다!

"오, 오, 주님! 감사합니다! 주님께 영광을 돌립니다!"

애니아는 감격의 눈물을 흘리며 주님께 감사 찬양을 드렸다. 룻다와 사론에 사는 주민들은 애니아에게 일어난 놀라운 치유의 기적을 보고는 모두가 주께로 마음을 돌이켰다. 그 지역에 신자의 수가 크게 늘어났다. 사론은 욥바에서 갈멜산에 이르는 남북 80km가량의 대평원 지역이다.

베드로가 죽은 도르가를 다시 살리다 (9:36-43)

룻다에서 그리 멀지 않은 곳에 '욥바'라는 큰 성읍이 있었는데, 그곳에는 '다비다'라는 여신도가 살고 있었다. 욥바는 룻다에서 북서쪽으로 17km가량 지점에 위치한 지중해 연안의 도시로, 오늘날의 명칭은 '야파'다. 다비다는 '영양(가젤)' 또는 '사슴'이란 뜻을 지닌 히브리식 이름이고, 그녀의 헬라식 이름은 '도르가'다.

다비다는 욥바 교회의 신실한 여신도로서, 평소에 여러 착한 일들을 많이 하였고 또 가난한 사람들을 힘닿는 대로 도왔다. 그런데 베드로가 룻다 성읍을 방문한 그 시점에 그녀가 중한 병에 걸려 그만 죽고 말았다.

"아, 다비다여, 착한 다비다여! 우리의 신실한 자매님이여!"

욥바 교회의 신자들은 크게 슬퍼하고 애통해하면서 그녀의 시신을 깨끗이 씻은 후에 조만간 장사지내려고 다락방에 안치해 두었다. 빈소를 다락에 마련한 것이다.

"정말요? 지금 베드로 사도님이 룻다에 와 계시다고요?"

룻다는 욥바에서 그리 멀지 않은 가까운 곳에 있었다. 욥바 교회의 신자들은 베드로가 룻다에 와 있다는 말을 듣고는 크게 반색하였다. 그들은 베드로 사도가 룻다에서 8년 된 중풍병자를 치유했다는 소문도 전해들은 상태였다. 즉시 두 사람을 베드로 사도에게 보내어, 욥바로 급히 좀 와 달라고 청했다.

"그래요? 그렇다면 빨리 욥바로 갑시다!"

베드로가 초청에 기꺼이 응해 급히 욥바로 오자, 욥바 교회의 신자들은 그를 도르가(다비다)의 시신이 안치되어 있는 다락방으로 안내했다. 그 다락방에는 과부들이 모여 앉아 도르가의 죽음을 크게 애통해하며 슬피 울고 있었다.

"아, 사도님…. 이것들 좀 보세요."

슬피 울고 있다가 베드로 사도가 다락방에 올라오자, 과부들은 도르가가 평소에 자기들을 위해 몸소 만들어준 겉옷과 속옷을 베드로에게 보여주었다. 신실한 여신도 도르가는 생전에 많은 선행과 구제를 행했는데, 그중 하나가 헐벗은 자들에게 손수 한 땀 한 땀 옷을 지어 입히는 일이었다.

"여러분, 잠시 자리를 좀 비켜주시면 고맙겠습니다. 잠시만…."

도르가(다비다)의 죽음은 그녀를 아끼는 많은 동료 과부들과 교회 신자들, 그리고 이웃사람들을 매우 슬프게 만들었다. 그래서 도르가의 시신이 안치된 다락방은 큰 슬픔에 빠진 사람들의 호곡과 흐느낌 등으로 무척 소란스러웠다. 그래서 베드로는 기도와 치유 사역에 집중하기 위해 잠깐 동안 모두를 내보냈던 것이다. 생전에 예수님도 회당장 야이로의 죽은 딸을 살리실 때 꼭 필요한 몇몇 사람들을 제외하고는 주변 사람들을 모두 집 밖으로 내보냈다(눅 8:51).

사람들을 모두 다락방에서 나가게 한 후 베드로는 무릎을 꿇고 하나님께 기도를 드렸다. 그리고는 시신을 향해 돌아앉으며 확신 있는 목소리로 힘차게 말한다.

"다비다여, 일어나라!"

생전에 예수님은 회당장의 죽은 어린 딸을 향해 "아이야, 일어나라!" 하고 명하셨다(눅 8:54). 당시 베드로도 그 기적의 현장에 있었다. 그래서 베드로는 주님을 본받아 그런 식으로 당당하고 확신 있게 말했다. 베드로가 다비다의 시신을 향해 힘차게 명하자, 죽었던 그녀가 눈을 번쩍 뜨더니 베드로를 보고 일어나 앉았다. 언제 죽었느냔 듯 멀쩡한 상태가 되었다. 이에 베드로가 손을 내밀어 그녀의

"다비다여, 일어나라!"—죽은 다비다를 살린 베드로

손을 잡아 일으켜 세웠다.

"자, 이제는 모두 다락방으로 들어와도 좋습니다."

베드로가 밖으로 내보냈던 욥바 교회의 신자들과 과부들을 다락방으로 다시 불러들여 도르가(다비다)가 다시 살아난 것을 보게 했다.

"오, 도르가! 도르가 자매님이 다시 살아났다!"

"세상에, 이럴 수가! 분명 죽었는데, 이렇게 멀쩡하게 살아 있다니!"

"정말 놀라운 기적이다! 베드로 사도가 죽은 도르가를 다시 살리셨다!"

다시 살아난 도르가를 보고서, 사람들은 저마다 놀라움과 감격의 탄성을 발하며 크게 기뻐하였다. 베드로를 크게 칭송하고 하나님을 우러러 찬양했다. 이 놀라운 기적이 욥바 전역에 알려지자, 많은 사람들이 주님을 믿게 되었다. 이후 베드로 사도는 얼마 동안 더 욥바에 계속 머물렀는데, 가죽 제품을 만드는 무두장이 시몬의 집에서 묵었다.

무두장이는 짐승의 가죽을 다루는 가죽 제조 기술자 곧 '피장이'다. 유대인들은 피장이를 극도로 싫어했다. 피장이는 부정한 짐승의 사체(死體)로부터 가죽을 벗겨내는 사람이고, 죽은 짐승의 부정이 옮은 자이기 때문이다. 그래서 피장이는 외딴 곳에서 홀로 거주하며 작업해야 했다.

당시 유대 사회는 여인들이 먼저 이혼을 신청하는 법이 없었다. 남성 중심 사회였기에 여성들이 이혼을 제기한다는 것은 상상도 못할 일이었다. 예외가 있긴 했다. 결혼했는데 알고 보니 그가 무두장이 곧 피장이라면 이혼을 제기하고 실행할 수 있었다. 이렇듯 죽은 짐승을 만지는 피장이는 인간으로 대접받지 못했다.

베드로 사도가 피장이 집에 머물렀다는 것은 가히 놀라운 일이다. 베드로가 그렇게 한 것은, 하나님 안에서는 직업이나 계급의 귀천이 없이 모두가 평등하다는 사실을 보여주는 행위였다. 베드로는 그만큼 의식적인 율법에 얽매이지 않고 복음 안에서 참된 자유를 누리고 있었던 것이다.

10
베드로와 이방인 고넬료

베드로는 환상 속에서 커다란 보자기가
하늘에서 내려오는 것을 보네
거기에는 뱀, 새, 네발짐승이 들어 있는데
주께서 그것을 먹으라 하시네

백부장 고넬료가 환상을 보고 베드로를 초빙하다(10:1-8)

가이사랴, '가이사의 성읍'이란 뜻을 지닌 이 도시는 팔레스타인의 지중해 연안에 위치한 항구도시로, 예루살렘 북서쪽 105km, 욥바 북쪽 48km 지점에 자리 잡고 있었다. 본래는 '스트라톤'이라 불렸으나, 헤롯 대왕 때(주전 37~4년) 로마 황제 가이사 아우구스투스의 이름을 본떠 '가이사랴'로 불리게 되었다.

당시 그 가이사랴 성읍에 '고넬료'라는 사람이 있었다. 그 사람은 '이탈리야 부대'로 알려진 로마군대의 백부장이었다. 여기서 '부대'는 로마군대의 조직상 1천 명으로 구성된 예비대로, 이탈리야 부대는 당시 가이사랴 성읍에 주둔한 5개 부대 가운데 하나였다. 부대의 최고 지휘관은 천 명을 통솔하는 천부장이었고, 백부장은 그중 100명의 군사를 지휘하는 중간급 장교였다.

특이한 사실은, 신약성경에 등장하는 백부장들은 모두가 신앙을 가졌거나 또는 신자들과 기독교에 대하여 호의적인 생각을 지닌 사람들이라는 점이다. 예를 들면, 예수님께 중풍병에 걸린 자기 하인을 고쳐달라고 간청한 백부장(마 8:5), 예수님이 죽은 직후에 그 십자가 밑에서 예수님을 '하나님의 아들'이라고 고백한 백부장(마 27:54), 베드로 사도를 초빙하여 성령을 받은 백부장 고넬료(행 10:1), 그리고 사도 바울을 가이사랴에서 로마까지 호위하면서 바울의 생명을 귀하게 여긴 백부장 율리오(행 27:1) 등이다.

베드로의 전도 사역

"주님, 오늘도 주님의 뜻에 따라 주님의 영광을 위해 살아가게 하옵소서."

백부장 고넬료는 비록 이방인이었지만 자신의 온 가족과 더불어 하나님을 경외하는 마음이 두터운 사람으로, 가난한 사람들에게 아낌없이 베풀고 항상 하나님께 기도하는 신실한 제자의 삶을 영위하고 있었다.

"고넬료야!"

어느 날 오후 3시쯤, 고넬료는 기도하는 가운데 환상을 보았다. 하나님의 천사가 그에게로 나아와서 그의 이름을 부르는 것이었다.

"오, 주여, 무슨 일이십니까?"

천사의 갑작스런 등장에 고넬료는 두려워하면서 천사를 향해 물었다. 그러자 환상 가운데서 천사가 고넬료에게 말한다.

"고넬료야, 너의 꾸준한 기도와 가난한 자들에게 베푼 구제의 손길이 하나님 앞에 상달되어 하나님께서 다 알고 계신다. 이제 너는 즉시 욥바로 사람을 보내어 '베드로'라 하는 시몬을 네 집에 데려오도록 하여라."

"베드로 사도님… 말입니까?"

"그렇다. 그는 지금 가죽 제품을 만드는 무두장이 시몬의 집에 묵고 있는데 그 집은 바닷가에 있다."

"네, 지시하신 대로 즉시 순종하겠습니다."

천사가 떠나가자, 백부장 고넬료는 즉시 자기 수하에 있는 하인 두 사람과 자기 호위병 가운데 신앙이 두터운 한 병사를 불렀다. 그런 뒤, 그들에게 자신이 환상을 통해 천사에게서 지시받은 일을 말해주면서 속히 베드로 사도님을 정중하게 모셔오도록 그들을 욥바로 보냈다. 욥바는 가이사랴에서 대략 48km 떨어진 거리에 있었다.

천사(헬, 앙겔로스)는 '메신저'란 뜻이다. 하나님은 자신을 섬기고 자신의 임무를 수행토록 하기 위해 영적 존재인 천사를 만드셨다. 그래서 천사들은 하나님의 명에 따라 하나님의 메시지를 전달하고 하나님의 백성을 보호하며 하나님의 심판을 수행한다. 하나님은 지상에서 어떤 일을 하고자 하실 때, 혹은 어떤 사람에게 중요한 메시지를 주시고자 하실 때, 종종 천사를 보내셨다. 천사들은 각자 이름도 있고 계급도 있는데, 성경에 그 이름이 언급된 두 고위천사는 '가브리엘'과 '미가엘'이다.

베드로가 큰 보자기 환상을 보다 (10:9-16)

"자, 빨리 서두르세! 백부장께서 급하신 거 같네."

이튿날 정오 무렵, 고넬료의 명에 따라 부지런히 발길을 재촉하던 세 사람이 욥바 가까이에 이르렀다. 그때 베드로는 기도하러 옥상에 올라가 있었다. 당시 이스라엘 가옥의 지붕은 평평했고 집 바깥쪽에서 지붕으로 향하는 계단이 있어서, 누구든지 계단을 통해 쉽게 지붕에 오를 수 있었다. 지붕은 조용한 휴식처이기도 하여, 혼자 조용히 기도하기에도 적당한 장소였다.

때에 베드로는 시장기를 느껴 뭔가를 먹고 싶었지만, 식사는 아직 준비 중이었다. 허기를 참고 기도를 계속하던 중에 베드로는 갑자기 황홀경에 빠져 환상을 보게 되었다. 환상은 황홀경(ecstasy, 무아의 경지) 가운데서 이루어지지만, 이때 환상을 접하는 사람의 의식은 또렷한 맨 정신 상태를 유지한다. 신구약 시대에 하나님은 종종 이 같은 환상을 계시 전달의 수단으로 사용하셨다. 환상(이상) 이외에도 꿈이나 제비뽑기 등을 통해서도 계시를 전달하셨다.

"아앗, 저것은…? 보자기?"

환상 가운데서 베드로는 갑자기 하늘이 열리면서 네 귀퉁이가 동여매어진 큰 보자기 같은 것이 땅으로 내려오는 것을 보았다. 그런데 그 보자기 안에는 땅 위를 기어 다니는 뱀들이 있었고, 공중의 새들뿐만 아니라 온갖 종류의 네 발 달린 짐승들이 들어 있었다. 레위기 율법의 규례에 따라 먹을 수 있는 정결한 동물들도 있었지만, 먹는 것이 금지된

베드로가 보자기 안에 온갖 짐승들이 있는 환상을 보다

부정한 동물들도 많이 들어 있었다. 베드로가 보자기 안에 들어 있는 각종 동물들을 보고 아주 의아하게 생각하고 있을 때, 하늘에서 음성이 들려온다.

"베드로야! 일어나서, 보자기 안에 들어 있는 것들을 잡아먹어라."

"네엣? 주님, 절대 안 됩니다! 저는 지금까지 불결하고 더러운 짐승은 한 번도 입에 대어본 적이 없습니다."

베드로가 크게 놀라며 소리쳤다. 베드로가 말한 '불결하고 더러운 짐승'이란 정결의식에 관한 레위기의 율법에 따라 식용이 금지된 짐승들을 가리킨다. 어떤 것들은 위생상의 이유로, 어떤 것들은 종교상의 이유로, 식용이 금지되었다. 이 같은 정결의 율법을 어기고 부정한 짐승을 잡아먹은 자는 유대 사회에서 추방되었고, 하나님의 선민이 누릴 수 있는 모든 특권이 상실되었다. 따라서 보자기 안에 들어 있는 부정한 짐승을 잡아먹으라는 하나님의 명령은 베드로에게 실로 충격적이었다. 베드로가 완강하게 거부하자, 곧이어 두 번째로 하늘에서 음성이 들려온다.

"베드로야, 어느 짐승이든 속되거나 더럽다고 하지 말아라. 모두 하나님이 깨끗하게 만드신 것이니라."

짐승의 식용과 관련하여 구약시대에 주어진 레위기의 정결 의식법(儀式法)은 매일의 식단을 통해 하나님의 백성들에게 '거룩함'에 대한 영적 통찰력을 훈련시키기 위함이었다. 하지만 신약시대에 이르러 하나님 나라의 본질은 먹고 마시는 문제에 있는 것이 아니라 오직 성령 안에서 누리는 의와 평강과 기쁨(희락)의 문제였다(롬 14:17). 그래서 예수님도 생전에 음식에 대한 정결 규례를 교훈하실 때, 밖에서 사람의 몸 안으로 들어가는 것들(음식물)이 사람을 더럽히는 것이 아니고, 사람 안에서 밖으로 나오는 것들(온갖 죄악)이 사람을 더럽힌다고 말씀하셨다(막 7:14-19).

"아, 주여!"

베드로는 큰 충격을 받았다. 유대인으로서 베드로는 지금껏 율법 준수에 철저했다. 이제 예수님의 제자가 되고 성령을 받아 복음 전도자가 되었지만, 그럴지라도 자유롭게 하는 복음에 온전히 젖어 들지 못했고 율법에 얽매여 있었다. 그래서일까? 하늘에서 내려온 보자기 환상은 똑같은 방식으로 베드로에게 세 번이나 반복되었다. 그러더니 보자기가 하늘로 다시 들려 올라갔다.

베드로와 고넬료가 대면하다 (10:17-33)

무아지경의 상태에서 벗어난 베드로는 자신이 세 번씩이나 연속해서 본 그 보자기 환상이 무얼 의미하는지 무척 궁금했다. 분명 깊은 뜻이 숨어 있다고 생각했다. 그렇게 환상에 대해 곰곰 생각하는 동안, 백부장 고넬료가 보낸 사람들이 욥바에 들어와 무두장이 시몬의 집을 찾아내어 그 집의 대문 앞에 당도했다.

"실례합니다. 혹시 이 집에 '베드로'라고 하는 시몬이 묵고 있습니까?"

고넬료의 수하들이 큰 소리로 물었다. 때에 베드로는 방금 본 보자기 환상에 내해 골똘히 생각하고 있던 중이었는데, 그런 베드로에게 성령께서 말씀하신다. 베드로의 마음속에 속삭이듯 일러주신 것이다.

"베드로야, 지금 세 사람이 너를 찾고 있는 중이다. 그러니 너는 아래층으로 내려가서 지체 없이 그들을 만나 의심하지 말고 그들과 함께 가도록 하여라. 그들은 내가 보낸 사람들이니라."

베드로는 곧장 지붕 아래로 내려가서 그들에게 말한다.

"내가 베드로라 하는 시몬이요. 당신들이 찾고 있는 사람이 바로 나요. 당신들은 무슨 일로 나를 찾고 있는 것이오?"

"아, 베드로 사도님. 저희는 백부장 고넬료의 심부름으로 여기에 온 사람들입니다. 저희 주인 되시는 분은 의롭고 신앙심이 깊은 사람으로, 유대인들에게도 크게 존경을 받는 분입니다. 그분에게 거룩한 천사가 나타나 이르기를, 베드로 사도님을 집으로 모시고 와서 사도님의 말씀을 들으라고 했답니다."

"그래요? 잘 알겠소. 당신들과 함께 가도록 하지요."

베드로는 고넬료의 수하들을 맞아들여 그날 밤을 그 집에서 묵게 한 뒤, 다음날 그들과 함께 고넬료의 집이 있는 가이사랴로 길을 떠났다. 이때 욥바 교회의 신자들 몇 사람도 베드로 사도와 함께 올라갔다.

"사도님, 이제 가이사랴에 다 왔습니다."

길을 떠난 지 이튿날, 베드로 일행은 가이사랴에 도착했다. 그즈음 백부장 고넬료는 친척과 친구들을 자기 집에 모두 불러놓고 베드로 일행을 손꼽아 기다리고 있었다.

"사도님, 뵙게 돼서 참으로 영광입니다. 어서 안으로 드십시오."

베드로가 집 안으로 들어가자, 고넬료가 벌떡 일어나 마치 경배를 하듯 베드로 앞에 그대로 엎드려 절을 했다. 구원의 복음을 사모하는 마음의 표현이었다. 하지만 그런 경배의 모습에 베드로가 크게 당황한 듯 두 손을 뻗어 고넬료를 붙들고 자리에서 일으켜 세우며 말한다.

"이러지 마시오. 어서 일어나시오. 나도 당신과 똑같은 사람일 뿐이오."

사람은 경배의 대상이 아니고, 오직 하나님만이 유일하게 경배할 대상임을 뜻하는 말이다. 고넬료를 일으켜 세운 뒤 베드로는 그와 잠시 이야기를 나눈 다음, 사람들이 모여 있는 방 안으로 들어갔다. 그들은 고넬료의 가족, 일가친척, 그리고 가까운 친구들이었다. 방 안에 모여 있는 사람들을 빙 둘러본 뒤, 베드로가 그들에게 말한다.

"여러분도 잘 아시다시피, 우리 유대인의 법에는 유대인이 이렇게 이방인과 사귀거나 이방인의 집에 방문하는 것이 금지되어 있습니다. 그러나 하나님은 어떤 사람도 차별해서는 안 된다는 것을 제게 환상으로 보여주셨습니다. 그래서 여러분이 저를 부르러 사람들을 보냈을 때

거절하지 않고 제가 이렇게 온 것입니다. 그런데 여러분은 무슨 일로 저를 오라고 하셨습니까?"

거룩한 선민의식에 사로잡힌 유대 랍비들은 모세 율법을 자의적으로 확대 해석하여 모든 이방인과의 교제를 죄악시하고, 심지어 이방 사회에서 들여온 물품이나 음식물까지도 부정한 것으로 규정하였다. 이 같은 유대인들의 전통적인 규정과 관습에 따르면, 유대인인 베드로가 이방인인 고넬료의 집을 방문하여 그들과 함께 음식물을 먹는 일은 명백한 위법이었다.

하지만 하늘에서 내려온 '보자기 환상'을 통해 이방인에 대한 베드로의 생각과 태도가 극적인 변화를 겪게 되었다. 그렇지만 아직 완전한 것은 아니었다. 후일에 베드로는 이방인과의 식사 문제로 유대인들 앞에서 외식적인 태도를 취하였다가 바울에게 책망을 받기도 한다(갈 2:11-14). 초빙의 이유를 묻는 베드로의 질문에 백부장 고넬료가 정중한 태도로 대답한다.

"나흘 전입니다. 제가 이맘때쯤 오후 기도를 드리고 있는데, 갑자기 제 앞에 눈부시게 빛나는 옷을 입은 천사가 나타나서 말하기를 '고넬료야, 하나님께서는 네 기도를 들으시고 네 구제를 다 기억하고 계신다. 그러니 너는 이제 욥바로 사람을 보내어 베드로라 하는 시몬을 네 집으로 모셔오너라. 그는 지금 가죽 제품을 만드는 무두장이 시몬의 집에 머물고 있는데, 그 사람의 집은 바닷가에 있다'라고 하셨습니다. 그래서 제가 즉시 사도님께 사람을 보냈던 것인데, 이렇게 몸소 와주셨으니 정말로 감사합니다. 저희는 주님께서 사도님을 통해 저희에게 명하시는 모든 말씀을 들으려고, 지금 이렇게 하나님 앞에 모여 있습니다."

베드로가 고넬료의 집에서 전도하다 (10:34-43)

"오, 주님, 주님께 영광을 돌립니다!"

고넬료의 말을 귀 담아 들은 뒤 베드로가 크게 감동한 듯 먼저 주님께 영광을 돌리면서 입을 열어 말하기 시작한다.

"이제야 내가 분명히 깨달았습니다. 하나님은 진실로 유대인만 사랑하시는 것이 아니라 사람을 차별하지 않고 어느 나라 어느 민족 사람이든 하나님을 경외하고 옳은 일을 행하는 사람은 누구든지 다 받아주십니다! 이번 기회에 그 사실을 명확하게 깨닫게 되었습니다."

하나님의 사랑과 관심, 공의의 대상과 범위가 유대 민족이나 이스라엘 국가에 한정되는 것이 아니라 범국가적, 범민족적, 나아가 전 우주적인 것임을 보여준다. 하나님의 사랑은 역사의 시공간을 뛰어넘고 빈부귀천이나 남녀노소를 차별하지 않는다.

"하나님이 이스라엘 백성에게 전하신 기쁜 소식, 곧 하나님이 모든 만물의 주인이신 예수 그리스도를 통하여 말씀하신 화평의 복음에 대해서는 여러분도 잘 알고 계십니다. 이 기쁜 소식은 일찍이 세례 요한이 세례를 베풀었던 갈릴리 지방에서부터 시작되어 온 유대 지방으로 퍼져 나갔습니다."

예수님이 이 땅에 오신 목적은 하나님 앞에서 자신을 대속의 제물로 드려 사람의 죗값을 치름으로써 하나님과 사람을 화목케 하여 양자 사이에 평화를 이루는 것이었다. 그것이 바로 '화평의 복음'이다. 베드로의 설교는 이어진다.

"하나님은 나사렛 예수께 성령과 권능으로 기름 부어 주시고 늘 함께 하셨습니다. 그래서 예수께서는 사방을 두루 다니시면서 마귀에게 짓눌린 사람들을 다 고쳐주셨습니다. 저를 포함하여 우리 사도들은 예수께서 온 유대와 예루살렘에서 행하신 그 모든 놀라운 일들을 직접 눈으로 목격한 증인들입니다."

과연 그랬다. 예수님의 12사도는 예수님의 공생애 3년 동안에 줄곧 예수님과 동행하면서 그분의 모든 교훈을 직접 귀로 들었고, 모든 치유의 이적을 직접 눈으로 보았다. 특히 수석사도인 베드로는 누구보다도 가장 가까이서 예수님의 그 모든 사역을 똑똑히 지켜본 생생한 증인이었다. 그래서 확신에 찬 목소리로 힘 있게 복음을 전할 수 있었다.

베드로가 고넬료의 집에서 복음을 전하다

"그런데 여러분, 이런 예수님을 사람들은 십자가에 못 박아 죽였습니다. 그러나 하나님은 사흘 만에 십자가에 못 박혀 죽으신 예수님을 죽은 자들 가운데서 다시 살리시고 사람들 앞에 나타나게 하셨습니다."

예수 그리스도의 십자가 죽음과 부활은 초대교회 때부터 오늘날에 이르기까지 기독교 복음의 핵심 주제다. 실제로 베드로는 예수님의 십자가 죽음과 무덤에서의 부활, 그리고 부활 이후 승천하기까지의 모든 행적을 직접 목격하고 체험하였다.

"부활하신 예수님은 모든 사람들에게 다 나타나신 것이 아니라 하나님이 미리 선택해 두신 사람들에게만 나타나셨습니다. 예수님은 죽은 자들 가운데서 부활하신 후 우리 사도들에게 몸소 찾아오셨고, 우리는 그분과 함께 먹고 마셨습니다."

부활하신 주님은 모두에게가 아니라 오직 택함 받은 자들에게만 나타나셨다. 주님의 부활은 참으로 놀랍고 신비스러우며 상식을 초월하는 일이었기에 모든 사람을 위한 것이 될 수 없었다.

만일 부활의 주님께서 모든 사람들에게 나타났다고 할지라도, 그들은 자신들이 본 것을 이해하지도 못할 것이고 믿음으로 응답하지도 못할 것이었다. 그래서 부활의 주님은 특별한 개인들과 소수의 무리들에게만 나타나 그들로 부활의 증인 삼기를 원하셨다. 그 결과, 주님의 부활을 직접 목격한 자들은 그 일의 증인이 되어 다른 사람들에게 부활의 주님을 힘차게 전파할 수 있었다.

"여러분, 예수님은 장차 산 자와 죽은 자를 심판하실 분으로서 하나님이 세우신 분이십니다. 예수께서는 온 세상의 모든 사람에게 이 사실을 전파하고 증언하라고 우리 사도들에게 당부하셨습니다. 그래서 모든 선지자들도 하나같이 증언하기를 '예수님을 믿는 사람은 누구든지 그분의 이름으로 죄 사함을 받을 수 있다'라고 했습니다."

이방인들에게도 성령이 임하다 (10:44-48)

베드로가 힘 있게 설교하고 있는 동안, 성령께서 말씀을 듣는 모든 사람들 위에 내려오셨다. 이방인 백부장 고넬료와 그의 가정에 성령이 임한 것이다. 이 사건은 이방인들에게 임한 최초의 성령 강림 사건으로서 기독교 역사에서 실로 엄청난 사건이다. 이방인들에게 성령이 임한 것은, 통념상으로는 도저히 기대할 수 없는 일이었고 그 사례를 찾아보기도 어렵기 때문이다. 그래서 이를 두고 '이방인의 오순절 사건'이라 부르기도 한다. 그렇지만 엄밀히 살펴보면 '오순절 성령 강림 사건'과는 본질적으로 다르다.

성령은 예수님의 승천 후 처음 맞은 오순절에 예루살렘의 한 다락방에 다함께 모여 기도하고 있던 120명의 신자들 위에 공식적이고도 영구적으로 임했다(행 2:1-4). 이후로 성령님은 이 땅을 떠나가지 않고 믿는 자들의 심령 가운데 거주하면서 주님의 일을 이루어가셨다. 그래서 가이사랴의 고넬료 집의 사람들에게 임한 성령은 이미 지상에 임한 성령께서 그들을 강렬하게 온전히 사로잡은 성령 충만의 상태였다.

‘성령 충만’의 상태란 신자의 심령과 인격이 온전히 성령님의 주관하에 놓이고 사로잡히는 상태로서 성령님의 뜻에 따라 말하고 행하는 성숙한 신앙상태를 말한다.

“이, 이럴 수가! 이방인들에게 성령님이….”

베드로와 함께 고넬료 집에 온 자들, 곧 할례 받은 유대인 신자들은 이방인들 위에도 성령의 은사가 부어지는 것을 보고는 크게 놀랐다. 그들은 자신들의 눈으로 직접 목격한 사실을 도무지 이해할 수 없었다. 그들은 언제나 성경의 모든 약속은 하나님의 택함 받은 백성들에게만 적용된다고 배워왔다. 그래서 이방인들이 먼저 할례를 통해 유대인이 되는 법 없이 성령을 받아 의롭게 된다는 사실은 상상조차 할 수 없었다. 하지만 자신들의 눈으로 이방인들이 하나님께 성령을 충만하게 받고 있는 모습을 생생하게 목격하고 있었으므로, 그들은 크게 놀라며 당황스러워했던 것이다.

“틀림없어! 분명 이방인들이 우리처럼 성령 충만을 받았다!”

유대인 신자들은 고넬료 집에 모인 이방인들이 방언으로 말하면서 하나님을 찬양하는 것을 직접 눈으로 보고 귀로 들으니 도무지 의심할 수 없었다. 사도행전을 보면, 성령 충만한 상태에서 방언이 뒤따르는 현상은 여러 번 나타난다. 그러므로 성령 충만의 상태에서는 종종 방언이 뒤따른다고 볼 수 있다.

그렇지만 사도행전 19장 이후에는 그런 패턴이 반복되고 있지는 않으므로 언제나 반드시 그렇다고 말할 수는 없다. 성령 충만을 받은 자에게는 방언 이외에도 지혜, 믿음, 능력, 예언 등 얼마든지 다른 성령의 은사들이 임할 수 있다(고전 12:4-11). 고넬료 집에 모인 사람들에게 성령이 충만하게 임한 것을 보고는 베드로가 함께 온 유대인 신자들을 향해 말한다.

“여러분, 여기 모여 있는 이 사람들에게 세례를 베푸는 것에 반대하실

분은 없으시겠지요? 이 사람들도 우리처럼 분명히 성령을 받았습니다!"

성령을 받았다고 해서 물세례 의식을 등한시해서는 안 된다는 사실을 알 수 있다. 이처럼 물세례 의식은 구원받은 자의 외적인 징표로서 주님께서 명하신 교회의 중요한 의식이기에 결코 소홀히 해서는 안 된다. 또한 고넬료 가정의 사람들이 이방인들이라 해서 물세례나 성찬식 등 예수님이 정하신 신앙규범 밖의 사람들로 간주해서는 안 된다는 의미도 포함되어 있다.

"자, 이제 이 사람들에게 주 예수 그리스도의 이름으로 세례를 베풀도록 하시오!"

베드로가 함께 온 신자들에게 명하자, 그들이 예수 그리스도의 이름으로 고넬료 집안의 모든 사람들에게 세례(침례)를 베풀었다. 이때 베드로가 직접 세례를 베풀지 않은 것은, 세례를 받은 사람들이 세례 베푼 자로 인해 어떤 우월의식을 갖지 않도록 하기 위함인 듯하다. 그래서 후일에 바울 또한, 아주 예외적인 경우를 제외하곤 직접 세례를 베풀지 않았다.

이처럼 세례는 '주 예수 그리스도의 이름으로' 베풀어지는 것이 중요하고 의미 있을 뿐, 누가(어떤 훌륭한 인물) 세례를 베풀었느냐에 따라 그 세례의 가치와 의미가 달라지는 것은 결코 아니다.

"감사합니다! 참으로 고맙습니다! 먼 길 오셨으니, 여기서 좀 더 머문 뒤에 떠나시도록 하십시오. 부족하지만 정성껏 모시겠습니다."

성령을 받은 고넬료 집안의 모든 사람들에게 은혜롭게 세례 의식이 베풀어졌고, 고넬료를 비롯한 그의 집안 사람들이 모두 베드로와 그의 일행에게 감사함과 고마움을 크게 표하면서 며칠만 자기들과 함께 머물다 가시라고 간청하였다.

11

베드로의 변론과 안디옥 교회

베드로가 이방 사람들과 어울렸다는
소식을 들은 유대인 신자들이
도대체 어찌된 일이냐고 따져 묻자
베드로는 자신이 본 환상을 이야기하네

베드로가 예루살렘 교회에 고넬료 사건의 진상을 보고하다 (11:1-18)

"그게 정말이오? 베드로 사도가 이방인들과 어울려 식사를 하고, 게다가 이방인들에게도 성령이 임했다는 게 사실이냔 말이오?"

유대에 있는 사도들과 신자들은 가이사랴의 고넬료 집안에서 있었던 사건에 관해 전해 들었다. 초대교회의 지도자인 베드로 사도가 이방인들과 어울려 식사를 한 것도 이해할 수 없는데, 더욱이 이방인들도 하나님의 말씀을 듣고 성령을 받았다는 소식은 도무지 믿기지 않았다.

베드로가 예루살렘으로 돌아오자 할례 받은 유대인 신자들이 베드로에게 대놓고 물었다.

"사도님이 할례 받지 않은 이방 사람들의 집에 들어가 그들과 함께 음식을 먹었다는데, 그게 정말입니까? 우리가 잘못 전해 들은 것이겠죠?"

베드로는 그들의 의구심을 충분히 이해한다는 듯 그동안 가이사랴의 고넬료 집안에서 있었던 일들을 자초지종 낱낱이 설명하기 시작한다.

"하루는 내가 욥바에서 주님께 기도를 드리던 중 갑자기 황홀경에 빠져 환상을 보았어요. 어떤 환상인고 하면, 네 귀퉁이를 끈으로 동여맨 큰 보자기 하나가 하늘에서 내려오는 게 아니겠어요. 그래서 내가 그 보자기 안을 들여다보니, 거기에는 온갖 종류의 짐승들 곧 들짐승과 길짐승과 날짐승들이 들어 있더란 말입니다. 그 안에는 부정한 짐승들도 들어 있었지요. 그런데… 내가 그 보자기 안의 짐승들을 바라보고 있을 때 '베드로야, 일어나서 그것들을 잡아먹어라!' 하는 음성이 하늘에서 들리는 게 아니겠어요?"

"부정한 짐승까지도 잡아먹으라고 했다고요? 어떻게 그럴 수가 있죠?"

"그래서 나도 그렇게 대답했어요. '주님, 절대로 그렇게 할 수 없습니다. 저는 지금까지 한 번도 불결하거나 더러운 음식을 먹어본 적이 없습니다.' 그러자 하늘에서 또다시 음성이 들려오기를 '어느 것이든 더럽다고 하지 말아라. 하나님이 모든 것을 다 깨끗하게 만드신 것이다.' 라고 하는 것이었습니다. 이런 일이 세 번이나 되풀이 된 후에 그 보자기는 하늘로 들려 올라갔어요."

"그래서요? 그 다음엔 어떤 일이 있었죠?"

"바로 그때, 가이사랴에서 내려온 세 사람이 내가 묵고 있던 집으로 찾아와 자신들과 함께 올라가자고 요청하더란 말입니다. 그 이방 사람들의 요청을 받고 내가 어찌할까 하고 좀 망설였어요. 그런데 바로 그때 성령께서 제게 일러주시기를, 망설이지 말고 그들과 같이 가라고 하시는 것이었습니다. 그래서 나는 여기 있는 여섯 형제들과 함께 그 사람들을 따라 그들을 보낸 백부장의 집으로 가서 백부장을 만났지요."

"그 백부장이 이방 사람인데도 그의 집에 들어갔단 말입니까?"

"내 말을 끝까지 들어보세요. 내가 그 백부장을 만나니, 그가 내게 이런 말을 하더라고요. 자기에게 천사가 나타나 지시하기를, 욥바로 즉시 사람을 보내어 '베드로'라고 하는 시몬을 모셔오라고 했다는 것과,

그렇게 하면 베드로가 와서 너와 네 온 집안사람들이 구원을 받을 수 있도록 하나님의 말씀을 전하여 줄 것이라고 했다는 거예요."

"오호, 그게 사실입니까? 어떻게 그리 척척 들어맞을 수가!"

"그러게 말입니다. 다 주님께서 행하신 일이지요. 그리하여 나는 그 백부장의 집에 들어가 복음을 전했어요. 그런데 내가 복음을 전하기 시작할 때에 성령이 처음에 우리에게 내리셨던 것과 마찬가지로 그들 이방 사람들에게도 성령이 임하는 것이었습니다."

"성령께서 이방 사람들에게도 임했다고요? 그게 사실입니까?"

"틀림없어요. 나뿐만 아니라 나와 함께 올라갔던 모든 형제들이 두 눈으로 똑똑히 목격한 일이니까요. 바로 그때 나는 '세례 요한은 물로 너희에게 세례를 주었지만, 너희는 장차 성령으로 세례를 받을 것이다' 라고 하셨던, 예수님의 말씀이 생각났어요. 이와 같이 주 예수 그리스도를 믿는 우리에게 하나님이 주셨던 것과 똑같은 성령이란 선물을 그들 이방 사람들에게도 주셨으니, 내가 누구이기에 감히 하나님의 일을 막을 수 있겠어요, 그렇지 않습니까?"

베드로에게 비난하듯 따져 물었던 유대인 신자들은 더 이상 할 말이 없었다. 도리어 그들은 이방인들에게도 성령을 선물로 부어주시는 하나님을 찬양할 도리밖에 없었다.

"할렐루야! 우리 하나님께서는 이방 사람들에게도 생명에 이르는 회개의 기회를 허락해 주셨도다!"

안디옥 교회와 그리스도인 (11:19-26)

그 무렵(주후 34년경), 스데반 집사에게 가해진 핍박 사건 이후로 잇따라 교회와 신자들에게 일어난 극심한 박해 때문에 예루살렘 교회의 신자들은 예루살렘을 떠나 각처로 뿔뿔이 흩어졌다. 그들은 페니키아, 키프로스, 안디옥 등지를 다니면서 유대 사람들에게만 복음을 전했다.

유대인 신자들이 유대인에게만 복음을 전한 까닭은, 비록 복음을 받아들여 기독교 신자가 되었다고 할지라도 이방인을 차별하던 오랜 유대의 전통과 관습에서 쉽사리 벗어나지 못했기 때문이다.

“여보게, 우리 주님은 이방인들도 구원받기를 원하시니 이제부터는 이방인들에게도 복음을 전하도록 하세나.”

유대인 신자들 중 키프로스와 구레네 출신의 신자들 몇 사람은 마음에 깨달음을 얻고 열린 의식을 가졌다. 그래서 그들은 이방 지역인 안디옥으로 가서 이방인들인 헬라 사람들에게도 주 예수에 관한 복음을 전하기 시작했다.

수리아 지역에 위치한 ‘안디옥’은 셀류시드 왕조의 수도였는데 그 왕조의 설립자인 셀류쿠스 1세 니카토르가 자기 부친인 안티오쿠스의 이름을 따서 명명한 도시다. 오론테스강 연안에 자리 잡고 있는데, 로마제국에서 로마와 알렉산드리아(이집트 지역)에 이어 세 번째로 큰 도시다.

“여러분, 회개하고 주 예수 그리스도를 믿으십시오! 주님을 믿어야만 구원과 영생을 얻을 수 있습니다!”

안디옥에서의 복음 전파는 큰 결실을 맺었다. 주님의 손길이 그들 복음 전도자들과 함께 하셨으므로 많은 이들이 복음을 듣고 믿음을 갖게 되어 주님께로 돌아왔다.

예루살렘 교회는 안디옥 소식을 듣고 크게 기뻐했다. 예루살렘 교회의 사도들은 안디옥의 새 신자들을 돌보고 양육하기 위해 바나바를 안디옥으로 보냈다. 바나바는 예루살렘 교회에서 유력한 지도자급 신자로, 덕망이 높아 ‘위로와 격려의 사람’으로 잘 알려진 인물이었다.

안디옥에 도착한 바나바는 하나님께서 베푸신 여러 은혜로운 증거들을 직접 보고서 크게 기뻐하고 고무되었다. 그래서 그는 최선을 다해 안디옥의 새 신자들을 정성껏 보살폈다.

바나바는 성령과 믿음이 충만한 사람이었으므로 많은 이들이 바나바를 통해 주님께로 나오게 되었고 신앙을 견고히 다지게 되었다. 그리하여 안디옥 교회는 몰려드는 신자들로 인해 하루가 다르게 부흥하였다.

"그래, 사울! 사울이 있었지. 왜 내가 진즉 그 생각을 못했을까. 그라면 나와 함께 안디옥 교회를 잘 인도할 수 있을 거야!"

때에 바나바는 사울을 기억해내고는. 만사를 제쳐두고 사울을 찾으러 그의 고향인 다소로 내려갔다. 혼자서 큰 무리를 가르치고 이끌고 나가기에는 너무나 벅찬 터였는데, 문득 사울을 기억해내고는 그에게 도움을 청하고자 길을 나선 것이다. 사울의 고향인 다소는 소아시아 남동쪽의 지중해 동부해안에 자리 잡고 있는 길리기아 지역의 수도다.

당시 사울은 자기 고향 다소에 머물고 있었다. 회심 이후에 그를 배반자로 간주한 예루살렘의 극렬 유대인들로부터 심각한 생명의 위협을 받았기에 황급히 몸을 피해 고향인 다소로 내려가서 지낸 지 벌써 10여 년이 흘렀다. 바나바는 오랜 세월의 공백에도 불구하고 자신이 예루살렘 교회에 소개하고 보증했던 사울을 잊지 않고 다시금 그가 공식적인 복음 사역의 무대로 복귀할 수 있도록 그를 찾으러 간 것이다.

여기서 '찾으러'(헬, 아나제테사이)란 말은 '거리마다, 집집마다 일일이 힘들게 수소문하여 부지런히 찾는다'는 뜻이다. 이로 미루어볼 때, 사울이 회심하여 기독교로 개종한 일 때문에 사울은 율법에 엄격한 자신의 가문으로부터 추방당하여 거처조차 찾기 힘들었음을 짐작할 수 있다.

"사울 형제! 여기에 있었구먼! 이 사람아, 내가 얼마나 자네를 찾아다녔는지 아는가? 참으로 반갑네, 반가우이! 그동안 어떻게 지내고 있었는가?"

여러 날을 힘써 수소문한 끝에 마침내 바나바는 사울을 찾았다. 둘은 주님의 이름으로 안부를 묻고 대답하면서 넘치는 반가움에 서로 얼싸안고 기쁨의 눈물을 흘렸다. 한바탕 뜨거운 격정의 순간이 지나고,

바울과 바나바

바나바는 감정을 가라앉힌 채 차분하게 안디옥 교회의 사정을 사울에게 들려주었다.

"오, 할렐루야! 안디옥에 주님의 은총이 크게 임하셨도다!"

"그러니 사울 형제, 이제는 이곳 다소 생활을 정리하고 나와 함께 안디옥으로 가서 우리 주님의 교회를 돌봐야 하지 않겠나? 나 혼자서는 아무래도 감당하지 못하겠네."

"그렇게 하지요! 사실은 저도 오랫동안 기도하면서 이런 날이 오기를 고대했습니다."

이리하여 바나바는 사울을 데리고 함께 수리아 지역의 안디옥으로 돌아왔다. 두 사람은 1년 내내 그곳 안디옥 교회에 머물면서 많은 사람들에게 예수 그리스도의 복음을 전하고 말씀을 가르쳤다.

"보아하니, 저 사람들은 '그리스도'를 따르는 그의 제자들이야. 그러니까 저들을 '그리스도인'이라 불러도 되겠어."

이곳 안디옥에서, 사람들은 예수 그리스도를 따르는 제자들을 처음으로 '그리스도인'이라고 부르기 시작했다. '그리스도인'(헬, 크리스티아노스)은 '그리스도에게 속한 자' 또는 '그리스도를 따르는 자'란 뜻이다. 그 이전에는 제자, 믿는 자(신자), 성도, 형제 등으로 불렸다. 예수 그리스도를 믿고 따르는 자들에 대하여 수리아 지역의 안디옥 교회에서 처음으로 불린 이 명칭은 주후 1세기 후반부터는 '기독교인'을 지칭하는 일반적인 용어로 보편화되었다.

선지자 아가보가 성령의 감동을 받아 예언하다 (11:27-30)

그 무렵, 선지자 몇 사람이 예루살렘에서 안디옥으로 내려왔다. 이처럼 예루살렘 교회의 선지자들이 안디옥 교회를 방문한 것은 갓 생겨나 한창 부흥하고 있는 안디옥 교회에 더 많은 하나님의 사역자들이 필요했기 때문이다. 안디옥 교회에 온 선지자들 가운데 '아가보'라는 사람이 있었는데, 당시 그는 성령의 감동을 받아 이렇게 예언하였다.

"머잖아 로마제국 전역에 큰 기근이 발생할 것이다."

과연 아가보 선지자의 예언은 로마 황제 글라우디오 때에 실제로 이루어졌다. 글라우디오는 로마의 제2대 황제인 가이사 디베료의 조카로, 나중에 로마의 제4대 황제에 즉위한 인물이다. 아가보가 예언한 큰 기근은 글라우디오 재위 4-8년경에 발생했다(주후 44-48년경).

"여러분, 유대 땅에 살고 있는 우리 형제들이 큰 기근으로 어려움을 겪고 있습니다. 물론, 우리도 어렵고 힘들긴 마찬가지이지만 그래도 성심성의껏 헌금을 내어 유대의 형제들을 돕기로 합시다."

"좋습니다. 그렇게 하도록 합시다!"

안디옥 교회의 신자들은 각자 힘닿는 대로 헌금을 해서 유대에 살고 있는 형제들에게 구제금을 보내기로 결정했다. 그래서 안디옥 교회의 신자들은 성심성의껏 헌금을 모아 자기들이 거둔 구제금을 바나바와 사울 편으로 예루살렘 교회의 장로들에게 보냈다. 이제 갓 생겨나 한창 부흥하고 있는 안디옥 교회가 모교회인 예루살렘 교회의 어려움을 외면하지 않고 힘을 다해 성심껏 돕는 아름다운 장면이다. 이는 초대교회의 상부상조하는 친밀한 교제와 연합의 전통이 반영된 것이다.

12
야고보의 순교와 베드로의 투옥

어둠과 정적에 휩싸인 감방 안이
환하게 밝아지더니 주님의 천사가
베드로 앞에 나타나 말하네
"어서 일어나 허리띠를 매고 신을 신어라."

야고보의 순교와 베드로의 투옥 (12:1-5)

"저자가 예수의 열두 제자 가운데서도 핵심 세 제자에 속하는 야고보란 말이지? 그렇다면 교회의 지도자인 저자부터 죽여서 예수를 따르는 자들에게 본때를 보여줘야겠다! 저자를 당장 처형하도록 하라!"

수리아 지역에 있는 안디옥 교회가 성심껏 헌금을 거두어 유대 땅에 있는 예루살렘 교회에 구제금 보내는 일을 한창 진행하고 있을 무렵, 분봉왕 헤롯이 예수를 따르는 자들에 대하여 가혹한 박해의 손길을 뻗쳐 교회에 속한 몇 사람을 체포하였다.

여기서 '헤롯 왕'은 헤롯 대왕의 손자인 '헤롯 아그립바 1세'(주후 37-44년)를 가리킨다. 그는 글라우디오가 로마 황제로 즉위하는 데 일정 부분 공헌한 대가로 유대와 사마리아 지역을 통치할 수 있는 분봉왕으로 승인받았다. '분봉왕'이란 로마 황제로부터 제국 내 식민지 국가의 사분의 일(1/4)을 다스리도록 임명받은 왕이다.

분봉왕 헤롯 아그립바 1세는 철저한 유대주의자로서, 당시에 그는 유대인들의 환심을 사기 위해 교회와 신자들을 혹독하게 탄압하였다. 그래서 군사들을 풀어 수색한 끝에 몇몇 신자들을 체포하였는데, 그들 중에 세배대의 아들로서 요한 사도의 친형제인 야고보 사도가 포함되어 있었다. 그래서 헤롯 왕은 교회와 신자들에게 본때를 보여주기 위해 그들 중에서 교회의 지도자인 야고보 사도를 칼로 쳐 죽였다. 참수형에 처한 것이다. 이리하여 12사도 가운데 야고보가 최초의 순교자가 되었다(주후 44년경).

사도 야고보! 예수님의 열두 제자 가운데서도 주요 세 제자(베드로, 야고보, 요한)에 속하는 인물로 사도 요한의 친형이다. 예수님 생전에 그는 베드로 및 동생 요한과 더불어 예수님의 최측근에서 주님을 섬겼다. 그래서 예수님의 변모 사건 때나 마지막 겟세마네 동산에서의 최후 기도 때에도 한결같이 예수님과 동행하였다. 예수님의 승천 이후, 그는 초대교회의 주요 지도자로서 적극적으로 활동하였는데, 안타깝게도 헤롯 아그립바의 교회 핍박 때 일찍부터 붙잡혀 목 베임을 당함으로써 사도들 중에서 최초의 순교자가 되었다.

사도의 손길이 절실하게 필요한 교회의 초창기에 그 뜻을 다 펼치지 못하고 이른 죽음을 맞이하긴 했지만, 야고보의 죽음은 어디까지나 하나님의 오묘한 섭리와 경륜 가운데서 이루어진 일로 영광스러운 순교의 길을 걸은 것이다.

"으하핫핫! 좋았어, 교회의 주요 지도자인 야고보를 없앴으니, 이젠 나머지 교회 지도자들도 모조리 잡아들여 처형하도록 하자!"

분봉왕 헤롯이 야고보를 처형하자, 유대인들은 철저한 유대주의자인 헤롯 왕을 적극 지지하면서 크게 칭송하였다. 예상했던 것보다 유대인들의 반응이 훨씬 뜨거운 것을 보고는, 헤롯 왕이 크게 고무되어 수하의 많은 군사들을 풀어 이번에는 교회의 우두머리 지도자인 베드로까지

잡아들였다.

분봉왕 헤롯은 당장이라도 베드로를 처형하고 싶었지만 때가 무교절 기간이었으므로 일단 감옥에 가두어 놓았다. 무교절은 유대 종교력으로 니산(아빕)월 14일 저녁에 준수하는 유월절의 다음날부터 일주일 동안(15일부터~21일까지) 누룩 없는 빵(무교병)을 먹으며 지키는 절기인데, 옛적 출애굽 사건을 기념하는 구원과 해방의 절기였다.

분봉왕 헤롯은 유월절(무교절) 기간이 끝나는 대로, 교회의 우두머리인 베드로를 감옥에서 끌어내어 유대인들 앞에 세우고 그들의 입맛에 따라 공개재판을 진행할 요량이었다.

"듣거라! 이자는 교회의 우두머리다. 그러니 너희는 특별히 주의해서 단 한순간도 한 눈 팔지 말고 이자를 단단히 지켜야 한다!"

헤롯 왕은 베드로를 감옥에 가둔 뒤 경비병 네 명을 한 조로 만들어 모두 네 조로 하여금 그를 철통같이 지키게 했다. 이렇게 베드로는 감옥에 갇혔고, 교회는 크게 염려하며 다함께 모여 베드로를 위해 하나님께 간절히 기도드리고 있었다.

천사의 도움으로 베드로가 감옥에서 구출되다 (12:6-19)

베드로는 무교절 기간(니산월, 15-21일)인 일주일 동안 경비병들의 삼엄한 감시 하에 감옥에 쭉 갇혀 있었다. 마침내 헤롯 왕이 베드로를 유대인들 앞에 끌어내기로 작정한 전날 밤이었다(니산월, 21일).

베드로는 감방에서 두 개의 쇠사슬에 꽁꽁 묶인 채 두 군사들 사이에서 잠들어 있었다. 감방 문 앞에는 다른 두 명의 경비병들이 지키고 있었다. 그러니까 베드로를 지키는 네 명의 군사들 중 두 명은 감방 안의 베드로 양편에서 베드로와 함께 쇠사슬을 차고 베드로를 감시하고 있었고, 나머지 두 명은 감방의 첫째 문과 둘째 문에서 지키고 있었다.

베드로는 이제 내일이면 감옥에서 끌려 나가 유대인들 앞에서 공개재판을 받은 뒤 야고보처럼 처형당할 상황이었다. 하지만 베드로는 감방 안에서 편안히 잠들어 있었다. 죽음을 목전에 두고서도 불안감에 빠져 두려움에 떨지 않고 주님을 의지함으로써 마음의 평정을 얻어 깊은 수면을 취하는 베드로의 믿음이 돋보인다.

베드로가 갇혀 있는 감방은 깊은 어둠에 휩싸여 무거운 정적만 흐르고 있었다. 그런 한밤중의 어느 순간, 갑자기 밝은 빛이 감방 안에 환하게 비치면서 주님의 천사가 베드로 앞에 나타났다. 그 천사는 깊은 잠에 빠져 있는 베드로에게 다가가 그의 옆구리를 세차게 쳐서 깨우며 말한다.

"베드로야, 어서 일어나라!"

천사가 이렇게 말하는 순간, 베드로를 묶고 있던 쇠사슬이 베드로의 두 손목에서 저절로 스르르 풀렸다. 그러자 천사가 다급한 목소리로 다시 베드로에게 말한다.

"얼른 허리띠를 매고 신을 신어라."

얼떨결에 잠에서 깨어난 베드로, 그는 뭐가 어떻게 돌아가는지도 모른 채 그냥 천사가 시키는 대로 따랐다. 베드로가 허리띠를 매고 신을 신자 천사가 또 말한다.

"겉옷을 두르고 나를 따라오너라."

겉옷은 속옷 위에 덮쳐 입는 옷을 말한다. 감방에서 죄수들이 잠을 잘 때는 허리띠를 풀고 신과 겉옷을 벗어놓기 때문에, 천사는 즉시 감옥을 떠날 수 있도록

천사가 감옥에 갇힌 베드로를 구출하다

베드로에게 복장을 챙겨 입도록 지시한 것이다. 천사의 지시대로 복장을 다 갖추어 입은 베드로는 그 천사를 따라 감옥에서 나갔다.

베드로는 자신이 지금 환상을 보고 있다고 생각했다. 지금 자신에게 일어나고 있는 일이 너무나 갑작스럽고 놀라웠기 때문에 꿈인지 생시인지 도무지 분간할 수 없었다.

"나를 바짝 따라오너라."

상황이 어떻게 돌아가는지 전혀 알 수 없었지만 베드로는 총총 걸음으로 천사 뒤를 바짝 따라갔다. 천사는 베드로를 데리고 첫째 초소와 둘째 초소를 지나 큰 거리로 나가는 철문 앞까지 나아갔다. 이로 볼 때 베드로가 갇힌 감방이 감옥 가운데서도 여러 개의 문을 거쳐 들어가야만 하는, 아주 철저하게 외부와 차단된 곳임을 알 수 있다. 천사와 베드로가 철문 앞에 이르자, 그토록 굳게 닫혀 있던 철문이 저절로 스르륵 열렸다.

"자, 얼른 밖으로 나가자!"

천사와 베드로는 철문을 통과해서 마침내 감옥 바깥으로 나왔다. 감옥의 이 철문을 나오면 바로 예루살렘 성내로 들어서게 된다. 밖은 아직도 캄캄했다. 밖으로 나온 천사와 베드로가 둘이서 예루살렘 성읍의 한 거리쯤 함께 걸어갔을 때 갑자기 천사가 어디론가 사라져버렸다.

"아하! 이제야 확실히 알겠다. 주님께서 내게 천사를 보내 주셔서 헤롯의 손아귀에서, 그리고 유대인들의 모든 기대와 계략에서 나를 구해주신 거로구나! 오, 주님, 감사합니다."

그제야 제정신을 차린 베드로가 지금의 상황을 올바르게 파악하고는 혼잣말을 했다. 이런 사실이 분명해지자 베드로는 갑자기 마음이 급해졌다. 총총걸음으로 서둘러 '마가'라고도 불리는 '요한'의 어머니 마리아의 집으로 향했다. 여기서 마가(Mark)는 마가복음의 저자이며 바나바의 생질인데, 그의 어머니 마리아의 집은 예루살렘 성읍 안에 있었다.

흔히 '마가의 다락방'으로 일컬어지는 마리아의 집 다락방은 예수님의 유월절 최후만찬이 있었던 곳이고, 오순절 성령 강림이 임했던 장소이며, 초대 예루살렘 교회 신자들의 주요 집회 장소였다. 거기에서는 많은 신자들이 모여서 베드로를 위해 기도하고 있었다.

"주님, 베드로 사도님을 무사히 지켜주셔서 헤롯과 유대인들의 손아귀에서 속히 벗어나게 해주시옵소서. 교회는 그분의 손길이 절실하게 필요합니다. 오, 주여!"

이미 야고보 사도를 잃은 상태에서 베드로 사도까지 잃게 되면 초대교회가 엄청난 타격을 입기 때문에, 신자들은 한마음 한뜻으로 아주 절실하고 간절하게 베드로의 무사 구출을 위해 주님께 열심히 기도하고 있었다. 그렇게 한참을 기도하고 있는데, 누군가가 집 문을 세게 두드리는 소리가 들렸다.

마리아의 집 문 앞에서 베드로가 대문을 두드리자, '로데'라는 어린 여종이 누군지 알아보고 문을 열어주기 위해 잰걸음으로 나왔다. 당시 예루살렘 성읍에서 꽤 부유했던 마리아의 집은 모든 믿음의 식구들에게 항상 개방되어 있었으므로 누군가가 늦게라도 기도 모임에 합류하기 위해 찾아온 것으로 생각했다.

"나다, 나야! 베드로다. 어서 문을 열어다오!"

"앗? 베드로 사도님? 맞다, 베드로 사도님이다!"

어린 여종 로데는 베드로의 목소리를 알아듣고는 너무나 기뻤다. 베드로는 마가 요한의 집안과 일찍부터 친분이 있었고, 당시 예루살렘 교회의 주요 집회장소인 이 집에 자주 출입하고 있었으므로, 이 집의 어린 여종 로데도 베드로의 음성을 충분히 식별할 수 있었던 것이다.

"아, 베드로 사도님이 감옥에서 무사히 구출되셨어!"

로데는 베드로 사도가 감옥에서 구출되어 지금 대문 앞에 서 계신다는 사실이 너무나 기뻤다. 그래서 그 어린 여종은 대문 열어주는 것도 깜빡 잊어버리고 베드로 사도를 바깥에 그대로 세워둔 채 집안으로 도로 잽싸게 달려 들어갔다. 베드로 사도의 무사 출옥을 위해 한창 기도하고 있는 다른 신자들에게 기쁜 소식을 얼른 알려주기 위해서였다.

로데(Rhode)는 '장미'(Rose)라는 뜻인데, 그녀에 관한 성경 기록은 사도행전 12장의 단 세 절뿐이다(행 12:13-15). 그녀는 부잣집인 마가의 어머니 마리아의 집에서 이것저것 심부름과 잔일을 하는 어린 계집아이였다. 구속사의 무대 위에서 '로데'라는 장미소녀가 맡은 역할은 아주 간단했다. 베드로가 출옥하여 마리아 집의 대문을 두드릴 때 쪼르르 달려 나가 대문을 활짝 열어주고는 무척 기쁜 표정으로 베드로 사도를 집안으로 맞아들이는 일이었다.

그런데 이 앙증맞은 로데는 그 간단한 배역조차도 실수했다. 베드로의 출옥을 눈치 챈 헤롯 왕이 많은 군사들을 풀어 베드로를 뒤쫓고 있을지도 모르는 긴박한 상황에서 대문을 열어주지도 않고 베드로를 집 바깥에 그대로 세워두었으니 하나님까지 흠칫 놀라게 하는 실수를 한 것이다. 그러나 그녀의 실수는 하나도 밉지 않다. 목소리만으로도 베드로 사도인 줄 단박에 알아보고 너무나 기쁜 나머지, 그 소식을 다른 신자들에게 한시바삐 알려주려는 급하고도 순수한 마음에서 그러했기 때문이다.

베드로가 출옥하여 마리아 집의 대문 앞에 섰을 때, 그의 음성을 듣고 아무런 의심 없이 베드로인 줄 믿은 사람은 어린 장미소녀 로데뿐이었다. 그날 밤에 마리아 집에 다함께 모여 베드로의 무사 출옥을 위해 열심히 기도하던 신자들은 베드로 사도가 대문 밖에 와 있다는 로데의 말에 아무도 믿지 않고 도리어 로데를 꾸짖었다. 참으로 아이러니한 상황이다. 베드로 사도의 무사 출옥을 위해 주님께 열심히 기도하고 있었지만, 막상 기도한 대로 베드로 사도가 무사 출옥하여 대문 밖에 있다는 로데의 말을 전해 듣고는 전혀 믿지 않았으니 말이다.

"지금, 지금, 대문 밖에 베드로 사도님이 와 계세요!"

"뭐라고? 얘야, 네가 지금 제정신이 아닌 게로구나."

"아니에요! 참말이에요! 정말로 그분께서 지금 대문 밖에 계시다구요!"

"아니, 얘가 갑자기 왜 이런데? 너 미쳤니?"

장미소녀 로데는 자신의 말을 믿지 않는 어른들의 불신이 얼마나 답답했을까. 믿음은 거창한 구호가 아니다. 원대한 이상이나 담론도 아니고 심오한 주제나 신학도 아니다. 믿음은 아주 단순하고 명료한 것이다. 세속의 때가 묻지 않은 순백의 눈송이와도 같은 것이다.

로데는 어른들의 구박에도 전혀 기죽지 않고 끝까지 참말이라고 계속 우겼다. 그러자 다락방의 신자들이 마지못해 응한다.

"그러면 얘야, 대문 밖의 그 사람은 아마도 베드로의 천사일 거야."

당시 유대인들은 하나님이 신자들을 보살피고 수호하기 위해 각각의 천사를 지정해 주신다고 믿었다. 그리고 수호천사는 자신이 맡고 있는 그 사람의 모습으로도 보일 수 있다고 생각했다. 이때 마리아의 집에 모인 신자들은 투옥된 베드로가 대문 밖에 서 있다는 로데의 말을 듣고 로데가 제정신이 아닌 상태에서 헛것을 보았거나 혹은 베드로를 맡은 수호천사의 존재로 보았다.

"쿵쿵쿵! 쿵쿵쿵! 쿵쿵쿵!"

베드로는 대문 밖에 서서 다급한 심정으로 계속 문을 두드렸다. 그 소리에 마침내 사람들이 우르르 나와서 대문을 열었다.

"앗! 베드로 사도님! 이게, 이게 어쩐…? 어떻게…?"

신자들은 베드로를 보고는 모두가 깜짝 놀라며 어리둥절해했다. 기쁨 반, 놀라움 반으로 어쩔 줄 몰라 했다.

"쉿! 조용히!"

크게 놀라 어쩔 줄 모르는 신자들을 향해 베드로는 손짓으로 조용히 하라고 이르면서 다함께 집안으로 들어갔다. 베드로는 주님께서 어떻게 천사를 보내 자기를 감옥에서 기적적으로 구출해내셨는가를 자초지종 설명해주었다.

"자, 그러니 이 일을 야고보와 다른 형제들에게도 속히 알려주시오!"

여기 '야고보'는 이미 순교당한 예수님의 열두 제자 중 하나인 사도 야고보가 아니라, 예수님의 친동생인 마리아의 아들 야고보를 가리킨다. 예수님의 죽음과 부활과 승천 이후에 오순절 성령 강림을 체험한 야고보는 신실한 주님의 제자가 되었고, 당시 베드로와 함께 예루살렘 교회의 최고 지도자 위치에 있었다. 그리고 '다른 형제들'은 당시 예루살렘에 있던 사도 요한, 바나바, 사울 등을 가리킨다.

"네, 잘 알겠습니다. 그럼, 부디 몸조심하세요. 주님의 도우심이 사도님과 항상 함께 하시기를!"

"고맙소! 형제들도 믿음 안에서 마음을 굳게 다잡으십시오! 그럼, 나는 이만…."

다락방의 신자들에게 이런저런 당부를 한 다음, 베드로는 마가의 다락방을 떠나 얼른 다른 곳으로 몸을 피했다. 예루살렘 주변의 안전한 피난처로 몸을 숨겼다.

날이 새자, 감옥에서는 큰 소동이 일어났다. 밤 사이에 베드로가 감쪽같이 없어졌기 때문이다. 보고를 받은 헤롯 왕은 노발대발하며 길길이 날뛰었다.

"뭐, 뭐야? 베드로가 없어져? 아니, 어찌 지켰기에 그자를 놓쳐? 당장 군사들을 모조리 풀어 그자를 도로 잡아들이도록 하라!"

수하의 군사들을 모조리 풀어 예루살렘 곳곳을 샅샅이 수색했지만 어디에서도 베드로를 찾을 수 없었다.

"아무짝에도 쓸모없는 멍청한 놈들! 어젯밤에 베드로를 지킨 경비병들을 전부 처형토록 하라!"

아무리 수색해도 베드로를 찾지 못하자, 헤롯 왕은 경비병들을 심문한 뒤에 죄수를 놓친 죄를 물어 사형에 처하도록 명했다. 당시에는 죄수가 탈옥하면 그 죄수를 지킨 간수가 탈옥한 죄수의 형벌을 대신 감당해야 했다. 이후, 헤롯 왕은 유대 땅을 떠나 가이사랴로 내려가서 잠시 그곳에서 지냈다.

가이사랴는 '가이사(로마 황제)의 성읍'이란 뜻으로, 팔레스타인의 지중해 연안에 있는 항구도시다. 예루살렘에서 북서쪽으로 105km가량, 욥바에서 북쪽으로 48km가량의 지점에 위치해 있다.

주님의 천사가 헤롯을 쳐서 죽이다 (12:20-25)

"두로와 시돈 지역으로 보내는 곡물 운송을 중단토록 하라!"

당시 헤롯 왕(헤롯 아그립바 1세)은 두로와 시돈 사람들을 매우 못마땅하게 여겨 그 지역으로 곡물 운송을 하지 말라고 명령했다.

두로와 시돈은 팔레스타인 북부, 페니키아 지역의 지중해 연안에 있는 대표적인 두 항구도시인데, 통상무역을 주업으로 삼고 있던 도시국가였다. 공산품과 수산물은 풍부한 대신에 예로부터 곡물(식량)은 이스라엘에 의지하여 줄곧 수입해왔다.

그런데 무슨 일인가로 두로와 시돈 사람들이 헤롯 왕의 비위를 거스르게 되었고, 이에 헤롯 왕이 그 지역에 식량을 보내지 말라고 지시한 것이다. 당시 두 도시는 이스라엘 영토에서 식량을 사들여야 하는 형편이었기 때문에 두로와 시돈 사람들은 헤롯 왕을 찾아가서 면담을 요청했다. 그들은 헤롯 왕이 신임하는 그의 시종 블라스도를 내세워 헤롯 왕에게 화평을 청했다. 블라스도는 헤롯 왕의 잠자리를 맡아 책임지는 신하였는데, 이런 신하들은 개인적으로 왕과 친분이 두터웠다.

"그래? 그렇다면 한번 만나보도록 하지."

헤롯 왕은 거만한 태도로 면담 요청을 마지못해 수락하였다. 헤롯 왕이 두로와 시돈의 평화사절단을 만나기로 약속한 날은 로마 황제 글라우디오의 생일(8월 1일)이었다. 황제의 건강과 제국의 평화를 축원하는 뜻 깊은 날에 두 도시국가와의 평화조약 체결까지 선포하고자 작정한 것이다.

약속된 날이 이르자, 헤롯 왕은 화려한 왕복을 입고 높은 왕좌에 앉았다. 온갖 화려한 치장과 위엄을 갖춘 채 가이사랴 극장에 설치된 높은 단상에 올라 거기에 모인 군중을 향해 글라우디오 황제의 건강과 로마제국의 평화를 축원하는 연설을 했다. 동시에 두로와 시돈의 사절단을 향해 당시의 불만 요인을 문제 삼아 크게 꾸짖는 훈계의 말을 짐짓 위엄 있게 늘어놓았다.

"와, 참으로 위대한 연설이다! 이것은 신의 음성이지 사람의 음성이 아니다!"

헤롯 왕의 장황한 연설이 끝나자, 군중은 마치 입이라도 맞춘 듯 아첨을 떨며 헤롯 왕을 크게 칭송하였다. 이에 헤롯 왕은 마치 신이라도 된 양 흡족한 표정을 지으며 더욱 거만한 태도로 자기 위세를 한껏 과시하며 영광을 누렸다. 바로 그 순간이었다.

"아, 아, 아아악!"

갑자기 헤롯이 단말마의 비명과 함께 자기 배를 움켜쥐고 그 자리에서 데굴데굴 구르기 시작했다. 헤롯 왕이 하나님께 영광을 돌리지 않았기 때문에 주님의 천사가 헤롯을 강하게 내리친 것이다. 헤롯 왕은 벌레에게 먹혀 죽고 말았다.

본서의 저자가 의사 누가(Luke)란 점을 기억하라. 그가 '벌레에게 먹혀 죽었다'라고 기록한 것은, 그 시대의 의사들이 죽은 자의 사인(死因)에 대하여 '내장에 생긴 촌충(寸蟲) 때문이다'라고 묘사한 것과 같은 방식의 기록이었다. 조금 더 설명하자면 헤롯 왕이 갑자기 죽게 된 원인은 이러하다.

헤롯 왕이 죽음에 이른 그의 질병은 자연발생적으로 생긴 것이 아니고 주님의 천사가 그를 세게 쳐서 생긴 하나님의 징벌이었다. 그 징벌은, 끈적끈적한 액체덩어리와 촌충의 유충을 포함하고 있는 창자 낭종(囊腫)의 탈장이다. 주후 1세기의 유대 역사가 요세푸스는, 군중에게 연설을 마친 헤롯 왕에게 갑작스레 큰 복통이 발생하였고 그로부터 5일 후에 헤롯이 죽었는데, 그의 시신에서 벌레(구더기)가 무수히 나왔다고 기록하였다. 이처럼 하나님의 영광을 가로챈 헤롯 왕은 죽기 전에는 내장이 벌레에게 먹혔고, 죽은 후에는 그의 몸이 벌레에게 먹혔다.

헤롯 왕이 하나님의 징벌로 죽임당하다

교회와 신자들을 크게 박해한 헤롯 왕 곧 헤롯 아그립바 1세가 죽자, 교회는 다시금 안정을 되찾고 성장의 기회를 맞이하었다. 사도들과 신자들의 열성적인 복음 전도로 하나님의 말씀이 점점 널리 퍼져 나가 믿는 사람들이 날로 늘어갔다.

그 무렵, 바나바와 사울은 예루살렘 교회에 구제 헌금을 전달하는 자신들의 임무를 무사히 마치고 '마가'라고도 불리는 요한과 함께 안디옥으로 다시 돌아갔다. 이후 마리아의 아들인 마가 요한은 안디옥에 계속 머물면서 교회를 섬기다가 바울과 바나바의 제1차 전도여행(행 13:4-14:28, 주후 47~49년경)에 동참하게 된다.

13

바울의 제1차 전도여행

안디옥 교회가 바나바와 사울에게
안수를 하여 전도 활동을 하게 하니
두 사람은 성령의 인도를 받아
본격적으로 전도여행의 길에 오르네

안디옥 교회가 바나바와 사울을 선교사로 파송하다 (13:1-3)

안디옥, 주전 300년경에 건설된 수리아 북서쪽에 위치한 성읍으로 로마시대에는 이탈리아의 로마, 이집트의 알렉산드리아와 더불어 로마 제국 내 3대 도시 가운데 하나였다. 특히 기독교 선교의 중심지로서 최초의 이방교회가 세워진 곳이기도 하다.

주후 1세기 당시에 안디옥 교회에는 선지자들과 교사들이 있었다. '선지자'는 성령의 감동으로 교회의 장래 일을 예언하면서 교회를 섬기고 신자들을 지도하는 자를 가리키고, '교사'는 성경말씀을 풀어 해석하고 가르치는 자를 가리킨다. 초대교회를 이끌던 지도자들의 직분은 사도, 선지자, 교사, 집사 등이 있었다.

당시 안디옥 교회를 섬기고 있던 선지자들과 교사들은 이러했다. 바나바, '니게르'라는 별명을 가진 시므온, 구레네 사람 루기오, 분봉왕 헤롯과 더불어 어릴 때부터 함께 자란 마나엔, 그리고 사울 등이었다.

이들을 간략하게 소개하면 이렇다.

바나바. 구브로(키프로스) 섬 출신의 헬라계 유대인으로 레위 족속이다. 본명은 '요셉'이고 '바나바'는 별명이다. 바나바는 '위로(격려)의 아들'이란 뜻인데, 그가 후덕한 성품으로 신자들을 위로하고 격려하는 일에 탁월한 것을 보고는 사도들이 붙여준 별명이다. 그런 성품으로 바나바는 회심한 사울을 사도들과 신자들에게 소개하고 보증하여 복음 사역의 일선 무대로 인도하였다.

'니게르'라는 별명을 가진 시므온. 니게르는 '검다'란 뜻인데, 이로 보아 그는 아프리카 출신의 신실한 흑인 신자로 추정된다.

구레네 사람 루기오. 이 사람은 구레네(아프리카 북부 지중해 연안에 위치한 주요 도시) 출신의 개종자요 전도자로 보인다.

분봉왕 헤롯과 어릴 때부터 함께 자란 그의 젖동생 마나엔. '분봉왕'이라는 용어는 로마 황제로부터 로마제국 내의 한 주(州)의 사분의 일(1/4)을 다스리도록 임명받은 왕이란 뜻이다. 여기서 분봉왕 헤롯은 '헤롯 안티파스'(주전 4년-주후 39년)를 가리킨다. 그리고 '젖동생'은 왕자와 함께 궁중교육을 받으며 형제처럼 자란 어릴 때의 친구란 뜻이다. 이처럼 마나엔은 왕의 친구로서 부귀와 명예가 보장된 궁중생활을 과감하게 청산하고 세상 사람들의 눈에 비천하게 보이는 복음 전도자의 길을 걸은 인물이다.

사울. 사도 바울의 개종 전 이름이다. 태어나면서부터 로마 시민권을 소유할 정도로 다소 지역의 명망 있는 정통 유대 가문 출신으로, 당대의 대석학인 가말리엘의 문하에서 수학한 대단한 인재다. 회심 이전에는 철저한 유대주의자로 교회와 신사들을 핍박하는 데 누구보다 앞장섰지만, 다마스쿠스 도상에서 환상 가운데 부활의 주님을 만나 회심한 이후에는 누구보다 열정적인 기독교의 위대한 복음 전도자가 되었다. 그런 탁월한 재능과 복음의 열정으로 신약성경 27권 중 무려 절반가량에 해당하는 13권(로마서, 고린도전서와 후서, 갈라디아서, 에베소서, 빌립보서, 골로새서, 데살로니가전서와 후서, 디모데전서와 후서, 디도서, 그리고 빌레몬서)의 책을 썼다.

하루는 안디옥 교회의 선지자들과 교사들이 주님께 예배드리면서 금식하며 기도하고 있을 때, 성령께서 그들에게 말씀하신다.

"이제 너희는 바나바와 사울을 따로 세워, 내가 두 사람에게 맡길 특별한 일을 하게 하여라."

성령께서 맡길 특별한 일은 복음을 널리 전하기 위해 다른 지역으로 떠나는 '전도여행'을 가리킨다. 말하자면 바나바와 사울을 중심으로 전도여행의 팀을 꾸리라는 말이다. 그래서 안디옥 교회는 두 사람을 따로 세운 뒤에 금식기도를 하면서 두 사람에게 안수하였다.

두 사람(바나바, 사울)에 대한 안수 행위는 그들을 안디옥 교회의 공식적인 선교사로 파송한다는 의미였다. 이렇게 안디옥 교회는 두 사람이 안디옥을 떠나 세계 각처로 두루 다니면서 전도활동을 하도록 떠나보냈다. 이른바 '제1차 전도여행'(행 13:4-14:28, 주후 47-49년경)이 본격적으로 시작된 것이다. 이리하여 바나바와 사울은 '교회'의 이름하에 공식적으로 파송된 최초의 선교사들이 되었다.

이전에 빌립 집사가 사마리아 지역에서 선교하는 모습이 나오지만, 그는 유대인들의 핍박을 피해 다른 지역으로 혼자 나가서 복음을 전했던 사람이다. 교회가 파송한 것이 아니니 공식적인 선교사라고는 할 수 없다.

제1차 전도여행: 바나바와 사울이 키프로스에서 전도하다 (13:4-12)

"자, 이제 길을 떠나도록 합시다!"

바나바와 사울, 두 사람은 성령의 인도를 받아 본격적인 전도여행의 길에 올랐다. 때는 주후 47년경이었다. 두 사람을 소개함에 있어서 '바나바'의 이름이 '사울'보다 먼저 기록된 것은, 이때까지만 해도 안디옥 교회에서 바나바가 더 유력하고 주도적인 인물이었기 때문이다.

안디옥을 떠난 두 사람은 먼저 실루기아로 내려간 다음, 거기서 배를 타고 키프로스 섬으로 건너갔다. 실루기아는 수리아주(州)의 수도인 안디옥에서 남서쪽으로 30km 지점에 위치하고 있는데, 지중해로 흘러들어가는 오론테스강의 하구에 있는 항구도시다. 개역성경에서 '구브로'로 번역된 키프로스는 실루기아 전방 160km 지점에 위치한 지중해의 한 섬으로 바나바의 고향이다.

키프로스 섬의 살라미 성읍에 도착한 바나바와 사울은 그곳의 유대인 회당에 들어가 하나님의 말씀을 선포하며 복음을 전했다. 때에 마리아의 아들이며 바나바의 생질인 마가 요한도 두 사람을 돕기 위해 전도여행에 동행했다.

당시에 복음 전도자들은 유대인의 회당을 적극적으로 활용했다. 회당은 세상 도처에 흩어진 유대인들이 하나님께 예배를 드리고 하나님에 관해 배우기 위해 함께 만나던 집회 장소였기 때문이다. 주전 586년, 예루살렘 성전이 바빌로니아 군대에 의해 파괴된 이후로 세상 어디에서든지 유대인들이 모여 사는 마을에는 반드시 이런 회당이 있었다.

유대인들은 '안식일'이라 부르는 매주 토요일에 오늘날 '구약'이라고 부르는 성경을 읽고 또 성경에 대한 랍비(율법교사)의 해설을 듣기 위해 회당에 함께 모였다. 회당에서 그들은 찬송하고 기도하고 말씀을 들었다. 그러나 회당에서 제물을 바치는 일은 허락되지 않았다. 어떤 회당도 예루살렘 성전을 대신하는 장소가 될 수 없었기 때문이다. 이런 이유로 정통 유대인들은 오직 예루살렘 성전만이 진정한 예배의 처소라고 생각했다.

사도 바울의 제1차 전도여행 (행 13:2-14:27, 주후 47-49년, 대략 2년)

이처럼 회당은 유대인들의 집회 장소였기에 복음 전도자들은 유대인들의 집을 일일이 찾아다닐 필요 없이 그들이 다함께 모여 있는 회당으로 들어가 복음을 전하면 매우 효율적인 전도 효과를 기대할 수 있었다.

"회개하고 주 예수님을 믿어 구원과 영생을 얻으십시오! 그분은 하나님의 아들로서 이 땅에 임하신 그리스도(메시아)이십니다!"

바나바와 사울, 두 사람은 키프로스 섬의 동쪽에서부터 서쪽으로 횡단하면서 이 마을에서 저 마을로 섬 전체를 두루 다니면서 부지런히 복음을 전했다. 그러다가 섬의 남서쪽 끝자락에 위치한 '바보'라는 성읍에 이르렀을 때였다. 이 성읍은 살라미 서쪽 170km 지점에 있었다. 그곳 바보에는 '바예수'라는 사람이 있었는데, 그는 키프로스 섬을 다스리는 총독 서기오 바울의 측근으로서 거짓 선지자요 유대인 마술사였다.

"그래? 두 사람이 이 섬에서 하나님의 말씀을 전파한단 말이지? 대체 그들이 전하는 도가 무엇일까?"

총독 서기오 바울, 그는 당시 로마 황제가 파송한 키프로스 섬의 최고 행정장관이었다. 그는 사려가 깊고 통찰력이 있는 사람이어서 바나바와 사울을 초청하여 하나님의 말씀을 듣기 원했다.

"총독 각하, 안 됩니다! 그들은 순전히 사이비요 사기꾼으로서 아무짝에도 쓸모없는 헛된 소리를 지껄일 뿐입니다. 전혀 관심 가질 필요가 없습니다!"

'엘루마'(아람어로 '남자무당'을 칭하는 말)로 불리던 그 유대인 마술사 바예수는 총독이 혹시라도 두 사람에게서 복음을 듣고 믿음을 갖게 될까봐 총독 앞에서 힘껏 바나바와 사울을 폄하하고 훼방했다. 그런 사실을 두 사람이 알게 되었다. 이때 '바울'이라고도 불리는 사울이 복음 전도를 훼방하는 그자에 대하여 의분을 느꼈다.

주목하라! 본서의 저자 누가(Luke)는 여기서부터 '사울'이란 이름

대신에 '바울'이란 이름을 줄곧 사용하고 있다. '사울'은 히브리인으로서 그의 유대식 이름이고, '바울'은 로마 시민으로서 그의 그리스-로마식 이름이다. 저자 누가는 본격적인 이방 전도사역에 돌입한 사울에게 로마 시민권을 가진 자로서 그의 그리스-로마식 이름을 사용하는 것이 훨씬 효과적이라고 생각했기 때문에 '바울'이란 이름을 취했던 것이다.

쉽게 설명하자면, 오늘날 이민자들이 새로 이주한 나라에 적응하기 위해 그 나라 스타일로 이름을 바꾸어 사용하듯, 이방인을 위한 복음 전도자로서 본격적이고 공식적인 행보에 돌입한 사울도 그리스-로마의 영토에서 복음을 전하는 데는 그 세계의 스타일에 맞는 이름을 사용하는 것이 효과적이라고 판단했던 것이다.

거짓 선지자요 마술사(무당) 노릇을 하던 유대인 바예수가 기독교 복음을 폄하하고 훼방하자 큰 의분을 느낀 바울이 성령이 충만해져서 그 마술사를 쏘아보며 저주의 말을 발한다.

"이 마귀의 자식아, 너는 모든 옳은 일을 가로막는 원수요 기만과 속임수로 가득 차 있구나! 너는 주님의 바른 길을 어지럽게 하는 악한 짓을 당장 그만두지 못하겠느냐? 이제 주님의 손이 너를 칠 것이니, 너는 장님이 되어 한동안 햇빛을 보지 못하게 될 것이다!"

사실, 성경은 우리가 다른 사람에 대해 저주하는 것을 허락하지 않았다. 오히려 원수까지도 사랑하고 우리를 핍박하는 자들을 위해 축복할 것을 가르쳤다. 하지만 이때 바울의 경우는 독특하다. 그는 자신의 개인적인 감정에 기초하여 그 무당을 저주하지 않았다. 성령이 충만한 상태에서 저주를 발했다. 그러므로 바울의 저주는 바울의 입을 통한 성령의 저주로서 거짓과 악행으로 사람들을 미혹하는 거짓 선지자와 사특한 무당에 대한 준엄한 심판의 선고였다.

"으, 아악! 아, 아아악!"

바울이 저주를 퍼붓는 바로 그 순간, 어디선가 안개와 어둠이 임하여 그 유대인 마술사를 완전히 덮쳤다. 그러자 그는 눈이 멀어 앞을 더듬거리며 자기 손을 잡아 이끌어줄 사람을 찾았다.

"저럴 수가! 저건 분명 하나님의 능력이다!"

그런 놀라운 광경을 목도한 총독은 그 자리에서 곧바로 주님을 믿게 되었고, 두 사람이 전하는 복음을 듣고는 그 말씀의 가르침에 크게 감탄하며 그저 놀라워할 뿐이었다. 전승에 의하면, 이때 총독 서기오 바울의 회심으로 이후에 그의 후손들까지 독실한 신자들이 되었다고 한다.

제1차 전도여행: 바울과 바나바가 안디옥에서 전도하다 (13:13-52)

그 뒤, 바울 일행은 키프로스 섬의 바보에서 배를 타고 소아시아의 밤빌리아 지역에 있는 버가 성읍으로 갔다. 바보에서 밤빌리아 지역의 버가까지는 대략 280km였다. 여기서 한 가지 주목할 사항이 있다. 바울이 바보 성읍에서 성령의 능력으로 유대인 마술사를 제압한 이후로 그의 위상이 바나바를 능가하게 되었다. 그래서 이전에는 '바나바와 사울(바울)'이라고 소개했지만, 이후로는 '바울과 바나바'로 소개하여 바울의 이름을 바나바보다 먼저 두었다.

"아무래도 저는 더 이상은 전도여행에 함께하지 못하겠어요. 여기서 이만 예루살렘으로 돌아갈까 합니다. 죄송합니다."

바울 일행이 버가에 이르렀을 때, 바울과 바나바를 따라 제1차 전도여행에 기꺼이 동참했던 마가 요한(마가는 로마식 이름이고, 요한은 히브리식 이름임)이 갑자기 혼자 예루살렘으로 돌아가겠다고 했다. 그러자 바울이 적이 섭섭한 마음으로 만류한다.

"아니, 왜요? 기왕 길을 나섰으니, 웬만하면 함께 하도록 합시다."

"저도 많이 생각해 봤는데, 더는 안 되겠어요. 폐를 끼쳐 미안합니다."

결국 마가 요한은 버가에서 두 사람을 떠나 혼자서 예루살렘으로 돌아갔다. 왜 마가 요한이 갑자기 전도여행 팀에서 빠져 혼자 예루살렘으로 돌아갔을까? 그 이유에 대하여 본서의 저자인 누가는 일절 언급하지 않았다. 그래서 이런저런 추측들을 하지만, 이때 마가 요한이 전도여행 팀에서 빠져 예루살렘으로 돌아가야만 하는 부득이한 이유를 바울에게 제시하지 못한 것은 분명한 것 같다.

그래서 훗날 제2차 전도여행을 떠나기 직전, 바울과 바나바는 마가 요한을 전도여행 팀에 합류시키는 것을 두고 의견이 갈린다. 바울은 전도여행의 효율성을 위해 이전에 중도 포기한 마가 요한을 배제하려 했고, 바나바는 그에게 한 번 더 기회를 주려 했던 것이다. 결국 그 문제를 놓고 바울과 바나바는 서로 크게 다투고 갈라져 각자 다른 팀을 꾸려 다른 길로 전도여행을 떠났다.

이로 미루어 볼 때, 제1차 전도여행에서 마가 요한은 마음의 준비가 덜 된 상태에서 충동적으로 따라나섰다가 도중에 향수병 혹은 심약함 등으로 인해 포기한 듯하다. 사실 그는 예루살렘의 큰 저택에서 아무런 어려움 없이 곱게 자란 부유한 집안의 아들이었다.

하지만 후일에 그는 믿음이 크게 성장하여 교회와 사도들에게 큰 도움이 되는 꼭 필요한 인물이 되었다. 그는 사복음서 중 한 권인 '마가복음'을 기록했고, 주로 베드로의 조력자 및 통역자로 활약했다. 그래서 베드로는 그를 '내 아들'이라 칭했으며(벧전 5:13), 나중에 사도 바울도 마가 요한을 자신의 동역자로 인정하면서(몬 1:24), 그가 자신의 일에 아주 유익한 자라고 칭찬했다(딤후 4:11).

"자, 마가는 신경 쓰지 말고 우리는 계속 전도여행을 떠나도록 합시다!"

마가가 혼자 예루살렘으로 돌아간 후, 바울과 바나바는 버가에서 더 위쪽으로 나아가 비시디아 지역의 안디옥으로 올라갔다. 거기에서 두 사람은 안식일을 맞아 복음 전도를 하기 위해 유대인 회당으로 들어가 자리에 앉았다. 회당 예배의 관례를 따라 율법서와 예언서 낭독이

바울이 유대인 회당에서 예수 그리스도의 복음을 전하다

끝나자, 회당의 지도자들이 사람을 보내어 바울과 바나바에게 요청한다.

"형제들이여, 여기 모인 사람들에게 무슨 권면해줄 말씀이 있거든 해주십시오."

주후 1세기 당시, 회당의 예배 순서는 이러했다. 먼저 '쉐마'를 낭독한 후에 기도문을 낭독했다. 그런 뒤 율법서와 예언서를 낭독하고, 설교(가르침) 시간을 가졌다. 설교가 끝나면, 회당장이 회중들에게 축복을 선포하고 예배를 마쳤다. 이때 설교 순서는 말씀의 지식이 뛰어난 자를 회당장이 선별하여 그로 하여금 하나님의 말씀을 가르치도록 부탁하는 형식을 취했다. 그래서 당시 그 지역에서 하나님의 말씀을 전파하고 다니던 바울과 바나바에게 특별히 설교를 요청한 것이다.

안편, 쉐마는 '너희는 들으라'는 뜻이다. 신명기 6장 4절의 초두에 있는 말씀으로 유대인들의 신앙고백이며 교육지침이 된 말이다. '이스라엘아, 들으라'로 시작되는 신명기 6장 4절의 말씀은 모세가 선포하고자 하는 모든 율법의 근원이자 신앙의 대상인 '여호와 하나님의 유일성'에 대한 신앙고백이다. 유대인들은 이 신앙고백을 자기들 신앙의 본질로 삼아 매일 아침저녁으로 암송하는 의식을 지키고 또한 가르쳤다. 그럼으로써 선민으로서의 민족적 정체성을 확인하였다.

유대 랍비들의 전승에 따르면 '쉐마'는 원래 신명기 6장 4절의 말씀만을 가리켰지만, 나중에 신명기 6장 5-9절까지 포함한 것이 되었고, 여기서 더 나아가 신명기 11장 13-21절 부분과 민수기 15장 37-41절 부분까지를 포함한 넓은 의미의 '쉐마'를 가지게 되었다고 한다.

"네, 감사합니다. 그러면 제가 하나님의 말씀을 잠시 가르치도록 하겠습니다."

회당장의 설교 요청을 받은 바울은 복음을 전할 좋은 기회인 줄 알고 조금도 마다하지 않고 자리에서 즉시 일어났다. 그런 뒤에 손짓까지 하면서 모인 무리를 향해 열정적으로 복음을 선포한다.

"이스라엘 동포 여러분, 또한 하나님을 예배하는 이방인 여러분, 제 말에 귀를 기울여 주십시오!"

'이스라엘 동포'는 태어나면서부터 유대인의 혈통을 지닌 자들을, '하나님을 예배하는 이방인'은 본래 유대인 혈통을 지닌 자들이 아니지만 현재는 유대교로 개종하여 하나님을 믿는 자들을 가리킨다. 청중의 주목을 끈 다음, 이제 바울은 본격적으로 설교를 시작한다.

"이스라엘 백성의 하나님은 우리 조상들을 선택하셔서 이집트 땅에 사는 동안에도 번성하게 하셨고, 때가 되자 마침내 큰 권능의 팔로 그들을 종살이하던 그 나라에서 이끌어내셨습니다. 출애굽 이후에 광야에서 이리저리 방황하던 40년 동안에도 하나님은 우리 조상들의 소행을 참아주시고 끝까지 인도해주셨습니다"

이스라엘 역사에서 이스라엘 백성의 조상 된 아브라함, 이삭, 야곱의 소명과 이집트에서의 430년 종살이와 번성(주전 1876~1446년경), 그리고 모세를 통한 출애굽과 그 이후 이어진 40년 광야생활(1446~1406년경)을 거쳐, 마침내 약속의 땅 가나안이 보이는 모압 땅의 요단 강변까지 인도하신 하나님의 손길을 언급한 부분이다. 물론, 그날 회당에 모인 유대인들은 이 같은 자기네들의 역사를 잘 알고 있었다. 바울의 말이 사실이므로 모두가 고개를 끄덕인다. 설교는 이어진다.

"그런 뒤 하나님은 이스라엘 백성으로 하여금 요단강을 건너게 하셨고, 그 후에 가나안의 일곱 족속들을 전부 멸망시키시고 일찍이 우리 조상들에게 약속하신 대로 그들의 땅을 우리 이스라엘 민족에게 유업으로 주셨습니다. 이런 세월이 대략 450년 동안이었습니다."

출애굽의 위대한 영도자인 모세가 죽은 후, 이스라엘 백성을 이끌고 요단강을 건너 가나안 땅에 들어간 여호수아는 하나님의 도우심으로 7년 동안의 가나안 정복전쟁을 최종 승리로 이끌었다(주전 1406~1400년경).

승리 이후 여호수아는 하나님의 뜻을 좇아 가나안 땅을 이스라엘 12지파에게 분배해주었고, 각 지파는 분배받은 땅에 정착했다. 이처럼 이스라엘 백성들이 가나안 땅에 정착하기까지 대략 450년의 세월이 걸렸는데 이는 이집트에서의 종살이 기간인 대략 400년, 출애굽 이후 광야에서의 유랑생활 40년, 그리고 요단강을 건넌 후 가나안 정복전쟁을 치르고 땅을 분배하여 정착하기까지의 기간 10년을 모두 합한 기간이다. 바울의 설교는 이어진다.

"가나안 땅을 주신 후에 하나님은 사사들을 세워 자기 백성 이스라엘을 다스리게 하셨는데 선지자 사무엘의 때까지 그렇게 하셨습니다."

여호수아가 죽은 후, 하나님은 이스라엘 백성이 위기에 처할 때마다 12사사(옷니엘, 에훗, 삼갈, 드보라, 기드온, 돌라, 야일, 입다, 입산, 엘론, 압돈, 삼손)를 세워 자기 백성을 구원하시고 인도하셨다(주전 1390~1050년경). 12사사 후에 최초의 선지자인 사무엘이 등장하여 이스라엘 백성을 다스리고 인도하였다. 지금 바울은 회당에서 유대인 청중들에게 설교하면서 이스라엘 역사를 간략하게 언급하고 있다.

"사사들이 다스리던 시대가 끝난 뒤, 이스라엘 백성들은 자기들에게도 이방 나라들처럼 왕을 세워줄 것을 사무엘을 통해 하나님께 요청했습니다. 사무엘이 만류했지만, 이스라엘 백성들이 고집을 꺾지 않고 거듭 요구하자 하나님은 베냐민 지파 소속인 기스의 아들 사울을 이스라엘의 첫 번째 왕으로 세워주셨습니다. 그래서 사울은 40년 동안 그 백성을 다스렸습니다."

이스라엘 백성들은 하나님이 사사들을 통해 다스리는 신정제도를 배척하고, 이방나라들처럼 왕이 직접 다스리는 왕정제도를 갖추길 원했다. 이에 사무엘은 왕정제도의 심각한 폐해를 일러주면서 이스라엘 백성들의 잘못된 욕구를 지적하고 만류했지만 그들은 막무가내로 왕을 요구했다. 그래서 하나님은 이스라엘 백성들의 뜻대로 그들을 다스릴 왕을 세워주셨다. 그리하여 이스라엘의 초대 왕으로 기스의 아들 사울이 등극하여 40년 동안 백성을 다스렸다(주전 1050-1010년경).

"하지만 사울이 하나님에 뜻에 부응하지 못하자 하나님은 사울을 물러나게 하신 뒤, 그 다음 왕으로 이새의 아들 다윗을 세우셨습니다. 이 다윗에 대해 하나님은 칭찬하시기를 '내가 이새의 아들 다윗을 찾아냈으니 그는 내 마음에 꼭 드는 사람이다. 그는 분명 내 뜻을 다 이룰 것이다' 하셨습니다."

바울이 여기서 언급한 하나님의 말씀은 구약성경에서 직접적으로 인용한 구절이 아니다. 사무엘상 13장 14절 부분에서 충분히 암시된 내용을 알기 쉽게 바꾸어 말한 것이다. 지금껏 사도 바울이 이스라엘의 조상된 아브라함으로부터 이스라엘의 제2대 왕위에 오른 다윗에 이르기까지 이스라엘의 역사를 간략하게 언급한 것은, 다윗의 혈통을 좇아 마침내 이 땅에 오신 하나님의 아들 메시아 예수를 소개하기 위해서였다.

이제 바울은 그 사실을 직접적으로 언급한다.

"그리하여 여러분! 마침내 이 다윗의 후손 가운데서 일찍이 하나님이 약속하신 대로 이스라엘의 구주 예수님이 탄생하셨습니다. 예수께서 이 땅에 오시기 전에, 세례 요한은 이스라엘의 모든 사람들을 향해 속히 회개하고 세례 받을 것을 광야에서 선포했습니다."

"맞아, 그랬었지! 세례 요한은 유대 광야에서 그렇게 외쳤고, 회개하는 자들을 요단강으로 데려가서 세례를 베풀어주었지."

유대인들은 그때의 일들을 기억하고 있었다. 그러니 사도 바울의 설교가 귀에 쏙쏙 들어왔다. 과연 메시아 예수의 사역을 평탄하게 만들기 위해 예수님보다 6개월 먼저 태어난 세례 요한은 예수님의 공생애가 시작되기 전에 유대 광야에 출현하여 회개의 메시지를 외치고, 회개한 자들에게 세례를 베풀어주었다(주후 26년경).

"그리고 여러분, 기억하십니까? 세례 요한은 자신의 사역을 다 마칠 무렵에 스스로에 대해 말하기를 '여러분은 나를 누구라고 생각합니까? 나는 그리스도가 아닙니다. 그리스도이신 그분은 내 뒤에 오실 것입니다. 나는 그분의 신발 끈조차도 풀어드릴 자격이 없는 사람입니다.' 하였습니다."

구약의 마지막 선지자인 말라기 이후로 무려 400여 년 동안이나 하나님의 계시가 없었던 당시에, 이스라엘 백성들은 홀연히 유대 광야에 출현하여 강력한 카리스마로 회개의 메시지를 외치는 세례 요한을 보고, 그가 바로 구약에서 약속된 '그리스도(메시아)'라고 생각했다.

그래서 세례 요한은 사람들의 그런 잘못된 생각을 완전히 불식시키기 위해 스스로의 정체성에 관해 분명히 밝혔던 것이다. 자신은 곧이어 등장하실 그분 메시아에 비하면 그분의 신발 끈조차 풀어드릴 자격이 없는 미천한 자임을 밝히 알렸다. 당시 종들은 외출했다가 집으로 돌아온 주인 앞에 무릎을 꿇고 신발 끈을 푸는 일을 감당했다. 예수님 앞에서 세례 요한 자신은 그런 일을 감당할 자격조차도 없다고 고백한 것이다. 이런 사실에 기초하여 사도 바울은 소아시아 비시디아 지방의 안디옥 회당에서 유대인 청중들을 향해 힘차게 복음을 선포한다.

"아브라함의 자손인 동포 여러분, 그리고 하나님을 경외하는 이방 사람들이여! 과연 세례 요한 뒤에 오신 메시아 예수님은 우리에게 복음을 전하셨는데, 그 구원의 말씀은 우리 모두를 위한 것이었습니다. 그런데 당시 예루살렘에 사는 유대인들과 그들의 지도자들은 예수님을 메시아로 알아보지 못했습니다. 알아보기는커녕, 예수님을 핍박하고 정죄함으로써 그들이 안식일마다 읽는 옛적 선지자들의 말씀을 그대로 성취하고 말았습니다."

옛적 선지자들, 예를 들면 이사야나 스가랴 선지자들은 유대인들이 예수님을 핍박하고 정죄하여 십자가에 못 박아 죽일 것을 예언했다(사 53:3-12; 슥 12:10). 유대인들은 안식일마다 성경 두루마리를 펼쳐놓고 그런 선지자들의 글을 읽으면서도 그 뜻을 전혀 깨닫지 못하고 그 예언의 말씀대로 행하고 말았다. 바울의 설교는 이어진다.

"예수님 당시에 유대인들은 예수님을 처형할 만한 아무런 근거가 없는데도, 로마 총독 빌라도를 향해 예수님을 십자가에 못 박아 죽이라고 목청껏 소리쳤습니다. 결국 그들은 예수님에 관해 기록된 성경의 모든 말씀대로 예수님께 다 행했고, 십자가에 못 박혀 돌아가신 예수님의 시체는 십자가에서 내려져 무덤에 안치되었습니다."

유대의 종교 지도자들은 백성들의 인기를 한 몸에 받으면서 자신들의 권위와 전통에 도전하는 예수님을 위험인물로 간주하고, 일반 유대인들은 예수님에 대해 로마의 압제에서 나라를 해방시켜줄 정치적 메시아를 기대했다가 그 기대가 깨지자 미움과 증오로 변해서, 그리고 로마총독 빌라도는 예수님에게 죄가 없다는 걸 확신했으면서도 자신의 정치적 입지가 흔들릴까봐 두려워서, 예수님을 십자가에 못 박아 죽였다.

십자가 위에서 돌아가신 예수님의 시신은 예수님을 몰래 따르던 공회(산헤드린) 회원인 아리마대 사람 요셉 일행에 의해 십자가에서 내려져, 요셉 자신이 사용하려고 예비해둔 골고다 언덕 부근의 새 무덤에 안치되었다(요 19:38-42). 이제 바울은 목소리를 한껏 높여 부활의 주님에 관해 선포한다.

"그러나 여러분! 하나님은 죽은 자들 가운데서 예수님을 다시 살리셨습니다. 그리고 다시 사신 예수님은 갈릴리에서 예루살렘까지 동행했던 뭇 사람들에게 나타나 여러 날에 걸쳐 자기 부활의 몸을 보이셨습니다. 그때 부활의 예수님을 직접 본 목격자들은 지금 사람들에게 예수님을 증거하는 증인들이 되어 있습니다."

무덤에서 부활하신 예수님은 곧바로 승천하시지 않고 지상에 40일 동안 그대로 머무시면서 부활의 몸을 여러 사람들에게 나타내 보이셨다. 맨 처음 무덤 근처에서 막달라 마리아에게 보이신 것을 시작으로 다른 신실한 여인들에게도 보이셨고, 엠마오 도상과 다락방과 갈릴리 바닷가와 올리브산 등에서 베드로를 비롯한 여러 제자들에게 수차례 나타내 보이셨고, 주님의 동생 야고보와 500여 신자들에게도 보이셨다. 지금 회당에서 복음을 전하는 사도 바울은 다마스쿠스 도상에서 환상 가운데 부활의 주님을 목격하였다.

"부활의 주님을 목격함으로써 오늘날 부활의 증인된 우리는 하나님이 우리 조상들에게 약속하셨던 기쁜 소식을 여러분에게 가지고 왔습니다."

하나님이 이스라엘 조상들에게 약속하셨던 기쁜 소식, 곧 복음의 핵심은 '예수 그리스도(메시아 예수)'다. 하나님은 일찍이 이스라엘의 조상인 아브라함, 이삭, 야곱 등과 언약을 맺고 많은 것들을 약속하시고 신실하게 이행하셨다. 하지만 이스라엘 백성은 하나님을 떠나 이방의 우상들을 섬김으로써 그 언약을 깨뜨렸다.

그래서 예레미야 선지자는 언젠가 하나님이 자기 백성들과 '새 언약'

을 맺을 것이라고 예언했다(렘 31:31-32). 마침내 하나님의 독생자인 예수님이 이 땅에 오셔서 우리의 죄를 대신 짊어지고 십자가에서 돌아가셨을 때 '새 언약'이 체결되었다. 그 '새 언약'의 핵심이 바로 '예수 그리스도'다. 그러므로 이제 우리는 예수 그리스도를 믿음으로써 하나님께 구원과 영생을 약속받을 수 있게 되었다. 이것이 복음(기쁜 소식)이다.

"여러분, 하나님이 예수님을 다시 살리심으로써 우리 조상들의 후손인 우리를 위해 자신의 약속을 온전히 이루셨습니다. 이것은 시편 제2편에 기록되기를 '너는 내 아들이다. 오늘 내가 너를 낳았다'라는 말씀 그대로입니다."

바울은 시편 2편 7절의 말씀을 인용했다. 본래 그 시는 이스라엘 사회에서 왕의 대관식 때 사용되던 시다. 여기서부터 유대인들은 전통적으로 그 시가 만왕의 왕이신 메시아와도 관련되었다고 믿었다. 따라서 이때 바울이 이 시를 인용한 것은, 예수께서 부활하심으로써 사망의 권세를 깨뜨리고 만물의 왕이 되신 메시아(그리스도)라는 사실을 증거하기 위함이었다. 바울의 증언은 계속 이어진다.

"하나님이 예수님을 죽은 자들 가운데서 살려내시고 다시는 죽지 않게 하신 이 사실, 그것은 성경에 기록된바 '내가 다윗에게 약속한 거룩하고도 확실한 복을 너희에게 주겠노라'는 말씀이 그대로 이루어진 것입니다. 그뿐 아닙니다. 또 다른 시편에도 기록되어 있기를 '주님께서는 주님의 거룩하신 분을 썩지 않게 하실 것입니다'라고 되어 있습니다.

사도 바울은 '시편 55편 3절'의 말씀과 '시편 16편 10절'의 말씀을 연이어 인용하였는데, 그 성경구절들은 '무덤에서 그 시신이 그대로 썩지 아니할 메시아 예수'에 관한 내용이다. 그것이 바로 복음으로서, 일찍이 하나님이 다윗에게 약속하신 거룩하고도 확실한 복인 것이다. 이제 바울은 좀 더 알아듣기 쉽게 설명한다.

"여러분, 이 말씀은 '다윗'을 가리켜 하신 말씀이 아닙니다. 다윗은 하나님의 뜻에 따라 섬기며 살다가 죽었고, 죽어서는 조상들과 함께 땅에 묻혔기에 그의 몸도 이제는 썩어 없어졌습니다. 그러나 하나님이 다시 살리신 그분은 무덤 속에서 썩은 일이 결코 없습니다!"

과연 그렇다. 비록 예수님이 십자가에 못 박혀 죽으셨고 그 시신은 무덤에 장사되었지만, 죽은 지 사흘 만에 부활하셨기에 예수님은 무덤에서 그 시신이 그대로 썩는 일이 결코 없었다. 이런 사실에 기초하여 바울은 권면한다.

"그러므로 형제들이여! 여러분께 꼭 알려드리고 싶은 것이 있으니, 그것은 곧 이 부활의 예수님을 통하여 우리가 하나님께 죄 사함을 받을 수 있다는 것입니다. 누구든지 그리스도(메시아) 되시는 예수님을 믿는 사람은 오직 그분을 통하여 모든 죄에서 해방되어 하나님 앞에 의롭다고 인정받을 수 있습니다!"

"잠깐만요, 모세 율법을 통해 우리가 하나님 앞에서 의롭게 되는 것이 아니었습니까? 우리는 지금껏 그렇게 배워왔습니다."

"아닙니다. 하나님 앞에 의롭다고 인정받아 구원과 영생을 얻는 일은 모세의 율법으로는 절대로 될 수 없는 일입니다. 이제 여러분은 선지자들이 선포한바 다음과 같은 일이 여러분 자신들에게 닥치지 않도록 조심하십시오."

"그게 무엇입니까?"

"내가 낭독할 테니 잘 들어보십시오."

사도 베드로나 바울, 그리고 스데반 집사 등에서 보듯 그들의 설교나 가르침에서 많은 구약의 성경구절들이 막힘없이 인용되고 있는 모습은 참으로 놀랍다. 하지만 그 당시의 유대인들에게는 그리 놀라운 일이 아니다. 그들은 기록된 문서가 보편화된 시대가 아니라, 입으로 외우는 구전(口傳) 문화 속에서 살았다. 그럴 수밖에 없는 것이, 당시에는 구약성경의 필사본이 아주 드물고 귀했기 때문이다. 그래서 유대인들은 구약성경의 말씀을 듣고 말하고 반복해서 외우는 데 많은 노력을 쏟아 부었다. 특히 모세 율법(구약성경)을 전문적으로 연구한 바울에게야 더 말할 필요 없다. 이제 바울은 구약 선지자의 글을 낭독한다.

> "보아라, 너희 비웃는 자들아! 너희는 기가 막히게 놀라다가 마침내 망하리라. 너희가 믿지 못할 일을 내가 너희 시대에 행할 것이니, 누군가 너희에게 말해도 너희는 믿지 않을 것이다"(합 1:5).

하박국 1장 5절의 말씀으로, 하나님의 말씀을 믿지 않는 자들이 당할 형벌에 대한 경고의 메시지다. 바울이 지금 전하고 있는 놀랍고 위대한 복음의 말씀을 비웃거나 거부하지 말고 마음속에 받아들여 회개하고 구원을 얻으라는 말이다.

"대단한데! 참으로 신선하고 도전적인 가르침이구먼!"

"지금껏 들어보지 못한 놀라운 설교로군! 또 듣고 싶구먼."

설교 후, 바울과 바나바가 회당을 나서려 하자, 설교에 신선한 충격을 받은 사람들은 다음번 안식일에도 와서 설교해 줄 것을 간청했다. 회당 모임이 전부 끝난 후, 많은 유대인들과 개종한 이방인들이 바울과 바나바를 따라나섰다. 그러자 두 사람은 자신들을 따르는 사람들과 이러저런 이야기를 나누면서 늘 하나님의 은혜 가운데서 살아갈 것을 권면했다.

사도행전에는 세 사람의 설교가 나온다. 베드로의 설교(2장), 스데반의 설교(7장), 본문의 바울 설교이다. 세 사람의 설교에는 공통점이 있다. 모두 이스라엘 역사를 개관하고 있다. 아브라함부터 모세로 이어지고, 그 역사의 초점을 '예수 그리스도'에게 맞춘다.

일주일이 흘러 그 다음 안식일이 되자, 비시디아 지방의 안디옥 성읍에 사는 거의 모든 사람들이 하나님의 말씀을 들으려고 회당으로 모여들었다. 그러나 이 같은 현상을 못마땅하게 여기는 자들이 있었으니, 그들은 오직 모세 율법으로만 의롭게 된다는 사실을 굳게 믿는 정통 유대인들이었다. 그들 중에서도 극렬 유대인들은 수많은 사람들이 바울과 바나바에게로 모여드는 것을 보자 적개심과 시기심으로 가득 찼다. 그래서 그들은 바울이 하는 말끝마다 욕설을 퍼붓고 조롱했다.

"에이, 사기꾼! 거짓말쟁이!"

"전부 헛소리! 쓸데없는 소리 듣느라 귀만 버렸네!"

그러나 바울과 바나바는 조금도 개의치 않았다. 전혀 동요하지 않고, 회당에 모인 사람들에게 담대하게 하나님의 말씀을 선포한다.

"하나님의 이 기쁜 소식은 먼저 여러분 유대인들에게 전해져야 했습니다. 그런데 여러분들은 그 복음을 거부함으로써 여러분들 스스로가 영생을 받을 자격이 없음을 인정하고 있습니다. 그러므로 이제 우리가 이 복음을 들고 이방인들에게로 향하는 것입니다. 주님께서 우리에게 명하시기를 '나는 너를 이방 사람들의 빛으로 삼았으니, 너로 하여금 땅끝까지 구원을 전파하게 하려 함이니라.' 하셨습니다."

여기서 바울이 인용한 성경구절은 이사야 49장 6절의 말씀이다. 본래 거기서 '너'는 장차 세상의 구원자가 되실 '메시아(그리스도)'를 가리켰지만, 여기서는 바울이 그리스도의 세사 된 자신과 동역자들을 자연스럽게 연결시켰다.

유대인들은 하나님께 먼저 택함을 받아 많은 특권을 누렸지만 완고하게도 복음을 배척했다. 이에 바울은 영생의 복음이 유대인들을 떠나 이방인들에게로 향할 것임을 선언했다. 하지만 바울이 이렇게 말한 것은, 유대인들이 이 말에 자극을 받고 회개하기를 원했기 때문이었다. 그리고 바울은 언젠가는 동족 유대인들도 완고한 고집을 꺾고 돌이켜 회개함으로써 복음을 받아들이게 될 것을 내다보았다(롬 11:26).

"복음이 이방인들에게로 향한다고? 그것 정말 반가운 소식이로군!"

바울의 설교를 듣고, 이방 사람들은 기뻐 어쩔 줄 모르며 하나님을 찬양하고 하나님의 말씀을 영접했다. 그리하여 하나님께서 영생을 주시기로 작정된 사람들은 모두 믿게 되었다.

여기 '영생을 주시기로 작정된 사람들'이란 하나님의 선하신 주권 하에 영생을 누릴 자로 예정되어 하나님의 생명책에 그 이름이 기록된 자를 뜻한다. 사람의 자유의지는 죄로 훼손되어 스스로 복음을 받아들일 수 없는 만큼, 오직 하나님의 주권적인 은총 하에 그의 마음이 열려야 복음을 영접할 수 있게 되는 것이다.

유대인 회당을 발판 삼아 바울과 바나바가 적극적이고도 열정적으로 복음을 전한 결과, 하나님의 말씀이 안디옥 성읍은 물론이고 비시디아의 온 지방으로 널리 퍼져 나갔다. 이에 위기감과 적대감을 가진 극렬 유대인들은 지위가 높은 귀부인들과 유지들을 악한 말로 선동하여 바울과 바나바를 핍박하게 하였다.

"당신들은 무슨 허튼 소리를 지껄여 순진무구한 사람들을 미혹하는 것이냐! 당장 여기서 나가지 못할까! 썩 꺼지도록 하라!"

유대인들에게 선동당한 귀부인들과 지역의 유지들이 결국 바울과 바나바를 자기들의 지역에서 쫓아내버렸다. 그래서 두 사람은 그들에게 항의하는 뜻으로 발의 먼지를 털어버리고는 비시디아 지방의 안디옥을 떠나 곧장 이고니온으로 갔다.

유대 사회의 풍습상, 발의 티끌을 털어버리는 행위는 누군가와 어떤 관계를 떨쳐낼 때 취하는 행동이다. 주로 유대인들이 이방인의 지역에서 벗어날 때 그런 행동을 했다. 여기서는 복음을 배척하는 자들에 대하여 취한 행동이다. 비록 바울과 바나바가 핍박을 받고 쫓겨났지만, 두 사람이 전한 복음으로 말미암아 비시디아 지방 내 안디옥 성읍의 신자들은 여전히 큰 기쁨에 젖어 있었고, 성령 충만한 상태로 믿음생활을 영위하고 있었다.

14
제1차 전도여행의 귀로

"사도님들, 저들이 두 사람을 죽이려고
쳐들어오니, 얼른 피하셔야 합니다."
바울과 바나바는 전대와 지팡이만 챙겨
이고니온을 떠나네

제1차 전도여행: 바울과 바나바가 이고니온에서 전도하다 (14:1-7)

지금 바울 일행은 '제1차 전도여행'(주후 47-49년, 대략 2년) 중이다. 지금까지의 여정을 잠깐 돌아보면 이렇다. 맨 처음 수리아 지방의 안디옥 교회에서 복음 전도자(선교사)로 세움 받고 파송 받은 바울과 바나바는 마가 요한을 데리고 길을 떠났다(주후 47년경). 그들은 안디옥에서 '실루기아'로 내려간 다음, 거기서 배를 타고 키프로스 섬에 도착하여 '살라미'와 '바보' 지역을 중심으로 복음을 전했다.

그런 다음에, 배를 타고 바보를 떠나 소아시아 밤빌리아 지방의 버가에 이르렀다. 여기서 마가 요한은 전도 팀에서 빠져 예루살렘으로 돌아갔다. 바울과 바나바는 버가에서 복음을 선한 뒤, 비시디아 지방의 안디옥으로 가서 유대인 회당을 중심으로 복음을 전한 결과 많은 결신자를 얻었다.

그러나 이런 사실을 아주 고깝게 여기고 크게 시기한 극렬 유대인들이 지역의 유지들을 선동하여 바울과 바나바를 쫓아내도록 했다. 그리하여 바울과 바나바는 비시디아 지방의 안디옥에서 쫓겨나 이고니온 성읍으로 향했다. 이고니온 성읍은 안디옥 성읍에서 동쪽으로 대략 140km 떨어진 곳에 위치해 있었다.

여기서 '안디옥' 성읍과 관련해서 한 가지 알아야 할 게 있다. 바울과 바나바를 파송한 안디옥 교회가 있는 안디옥 성읍은 팔레스타인의 수리아 지방에 있는 안디옥이고, 바울이 유대인 회당에 들어가 설교한 안디옥은 소아시아(오늘날 터키 지역) 내 비시디아 지방에 있는 안디옥이다. 그러니까 수리아 지방의 안디옥과 비시디아 지방의 안디옥을 혼동하지 말아야 한다.

"흐흠, 여기가 이고니온 성읍이로군!"

"자, 우리 여기서도 유대인 회당에 들어가 복음을 전하도록 합시다."

이고니온 성읍에 도착한 바울과 바나바는 다른 성읍에서와 마찬가지로 가장 먼저 유대인의 회당에 들어가서 복음을 전했다. 유대인들이 있는 곳이라면 세상 도처의 어디에든 세워진 회당은 그야말로 복음 전파의 훌륭한 전진기지였다.

"십자가에 못 박혀 죽으신 예수님이 바로 하나님의 아들 그리스도입니다!"

"그러므로 회개하고, 주 예수님을 믿으십시오! 그리하면 하나님께 죄 사함을 받아 구원과 영생을 얻을 수 있습니다!"

두 사람이 전파하는 십자가 복음을 전해 듣고, 많은 유대인들과 이방의 헬라 사람들이 예수님을 믿게 되었다. 그러나 말씀에 순종하지 않고 믿음을 거부하는 유대인들은 이방인들을 부추기고 선동하여 믿는 사람들에 대하여 악한 감정을 품도록 했다.

극렬 유대인들의 온갖 훼방과 핍박이 계속되었지만, 바울과 바나바는 꽤 오랫동안 그곳 이고니온 성읍에 머물면서 담대하게 복음을 전했다. 주께서는 두 사도가 전하는 하나님의 말씀이 참되다는 것을 증명해

주시려고 그들로 하여금 기적과 놀라운 일들을 많이 행하게 하셨다. 그러자 이고니온 성읍의 사람들은 유대인들을 편드는 자들과 사도들을 편드는 자들로 갈라졌다.

"그들이 전하는 하나님의 말씀은 모두 사실이야! 그들이 행하는 놀라운 일들을 보면 충분히 알 수 있어! 그들은 정말 하나님이 보내신 사람들이야!"

"무슨 소릴! 그들은 사기꾼들이고 거짓말쟁이들이야! 그럴 듯한 말로 사람들을 홀려 돈을 벌고 인기를 끌려고 하는 거야! 저런 자들은 당장 쫓아내야 한다고!"

이런 상황에서, 불량한 이방인들과 극렬 유대인들이 지역의 관리들과 한 패가 되어 바울과 바나바를 학대하고 돌로 쳐 죽이려고 했다. 두 사도가 행하는 놀라운 일들을 보고 도저히 감당할 수 없게 되자, 악랄하고도 무자비하게 폭력을 휘두르려고 한 것이다.

"사도님들, 지금 저들이 두 사람을 죽이려고 돌을 들고 이리로 쳐들어옵니다. 얼른 이곳을 피하셔야 합니다. 어서요, 한시가 급합니다!"

"그래요? 그러면 형제님들, 아무리 저들이 조롱하고 핍박한다고 해도 부디 믿음을 잃지 말고 다시 만날 때까지 잘 지내세요. 주께서 여러분을 지켜주실 것입니다."

바울과 바나바도 사태가 아주 위태로운 줄 알고 급히 몸을 피하여 이고니온 성읍을 떠났다. 짐이래야 따로 쌀 것도 없으니, 지팡이와 전대만 챙긴 뒤 몸만 떠나면 될 일이었다. 여기서 우리가 생각해 볼 것이 있다. 사도들이 복음을 전할 때, 어떤 때는 목숨을 위해 도망치고, 어떤 때는 도망치지 않았다는 점이다. 왜 그랬을까?

사도들은 당시의 상황을 판단하고 상식에 따라 적절하게 행동했을 것이다. 그리고 성령님의 인도는 그들로 하여금 최선의 선택을 하도록 했을 것이다. 적어도 사도들은 겁을 먹거나 두려워서 복음 전파의 일선에서 물러나는 일은 없었다. 복음 전도와 관련하여 원칙에 관한 문제가 아닌 한, 그리고 복음 증거의 효과가 없는 한, 괜히 위험을 초래하여 목숨을 잃는 것은 어리석은 행동이다.

이고니온 성읍을 급히 떠난 두 사도는 루가오니아 지방에 있는 두 도시 루스드라와 더베, 그리고 그 인근 마을로 가서 복음을 계속 전하였다. 로마제국 내 루가오니아주(州)의 한 성읍인 루스드라는 이고니온 성읍에서 남쪽으로 대략 30km 떨어진 지점에 있었는데, 바울의 영적 아들인 디모데의 출신지다.

그리고 더베는 루스드라 성읍에서 동남쪽으로 대략 50km 떨어진 지점에 있었다. 이 성읍은 당시에 주요 간선도로들이 발달된 곳으로, 로마의 제4대 황제인 '글라우디오 더베'를 기념하여 명명된 도시다. 바울은 제1차 전도여행 때(주후 47년경) 이곳을 방문하였고, 이후 제2차 전도여행 때(주후 51년경) 다시 방문하였다.

제1차 전도여행: 바울과 바나바가 루스드라에서 전도하다 (14:8-20)

"회개하고, 주 예수 그리스도를 영접하십시오! 주님을 믿으면 죄 사함을 받아 구원과 영생을 얻을 수 있습니다!"

루스드라 성읍에 지체장애자 한 사람이 있었다. 그는 태어나면서부터 한 번도 일어나 걸어본 적이 없는 사람이었다. 늘 앉은 상태였다. 그날, 그 사람은 바울의 설교를 누구보다도 열심히 귀담아 들었다. 바울이 설교 도중에 그 사람을 보고는, 그에게 고침 받을 만한 믿음이 있다는 것을 직감적으로 알았다. 그래서 확신을 갖고, 태어난 이래 한 번도 일어나 걸어보지 못한 그 지체장애자를 향하여 크게 소리친다.

"당신, 당신의 두 발로 지금 당장 일어나시오!"

"네, 네엣? 저, 저…말입니까?"

사도 바울의 큰 소리에, 그 사람이 크게 놀라며 자신도 모르게 조건반

사적으로 얼떨결에 일어나려 했다. 앗, 그런데 두 다리에 힘이 있어 벌떡 일어나지는 게 아닌가! 그리고 두 발로 걸어보니, 걸을 수 있게 되는 것이 아닌가!

"아, 세상에! 이, 이럴 수가! 내가 일어서다니! 내가, 내가 걷게 되다니!"

그 지체장애자, 아니 이제는 고침 받은 그 사람은 자신도 도무지 믿기지 않는다는 듯 연신 감탄을 발하며 자기 손으로 두 발을 만져보고 그 자리에서 펄쩍펄쩍 뛰어보기도 하고 이리저리 왔다갔다 걸어보기도 했다. 이때 바울이 행한 기적을 눈앞에서 직접 목격한 사람들은 루가오니아 지방의 말로 크게 외친다.

"보라, 신들이 사람의 모습을 하고서 우리에게 내려오셨다!"

그러면서 사람들은 바나바를 '제우스'라 불렀고, 바울은 주로 말을 하기 때문에 '헤르메스'라고 불렀다. '제우스'(로마 신화의 주피터)는 신들 중 최고의 신이며, '헤르메스'(로마 신화의 머큐리)는 제우스의 대변자다. 사람들이 이렇게 부른 까닭은, 바나바가 더 연로하고 점잖아 위엄을 갖춘 반면, 바울은 바나바보다 어려 보이고 또 계속 복음을 전하는 모양새가 마치 바나바의 대변자처럼 비춰졌기 때문이다.

"자, 여러분! 사람 형상으로 우리에게 내려오신 신들에게 제사를 드리도록 합시다!"

그러면서 도시 외곽에 있는 제우스 신당의 사제가 황소 몇 마리와 화관을 가지고 성문으로 와서는 무리들과 함께 바나바와 바울에게 제물을 바치려고 했다. 엎드려 경배하면서 신으로 찬양하고 숭배하려고 했다. 그런 무리들의 모습을 보고, 바나바와 바울이 자기들의 옷을 찢으며 군중 속으로 뛰어 들어가면서 크게 외친다.

유대인들의 풍습상, 자기 옷을 찢는 행위는 극한 슬픔과 분노, 비통함을 표현하는 방식이다. 두 사도는 자신들을 신으로 숭배하려는 루스드라 주민들의 어처구니없는 행동을 보고, 자신들이 하나님의 영광을 가로채

바울과 바나바를 신으로 섬기려는 루스드라 성읍의 주민들

고 있다는 생각에 치밀어오르는 격한 감정을 차마 견딜 수 없었던 것이다.

"여러분, 왜들 이러십니까? 어째서 이런 어리석은 행동을 하십니까? 우리는 신이 아닙니다. 우리도 여러분과 똑같은 사람일 뿐입니다. 우리는 다만 여러분에게 복음을 전하여, 이런 헛되고 어리석은 일을 버리고 살아계신 하나님께로 여러분을 돌아오게 하려고 이렇게 왔을 따름입니다. 오직 하나님만이 하늘과 땅과 바다와 그 안에 있는 모든 것들을 창조하신 분이십니다."

바울과 바나바는 사람들이 오직 경배해야 할 대상으로 '창조주 하나님'을 소개한다. 지금 자신들이 복음을 전하는 목적이 바로 헛된 대상에게 경배하는 어리석은 행위를 그치게 하여 참된 대상에게 경배를 드리도록 하는 데 있다고 강변하였다.

"여러분, 지나간 시대에는 하나님께서 모든 민족들이 자기들 방식대로 살아가도록 내버려 두셨습니다. 그렇다고 해서, 하나님께서 자신에 대한 증거까지 전부 없애버린 것은 아닙니다. 하늘에서 비를 내려주시는 분도 하나님이시고, 철따라 열매를 맺게 해주셔서 먹을 것을 풍성하게 제공해주심으로써 여러분을 기쁘게 해주시는 분도 바로 하나님이십니다. 그러므로 여러분은 오직 그분 하나님만을 섬겨야 합니다!"

"그런 말씀 하지 마십시오! 태어날 때부터 앉아만 있던 지체장애자를 오직 말로써 벌떡 일으켜 세우신 두 분이야말로 신이 아니고 누구겠습니까? 그러지 말고, 우리의 경배를 받으십시오!"

바울과 바나바가 올바른 말로 타이르고 만류해도 루스드라 성읍의 사제와 군중은 한사코 바울과 바나바에게 제물을 바치려 했다. 그래서 두 사도는 진땀을 뻘뻘 흘리며 극구 사양하고 간신히 군중을 타이르고 말려 자신들에게 끝내 제물을 바치지 못하게 했다.

"두 사람이 루스드라 성읍에서 복음을 전한다고? 에잇, 이것들을 그냥!"

바울과 바바나가 루스드라에서 일어서지 못하는 지체장애자를 기적적으로 고쳐준 일이 있고 나서 불과 며칠 후, 두 사도에 관한 소식을 전해 듣고 비시디아 지방의 안디옥과 이고니온에서 한 무리의 극렬 유대인들이 우르르 몰려왔다. 그들은 온갖 꾸며낸 거짓말과 악한 말로 루스드라 주민들을 부추기고 선동하였다.

"그자들은 사기꾼들이고 거짓말쟁이들이라니깐요! 그자들이 우리 성읍에서도 순진한 사람들을 홀려 크게 한바탕 사기를 치려다가 그만 거짓말이 발각되는 바람에 허겁지겁 쫓겨난 자들이에요. 그러니 다시는 그런 짓을 못하도록 그런 자들은 돌로 쳐 죽여야 합니다!"

극렬 유대인들의 악한 말에 루스드라 주민들이 선동을 당했다. 그들은 극렬 유대인들과 합세하여 바울을 돌로 쳤고, 무수한 돌에 맞은 바울은 그만 혼절하여 쓰러졌다. 군중은 바울이 죽은 줄 알고 그를 성 밖에 끌고 가서 멀리 던져버렸다.

"바울 사도님이 돌에 맞아 죽었다고? 아, 그럴 수가!"

그 성읍의 신자들이 바울의 소식을 전해 듣고 다함께 모여들어 루스드라 성 밖으로 달려갔다. 가서 보니, 돌에 맞아 피투성이가 된 바울이 처참한 몰골로 죽은 사람마냥 누워 있었다. 신자들이 크게 걱정하고 슬퍼하며 바울 주위를 둘러섰을 때 바울의 몸이 조금 움직이더니 이내 깨어났다.

"아, 살아 있다! 바울 사도님이 죽지 않고 살아 있어!"

신자들은 크게 기뻐했고, 바울은 신자들의 부축을 받아 성읍 안으로 돌아갔다. 이튿날, 기운을 차린 바울은 바나바와 함께 루스드라 성읍을 떠나 더베로 향했다.

바울과 바나바가 수리아의 안디옥으로 귀환하다 (14:21-28)

"바울 형제, 돌 맞은 데는 괜찮아요? 몸도 성치 않을 텐데, 너무 무리하는 것은 아닌지 모르겠어요."

"괜찮습니다. 주님의 은혜로 거뜬해졌습니다. 한시바삐 더베로 가서 복음을 전하고 싶습니다."

루스드라를 떠난 두 사도는 동남쪽 50km 지점에 있는 더베 성읍으로 가서, 그곳 주민들에게 복음을 전했다. 회개하고 주 예수님을 믿으라고 외쳤다. 두 사도의 열정적인 전도에 많은 사람들이 주님을 영접하고 십자가 복음을 믿게 되었다. 얼마 동안 더베에서 복음을 전한 뒤, 두 사도는 다시금 루스드라와 이고니온을 거쳐 비시디아 지방의 안디옥으로 돌아갔다.

돌아가던 길에, 두 사도는 들르는 성읍마다 신자들을 위로하고 붙들어 주면서 모쪼록 믿음에 충실한 삶을 살도록 격려했다.

"사랑하는 형제들이여, 우리가 하나님 나라에 들어가려면 숱한 고난을 겪어야 합니다. 십자가 복음을 싫어하고 미워하는 사탄의 세력들이 곳곳에서 활개치고 있기 때문입니다. 그러므로 용기를 잃지 말고 힘을 내십시오! 주께서 항상 도우시고 지켜주실 것입니다."

바울과 바나바는 제1차 전도여행을 하면서 자신들이 거쳐온 성읍마다 많든 적든 결신자들을 얻었고, 그들을 중심으로 각 성읍마다 교회를 개척하고, 믿음과 인품이 출중하고 성령이 충만한 자들을 가려 뽑아 장로의 직분을 맡겼다. 그러고는 장로들을 위해 특별히 금식기도를 하면서 부디 그들을 지켜 보호해달라고 주님께 부탁하였다. 각 교회의 장로들은 갓 생겨난 교회를 돌보면서 막 신앙생활에 접어든 신자들을 올바르게 이끌 목양의 책임을 지닌 자들이었기 때문이다.

"장로님들, 여러 어려움이 있겠지만 모쪼록 교회와 신자들을 잘 부탁드립니다. 주님께서 항상 여러분을 지키고 보호해주실 것입니다."

이후, 두 사도는 왔던 길을 되돌아 비시디아 지방을 거쳐 밤빌리아 지방으로 내려갔다. 두 사도는 그곳 밤빌리아 지방의 버가 성읍에서 다시금 복음을 힘차게 전한 후, 앗달리아로 내려갔다. 앗달리아는 밤빌리아주(州) 내에 있는 성읍으로 버가에서 남서쪽으로 30km 지점에 있는 지중해 연안의 도시다. 수리아와 소아시아, 그리고 아프리카를 연결하는 주요 항구도시다.

"어느덧 두 해가 훌쩍 흘러갔군요. 이제는 본 교회로 돌아가서 이번 전도여행에 관해 보고를 드리도록 합시다."

두 사도는 버가에서 배를 타고 마침내 자신들을 복음 전도자로 파송한 본 교회인 수리아 지방의 안디옥으로 돌아왔다. 안디옥 교회는 복음을 전하라는 하나님의 분부를 받고, 두 사도를 복음 전도자로 세워 전도여행을 떠나도록 처음 파송했던 곳인데, 이제 두 사도는 자신들이 부여받은 복음 전도자의 사명을 다 이루고 귀환 길에 오른 것이다.

주후 47년경 중반쯤에 길을 떠나 주후 49년경 중반쯤에 귀환 길에 올랐으니, 두 해에 걸쳐 제1차 전도여행을 수행한 것이다.

"참으로 고생 많았구료! 이렇게 무사히 귀환했으니, 얼마나 반갑고 감사한지요!"

"네, 모두 주님께서 보살펴주시고, 형제님들의 기도 덕분입니다."

안디옥 교회는 두 사도의 무사귀환을 진심으로 환영했고, 두 사도는 안디옥 교회의 신자들을 모아놓고 하나님께서 곳곳마다 자신들을 통해 이루신 여러 크신 일들에 대해서, 또 어떻게 하나님께서 이방인들에게 믿음의 문을 열어주셨는지에 대해서 자초지종 보고하였다. 그런 뒤, 두 사람은 오랫동안 안디옥에서 제자들과 함께 지냈다. 그렇다면 바울과 바나바가 수행한 '제1차 전도여행'을 개괄적으로 살펴보도록 하자.

- ■ **관련 성경**: 사도행전 13:4-14:27
- ■ **전도여행 기간**: 주후 47년경 중반쯤 ~ 49년경 중반쯤(대략 2년)
- ■ **전도 팀**: 바울, 바나바, 마가 요한(도중에 버가에서 예루살렘으로 돌아감)
- ■ **전도여행 거리**: 대략 2,240km
- ■ **전도여행 경로**: (수리아 지방의) 안디옥 → 실루기아 → (키프로스 섬의) 살라미 → 바보 → (밤빌리아 지방의) 버가 (여기서 마가 요한은 전도 팀에서 빠져 예루살렘으로 돌아감) → (비시디아 지방의) 안디옥 → 이고니온 → (루가오니아 지방의) 루스드라 → 더베 → (더베에서 귀환 길에 오름) → 루스드라 → 이고니온 → 비시디아 안디옥 → 버가 → 앗달리아 → (수리아 지방의) 안디옥.

15

예루살렘 총회

유대주의자들이 이방인들도
할례를 받아야 한다고 주장하자
바울과 바나바는 예루살렘으로 올라가
자문을 구하고, 하여 총회가 열리네

예루살렘 교회의 총회 (15:1-21)

"여러분, 여러분이 예수 그리스도를 믿더라도 할례를 받지 않는다면 누구라도 결단코 구원을 받을 수 없습니다!"

"할례 없이는 구원도 없습니다. 이 사실을 명심하고, 누구든지 반드시 할례를 받으시길 바랍니다!"

바울과 바나바가 제1차 전도여행을 마치고 안디옥에 오래 머물며 교회를 섬기고 있을 무렵(주후 49년경 말엽), 유대 땅에서 내려온 몇몇 사람들이 안디옥 교회의 형제들에게 잘못된 가르침을 베풀고 있었다. 그들은 모세 율법에 따라 할례를 받지 않으면 아무도 구원을 받을 수 없다고 가르쳤다.

할례의 히브리어 원문 뜻은 '칼자국을 내다' 또는 '둘레를 자르다'이다. 이런 할례는 하나님께 인정받은바 이방 사람으로부터 구별된 선민의 증표로서, 거룩한 선민의 신분에서 빼버리거나 없어져서는 안 될 필수적인 요소였다. 이런 의미에서 유대인들은 이방 사람들을 가리켜 '할례 없는 자들'이라 칭했다.

오랜 세월에 걸쳐 굳게 다져진 종교적 관습은 견고한 참호와도 같았다. 비록 많은 유대인들이 복음을 받아들였지만, 그들은 여전히 자신들이 오랫동안 항상 믿어왔고 행해왔던 종교적 관습을 포기하지 못했다. 그들은 예수님의 십자가 사역이 율법의 완성이 아니라 단지 율법을 보충한 것이라고 생각했다. 그래서 그들은 모세 율법의 핵심인 '할례'를 도무지 포기할 수 없었다. 그들은 할례야말로 하나님의 백성 된 확실한 증표이며 하나님과의 관계에서 구원을 얻을 수 있는 핵심적인 요소라고 굳게 믿었다.

"아니오! 그렇지 않습니다! 할례를 받지 않더라도 예수 그리스도를 믿으면 누구든지 구원을 받을 수 있습니다!"

"아니, 그게 대체 무슨 소리요? 할례 없이 구원을 받을 수 있다니! 당신들은 모세 율법을 부정하는 것이오?"

할례와 구원의 문제를 놓고서, 바울과 바나바는 유대에서 내려온 사람들과 심한 논쟁을 벌이게 되었다. 그래서 안디옥 교회는 이 문제를 사도들과 장로들에게 부탁하여 살펴보게 하려고 몇몇 다른 신자들과 함께 바울과 바나바를 예루살렘으로 올려 보냈다.

"건강하게 잘 다녀오세요. 예루살렘 교회에 우리의 안부를 전해주시고요."

안디옥 교회의 신자들은 예루살렘으로 떠나는 바울 일행을 전송했다. 수리아 지방을 떠난 바울 일행은 페니키아 지역을 거쳐 사마리아 지방을 여행하면서 그곳의 형제들에게 이방 사람들이 어떻게 예수 그리스도의 복음을 믿고 회개하게 되었는지를 알려주었다. 그런 소식은 그 지역의 모든 신자들에게 큰 기쁨을 안겨주었다.

"먼 길에 참으로 수고 많으셨습니다. 자, 자, 어서들 오십시오."

마침내 예루살렘에 도착한 바울 일행은 사도들과 장로들은 물론이고 예루살렘 교회의 모든 신자들에게 크게 환영받았다. 환영의 인사와 만찬이 끝난 후에 바울과 바나바는 제1차 전도여행 때의 일들을 들려주었다. 자신들을 통해 하나님께서 역사하신 모든 놀라운 일들을 예루살렘 교회의 사도들과 신자들에게 자초지종 그대로 보고하였다.

"오호! 참으로 놀랍군요. 이방 땅에서도 우리 하나님의 크신 은총의 손길이 곳곳마다 역사하셨군요. 할렐루야!"

그때였다. 본래 바리새파에 속해 있다가 복음을 듣고 믿음을 갖게 된 유대인 몇 명이 자리에서 일어나 말한다.

"이방인들이 복음을 듣고 믿음을 갖게 된 것은 참으로 기쁘고 감사한 일입니다. 그럴지라도 이방인들 역시 우리 유대인들처럼 반드시 할례를 받고 모세의 율법대로 살아가야 합니다. 그래야 그들도 구원을 받을 수 있습니다!"

"형제들이여, 그렇지 않습니다! 반드시 할례를 받아야만 구원을 얻을 수 있는 게 아닙니다. 할례를 받지 않더라도 예수 그리스도를 믿기만 하면 누구든지 구원을 받을 수 있습니다."

"아니, 무슨 말씀을 그리 하십니까? 할례 없이 구원을 받을 수 있다니요? 모세 율법은 우리에게 그렇게 가르치고 있지 않아요."

양측 간에 뜨거운 논쟁이 맞붙었다. 그리하여 예루살렘 교회의 모든 사도들과 장로들이 이 문제를 의논하고 결정하려고 따로 날을 잡아 한 자리에 모였다. 이른바 예루살렘 교회의 총회가 열린 것이다. 총회가 열리자, 반드시 할례를 받아야만 구원받는다는 측과 할례 없이도 믿음만 있으면 구원을 받는다는 측이 자신들의 입장을 강력하게 주장하였다.

"자, 자, 이제 됐습니다. 모두 조용히 하시고 제게 주목해 주십시오!"

베드로였다. 오랜 시간에 걸쳐 양측 간에 치열하게 토론한 다음, 이제 모든 논쟁을 마무리 지으려고 베드로가 자리에서 일어난 것이다. 당시 그는 모든 교회의 지도자였다.

“형제 여러분, 여러분들도 다 아시다시피 하나님은 이방 사람들에게도 복음을 전하여 그들 역시 믿음을 갖게 하려고 오래전에 여러분들 가운데서 저를 가려 뽑으셨습니다. 인간의 마음을 밝히 아시는 하나님은 이방 사람들에게도 우리에게 주셨던 것과 똑같이 성령을 주심으로써 그들 역시 받아들이고 계시다는 것을 분명히 보여주셨습니다.”

정말로 그랬다! 하나님은 가이사랴에 주둔했던 로마군대의 백부장인 고넬료와 그의 일가친척들에게 성령을 내려주심으로써 이방인들도 구원의 품안으로 받아들인다는 사실을 밝히 보여주셨다. 베드로는 그 일을 직접 주관하고 겪은 당사자요 증인이었다. 베드로의 말은 이어진다.

“하나님은 이방 사람들의 마음을 믿음으로 깨끗하게 하심으로써 우리 유대인들과 그들 이방인들 사이에 아무런 차별도 두지 않으셨습니다. 그런데 지금 여러분은 어째서 우리 조상들이나 우리조차도 감당할 수 없었던 무거운 짐을 이방 신자들에게 지워서 하나님을 시험하려는 것입니까! 그러므로 우리가 주 예수 그리스도의 은혜로 구원을 받는 것처럼, 그들 이방인들이 구원을 받는 것도 오직 주 예수 그리스도의 은혜를 통해서입니다.”

예수 그리스도의 수석제자로서 예수님 생전에 가장 가까이서 예수님께로부터 직접 가르침을 받았던 베드로, 그런 베드로 사도였기에 그의 말에는 권위가 있었다. 그리고 많은 경험과 생생한 간증이 있었다. 그러하기에 베드로의 말에 그 자리에 모인 사람들이 모두 잠잠해졌다.

“그리고 얼마 전에 바나바와 바울 형제님이 이방 지역에 오랫동안 전도여행을 갔다 온 것으로 압니다. 이 자리를 빌어서, 그간의 이야기를 좀 하시지요.”

자리가 마련되자, 바울과 바나바는 제1차 전도여행 때의 이야기를 간증 형식으로 들려주었고, 총회에 모인 사람들은 바울과 바나바를 통해 하나님께서 이방 사람들에게 행하신 여러 기적들과 놀라운 일들에 관해 자세히 전해 들었다. 이야기를 전해 듣고, 모두가 감탄사를 발하며 크게 놀라워했고 하나님께 감사드리며 찬양했다. 바나바와 바울의 말이 모두 끝나자, 주님의 동생 야고보가 자리에서 일어나 말한다. 당시 그는 예루살렘 교회를 담임 맡고 있던 지도자였다.

"형제 여러분, 제 말씀을 들어보십시오. 우리 형제 시므온은 하나님께서 어떻게 이방 사람들 중에서 처음으로 하나님의 이름을 높이 찬양하는 자들을 불러내셨는지에 관한 이야기를 우리에게 들려주었습니다."

시므온은 베드로의 유대적인 이름으로 '시몬 베드로'를 가리킨다. 야고보가 베드로를 이렇게 부른 것은, 당시 야고보는 예루살렘 지역의 유대인들을 중심으로 목회하고 있었기에 자신의 유대적인 성향을 자신도 모르게 드러낸 것이다.

"시므온의 말은 선지자들의 예언과도 일치합니다. 일찍이 예언서에 기록되기를 '그 후에 내가 다시 돌아와 무너진 다윗의 도성을 다시 세우겠노라. 내가 폐허가 된 그곳을 고쳐 다시 세우겠노라. 그래서 남은 백성이 다 주님을 찾고 또 나의 이름을 부르는 이방 사람들까지도 주님을 찾으리라. 이것은 주님의 말씀으로, 주님은 오래전부터 이 모든 일을 알게 해주셨도다.' 하였습니다."

이때 야고보가 인용한 예언서는 아모스 9장 11-12절의 말씀으로, 장차 다윗의 왕권이 회복되고 재건될 때에 이방인들도 참여하게 될 것이라는 뜻이다. 그러므로 이제 다윗의 후손인 예수 그리스도로 인해 영적인 차원에서 다윗의 왕권이 회복되었으므로 이방인들의 참여는 마땅하다는 의미다. 야고보는 말을 잇는다.

"그러므로 형제 여러분, 제 의견으로는 하나님께로 돌아오는 이방 사람들을 여러 율법 조항들로 괴롭게 해서는 안 된다는 생각입니다."

"그렇다면, 이방인 신자들을 무조건적으로 받아들여야 한다는 말입니까?"

"그건 아니고요… 다만 이방인 신자들에게는 우상에게 제물로 바쳤던 고기를 먹지 말고, 음행을 멀리할 것이며, 또 목매달아 죽인 짐승의 고기와 피를 먹지 말라는 점에 대해서만 글로 써 보내는 것이 좋겠습니다. 그 까닭은, 오래전부터 모든 성읍의 유대인 회당에서는 안식일마다 그런 것들을 금하는 모세의 글을 줄곧 읽어왔기 때문입니다."

초대교회는 '이방인들에 대한 할례 문제'로 인해 분열의 위기를 겪을 뻔했다. 유대인 신자가 아닌 이방인 신자들이 할례를 비롯하여 모세 율법에 근거한 유대인들의 생활양식을 얼마나 받아들여야 하는지를 놓고 심각한 분쟁과 갈등이 있었다. 하지만 그런 문제가 예루살렘 교회의 총회를 통해 지혜롭게 해결되었다. 이는 오늘날의 교회가 갈등을 겪고 분열의 위기를 맞을 때 본받아야 할 좋은 모델이 될 수 있다. 한번 살펴보자.

첫째, 먼저 갈등과 격론의 대상이 된 문제를 놓고 양측의 대표자들이 만났다. 둘째, 만난 후에는 그 문제에 대해 양측의 주장을 충분히 들었다. 셋째, 그런 다음에 각자 제기된 주장들을 성경의 가르침과 비교하여 자세히 살펴보았다. 넷째, 그런 후에 최종적으로 적절한 합의에 도달하여 대변인이 그 사실을 공개적으로 발표하였다.

그렇다면 예루살렘 교회의 총회에서 결정한바 이방인 신자들에게 요구한 최소한의 사항은 어떤 것들인가? 한 마디로 요약하면, 이방 우상과 철저히 단절하라는 것이었다. 당시 그리스(헬라)-로마 세계는 우상을 숭배하는 이방 종교들로 가득 차 있었기 때문이었다. 그래서 이방인 신자들은 다음과 같은 것들을 멀리해야 했다.

① **우상의 더러운 것**: 우상에게 바쳐진 제물을 먹지 말라는 말이다.

② **음행**: 이방 우상을 섬기는 모든 음란한 제사의식에 참석하지 말라는 말이다.

③ **목매달아 죽인 짐승과 피**: 이방인들의 악한 풍속을 좇아 목매달아 죽인 짐승의 고기같이 '피가 든 고기'를 먹지 말라는 말이다(레 17:14).

기독교(그리스도교)가 유대교의 일파로 남을 것인가, 아니면 세계적인 종교가 될 것인가, 당시 초대교회는 갈림길에 서 있었는데, 예루살렘 총회는 유대교를 극복하고 세계의 복음화를 감당하는 세계적 교회로 나아가는 길을 선택한 것이다. 당연히 하나님의 섭리와 경륜이 있었지만, 진리의 터 위에 굳게 선 초대교회의 지도자들이 올곧았고 참 좋았다.

이방 교회의 신자들에게 편지를 써 보내다 (15:22-29)

예루살렘 총회 후(주후 49년경 말엽), 사도들과 장로들과 온 예루살렘 교회의 신자들은 바울, 바나바와 함께 자신들이 뽑은 대표들을 수리아의 안디옥 교회로 보내기로 결정했다. 그 자리에서 예루살렘 교회는 두 사람을 대표로 뽑았다. 그들 두 사람은 신자들 가운데서 지도적인 위치에 있던 사람들이었는데, 한 명은 '바사바'라고도 불리는 '유다'였고, 다른 한 명은 '실라'였다. 그들이 안디옥 교회에 가지고 간 편지의 내용은 이러하다.

안디옥과 수리아와 길리기아 지방에 계시는 이방인 형제 여러분, 여러분에게 예루살렘에 있는 사도들과 장로들과 형제들이 문안인사를 드립니다. 저번에 예루살렘에서 올라간 형제 몇 명이 우리가 시키지도 않은 말을 해서 여러분들께 심려를 끼쳐 드리게 했다는 말을 들었습니다.

그래서 우리는 이번 기회에 몇 분의 대표를 뽑아 우리가 사랑하는 바나바와 바울 형제와 함께 여러분에게 보내는 것이 좋겠다고 뜻을 모았습니다. 여러분들도 잘 아시는 바와 같이, 바나바와 바울은 우리 주 예수 그리스도를 위해 자기들의 목숨까지도 내놓은 신실한 형제들입니다.

또 우리는 우리가 쓴 편지에 대해서 말로 직접 확증해 드리기 위해서 바나바와 바울과 함께 우리 교회를 대표하여 유다와 실라를 보냅니다. 다음에 적은 몇 가지 사항 이외에는, 여러분에게 아무런 짐을 지우지 않는 것이 성령의 뜻이요 또한 우리의 뜻으로서, 그것이 올바른 길인 줄 압니다.

그러므로 이방인 형제 여러분에게 당부드립니다. 여러분은 우상에게 제물로 바쳤던 음식을 먹지 말고, 목매달아 죽인 짐승의 고기와 피를 먹지 말며 또 음행을 멀리 하십시오. 이것들만 잘 지켜주신다면 그걸로 충분합니다. 그럼, 주님 안에서 평강을 누리시길 원합니다. 샬롬!

이방인 신자들이 지켜야 할 사항들을 다시금 요약하면 이러하다. ① 우상에게 바쳐진 제물을 먹지 말 것 ② 목매달아 죽인 짐승의 고기와 같이 '피가 든 고기'를 먹지 말 것 ③ 음행을 멀리할 것.

그런데 예루살렘 교회의 총회 결정이 있은 지 여러 해가 지난 후에 바울은 약간 다른 견해를 펼쳤다. 고린도교회에 보내는 편지에서 바울은 우상의 제물이 그것 자체로는 아무런 거리낌이 없는 단지 음식물에 불과할 뿐임을 깨우쳐주면서, 그것을 먹는 문제에 대해 신자들 각자의 신앙 양심에 맡겼다(고전 8:1-13; 10:27-28). 하지만 이런 경우에도 바울은, 그런 양심의 자유가 다른 신자들의 신앙을 다치게 해서는 안 된다고 권면함으로써 본질상 총회의 결정과 같은 입장을 취했다.

예루살렘 교회의 대표들이 안디옥 교회에 편지를 전달하다 (15:30-35)

"자, 얼른 내려가서 총회의 결정사항을 다른 형제들에게 알려줍시다."

네 사람 곧 바나바, 바울, 유다, 그리고 실라는 총회의 결정사항이 담긴 편지를 가지고 예루살렘을 떠나 수리아 지역의 안디옥으로 내려갔다.

그런 뒤, 안디옥의 모든 신자들을 불러 모아 그들에게 편지를 전달했다.

예루살렘 총회의 결정 사항이 이방인 교회에 전해지다

"오호, 이것들만 지키면 되는군요! 이제야 답답하던 마음이 속 시원하게 해결되었습니다. 잘 알겠습니다."

안디옥 교회의 신자들은 총회의 결정사항이 담긴 편지를 읽고 크게 기뻐하며 기꺼이 그 결정사항을 받아들였다. 바나바, 바울과 함께 안디옥에 내려간 유다와 실라도 선지자였으므로, 예루살렘 교회의 지도자답게 여러 말로 안디옥 교회의 형제들에게 많은 용기와 기운을 북돋아주었다.

예루살렘 교회에서 내려온 유다와 실라는 안디옥에서 얼마 동안 머문 후 평안히 가시라는 안디옥 교회 신자들의 축복의 전송을 받으며 그들을 보낸 예루살렘 교회로 돌아갈 요량이었다. 하지만 이때 유다는 돌아갔지만 실라는 예루살렘으로 돌아가지 않고 안디옥에 계속 머물기로 작정하였다. 바울과 바나바 역시 그대로 안디옥에 머물면서 다른 여러 신자들과 함께 주님의 말씀을 열심히 전하고 부지런히 가르쳤다.

바울과 바나바가 서로 다툰 후에 갈라져 전도여행을 떠나다 (15:36-41)

"바나바 형제님, 우리가 일전에 주님의 말씀을 전했던 여러 성읍들을 다시 방문하여 그곳의 형제들이 어떻게 지내고 있는지 알아보면 어떻겠습니까?"

안디옥에서 얼마 동안 지낸 후, 하루는 바울이 바나바에게 제2차 전도여행에 관해 말했다. 예루살렘 교회의 총회 이후, 바울은 자신이 복음을 전한 지역에 있는 신자들의 형편을 살펴야 한다는 생각을 가졌다. 따라서 바울의 제2차 전도여행의 목적은 복음 전파 이외에 선교지 신자들의 신앙을 돌보려는 목회적인 배려가 있었다. 바울의 제안에 바나바가 기다리고 있었다는 듯 흔쾌히 응답한다.

"좋습니다, 그렇게 합시다."

"그럼, 지금부터 준비하여 되도록 빠른 시일 내에 떠나도록 합시다."

"그런데… 바울 형제님, 우리와 함께 마가 요한도 데리고 가도록 합시다."

다른 사람들처럼, 당대의 일반적인 경향에 따라 요한도 두 개의 이름을 가졌다. 하나는 유대식 이름인 '요한(John)'이고, 다른 하나는 헬라식 이름인 '마가(Mark)'였다. 마가는 지중해의 구브로(키프로스) 섬 출신으로 예루살렘에서 성장한 레위 족속이었다. 그는 바나바의 생질이었고 그의 모친 마리아는 독실한 신앙인이었다. 집안이 물질적으로 풍족했기에 마가는 고등교육을 받았고, 모친 집의 다락방은 초대교회 신자들의 상시적인 모임 장소로 제공되었다. 그는 초대교회의 전도자가 되어 바울 및 베드로와 동역하기도 했다. 복음서 중 '마가복음'의 저자이기도 하다.

하지만 마가 요한은 제1차 전도여행 때 밤빌리아 지방의 버가에서 도중에 갑작스럽게 전도 팀에서 빠져 예루살렘으로 혼자 귀환한 적이 있었다. 이때 바울은 심적으로 큰 충격을 받았고 마가 요한에 대하여 적잖이 실망했다. 이때의 실수를 만회하려는 듯 마가 요한은 제2차 전도여행 팀에 자신을 끼워줄 것을 삼촌인 바나바에게 부탁했고, 천성적으로 마음이 여리고 너그러운 바나바가 생질의 부탁을 뿌리치지 못하고 수락한 것으로 보인다.

"마가 요한 말입니까? 그는 일전의 전도여행 때 밤빌리아에서 도중에 포기하고 혼자 예루살렘으로 돌아가지 않았습니까? 그 일로 우리의 전도일정이 상당한 차질을 빚었는데, 이번에도 그런 일이 없으란 법이 있겠습니까? 나는 반대입니다."

"그러니 형제님, 이번에 그의 실수를 만회할 수 있도록 기회를 한 번 더 주자는 얘깁니다. 이번에는 끝까지 함께 하기로 나와 단단히 약속했어요. 그러니…."

"됐습니다! 마가 요한의 얘기는 없던 걸로 합시다. 더는 내게 강요하지 마십시오!"

"강요라니요? 무슨 말씀을 그렇게…. 내가 지금 바울 형제님께 강요하는 것으로 보입니까? 마음을 좀 열고 너그럽게 받아들이면 안 됩니까?"

"그러면 나만 속 좁은 사람이란 말입니까? 나는 사소한 인정에 매달리기보다 우리 사역의 목표를 이루는 데 집중해야 한다고 생각합니다. 마가 요한을 그렇게 데려가고 싶으면 바나바 형제님이나 데리고 가십시오. 나는 절대로 못 데리고 갑니다."

"그러면 우리 둘이 갈라서자는 얘깁니까?"

"그야 좋을 대로 생각하십시오! 나는 분명히 내 의견을 밝혔습니다!"

마가 요한을 제2차 전도여행 팀에 합류시키느냐, 마느냐의 문제를 두고 바울과 바나바는 서로를 향해 얼굴을 붉히며 매우 심하게 다투었다. 참 난감한 상황이다. 왜 성숙한 영적 지도자들이 이처럼 얼굴을 붉히며 크게 다투는 것일까?

바울과 바나바는 하나님의 뜻에 대한 열정적인 확신을 가지고 있었고, 둘 다 자기의 방법이 옳다고 생각했다. 바울의 입장에서는, 복음을 전하고 교회를 세우는 전도자의 사명에 방해가 되는 것은 그 무엇도 용납할 수 없었다. 반면 바나바의 입장에서는, 한때 실수는 했더라도 신실한 한 명의 사역자를 회복시키는 일이 무척 중요하게 여겨졌다.

어떤 의미에서 바울과 바나바는 둘 다 옳다. 그렇지만 또 다른 관점에서 보면, 둘 다 틀렸다. 비록 그들이 성숙한 신앙을 지닌 탁월한 복음 전도자요 교회 지도자라고 할지라도, 초대교회에서 그들이 지닌 큰 영향력을 고려할 때 상대방에 대하여 화를 내고 인간적인 혈기를 부린 것은 아무래도 신자들과 교회에 덕(德)이 되지 못했다.

그렇지만 하나님의 관점에서 보면, 두 위대한 복음 전도자의 결별은 도리어 복음의 확산을 가져왔다. 초대교회의 탁월한 지도자 두 명이 함께 붙어 다니는 것도 좋지만, 각자 떨어져 다른 지역에서 활동하는 것이 더욱 바람직하기 때문이다. 이로 볼 때 하나님은 인간적인 감정과 혈기, 부족함과 연약함조차도 구속사의 섭리와 경륜의 큰 틀 안에서 녹여 마침내 유익하게 사용한다는 교훈을 배울 수 있다.

"무슨 말인지 잘 알았소! 정 그렇다면 그리 합시다!"

결국 바울과 바나바 두 사람은 서로 갈라서서 각자 팀을 꾸려 전도여행을 떠나기로 했다. 그래서 바나바는 자신의 생질인 마가 요한을 데리고 안디옥을 떠나 배를 타고 키프로스 섬으로 갔고, 바울은 때마침 안디옥에 머물고 있던 예루살렘 교회의 지도자 실라를 동역자로 택한 뒤에 주님의 은총을 빌어주는 신자들의 배웅을 받으며 안디옥을 떠났다. 길을 떠난 뒤, 바울 일행은 육로로 수리아 지방과 길리기아 지방을 두루 다니며 여러 교회를 튼튼하게 세우고 그곳의 신자들을 격려했다.

길리기아 지방은 당시 로마제국의 속령으로 남쪽으로는 지중해, 동쪽으로는 아마누스 산맥, 북쪽과 서쪽에는 타우루스 산맥에 둘러싸인 소아시아 남동부의 한 주(州)다. 산맥과 고원과 계곡이 어우러져 정경은 수려했지만 교통이 불편했다. 주요 교통로는 해안선을 따라 발달했으며 질이 좋은 목재와 양모(羊毛)로 유명하다. 길리기아의 주요 도시인 다소는 사도 바울의 고향이다.

16

빌립보 감옥

바울은 루디아 집안 사람에게 세례 주고
점치는 여종의 귀신을 내쫓네
바울과 실라가 주인의 고발로 갇히지만
한밤중 지진으로 감옥 문이 열리네

제2차 전도여행: 바울이 디모데를 전도여행 팀에 합류시키다(16:1-5)

수리아 지방의 안디옥 성읍을 떠난 바울 일행, 그들은 육로로 길리기아 지방을 거쳐 더베에 이르렀고, 더베에서 복음을 전한 후에 루스드라로 갔다. 더베와 루스드라는 로마제국 내 루가오니아주(州)에 속한 성읍들이었다.

"그대가 디모데요? 다른 형제들로부터 이야기는 많이 들었어요."

바울은 루스드라에서 '디모데'라는 제자를 만났다. 그의 어머니는 유대인으로서 믿는 자였고, 그의 아버지는 헬라인이었다. 디모데는 루스드라와 이고니온에 사는 믿음의 형제들에게서 많은 칭찬을 듣는 신실한 사람이었다.

"디모데 형제, 복음 전도를 위해 할례를 받는 게 어떻겠소?"

바울은 신실한 믿음이 형제 디모데를 자신의 전도여행 팀에 동참시키고 싶어서 그를 데려다가 할례를 행하였다. 그처럼 디모데에게 할례를

사도 바울의 제2차 전도여행 (행 15:40-18:22, 주후 50-52년, 대략 3년)

시행한 것은 유대인들을 고려한 행동인데, 그 지역에 사는 유대인들이 디모데의 아버지가 헬라인이라는 사실을 모두 알고 있었기 때문이다.

이때 바울은 구원 때문이 아니라 효과적인 선교를 위해 디모데에게 할례를 베푼 것이다. 바울의 선교 전략은 먼저 각 지역에 있는 유대인 회당에서 유대인들을 대상으로 전도하는 것이었다. 만약 유대인들이 바울의 애제자인 디모데가 할례를 받지 않았다는 사실을 안다면, 그들은 무턱대고 바울의 복음까지 배척할 터였다. 당시 유대인들의 눈에 할례를 받지 않은 남자는 하나님과 전혀 상관없는 이방인일 뿐임을 뜻했다. 만약에 디모데가 할례를 받지 못하면 그는 회당 출입도 제지당할 터였다.

바울은 복음을 전하는 데 있어 불필요한 장벽을 제거하기 위해 디모데에게 할례를 베푼 것이다. 하지만 만약 그 일이 복음을 훼손시키는 일이었다면, 바울은 어떠한 경우에도 디모데에게 할례를 베풀지 않았을 것이다.

"여러분, 여러분이 지켜야 할 사항들은 이러합니다. 여러분은 우상에게 바친 제물을 먹지 말고, 목매달아 죽인 짐승의 고기를 피째 먹지 말 것이며, 음행을 멀리해야 합니다."

바울 일행은 소아시아의 여러 성읍들을 두루 다니면서 예수 그리스도의 십자가 복음을 전파하는 한편, 예루살렘 교회의 총회를 통해 사도들과 장로들이 결의한 사항을 전달하였다. 그리하여 각처의 교회들은 날이 갈수록 견고해지고 신자들의 믿음은 튼튼해졌다. 복음이 확산됨에 따라 당연히 신자들의 수효도 점점 늘어갔다.

제2차 전도여행: 바울이 드로아에서 환상을 보다 (16:6-10)

바울 일행(바울, 실라, 디모데)은 브루기아 지방과 갈라디아 지방을 그냥 거쳐 갔다. 성령께서 소아시아의 그 지방에서는 말씀 전하는 것을 막으셨기 때문이다. 성령께서 왜, 어떤 방식으로 바울 일행이 그 지방에서 말씀 전하는 것을 막으셨는지는 알 수 없다. 성령께서는 자신의 오묘한 계획 하에 바울 일행의 발걸음을 인도하셨다.

"자, 성령께서 우리를 인도하시는 대로 순종하며 따라갑시다."

바울 일행은 성령님의 인도에 따라 무시아 지방 가까이에 이르렀다. 무시아는 소아시아 서북부의 한 지방으로 프로폰트해(海)의 남쪽에 위치하고 있었다.

"형제님들, 여기서 북쪽으로 올라가 복음을 전합시다."

바울 일행은 무시아에서 복음을 전한 뒤 북쪽으로 올라가 비두니아 지방으로 들어가려 했다. 그곳은 소아시아 북서부의 고산 지역으로 흑해 남쪽에 위치하고 있었다.

그러나 또다시 예수 그리스도의 영 곧 성령께서 그들의 발걸음을 허락하지 않으셨다. 그래서 바울 일행은 무시아 지방을 그냥 지나쳐 서쪽으로 발걸음을 옮겨 드로아로 향했다. 드로아는 무시아 지방에 있는 항구도시로 소아시아 서북쪽의 에게해(海) 연안에 위치해 있다. 현재는 터키의 영토로 '에스키 스탄불'로 불리는데, 황폐한 옛 도시에 불과하다. 그날 밤, 드로아에서 바울은 환상을 보았다.

"얼른 이리로 건너와서, 우리를 도와주십시오!"

그 환상은 마케도니아 사람 하나가 저쪽 건너편에 서서 바울을 향해 어서 와서 자기들을 도와달라고 간청하는 환상이었다. 이 환상을 본 후, 바울 일행은 즉시 마케도니아 지방으로 떠날 준비를 했다.

바울이 드로아에서 환상을 보다

그리스(헬라) 북부 지역에 위치한 마케도니아는 옛적에 알렉산더 대왕(주전 336~323년경)이 헬라 제국을 구축한 발판이 된 왕국이었다. 바울 당시 이곳은 로마 제국의 속주가 되어 로마총독에 의해 통치되고 있었는데, 특히 마케도니아는 유럽 지역에 위치해 있었기에 바울의 유럽 선교의 전초기지가 되었다.

이렇게 해서 기독교는 헬라 문화의 옷을 입게 된다. 여기에는 하나님의 섭리와 경륜이 있다. 히브리 종교, 헬라 철학, 로마 정치는 기독교를 기독교가 되게 하고 세계화하는 데 크게 일조한다. 헬라의 글과 말은 상당히 체계적이고 논리적이다. 성경을 올바로 해석하고 올바로 이해하는 데 있어서 헬라어는 아주 효과적이다. 그리하여 히브리 종교가 헬라 철학의 옷을 입고 로마 정치를 타고 빠른 속도로 온 세계로 급속히 뻗어나가게 된 것이다.

제2차 전도여행: 빌립보에서 루디아가 개종하다 (16:11-15)

"형제들, 성령께서 우리를 마케도니아 지방으로 인도하였소. 그러니 배를 타고 그곳으로 건너가서 복음을 전하도록 합시다."

바울 일행(바울, 실라, 디모데, 누가. 누가는 드로아 지방에서 합류함)은 드로아에서 배를 타고 마케도니아로 향했다. 바로 이것이 동서양의 기독교 역사를 갈라놓았을까? 만약 이때 바울이 유럽으로 가지 않고 예정대로 소아시아 쪽으로 진출했다면 우리는 지금보다 훨씬 일찍 기독교를 받아들였을 것이다. 그래서인지 어느 선교학자는 그날 바울을 태우고 간 배가 동서양의 역사를 바꿔놓았다고 말한다.

바울 일행은 사모드라게로 직행하여 이튿날 네압볼리로 갔다. 사모드라게는 에게해 동쪽 드라게 연안에서 남쪽으로 40km가량 떨어져 있는 작은 섬이고, 네압볼리는 마케도니아 지방에 있는 빌립보의 항구도시로 빌립보 성읍에서 동남쪽으로 16km 지점에 위치해 있다. 당시 이곳은 동서 통상의 거점이며 해륙 교통의 요충지였는데 오늘날의 '카발라'로 추정된다.

드로아에서 네압볼리로 가는 길은 해로(海路)로 사모드라게를 거쳐야 했다. 대략 250km 정도의 해로는 당시 5일 정도 소요되었다. 본서의 저자인 누가는 드로아에서 네압볼리까지의 여정을 간략하게 다루었는데, 이는 바울 일행의 여정이 순조로웠고 또한 마케도니아 전도에 대한 바울의 의지와 열정이 매우 컸음을 보여준다.

네압볼리 항구에 도달한 바울 일행은 거기에서 곧장 빌립보로 향했다. 빌립보는 마케도니아 국경에서 조금 들어간 곳에 위치한 로마의 식민지였다. 당시 빌립보는 마케도니아 지방의 크고 중요한 성읍으로, 로마와 아시아를 잇는 군사도로가 깔려 있어 교통, 문화, 상업의 요충지였다. 바울은 주후 50년경의 제2차 전도여행 때에 이 성읍에서 복음을 전했고, 나중의 제3차 전도여행 때에도 두 차례나 이곳을 방문하였다.

"자, 형제들! 일단 이곳 빌립보에서 여러 상황을 파악하도록 합시다."

바울 일행은 빌립보에서 며칠을 지내면서 어떻게 전도하는 것이 효과적인지 여러 상황을 파악했다. 그러던 중 안식일을 맞이하게 되자, 바울 일행은 성문 밖의 강가로 나가서 유대인들이 모여 기도하는 처소가 있음직한 장소로 찾아갔다.

유대인들이 많이 모여 사는 곳은 회당이 있게 마련이었지만 당시 유럽 지역인 빌립보에는 소수의 유대인들만 있었기에 회당을 마련하지 못하고, 성문 밖 교외의 한적한 곳에 예배 처소를 두었던 것이다. 이 예배처가 강가에 있었던 것은 부정을 씻어내는 결례의 관례를 지키기에 유리했기 때문이었다.

"여러분, 우리는 예수 그리스도의 복음을 전하는 자들입니다. 우리 주 예수 그리스도께서는 우리를 위해 십자가를 지시고…."

바울 일행은 예배처에 모여 있는 여자들에게 복음을 전하기 시작했다. 그들 가운데 '루디아'란 이름을 가진 여인이 있었다. 그녀는 두아디라 지방 출신의 자색 옷감장수로서 오래전부터 하나님을 섬기며 예배해오고 있었다.

두아디라는 소아시아의 루디아 지방에 있던 한 성읍으로, 버가모

남동쪽 60km 지점에 있었다. 헤르무스강의 지류인 루커스강의 북쪽에 전개되는 비옥한 평원에 위치해 있었으며, 버가모와 간선도로로 연결되어 있어 상업도시로 발전하였다. 오늘날 이곳은 터키에 속한 성읍으로 그 이름은 '아키사르'다.

"오, 할렐루야! 아멘, 내가 믿습니다!"

때에 주께서는 루디아의 마음을 활짝 열어주셔서 바울이 전하는 복음을 하나도 의심치 않고 전부 받아들이게 하셨다. 바울의 가르침이 끝나자, 루디아는 자신의 온 집안 식구들과 함께 세례를 받았다.

"사도님들, 저를 주님의 신실한 제자로 여기신다면 제 집에 오셔서 묵도록 하십시오."

"아닙니다. 성의는 대단히 고맙지만, 신경 쓰지 마십시오. 괜한 폐를 끼쳐드리고 싶진 않습니다."

"폐라니요? 당치도 않습니다. 지금 사도님들은 이곳 빌립보에서 마땅한 숙식처도 마련하지 못한 듯한데, 변변치는 못하지만 저희 집에서 일단 묵으시면서 차차 생각하시는 게 좋겠습니다. 그렇게 하시지요?"

루디아가 진심어린 마음으로 거듭해서 청했으므로 바울 일행은 그녀의 초대를 기꺼이 받아들였다.

제2차 전도여행: 바울과 실라가 빌립보 감옥에 갇히다(16:16-24)

'아니, 저 사람은 귀신들린 자가 아닌가?'

하루는 바울 일행이 유대인들이 모여 기도하는 곳, 즉 빌립보 성읍 밖의 예배장소로 가다가 귀신 들려서 점을 치는 여종 하나를 만났다. 그 여종은 귀신의 힘을 빌려 점을 잘 쳤기에 자기 주인들에게 많은 돈을 벌어주고 있었다. 그런데 그 여종이 바울 일행을 보고 흠칫 놀라는 듯하더니 뒤를 계속 따라오면서 큰 소리로 외치는 게 아닌가!

"보십시오, 이분들은 지극히 높으신 하나님의 종들로, 여러분들에게 구원의 길을 전하는 자들입니다!"

사탄이나 귀신들은 하나님과 하나님의 아들(메시아 예수님), 그리고 하나님의 일꾼들을 알아본다. 귀신들린 그 여종도 바울 일행을 보자마자 단번에 그들이 하나님의 일꾼들인 줄 알고 크게 외친 것이다. 바울 일행은 일단 그 여종을 무시하고 지나쳤지만, 그녀는 매일같이 바울 일행을 따라다니며 똑같은 소리를 외치고 다녔다. 그러자 바울이 더는 참지 못하고 그 여자에게 붙어 있는 귀신을 향해 호통을 친다.

"예수 그리스도의 이름으로 네게 명령한다. 이 여자에게서 당장 나가라!"

"아, 아아, 아아악!"

바로 그 순간, 그녀에게서 귀신이 단말마의 비명을 내지르며 뛰쳐나갔다. 이처럼 바울이 귀신을 내쫓은 것은, 비록 귀신들린 여종이 외친 말이 사실이고 바울 일행에 대해 올바른 말을 했을지라도 귀신의 속성상 결국엔 복음을 방해하고 신자들을 거꾸러뜨리는 게 그들의 목적이기 때문이다.

"뭐, 뭐얏? 귀신이 떨어져 나가? 그러면 그 여자가 다시는 점을 못 칠 게 아닌가? 이런 젠장!"

소식을 전해들은 그 여종의 주인들은 이제 돈벌이할 희망이 사라져버린 것을 알고는 바울과 실라를 붙잡아 광장에 있는 법정으로 끌고 갔다. 그들은 빌립보 성읍의 치안관들 앞에 바울과 실라를 세워놓고 외친다.

"보시오! 이자들은 유대인들로 우리 도시에서 아주 소란을 피우고 있습니다. 이자들은 우리 로마인들이 받아들일 수 없는 부당하고 불법적인 관습들을 선전하고 가르치고 있는 아주 불순한 자들입니다. 그냥 내버려두어선 결코 안 됩니다! 마땅한 처벌을 가해야 합니다!"

이 말을 듣고, 광장에 모여 있던 사람들이 다함께 합세하여 바울과 실라에게 고래고래 욕설을 퍼부었다. 사태가 아주 험악했다.

"고얀 놈들이로군! 여봐랏, 저자들의 옷을 벗기고 매질을 가하도록 하라!"

치안관들은 크게 격분하여 부하들에게 바울과 실라의 옷을 벗기고 그들에게 매질을 가하라고 명하였다. 부하들은 명에 따라 바울과 실라에게 심하게 매질을 가한 후에 그들을 감옥에 던져 넣고는 간수에게 단단히 지키라고 명령했다. 간수는 바울과 실라를 햇빛조차 들지 않는 감옥의 제일 안쪽에 있는 깊숙한 감방에 가두고, 그들의 발에 차꼬를 단단히 채웠다.

차꼬는 죄수들을 움직이지 못하게 매어두는 형벌 도구로, 족쇄나 수갑을 통틀어 이르는 말이다. 바울 당시에 차꼬는 주로 나무로 제작되었는데, 큰 널판에 구멍을 뚫고 죄수들의 머리나 두 손이나 두 발을 넣게 한 뒤에 자물쇠를 채워 그 행동을 제한시켰다.

제2차 전도여행: 빌립보 감옥의 간수가 세례를 받다 (16:25-34)

그날 한밤중이었다. 바울과 실라는 차꼬에 매여 있으면서도 전혀 낙담하지 않고 주님께 기도하면서 찬송을 불렀고, 다른 죄수들은 그 찬송소리를 듣고 있었다.

"아얏! 왜 이리 심하게 흔들리는 거야! 지, 지진? 지진이닷!"

바로 그 순간, 갑자기 큰 지진이 일어나서 감옥이 밑바닥부터 심하게 흔들리더니 감옥의 자물쇠들이 우드득 떨어져 감옥 문이 모두 열렸다. 그리고 죄수들을 묶어두었던 쇠사슬이 스르르 다 풀렸다. 단순히 지진이 일어났다고 해서 사람을 묶어두었던 쇠사슬조차 풀리긴 않는다. 쇠사슬이 풀린 것은 하나님의 권능 때문이다.

"이럴 수가! 감옥 문이 다 열리다니!"

지진 소리와 심한 흔들림에 잠에서 깨어난 간수는 감옥 문이 다

열려 있는 것을 보고는 절망했다. 그는 죄수들이 모두 도망친 줄로 생각하고 칼을 빼어 자결하려 했다. 당시 형법상 죄수를 놓치면 죄수를 지키던 간수가 죄수의 형벌을 대신 받아야 했기 때문에, 그 간수는 자신이 죽은 목숨이나 마찬가지라고 생각했던 것이다. 간수가 자신의 칼로 자기 자신을 막 찌르려고 할 때였다.

"잠깐! 멈추시오! 당신의 몸을 해치지 마시오! 우린 모두 여기에 그대로 있소!"

바울이 간수를 향해 크게 소리쳤다. 바울이 외친 소리를 듣고 간수는 곧바로 행동을 멈추었다. 그는 곁의 동료에게 등불을 가져오게 하여 지하 감방으로 달려 내려갔다. 과연 두 죄수는 감옥 안에 그대로 있었다. 감옥 문이 활짝 열리고 차꼬가 깨뜨려진 채 죄수들을 묶고 있던 쇠사슬이 풀렸는데도 두 사람은 도망치지 않고 그 자리에 그대로 있었던 것이다.

"엇? 이럴 수가? 어째서 도망가지 않고…?"

간수는 자신의 두 눈으로 직접 두 사람을 확인하고는 크게 놀랐다. 그는 온몸을 부들부들 떨면서 바울과 실라 앞에 그대로 엎드렸다. 도망가지 않아 자기 목숨을 살려주었으니 참으로 고맙고 감사하다는 의미다. 그런 뒤, 간수는 두 사람을 감방 밖으로 데리고 나오더니 진지하게 묻는다.

"선생님들, 어떻게 하면 저도 구원을 얻을 수 있겠습니까?"

간수는 이번 지진과 옥문이 열린 사건을 계기로 일반 죄수들과는 확연히 다른 복음 전도자들인 바울과 실라를 통해 무언가 삶의 탈출구를 찾고 싶었다. 간수의 진지한 물음에 바울이 대답한다.

"주 예수를 믿으세요! 그러면 당신과 당신의 온 가족이 구원을 얻을 것입니다."

"네, 당장 그리 하겠습니다! 그러니 저와 저의 온 집안 식구들에게 하나님의 말씀을 들려주십시오."

"선생님들, 어떻게 하면 저도 구원을 얻을 수 있겠습니까?"

이렇게 해서 간수는 급히 자기 집안 식구들을 모두 불러 바울과 실라 앞에 앉혔고, 두 사람은 간수와 그 사람의 온 집안 식구들에게 주님의 복음을 전했다. 밤이 깊은 그 시각, 복음을 듣고 주님을 영접한 간수는 두 사람의 상처를 잘 씻어준 후에 즉시 온 집안 식구들과 더불어 세례를 받았다. 그런 다음, 간수는 두 사람을 자기 집으로 데려다가 정성껏 음식을 대접하였다.

제2차 전도여행: 바울과 실라가 빌립보 감옥에서 풀려나다 (16:35-40)

"이제 두 사람을 석방하도록 하라!"

날이 밝자, 빌립보 성읍의 치안관들은 경비병을 보내어 감옥의 간수에게 통고했다. 그러자 간수가 바울에게 말한다.

"좋은 소식입니다. 방금 치안관들이 선생님들을 풀어주라고 명했습니다. 이제 나가셔도 됩니다. 평안히 가십시오."

그 말을 듣고 바울이 짐짓 근엄한 어조로 말한다.

"이젠 가도 된다고요? 치안관들은 로마 시민권자인 우리를 재판도 하지 않은 채 군중 앞에서 채찍으로 때리고 감옥에 처넣었습니다. 그런데 이제 와서 슬그머니 우리를 내보내려 하다니요? 그렇게는 안 됩니다! 그들이 직접 와서 우리를 호위해 가라고 하시오."

"네엣? 로마 시민이요? 그게 정말입니까?"

바울의 말을 듣고 간수가 깜짝 놀라 그 말을 경비병들에게 그대로 전한다.

"뭐, 뭣이? 그게 사실이냐?"

경비병들 역시 깜짝 놀라 간수의 말을 치안관들에게 보고했다. 그러자 치안관들은 바울과 실라가 로마 시민이라는 말에 가슴이 덜컥 내려앉았다. 충분히 그럴 만했다. 광대한 로마제국은 당시 세 계층의 백성들로 구성되었다. 종, 외국인, 그리고 로마 시민. 이들 가운데 로마제국의 주축은 로마 시민이었지만, 수효는 상대적으로 적었다. 그런 만큼, 제국의 영예로운 백성인 로마 시민은 로마법에 의해 특별히 보호받았다.

그들은 로마제국의 어디든지 자유롭게 여행할 수 있었고, 정당한 재판 절차 없이는 매질당하거나 구금되지 않았다. 물론 어떤 고문도 로마 시민에겐 허용되지 않았다. 만일 본인이 원할 경우에는 로마 황제(가이사)에게 직접 재판을 청구할 수도 있었다. 그래서 나중에 바울도 이 권리를 사용했다(행 25:10-12).

로마 시민에 대한 이 같은 규정을 어겼을 경우에는 그 죄가 엄중하게 다스려졌다. 따라서 재판도 열지 않은 채 로마 시민인 바울에게 태장(笞杖)을 가하고 감옥에 가둔 빌립보 성읍의 치안관들은 자신들이 저지른 소행 때문에 크게 두려워했던 것이다. 그들은 경비병들의 보고를 받자마자 곧장 감옥으로 달려가 부드럽고 좋은 말로 두 사람을 정성껏 위로하고 달랬다.

"어이쿠, 이거 몰라 뵙고 죄송스럽게 되었습니다. 진심으로 미안합니다. 진즉에 말씀하셨더라면 우리가 그런 결례를 범하지 않았을 텐데요. 무조건 우리들의 잘못이니 노여움 푸시고 너그럽게 용서하시길 바랍니다. 다음부턴 이런 일이 없도록 조심하겠습니다. 그런데 이 성읍에는 두 분에게 악감정을 품고 있는 자들이 많으니, 이 성읍에 계속 머무시다간 그들에게 무슨 봉변을 당하실지 몰라 적이 염려됩니다. 그러니 이 성읍을 떠나가시는 게 좋을 듯한데요."

치안관들은 바울과 실라에게 백배사죄한 뒤, 감옥 밖으로 두 사람을 호송해 가더니 두 사람에게 이 도시를 떠나달라고 정중하게 요청했다.

바울이 풀려났음에도 불구하고 로마 시민권자임을 주장한 이유는 다른 믿음의 형제들을 위한 조처였다. 관료들의 불법에 대해 엄중하게 항의함으로써 신자들을 경시하는 그들의 잘못된 태도를 고쳐, 그 성에 남아 있는 신자들이 더 이상 함부로 취급받지 않게 하려는 배려에서였다.

"우린 무사하니 아무 염려하지 마십시오. 우리가 천국에 들어가려면 많은 박해와 핍박을 각오해야 합니다."

빌립보 감옥에서 나온 후, 바울과 실라는 곧장 루디아의 집으로 가서 신도들을 만났다. 자신들의 투옥을 크게 염려하며 기도하고 있던 믿음의 형제자매들을 위로하고 격려했다. 그런 뒤, 바울 일행은 빌립보를 떠났다. 이때 '바울 일행'이라 함은 바울을 비롯하여 실라, 디모데, 누가를 말한다. 누가는 본서(사도행전)의 저자인데, 그래서 그는 본서에서 '우리'라는 표현을 계속 사용하고 있다.

17

제2차 전도여행

헬라의 중심지 아덴의 회당과 광장에서
바울은 하나님에 대해 토론하고 설교하네
복음을 전해도 몇 사람만이 믿었는데
그중에는 시의원과 귀부인이 있네

제2차 전도여행: 바울이 데살로니가에서 전도하다 (17:1-4)

지금 바울 일행은 제2차 전도여행(주후 50~52년경) 중이다. 그간 지나온 길을 잠깐 되돌아보자. 맨 처음 수리아 지방의 안디옥 성읍을 출발한 바울과 실라는 길리기아 지방의 다소를 거쳐 루가오니아 지방의 더베와 루스드라에서 전도했다(루스드라에서 디모데가 전도 팀에 합류함).

이후 루스드라를 떠난 바울 일행은 브루기아 지방과 갈라디아 지방을 두로 통과하여 무시아 앞에 이르렀다. 여기서 북쪽의 비두니아 지방으로 올라가려 했지만 성령이 허락하지 않아 드로아로 내려갔다(드로아에서 '누가'가 전도 팀에 합류함).

드로아에서 밤에 환상을 본 바울은 소아시아 땅을 벗어나 유럽 땅인 마케도니아 지방으로 건너가기로 작정하고, 드로아에서 배를 타고 사모드라게 섬을 거쳐 네압볼리에 도착한 뒤 빌립보로 향했다. 마케도니아 지방의 큰 성읍인 빌립보에서 자줏빛 옷감장수인 루디아를 개종시킨 뒤 그녀의 집을 숙박 장소로 삼았다. 여기서 점치는 여종을 고쳐준 일로 감옥에 갇히는 고초를 겪었고, 감옥에서 풀려난 뒤에 빌립보를 떠났다.

"형제님들, 이제 남서쪽으로 여행하여 데살로니가로 갑시다."

빌립보 성읍을 떠난 바울 일행은 암비볼리와 아볼로니아를 거쳐 데살로니가로 내려갔다. 이때 바울 일행(바울, 실라, 디모데, 누가)이 여행한 길, 곧 빌립보에서 암비볼리와 아볼로니아를 거쳐 데살로니가에 이르는 길은 이른바 '에그나티아 대로'로 불리는 로마의 군사도로였다. 그러니까 바울 일행은 큰길을 따라 여행하면서 전도활동을 펼쳤는데, 암비볼리와 아볼로니아에서는 적극적인 전도활동을 펼치지 않고 데살로니가 전도사역에 집중했다.

"우리 회당에 들어가서 전도하도록 합시다!"

데살로니가에도 유대인 회당이 있었다. 바울은 늘 하던 대로 유대인 회당에 들어가 세 번의 안식일에 걸쳐 성경말씀을 근거로 사람들에게 하나님의 말씀을 전했다.

"유대인들이 못 박아 죽인 그분이야말로 바로 하나님의 아들 메시아입니다. 그러므로 그분의 시신은 무덤에서 썩지 아니하고, 죽은 지 사흘 만에 죽은 자들 가운데서 부활하셨습니다!"

바울은 성경말씀을 풀어 예수 그리스도가 십자가 고난을 받아 죽었지만 죽은 자들 가운데서 다시 살아나야 한다는 것, 그리고 마침내 다시 살아났다는 것에 대해 자세히 설명하고 증명했다. 그러면서 힘차게 외친다.

"여러분, 제가 지금 여러분에게 전하고 있는 그분 예수가 바로 '그리스도(메시아)'이십니다. 그러므로 온 천하에 다른 이름으로써는 절대로 구원을 얻을 수 없고, 오직 예수 그리스도를 믿어야만 우리가 하나님께 죄 사함을 받고 구원과 영생을 얻을 수 있습니다!"

바울의 이 같은 복음을 듣고 몇몇 유대인들이 설득되어 바울과 실라를 따르게 되었다. 그리고 많은 경건한 헬라인들과 적지 않은 귀부인들도 믿음을 갖게 되었다.

제2차 전도여행: 데살로니가에서 일어난 소동 (17:5-9)

"이대로 두고 볼 수만 없다! 제까짓 것들이 뭔데, 우리 성읍에 와서 요상한 말로 사람들을 선동하고 있어. 혼쭐을 내줘야겠다!"

어느 성읍에서든 극렬 유대인들이 있었다. 데살로니가 성읍의 많은 사람들이 복음을 듣고 믿음을 갖게 되자, 이를 크게 시기하고 눈꼴사납게 지켜보던 극렬 유대인들은 바울과 실라를 악한 말로 비방하면서 거리의 불량배들을 모아 큰 소동을 일으켰다.

"일단 두 놈부터 잡아야 돼!"

폭도들은 바울과 실라를 잡은 뒤 군중 앞으로 끌어내려고 야손의 집으로 우르르 몰려갔다. 바울 일행은 신실한 신자인 야손의 집에 머물면서 전도사역을 수행하고 있었다.

"어라? 두 놈이 없네. 그렇다면 네 놈이라도 붙잡아가야겠다!"

야손의 집에서 두 사람(바울, 실라)을 찾아내지 못하자, 폭도들은 야손과 몇몇 다른 신도들을 붙잡아 광장에 끌어낸 후 그 성읍의 관리들이 보는 앞에서 아우성을 친다.

"세상을 온통 뒤집어놓은 자들이 우리 성읍에도 나타났는데, 여기 야손이란 자가 그자들을 자기 집에 맞아들였습니다. 그자들은 가이사의 명을 무시하고 '예수'라 불리는 다른 왕이 있다고 말하면서 사람들을 선동하고 있습니다."

여기서 '가이사(로마 황제)의 명'은 가이사 율리우스가 공포한 '황제의 법령'을 말한다. 그 법령에는, 로마 황제에 대하여 반역하거나 로마제국의 질서를 어지럽히는 자에 대하여 적용되는 엄중한 처벌이 명시되어 있었다. 극렬 유대인들이 야손 일행에 대해 고발하는 말을 듣고, 데살로니가 성읍의 군중과 관리들은 이번 일을 어떻게 처리해야 할지를 몰라 당황하고 우왕좌왕하며 떠들썩했다.

"알았다. 무슨 일인지 차차 살펴볼 테니, 일단 붙잡은 자들은 보석금을 받고 풀어주도록 하라!"

데살로니가 성읍의 관리들은 사태를 정확하게 파악할 수가 없었기에 일단 보석금을 받고 야손과 그 밖의 다른 사람들을 풀어주었다.

제2차 전도여행: 바울과 실라가 베뢰아에서 전도하다 (17:10-15)

"사도님들, 이곳은 위험해서 도저히 안 되겠습니다. 극렬 유대인들과 불량배들이 합세하여 두 분을 죽이려 듭니다. 그러니 속히 이곳을 떠나셔야 합니다."

밤이 되자마자, 데살로니가의 신도들은 바울과 실라의 신변을 크게 염려하여 서둘러 두 사람을 베뢰아로 보냈다. 베뢰아는 데살로니가에서 서남쪽으로 대략 8km 떨어진 곳에 있는 마케도니아 지방의 내륙 성읍이다. 데살로니가 성읍을 급히 떠난 바울 일행은 베뢰아 성읍에 닿자마자 날이 밝는 대로 유대인 회당으로 곧바로 갔다.

"예수님이야말로 하나님께서 이 땅에 보내신 그리스도(메시아)입니다. 그러므로 오직 그분을 믿어야만 죄 사함을 받고 구원과 영생을 얻을 수 있습니다!"

바울과 실라는 힘차게 복음을 전했다. 아주 다행스럽게도 베뢰아 성읍의 사람들은 데살로니가 성읍의 사람들보다 마음 씀씀이가 훨씬 고상했다. 그들은 기쁜 마음으로 하나님의 말씀을 받아들이고, 바울이 전파한 말이 사실인지 알아보려고 날마다 성경을 진지하게 연구했다. 열심히 연구해본 결과, 과연 바울의 말이 성경말씀에 한 치도 어긋남

없이 온전히 부합하므로 많은 유대인들이 복음을 받아들여 믿게 되었다. 뿐만 아니라, 베뢰아 성읍의 헬라 귀부인들과 적잖은 남자들도 복음을 받아들여 신자가 되었다.

"뭣이라? 그자들이 베뢰아에 가서 활동한다고? 아직 혼쭐이 덜난 모양이군! 아예 이 바닥에 발붙이지 못하도록 본때를 보여주지!"

데살로니가 성읍의 극렬 유대인들이 베뢰아에 관한 소식을 전해 듣고 성을 내며 펄쩍 뛰었다. 그들은 불량배들을 데리고 거기까지 떼거지로 우르르 몰려와서는 온갖 악담을 퍼부으며 소란을 피웠다. 그래서 베뢰아 신도들은 바울의 신변을 염려하여 즉시 그를 해변으로 피신시켰다. 베뢰아는 내륙 성읍이었기에 바닷가까지는 40km 이상을 가야 했다.

바울은 베뢰아 신도들의 도움으로 바닷가까지 무사히 도피하여 거기서 배를 타고 해로로 아테네까지 갔다. 그러나 실라와 디모데는 베뢰아 성읍에 그대로 남아 있었다. 바울을 안내하던 사람들은 아테네까지 바울을 안전하게 바래다준 뒤, 실라와 디모데도 속히 뒤따라와 자신과 합류해 달라는 바울의 전갈을 지니고 베뢰아 성읍으로 돌아갔다. 하지만 바울의 이 소망은 당장 이루어지지 않았다. 나중 아테네에서 바울은 복음 전도를 위해 베뢰아에 있는 디모데를 데살로니가로 보냈고, 실라를 빌립보로 보냈다(살전 3:1-2).

제2차 전도여행: 바울이 아테네에서 전도하다 (17:16-34)

'흐흠, 사방 천지가 우상들이로군! 이래서야 어찌 구원을 받을 수 있겠는가. 참으로 답답한 노릇일세.'

아테네에서 실라와 디모데를 기다리는 동안, 바울은 그 도시를 구경하다가 사방에 온갖 우상들이 즐비한 것을 보고는 크게 실망했다. 한글개역 성경에서 '아덴'으로 표기된 '아테네'는 그리스 여신 '아테나'의 이름에서 비롯된 명칭이다.

아테네는 에게해에서 대략 8km 떨어진 곳에 위치한 아티카 반도의 주요 성읍이다. 이 도시는 일찍부터 철학과 우상의 도시로 알려졌으며, 고대로부터 찬란한 문화와 역사를 자랑해 왔다. 특히 민주주의가 일찍 발달했고 합리적이고 이성적 사고가 팽배했다. 아테네에 우상들이 가득한 이유도 다른 지역의 신들에 대한 자신감에서 비롯된 높은 긍지와 개방정책 때문이었다.

헬라(그리스)는 이방인들이 숭배하고 있는 신상들을 배척하지 않고 들여와 섬기도록 허용했고, 역사적인 인물이나 신화적인 인물의 상들을 세우고 경배하기를 주저하지 않았다. 그 결과, 로마 황제 네로 시대(주후 54-68년경)에는 명칭을 지닌 공식적인 우상들만 300여 개가 넘었다.

'그래, 일단 유대인 회당에 들어가 복음을 전하자.'

다른 성읍들에서와 마찬가지로, 바울은 아테네 성읍에서도 유대인 회당을 먼저 찾아가서 복음을 전했다. 회당에 모인 유대인들을 비롯해서 유대교로 개종한 경건한 헬라인들과 토론을 벌였고, 날마다 그 도시의 장터에 나가 거기에서 만나는 사람들과도 토론을 했다.

아테네 사람들은 서로 토론하기를 무척 좋아했다. 그들은 같은 부류끼리 삼삼오오 모여서 철학적, 신학적 주제를 놓고 주거니 받거니 변론했다. 유대인 회당은 유대인들과 유대교로 개종한 헬라인들의 주요 모임 장소였고, 장터는 순수 헬라인들의 주요 변론 장소였다. 장터(헬, 아고라)는 고대사회의 생활 중심지였는데, 특히 헬라에서는 헬레니즘의 발상과 전파를 주도했던 곳이다. 바울은 이처럼 회당이나 장터 등 사람들의 집회 장소마다 열심히 찾아다니며 그들과 변론하는 가운데 십자가 복음을 전했다.

"아하, 그대는 새로운 사상을 전하는군요. 어디 무슨 말인지 자세히 들어봅시다."

때에 바울은 몇몇 에피쿠로스 학파의 철학자들 및 스토아 학파의

바울이 아테네의 아레오바고 광장에서 복음을 전하다

철학자들과도 토론했다. 당시 이들은 아테네의 철학을 대표하던 두 학파로 서로 간에 논쟁을 즐겼다.

'에피쿠로스 학파'는 에피쿠로스(주전 342-270년)가 창시한 학파로, 행복하고 평온한 삶을 사는 것을 이상으로 제시했다. 신의 존재를 인정하면서도 신은 인간을 벌주거나 보상하지 않는다고 보았다.

반면 '스토아 학파'는 제논(주전 340-265년)이 창시한 학파로, 로고스로 대표되는 보편적인 이성과 금욕적인 삶을 중시했으며 자연에 따라 순리대로 살 것을 가르쳤다. 그들의 최고 목표는 이성 지상주의였다.

이들 두 학파는 서로 자기네 학파의 합리성과 타당성을 주장하며 자주 변론했는데, 바울이 '예수 그리스도의 십자가 복음'이라는 전혀 새로운 사상을 전파하자 큰 호기심을 보인 것이다. 그러나 이성과 철학에 사로잡힌 그들은 복음을 받아들일 마음이 없었다. 그래서 바울이 예수 그리스도와 그의 부활에 대해 말할 때마다 엉뚱하고도 시큰둥한 반응을 보였다.

“어허, 저 말쟁이가 도대체 무슨 말을 하려는 거지?”

“보아하니, 다른 나라의 신을 선전하고 있는 것 같군 그래.”

그래도 워낙 새로운 사상을 즐기는 헬라인들인지라 그들은 바울을 내쫓지 않고 아레오바고 광장으로 데리고 갔다. ‘아레오바고’는 ‘아레스(Ares, 전쟁의 신)의 언덕’이란 뜻인데, 그리스(헬라)의 수도인 아테네(아덴)의 북서쪽에 위치한 높이 115m의 석회암 언덕이다. 당시 이곳에서는 시민을 상대로 공개 강연이나 재판이 열렸는데, 아테네를 방문한 바울도 이곳에서 공개 설교를 하였다. 이곳은 철학자 소크라테스(Socrates, 주전 470-399년경)가 이곳에서 종교재판을 받은 것으로 유명하다.

“그대가 말하고자 하는 그 새로운 사상과 가르침에 대해 우리에게 보다 구체적으로 말해보시오. 그런 사상과 가르침은 우리 귀에 무척 낯선 것들인데, 대체 무슨 뜻인지나 알고 싶소.”

아테네 사람들이나 그곳에 사는 외국인들은 철학과 이성의 도시에 사는 사람들답게 모두 지적 호기심이 남달랐다. 아테네 사람들에게 복음을 전할 좋은 기회를 가진 바울은 아레오바고 광장에 서서 사람들에게 설교하기 시작한다.

“아테네 시민 여러분, 내가 보기에 여러분은 여러 모로 매우 종교심이 강한 사람들입니다. 나는 아테네 시내를 돌아다니면서 여러분이 예배의 대상으로 삼고 있는 것들을 주의 깊게 살펴보았습니다. 그런데 그것들 중에는 ‘알지 못하는 신에게’라고 새겨진 제단도 보았습니다. 이제 저는 여러분이 알지 못하는 것으로 규정해놓고 예배하는 그 신에 대해서 여러분께 말씀드리고자 합니다.”

‘알지 못하는 신에게’라는 제단은 아테네 사람들의 열렬한 종교성을 잘 보여주는 제단이다. 아테네 사람들은 온갖 종류의 수많은 신들을 섬기고 숭배하면서도 혹시라도 누락된 신이 있을까 우려해서, 이처럼

'알지 못하는 신에게'라는 제단을 세워놓고 그 신을 섬겼던 것이다. 그들은 자연의 재앙이나 사람의 불운은 그런 알지 못하는 신들이 진노했기 때문에 비롯된다고 믿었고, 그래서 그런 신들을 달래기 위해 제단을 만들고 제물을 바쳤던 것이다. 바울은 그런 점을 예리하게 간파하고, 그들이 알지 못하는 신을 소개하기로 한 것이다.

"여러분, 여러분이 알지 못하고 섬기는 그분은 이 세상과 그 안에 있는 만물을 창조하신 분입니다. 그분은 하늘과 땅의 주인이시기 때문에 사람의 손으로 지은 신전에는 살지 않으십니다. 또한 그분에게는 아무것도 부족한 것이 없기 때문에 사람의 손이 도와야 할 것도 없습니다. 오히려 그분 자신이 모든 인간에게 생명과 호흡을 주시고 또 그밖에 필요한 모든 것들을 허락해주십니다."

"뭐야? 세상에 그런 신도 있단 말이야? 제우스보다 더 능력 있는 신인가?"

사람들은 웅성거렸다. 그에 아랑곳없이 바울은 계속 설교한다. 그의 설교는 확신으로 가득 차 있다.

"그분은 한 사람으로부터 시작해서 세상 모든 인류를 만들어 땅 위로 퍼져나가 살게 하시고, 그들이 살아야 하는 장소와 연대까지도 정해주셨습니다. 그분께서 이 모든 일을 행하신 목적은, 사람들로 하여금 '하나님'을 더듬어 찾기만 하면 그분을 만날 수 있도록 하기 위한 것이었습니다. 사실, 하나님은 우리들 누구와도 멀리 떨어져 계시지 않습니다."

하나님과 인간과의 관계가 본래 교제와 화목의 관계였음을 보여준다. 바울이 전한 하나님의 특징은 헬라 철학의 '아르케'(우주의 근본이 되는 물질)처럼 주관적인 관념의 산물이 아니라, 어디까지나 객관적인 실재로서 인간과 함께하시고 소통하신다는 점이다. 바울의 설교는 계속 이어진다.

"여러분, 우리 모두는 하나님 안에서 숨 쉬고 움직이면서 존재하고 있습니다. 이것은, 여러분의 시인들 중 어떤 사람이 '우리는 하나님의 자녀들이다'라고 말한 대로입니다. 이와 같이 우리는 하나님의 자녀들이기 때문에 신적인 존재를 금, 은, 돌 같은 물질로 사람이 깎아서 만든 어떤 형상이라고 생각해서는 안 됩니다."

바울이 인용한 시는 주전 6세기의 크레타 시인 에피메니데스의 4행시 '크레티카'에 언급된 시다. 그 시는 제우스의 아들 미노스가 자신의 부친에게 경의를 표하면서 이야기하는 내용이다. 바울은 당시 아테네 사람들에게 무척 익숙했던 이 이야기를 통해 살아계시고 역사하시는 참된 하나님을 소개하고자 했다.

"여러분, 지난날에는 하나님께서 '알지 못하는 신'을 섬기는 그런 인간의 무지를 그냥 내버려두셨지만, 지금은 누구든지 다 회개하고 하나님께 돌이킬 것을 명령하십니다. 이제 하나님은 자신이 세운 한 사람을 통해 세상을 정의로 심판하실 날을 정해두셨기 때문입니다. 하나님은 그분을 죽은 자들 가운데서 다시 살리심으로써 모든 사람들에게 그날에 대한 분명한 증거를 보여주셨습니다."

하나님은 자신이 보여주신 계시에 따라 사람들을 다루신다. 그래서 하나님은 자신을 알지 못하여 영적으로 무지몽매했던 과거의 사람들이 저지른 어리석음에 대해서는 허물을 묻지 않으시고 오래도록 참고 견디셨다. 그렇지만 이제는 상황이 달라졌다. 하나님은 독생자 예수 그리스도를 통해 온 땅에 자신을 밝히 보여주셨다. 그러므로 이후로 모든 사람들은 더 이상 지체하지 말고 우상을 떠나 하나님을 믿고 회개함으로써 진리의 길로 들어서야 하는 것이다.

"뭐야? 그 하나님이 죽은 사람을 다시 살리셨다고? 아무리 위대한 신이라도 그렇지, 어떻게 죽은 자를 다시 살린단 말이야? 그거 궤변일세."

지금까지 바울은 창조주이신 하나님, 만유의 주재이신 하나님, 구세주

이신 하나님, 심판자이신 하나님, 죽은 자를 살리신 하나님 등으로 소개했다. 그런데 바울의 말이 죽은 자의 부활에까지 이르자 몇몇 사람들이 말도 안 된다며 비웃기 시작했다.

"말도 안 돼! 별 희한한 신을 다 소개하는군! 죽으면 그만이지 뭘 다시 살린다고 그래?"

바울의 부활 교리를 비웃은 자들은, 사람이 죽으면 그 육신은 물론이고 영혼조차 완전히 소멸한다고 본 '에피쿠로스 학파'의 사람들인 듯하다.

"그대의 주장은 난생 처음 듣는 새로운 사상이오. 특히, 그 부활의 문제에 관해서는 나중에 더 듣고 싶소."

아마도 이들은 '스토아 학파'의 사람들인 듯하다. 그들은 자신들이 믿는바 범신론적인 견지에서 이방신에 대해 적의를 품거나 배척하지 않고 호기심을 표명했다. 어쨌든 바울은 십자가 복음을 힘차게 전한 후, 아레오바고 광장을 떠났다.

이때 바울의 복음을 들은 사람들 가운데 몇몇은 바울을 따르면서 믿음을 갖게 되었다. 그런 사람들 중에는 아테네 시의회 의원인 '디오누시오'가 있었다. 또 '다마리'라는 부인과 그밖에 몇 사람이 더 있었다. 하지만 거의 대부분의 아테네 사람들은 비웃고 조롱하거나 그냥 지적인 호기심만 가질 뿐 복음을 받아들이지 않았다.

바울의 아테네 전도는 별로 성공하지 못했다. 그는 헬라 문학과 철학에 상당한 조예가 있었기에 그것들을 이용하여 유창하게 설교했지만, 전도의 열매를 그다지 맺지 못했다. 그래서 이때의 쓰라린 경험을 교훈 삼아, 이후로 바울은 예수 그리스도의 십자가 도(道) 이외에는 다른 어떤 것도 전하지 않겠노라고 굳게 다짐하게 된다(고전 2:2).

18

고린도 전도와 제3차 전도여행

아덴을 떠난 바울이 고린도에서
바울처럼 천막 만드는 일을 하는
아굴라와 브리스길라를 만나고
실라와 디모데도 만나네

제2차 전도여행: 바울이 고린도에서 전도하다 (18:1-17)

'이제 아테네에서 내가 할 수 있는 일이 별로 없군. 이대로 계속 여기 머물 게 아니라 다른 곳으로 가서 전도해야겠다.'

아테네에서 얼마 동안을 머물며 복음을 전한 후, 바울은 아테네를 떠나 고린도로 갔다. 때는 주후 51년경의 후반쯤으로, 계절은 겨울이다. 아테네를 떠나 고린도로 갈 때, 바울은 엘류시스와 메가라 지역을 거치는 육로를 택하지 않고 보다 짧은 구간인 해로를 이용했다.

당시 고린도는 상업이 크게 발달한 교역의 중심지였지만 정신적, 도덕적으로는 타락의 늪에 빠진 방탕하고 피폐한 도시였다. 특히 고린도에는 사랑의 여신 '아프로디테'를 섬기는 신전이 있었는데, 이곳에는 신전 소속의 창녀들이 딸려 있어 음란 제의(祭儀)를 행하기도 했다.

"아굴라 형제! 이렇게 만나 뵙게 되어 무척 반갑습니다. 우리 함께 힘을 합쳐 이곳 고린도에서 힘껏 복음을 전하도록 합시다."

고린도에 도착한 바울은 거기서 본도 출신의 '아굴라'라는 유대인을 만나서 알게 되었다. 본도는 소아시아 동북부에 있는데, 흑해와 연하여 동서로 길게 뻗은 지역이다. 그는 로마 황제 글라우디오가 유대인들에게 로마를 떠나라는 추방령을 내리자 아내 브리스길라와 함께 얼마 전에 이탈리아를 떠나 이곳 고린도에 와 있던 참이었다.

로마 황제 글라우디오에 의한 유대인 추방 명령은 그의 재위 9년에 있었는데(주후 49년경), 그것은 로마시(市)의 공공질서를 유지하기 위해서였다. 예수 그리스도를 전파하는 복음 전도자들의 설교는 명백히 그곳 유대인 사회에서 소란거리가 되었기 때문이다. 어느 로마 역사가는 '크레스투스의 선동으로 유대인들이 계속해서 폭동을 일으켰기 때문에 글라우디오 황제는 그들을 로마에서 추방하였다.'라고 기록하였다. 후대의 많은 학자들은 여기 언급된 '크레스투스'는 아마도 '크리스투스' 곧 '그리스도'라는 이름을 잘못 쓴 것으로 보고 있다.

바울을 만났을 때 아굴라 부부는 상실감에 빠져 있었다. 그들은 로마제국에서 성공한 유대인으로 살기를 원했고, 어느 정도 자리도 잡았다. 성공이 눈앞에 보였다. 그런데 황제가 유대인 추방명령을 내리면서 성공의 꿈은 물거품이 되어버렸다. 거의 빈손으로 고린도로 밀려온 부부는 너무도 심란했다.

"주여, 왜 우리의 보금자리를 어지럽히십니까?"

"여보, 로마를 떠나게 하신 데에는 분명 주님의 뜻이 있을 거예요."

남편보다 믿음이 단단한 브리스길라가 나이든 누님처럼 위로했지만 아굴라는 도무지 하나님의 섭리를 알 수 없었다. 그래서 답답한 심정으로 하루하루를 살아가던 중에 동족인 바울을 만나게 되었다.

"허허허, 우리는 생계를 위해 하는 일도 똑같구려. 주님께서 이렇듯 좋은 동역자를 만나게 해주시니 그저 감사할 따름이오."

바울도 기뻐했다. 당시 아굴라도 바울처럼 천막 만드는 일을 생계로 삼고 있었으므로 바울은 그의 집에 묵으면서 함께 일했다. 유대 랍비들은 율법을 가르친 대가로 돈을 받지 않았으므로 대부분은 스스로 생계를 책임졌다. 이를 위해 그들은 1인 1기 이상의 기술을 습득했는데, 이때 바울은 장막 만드는 기술을 배웠다. 그 이유는, 바울의 고향인 길리기아 지역은 천막 재료인 염소털 천이 유명했기 때문이다. 아무튼 이 기술로 바울은 자신을 돌봐줄 교회가 없는 지역에서 사역할 때는 스스로 생계를 해결하면서 자비량 선교의 기틀을 마련할 수 있었다.

바울과 아굴라 부부가 함께 천막을 만들다

고린도에 머물고 있던 바울도 심란하기는 마찬가지였다. 아테네(아덴)에서의 선교가 실패라고 할 수는 없지만 성공했다고 말할 수도 없었다. 사도행전의 저자인 누가가 보기에도 특별히 기록할 만한 실적이 보이지 않았다. 바울은 고린도에서 곰곰이 자신을 성찰하는 가운데 답을 알아냈다. 아테네가 철학의 도시, 학문의 도시라는 사실을 지나치게 고려하다보니 그의 설교와 변증도 상당히 철학적이고 문학적으로 변형되었던 것이다. 기독교 철학으로 아테네 철학을 이기려 했던 것이다.

그건 아니었다. 기독교 철학은 사람의 말과 지혜로는 안 되는 일이었다. 학문적으로 출중했던 바울은 논증으로 그들을 이길 수 있었지만 그들의 마음을 사로잡는 데는 실패하고 말았다. 뭔가 갑갑했었는데, 고린도에서 깊이 묵상하면서 그 원인을 찾아낼 수 있었다. 그래서 바울은 훗날 고린도교회에 보내는 첫 번째 편지에서 이렇게 말하고 있다.

"형제들이여, 내가 여러분에게 나아가 하나님의 말씀을 전할 때에 유식한 말이나 인간의 지혜로 하지 않았습니다"(고전 2:1).

고린도에서 그렇게 한 것은 아테네에서의 학습 효과였다. 그리고 결심한다. 이후로는….

"그것은, 내가 여러분과 함께 있는 동안 여러분 가운데서 예수 그리스도 곧 십자가에 못 박혀 죽으신 그분 외에는 아무것도 생각하지 않기로 작정했기 때문입니다"(고전 2:2).

바울이 이런 다짐을 하고 있을 때, 마침 아굴라 부부를 만난 것이다. 바울은 천막을 만드는 일을 하면서 짬을 내어 부부에게 복음의 진수를 전했다. 부부가 얼마나 복음을 잘 받아들이는지, 마치 스펀지가 물을 흡수하는 것 같았다.

바울은 다시 십자가 복음으로 돌아온 것이 무척 기뻤다. 십자가 복음을 전하면서 힘이 났다. 아테네에서 십자가보다는 인간의 지혜, 사람의 철학으로 복음을 전하려고 했던 자신의 어리석음을 회개하면서 새로운 힘을 얻었다. 아굴라와 브리스길라 부부의 기쁨은 더 컸다.

'아하, 하나님께서 복음을 제대로 만나게 하시려고 로마의 보금자리를 흩으시고 우리를 여기로 오게 하셨구나!'

부부는 하나님의 섭리와 경륜에 크게 기뻐하면서 복음 공부에 더욱 열심을 냈다. 배움의 속도가 얼마나 빠른지, 이젠 누구를 가르쳐도 손색이 없을 만큼 단시일에 복음으로 견고해졌다.

"하하하, 주님께서 이렇듯 좋은 동역자를 만나게 해주시니 그저 감사할 따름이오."

바울은 천군만마를 얻은 기쁨이었다. 그래서 부부와 함께 담대하게 복음사역에 더욱 심혈을 기울였다.

"예수님이야말로 하나님께서 보내신 그리스도(메시아)입니다. 죄를 회개하고 오직 그분을 믿어야 구원과 영생을 얻을 수 있습니다!"

다른 지역에서와 마찬가지로, 고린도에서도 바울은 유대인 회당을 적극 활용하여 복음을 전했다. 안식일마다 회당에 나가서 유대인들과 헬라인들에게 십자가 복음을 전하면서 그들을 설득시키려고 애썼다.

"오, 그대들을 참으로 애타게 기다렸다오. 이렇게 건강한 모습으로 만나니, 주님의 보살핌에 그저 감사할 따름이오. 먼 길을 여행하여 예까지 오시느라 수고했소."

바울이 유대인 회당에 나가서 힘껏 복음을 전하고 있던 중, 마케도니아 지역의 베뢰아에서 황급하게 헤어진 실라와 디모데가 고린도에 와서 바울과 합류했다. 이때 바울은 하나님의 말씀에 온전히 붙잡힌 상태여서, 다른 일은 제쳐두고 오직 말씀을 전하는 일에만 전념하여 유대인들에게 예수님이 바로 메시아이심을 힘차게 증언했다.

"지금 무슨 헛소리를 지껄이는 거야! 기껏 제 한 몸조차 건져내지 못하고 십자가에 못 박혀 죽은 자가 인류를 건져낼 메시아라니!"

"이 사기꾼, 거짓말쟁이야, 여기서 썩 꺼지지 못할까!"

바울이 전하는 십자가 복음을 듣고 유대인들은 바울에게 심하게 대들면서 욕설을 퍼부었고 심지어 예수님을 모독하기까지 했다. 그러자 바울은 항의의 표시로 자기 옷의 먼지를 털면서 말한다.

"여러분들이 심판을 받아 멸망을 당할지라도 그것은 당신들의 책임이지, 나에게는 아무런 책임이 없소. 이제부터 나는 이방인들에게로 가서 복음을 전해야겠소."

이때 바울이 옷의 먼지를 털어내는 행동을 취한 것은 예수님의 가르침에서 비롯된 것이다(마 10:14). 복음을 영접하지 않은 자들에 대하여 그들이 구원의 복음과 무관하게 되었음을 나타내 보이는 행동으로, 말하자면 관계 단절을 의미했다. 때로는 발의 먼지를 털어내기도 했다.

그 후에 바울은 회당을 떠나 회당 옆에 있는 '디도 유스도'라는 사람의 집에 들어가 거기서 지냈다. 그 사람은 이방인이면서도 하나님을 공경하는 신실한 사람이었다. 유대인들의 집요한 박해로 바울이 회당에서 복음을 전할 수 없을 때, 이 사람은 자신의 집을 집회 장소로 제공하였다.

고린도 성읍의 모든 유대인들이 복음을 배척하고 바울을 핍박한 것은 아니었다. 바울의 회당 설교는 알게 모르게 알찬 열매를 맺었다. 누구보다도 고린도 성읍의 회당장 그리스보가 바울의 설교를 듣고 예수님을 영접했다. 그는 자기 집안 식구들과 함께 예수님을 믿는 신자가 되었다. 그러자 이 같은 소식을 들은 많은 고린도 사람들이 예수님을 믿고 세례를 받았다. 고린도 성읍에 교회(헬, 에클레시아)가 개척된 것이다. 어느 날 밤, 주께서 환상 가운데 바울에게 나타나 말씀하신다.

"바울아, 조금도 두려워하지 마라. 너는 침묵하지 말고 계속해서 복음을 전하여라. 내가 항상 너와 함께 있으니 아무도 너를 해치지 못할 것이다. 이 도시에는 나의 백성 될 사람이 많이 있느니라."

"주님, 감사합니다! 제가 비록 미약하지만 주님의 도우심과 함께하심을 믿고, 뭇 사람을 살리는 주님의 구원 말씀, 생명 말씀, 진리 말씀을 힘껏 전하겠나이다."

바울은 1년 6개월 동안 고린도에 머물면서 부지런히 주님의 말씀을 전하고 가르쳤다. 이때 바울은 고린도 성읍만이 아니라 인근의 겐그레아와 아가야 지방까지 복음을 널리 전했다. 그리고 이 기간 동안에 바울은 데살로니가 교회의 신자들에게 보내는 첫 번째 편지(데살로니가전서, 주후 51년경)와 두 번째 편지(데살로니가후서, 주후 51년경 말엽~52년경 초엽)를 썼다.

"우리가 이런 자를 도무지 용납할 수 없다! 감히 모세 율법을 폄훼하다니! 이런 자는 아주 단단히 본때를 보여준 뒤 쫓아내야 한다!"

갈리오가 아가야 지방의 총독으로 부임했을 때(주후 52년경), 극렬 유대인들이 모두 한패가 되어 일제히 들고 일어나 복음을 전하는 바울을 붙잡아 법정으로 끌고 갔다. 그런 뒤 갈리오 총독에게 악한 말로 바울을 고발했다.

1905년에 델피에서 발견된 비문에 의하면, 갈리오는 주후 52-53년경에 아가야 지방의 로마 총독으로 재임했는데, 그가 총독으로 부임하자마자 바울이 그에게로 끌려온 것이다. 그는 네로 황제의 스승이었던 철학자 세네카의 형으로, 교양이 높고 성격이 온화하고 덕이 있었으며 불편부당한 인물이었다. 그러나 주후 65년경에 네로 황제의 미움을 사서 일가족이 처형당했다.

"총독 각하, 이 사람은 율법을 어기면서 하나님을 섬기라고 설득하고 있습니다. 말도 안 되는 소리로 유대인들을 선동하며 미혹하고 있으니, 이 사람에게 엄벌을 내려주십시오!"

"각하, 그런 게 아니라…."

유대인들의 고발에 대해 반박하려고 바울이 막 입을 열려고 할 때, 갈리오 총독이 바울의 말을 막으며 유대인들을 향해 말한다.

"다들 그만하시오! 그리고 이 사람을 고발한 유대인들은 들으시오! 당신네 유대인들이 이 사람의 어떤 악행이나 범죄 행위에 대해 이 사람을 고발하고 있는 것이라면 내가 당신들의 말을 들어주어야 하는 것이 마땅하오. 하지만 이번 사건은 단지 당신네들의 언어와 명칭, 율법에 관한 문제가 아니오? 그런 거라면, 당신네들 스스로가 알아서 해결하도록 하시오. 나는 그런 일에는 재판관이 되고 싶지 않소!"

이렇게 말하면서 갈리오 총독은 유대인들을 법정에서 모두 쫓아냈다. 이때 갈리오 총독은 불편부당한 판단을 내린 것이다. 이 같은 그의 판단은 예수님을 재판했던 빌라도 총독과는 확연히 구별된다. 빌라도는 예수님에게 죄가 없다는 걸 알면서도 무죄를 선언하지 못하고 유대인들의 눈치를 보며 우유부단하게 처신하다가 결국엔 불의에 굴복하여 예수님에게 사형을 언도하고 말았다.

그러나 갈리오는 바울에 대한 유대인들의 고발 내용을 듣고, 그것은 자신이 판결할 수 있는 민·형사상의 문제가 아니라 유대인들의 고유한 종교 문제라고 단번에 판단했다. 그래서 갈리오 총독은 로마제국 내의 유대인 사회에서 때때로 발생하는 소란과 폭동을 염두에 두고, 자신의 관할구역 내에서는 그런 소동이 향후에 일어나지 않도록 재임 초기부터 유대인들의 종교 문제에는 일절 관여하지 않는다는 자신의 단호한 입장을 밝힌 것이다.

"저런 못된 자들, 죄 없는 사람을 함부로 고발하는 자들은 혼 좀 나야 돼!"

갈리오 총독이 바울을 고발한 유대인들을 냉대하며 내쫓자, 재판을 구경하려고 법정에 모였던 헬라인 군중은 회당장 소스데네에게로 몰려가 그를 붙들어다가 법정 앞에서 마구 때렸다. 그러나 갈리오 총독은 그 일에 조금도 참견하지 않았다.

당시 그리스(헬라)-로마 세계에서는 유대인들에 대한 좋지 않은 감정이 존재하고 있었다. 그러던 차에 바울에 대한 유대인들의 고발이 갈리오 총독에 의해 일언지하에 기각되어 유대인들이 법정에서 쫓겨나게 되자, 재판을 구경하려고 모였던 헬라인 군중이 반유대적인 감정으로 이번 일의 책임자격인 회당장을 무고죄로 구타한 것이다.

앞서 고린도 성읍의 회당장은 '그리스보'라고 소개되었고, 그는 바울의 설교를 듣고 복음을 받아들여 신자가 되었다고 했다(행 18:8). 그런데 여기서는 회당장이 '소스데네'라고 소개되었다. 아마도 그리스보가 개종하여 기독교도가 되자 유대인들이 그를 내쫓고 소스데네를 새로운 회당장으로 세운 듯하다. 새로 임명된 소스데네는 바울이 이전 회당장 그리스보를 개종시킨 데 대하여 적대감을 품고 이번 바울 고발 건을 주동했던 것 같다.

바울이 수리아의 안디옥으로 귀환하다 (18:18-22)

유대인들에 의해 고발당한 일이 있은 뒤에도 바울은 얼마 동안 더 고린도에 머물며 복음을 전했다. 바울이 고린도에 머문 지 어언 1년 6개월이 지났을 무렵, 바울은 고린도를 떠나기로 작정한다.

"사도님, 섭섭하고 아쉬운 마음이야 그지없지만 계속 붙잡을 수만은 없군요. 모쪼록 먼 여행길에 몸조심 하세요. 주님의 보살핌이 항상 함께하시길 기도하겠습니다."

주후 52년 중엽쯤, 사도 바울은 고린도 성읍의 신도들과 아쉬운 작별인사를 하고 배편으로 본 교회(안디옥 교회)가 있는 수리아 지방을 향해 떠났다. 이때 브리스길라와 아굴라 부부가 바울과 동행했다. 그리고 항해를 하기 전에 바울은 겐그레아에서 머리를 깎았다. 그것은 예전에 바울이 하나님께 서원했던 일이 있었기 때문이다.

여기서 '머리를 깎는다는 것'은 그냥 이발한다는 의미가 아니라 종교적인 의식에 따라 '나실인의 서원'을 푼다는 의미다. '나실인'(히, 나지르)은 '분리하다', '헌신하다'라는 뜻의 '나자르'에서 파생된 말로 '세상과 분리되어 하나님께 헌신된 자'를 가리키는 말이다. 즉, 자신을 세상의 욕망으로부터 분리시켜 하나님께 온전히 헌신하기로 특별히 서원한 사람을 가리킨다. 나실인으로 서원하면 반드시 지켜야 할 사항들이 몇 가지 있다.

첫째, 모든 종류의 술을 금할 것.

둘째, 머리털을 깎지 말 것.

셋째, 시체를 가까이 하지 말 것.

이런 사항들을 준수하는 것을 제외하면 나실인도 일반인들처럼 일상적인 생활을 영위했다.

일찍이 바울은 어떤 목적을 두고 모세 율법에 기록된 대로(민 6:1-8) 나실인의 서원을 일정 기간 동안 하나님께 했었다. 그런데 이제 그 서원의 기간이 찼기 때문에 그동안 깎지 않았던 긴 머리털을 짧게 자른 것이다.

바울 일행은 고린도를 떠나 겐그레아를 거쳐 배를 타고 에베소에 도착하였다. 여기서 바울은 브리스길라와 아굴라 부부를 남겨둔 채 혼자 회당에 들어가 예수 그리스도의 십자가 복음을 전하면서 유대인들과 진지하게 토론을 벌였다. 다른 지역에서와는 달리, 에베소 성읍의 유대인들은 바울에 대해 호의적이었다. 다행이었다. 그들은 바울의 설교에 깊은 감명을 받고 에베소에 계속 체류해주기를 요청했다.

"말씀은 매우 고맙지만, 일정이 있어 이곳에 계속 머물 수가 없습니다. 양해해주시기 바랍니다."

바울은 완곡하게 거절했다. 이처럼 하나님 말씀을 더 듣기 원하는 사람들의 요청이 있었음에도 불구하고 바울이 이를 거절한 것은, 거의 3년에 걸친 제2차 전도여행(주후 50-52년경)을 마무리하길 원했기 때문이다. 이제는 자신을 파송한 안디옥 교회와 예루살렘 교회로 돌아가 그동안의 전도여행 결과를 보고해야 했다. 무척 아쉽고 발걸음이 쉽게 떨어지지 않았지만 부득이 에베소 신자들과 헤어져야 했다. 바울은 그들과 작별인사를 하며 약속한다.

"사랑하는 형제님들, 하나님의 뜻이 있다면 내가 반드시 여기로 다시 돌아올 것입니다. 그때까지 흔들림 없이 말씀의 터 위에 굳게 서서 신앙생활을 잘 영위하시기 바랍니다."

작별인사를 나눈 뒤 바울은 에베소를 떠나 배를 타고 가이사랴로 내려갔고, 거기서 예루살렘 교회로 올라가서 믿음의 형제들에게 인사한 후, 수리아 지방의 안디옥으로 돌아갔다. 이리하여 제2차 전도여행을 마무리한 것이다. 그러면 바울이 수행한 '제2차 전도여행'을 개괄적으로 살펴보도록 하자.

- **관련 성경**: 사도행전 15:40-18:22
- **전도여행 기간**: 주후 50년 ~ 52년경(대략 3년)
- **전도 팀**: 바울, 실라, 디모데(루스드라에서 합류함), 누가(드로아에서 합류함)
- **전도여행 거리**: 대략 4,500-5,600km
- **전도여행 경로**: (수리아 지방의) 안디옥 → 더베 → 루스드라 → 드로아 → 사모드라게 → 네압볼리 → 빌립보 → 암비볼리 → 아볼로니아 → 데살로니가 → 베뢰아 → 아테네(아덴) → 고린도 → 겐그레아 → 에베소 → 가이사랴 → 예루살렘 → (수리아 지방의) 안디옥.

제3차 전도여행: 바울이 제3차 전도여행을 떠나다 (18:23)

"바울 사도님, 참으로 수고 많았습니다. 먼 여행길에 무척 피곤하실 테니 당분간은 푹 쉬시면서 몸의 건강을 돌보도록 하십시오."

수리아 지방의 안디옥으로 돌아온 바울은 자신을 복음 전도자로 파송한 안디옥 교회에 제2차 전도여행의 결과를 자초지종 보고하였다.

얼마 동안 안디옥에 머물면서 심신의 피곤을 떨쳐낸 바울은 다시 전도여행을 떠나기로 작정하고 수리아 지방의 안디옥을 떠났다. 제3차 전도여행을 개시한 것이다. 바울의 제3차 전도여행은 제2차 전도여행 때 방문했던 지역을 다시 방문하는 것으로 시작하였다. 소아시아 지역(오늘날 터키 지역)의 각처에 개척한 교회를 돌아보고 복음을 받아들인 신자들의 상태를 점검하고자 한 것이다.

안디옥을 떠난 바울은 갈라디아 지방과 브루기아 지방을 두루 다니면서 그 지방의 교회들을 살피고 모든 믿음의 제자들을 위로하고 격려했다.

갈라디아 지방은 소아시아 중앙부에 위치한 표고 700-1,000m의 넓은 고원지대를 가리킨다. 브루기아 지방은 소아시아 중서부에 위치한 로마제국 내 주요 주(州) 가운데 하나로, 할리스강 서편의 광대한 고원지대(표고 900-1,000m)를 가리킨다. 이곳은 예로부터 목축에 적합한 지역이었다.

아볼로가 에베소 회당에서 전도하다 (18:24-28)

바울이 제3차 전도여행을 개시하던 그 무렵, 한 유대인이 이집트의 알렉산드리아에서 에베소로 왔다. 그 유대인의 이름은 '아볼로'인데, 학식이 풍부하고 성경(70인경, 히브리어 성경의 헬라어 역본)에 두루 능통한 사람이었다. 그는 일찍부터 주님의 말씀을 배운 사람으로 열심히 전도할 뿐만 아니라 예수 그리스도에 관해서도 정확하게 가르쳤다. 그러나 한 가지 치명적인 단점이 있었는데, 그는 '세례 요한의 세례'에 관해서만 알고 있었을 뿐 '성령의 세례'에 대해서는 알지 못했다. 그래서 아볼로는 세례 요한의 가르침 이상을 가르칠 수 없었다.

세례 요한의 세례는 죄의 회개에 따른 물세례를 말한다. 이는 구원과 영생을 주는 성령의 세례와는 다른 것으로, 말하자면 성령 세례를 받기 위한 심령의 준비 과정이라 할 수 있다. 성령 세례는 성령의 역사로 말미암는 참된 마음의 회개 및 내적 변화를 가리킨다.

성령 세례는 일명 '불세례'로 불리는데, 그 까닭은 성령 세례를 받은 자는 마치 불이 더러운 것을 모조리 태워 정화시키듯 성령으로 인해 모든 죄악으로부터 정결케 되기 때문이다.

"여러분, 세례 요한이 소개한바 예수 그리스도에 관해 말씀드리자면…."

이집트의 알렉산드리아를 떠나 소아시아의 에베소에 도착한 아볼로는 사도 바울이 그러했듯이 유대인 회당 중심의 전도활동을 펼쳤다. 아볼로가 회당에서 주님의 말씀에 관해 담대하게 말하기 시작했을 때, 그의 설교를 들은 브리스길라와 아굴라 부부가 그를 자신들의 집으로 초대하여 하나님의 도에 대해 더 자세하게 설명해주었다.

아볼로에게 복음을 설명하는 아굴라 부부

브리스길라와 아굴라 부부는 이미 사도 바울에게서 하나님의 도에 관해 깊이 있게 가르침을 받았다. 물론, 성령의 세례에 관해서도 잘 알고 있었다.

"이제야 모든 안개가 걷히고 밝은 태양 빛을 본 것 같습니다. 하나님의 도는 참으로 심오하고 놀랍습니다. 가르침에 깊은 감사를 드립니다."

당시 헬레니즘이 융성했던 이집트의 알렉산드리아는 급성장한 대도시다. 고대에서 가장 유명한 도서관이 있을 정도로 교육의 중심지였다. 이곳에는 큰 규모의 유대인 공동체가 있었다. 기독교가 활발하게 전파되면서 알렉산드리아는 기독교 교육의 중심지가 되었다. 클레멘스와 오리게네스를 비롯한 기독교 신학의 대학자들이 이곳에 거주하였다. 이곳에서 구약을 헬라어로 번역하는 70인경 작업이 이루어졌다.

알렉산드리아 출신의 유대인 아볼로는 일찍부터 유대 교육을 받아 70인경(LXX, 히브리 성경의 헬라어 역본)에 정통했다. 물론, 헬라 철학과 문학에도 조예가 깊었다. 아볼로는 브리스길라와 아굴라 부부를 통해 예수 그리스도의 복음과 성령 세례에 관해 더 깊고 더 올바른 진리를 깨닫게 되었다. 그 결과, 이후에 교회 내에서 아볼로의 영향력이 지대해져서 아볼로를 추앙하는 '아볼로파'가 생겨날 정도였다.

브리스길라와 아굴라 부부에게서 하나님의 도에 관해 깊은 가르침을 받은 뒤, 아볼로는 에베소를 떠나 아가야 지방으로 가서 전도활동을 펼치고 싶어 했다. 아가야는 본래 고대 헬라의 한 지역 이름이었으나 주전 146년경에 로마의 행정 구역명이 되었다. 수도는 '고린도'였으며, 바울 시대의 총독은 '갈리오'였다(행 18:12). 사도행전 20장 2절에는 이곳이 토착명인 '헬라'로 기록되었다. 오늘날 그리스의 남반부 지역이다.

"아볼로 형제님, 주님의 돌보심과 보살피심이 항상 함께하시기를 기도하겠습니다. 모쪼록 건강하시고 주님 안에서 평강하십시오."

에베소 교회의 신도들은 아가야 지방으로 떠나는 아볼로를 따뜻하게 격려하며 환송해주었다. 그러면서 그에게 편지를 써 주어 아가야 지방의 제자들로 하여금 아볼로를 따뜻하게 영접해주도록 부탁했다. 그리하여 아가야 지방에 도착한 아볼로는 아가야 지방의 제자들에게서 따뜻한 환대를 받았고, 아볼로는 자신의 탁월하고 유능한 은사로 아가야 지방의 뭇 신자들에게 많은 유익과 도움을 주었다.

"와, 아볼로 형제님은 정말 대단하신 분이야! 그토록 유식하고 잘난 체하는 유대인들의 주장을 성경말씀으로 모조리 콱 눌러버렸지 뭐야."

당시 유대인들은 전가의 보도인 양 모세 율법을 내세우며 자기들의 주장을 강력하게 펼치며 신자들을 몰아치고 있었다. 그런 유대인들의 말을 아볼로가 회중 앞에서 성경말씀을 자유자재로 적절하게 인용하여 조리 있게 논박하는 가운데 예수께서 그리스도(메시아)이심을 힘 있게 증언했기 때문에, 아가야 지방의 제자들은 활짝 기를 펴고 신앙생활을 영위할 수 있었다.

19

에베소 사역

바울은 두란노 학당을 중심으로
복음을 전하며 큰 이적을 행하니
에베소 사람들은 회심하여 마술책을
불태우고 아데미 여신상을 멀리하네

제3차 전도여행: 바울이 에베소에서 전도하다 (19:1-10)

아볼로가 아가야 지방의 고린도에서 사역하고 있는 동안, 바울은 소아시아 지역의 위쪽에 있는 갈라디아 지방과 브루기아 지방을 거쳐 육로로 에베소에 도착했나. 에베소는 제2차 전도여행 때 더 체류해 달라는 신자들의 간곡한 요청에도 불구하고 전도여행 일정상 더 머물지 못하고 아쉽게 떠나온 곳이다.

에베소에 도착한 바울은 한 무리의 제자들을 만났다. 피차 반갑게 문안인사를 나누고, 에베소 교회의 이런저런 사정을 이야기한 후에 바울이 기회를 엿보아 그들에게 묻는다.

"그런데, 여러분들은 믿을 때에 성령을 받았습니까?"

"성령이라고요? 우리는 성령이 있다는 말조차 들어보지 못했습니다."

"아, 그래요? 그렇다면 여러분은 믿을 때에 무슨 세례를 받았습니까?"

"네, 저희들은 세례 요한의 세례를 받았습니다."

사도 바울의 제3차 전도여행 (행 18:23-21:19, 주후 53-58년, 대략 5년)

당시 에베소의 제자들은 성령에 관해 듣지 못하고 단지 죄의 고백과 회개라는 요한의 물세례만 알고 있었다. 세례 요한이 장차 오실 메시아(그리스도)에 의해 베풀어질 성령의 불세례에 관해 분명히 가르쳤지만(막 1:8), 예루살렘에서 멀리 떨어진 에베소의 제자들은 여행자들로부터 세례 요한의 특징적인 가르침인 회개와 물세례만 전해 들었을 뿐, 성령의 불세례에 관해서는 듣지 못했던 것이다. 그래서 바울이 진지한 어조로 그들에게 말한다.

“형제들이여, 세례 요한의 세례는 회개의 세례입니다. 세례 요한은 사람들에게 장차 자기보다 뒤에 오시는 분을 믿으라고 외쳤는데, 그분이 바로 ‘예수님’입니다.”

회개의 세례는 사람들의 생활에 어느 정도 도덕적인 변화를 가져다 줄 뿐, 구원과 영생에 이르는 심령의 내적 변화는 가져다주지 못한다. 그것은 오직 예수 그리스도로 말미암는 ‘성령 세례’를 통해서만 가능하다. 바울은 그 사실을 일깨워준 것이다.

바울의 가르침을 듣고, 에베소의 제자들은 주 예수님의 이름으로 세례를 받았다. 세례 후에 바울이 그들의 머리에 손을 얹고 기도하자 성령이 그들에게 임했다. 그러자 그들이 방언으로 말하고 예언을 하게 되었다. 방언은 습득한 일이 없는 말을 무아지경의 상태에서 말하는 행위로 성령의 은사 가운데 하나다(고전 12:4-10).

이처럼 초대교회의 상황에서 방언과 예언은 성령이 임한 자들에게 나타난 특징적인 현상인데, 일찍이 오순절에 예루살렘 다락방의 120명의 신도들에게도 그런 현상이 나타났고(행 2:4), 고넬료 집에 모인 사람들에게서도 그런 현상이 나타났다(행 10:44-46). 지금 에베소에서도 똑같은 현상이 나타났는데, 그날 그 자리에 모인 에베소의 제자들은 12명 정도였다.

바울은 에베소의 유대인 회당에 들어가서 하나님의 나라에 관해 강론하며 호소력 있는 설교를 했다. 석 달 동안 주님의 말씀을 힘있게 가르치며 십자가 복음을 부지런히 전했다. 그러나 어떤 사람들은 마음이 완고하여 바울의 말을 선뜻 믿으려 하지 않았고, 도리어 공공연하게 복음의 도를 거역하는 말을 떠들어댔다.

“순 엉터리, 거짓말! 뭐가 어째? 십자가에 못 박혀 죽은 사람이 사흘 만에 부활했다고?"

"그러게나, 지나가는 개가 다 웃겠다!"

바울이 회당에서 설교할 때마다 복음을 배척하는 자들이 작심하고 온갖 악한 말로 비방하고 훼방하므로, 바울이 그들을 떠나 제자들을 데리고 두란노 서원으로 갔다. '두란노 서원'은 유대인들의 공적 집회장소인 회당과는 달리 개인이 운영하는 사적인 강연장이었다. 여기서 '서원'(헬, 스콜레)은 강의도 하고 배우기도 하는 학당 곧 학교를 의미한다. 철학자나 수학자였을 두란노스(티라누스)가 정기적으로 이용하던 강연장을 가리키는 듯하다.

바울은 이곳 에베소의 두란노 서원에서 제자들을 모아놓고 복음과 십자가의 도에 관해 날마다 강론하고 가르쳤다. 서원의 강의는 대부분 서늘한 아침 시간대에 이루어졌다. 어떤 사본에는 바울이 오전 11시부터 오후 4시까지 강론했다고 기록되어 있다. 이때는 하루 중에 가장 더울 때다. 아마도 다른 강의들이 이루어지지 않는 시간대를 활용했던 것 같다.

바울은 그렇게 두란노 서원에서 두 해를 계속해서 복음을 가르쳤다. 그러는 동안, 아시아 지방에 사는 수많은 유대인들과 헬라인들이 주님의 말씀을 듣게 되었다. '아시아'란 로마의 속주로서 소아시아 서쪽 지역에 있는, 로마의 행정구역인 아시아 도(道)를 가리키는 말이다. 요한계시록에서 편지의 수신자로 언급되는 일곱 교회는 모두 이 지역에 있었다.

유대인 제사장 스게와의 일곱 아들들 (19:11-20)

"세상에 저럴 수가! 정말 놀라운 기적이다. 어떻게 저런 일이!"

바울이 에베소에서 사역하는 동안, 하나님은 바울의 손을 통해 놀라운 기적들을 행하셨다. 심지어 바울의 몸에 닿았던 손수건이나 앞치마를 가져다가, 그것을 병자들에게 갖다 대기만 해도 그들의 병이 낫고 악한 영들이 떠나갔다.

성경은 병자에 대한 직접적인 안수나 기도가 아니더라도, 여러 다른 방편을 통해서도 기적적인 치유의 능력이 베풀어졌음을 보여준다. 예를 들면, 예수님의 옷자락(눅 8:44), 베드로의 그림자(행 5:15), 그리고 여기 바울의 손수건이나 앞치마가 그런 경우다. 특히 베드로나 바울의 경우에 기적의 출처가 '하나님의 능력'임을 성경은 분명히 밝힌다. 하나님은 복음이 한창 전파되던 초대교회의 상황 하에서 사도들의 복음 증거에 힘을 실어주기 위해 아주 특별하게 이 같은 능력을 행하셨다.

그 무렵, 악령(귀신)을 쫓아낸다면서 도처를 떠돌아다니던 유대인 몇 사람이 주 예수의 이름으로 귀신을 쫓아내려고 시도했다. 그들은 귀신들린 사람을 향해 이렇게 말하곤 했다.

"바울이 전하는 예수의 이름으로 명하노니, 악령은 그 사람에게서 당장 나가라!"

그러면 악령이 나갔을까? 고대 세계에서는 악령 축출자 곧 구마사(驅魔師)가 어디에든 있었다. 그들은 귀신을 쫓아내는 주문(呪文)에 사용하는 많은 신들의 명단을 갖고 있었다. 그들은 사도 바울이 '예수의 이름으로' 귀신을 효과적으로 쫓아내는 것을 보고는 자신들의 신들 명단에 예수를 추가시켰다.

아무리 그래도 귀신 축출자들에게는 귀신을 제어할 능력이 없었다. 귀신의 정체는 '타락한 천사들'로서 본래 사람보다 더 강력한 존재이기 때문이다. 때로 구마사에 의해 귀신이 쫓겨나가는 것처럼 보일지라도, 그것은 사람들을 속이기 위한 귀신의 계산된 농간일 뿐이다. 오직 귀신보다 강력하신 예수님의 능력으로써만 귀신을 충분히 제압할 수 있다. 왜냐하면 예수님은 본래는 천사였던 귀신들을 만드신 하나님의 아들이기 때문이다.

때에 유대인 제사장인 스게와의 일곱 아들들이 에베소에서 귀신

쫓아내는 일을 행하고 있었다. 그들은 바울이 전하는 예수의 이름으로 귀신을 쫓아내려 했다. 하루는 귀신들린 사람에게 큰 소리로 명했다.

"바울이 전하는 예수의 이름으로 명한다! 귀신은 당장 나가라!"

그러자 귀신들린 사람이 그들을 비웃듯 날카롭게 대꾸한다. 물론, 그 사람을 지배하고 있던 귀신(악령)이 하는 말이다.

"뭐라고? 나는 예수도 알고 바울도 안다. 그런데 너희는 대체 어떤 자들이냐?"

그러면서 그 귀신들린 사람이 스게와의 일곱 아들들에게 와락 덤벼들어 그들을 때려눕히고 위에서 세게 짓눌렀다.

"아악! 사람 살려! 아아악!"

스게와의 일곱 아들들은 땅바닥에 누워 발버둥 치며 이리저리 뒹굴었다. 그들은 제각각 몸에 상처를 입고 옷을 발가벗긴 채 그 귀신들린 사람에게서 줄행랑을 쳤다. 참으로 어처구니없고 민망한 상황을 연출한 것이다.

"그게 정말이야? 스게와의 일곱 아들들에게 그런 일이 있었다고?"

소문은 빨랐다. 스게와의 일곱 아들들에게 일어난 귀신 축출 소동이 사람들의 입에서 입으로 건네져 에베소에 사는 유대인들과 헬라인들에게 모두 알려졌다. 그러자 에베소 사람들은 바울이 섬기는 하나님께 대하여 두려움을 갖고 주 예수의 이름을 기리며 찬양했다. 그런 일로 인해 믿음을 갖게 된 많은 이들이 스스로 바울을 찾아와서는 자기들의 악한 행위를 솔직하게 고백했다.

뿐만 아니었다. 그동안 에베소 성읍에서 마술을 행하던 사람들까지 자신들의 미신적인 행위에 대해 회개하였다. 그들은 마술적인 주문이 적혀 있는 자기들의 두루마리 책을 모두 가지고 와서는 여러 사람들이 보는 앞에서 불살랐다.

그렇게 불사른 책값을 계산해보니 무려 5만 드라크마에 달했다.

단지 책값 외에도 주문을 통해 얻은 은밀한 정보와 그들의 명성으로 얻을 수 있는 권세까지 합산한다면 어마어마한 가치였다. '드라크마'는 당시 헬라의 화폐 단위로, 한 드라크마는 노동자 하루치의 품삯에 해당하는 가치를 지녔다. 이는 로마의 화폐 단위인 '데나리온'과 동일한 가치다.

이처럼 바울의 에베소 사역은 큰 성공을 거두었다. 바울을 통해 역사하시는 하나님의 크신 능력으로 말미암아 주님의 말씀은 아주 힘 있게 전파되었고, 그 결과 하루가 다르게 믿는 자들이 불어나 교회가 크게 부흥하였다. 십자가 복음의 능력이었다!

제3차 전도여행: 에베소에서 큰 소동이 일어나다 (19:21-41)

'이만하면 에베소 복음화는 거의 이루어진 것 같군. 이젠 여기를 떠나 다른 지역을 몇 군데 더 들른 후에 예루살렘으로 돌아가야겠다.'

바울은 에베소에서 2년 이상을 머물며 열심히 복음을 전했다. 그 결과, 에베소 사역은 큰 성공을 거두어 많은 결신자를 얻게 되었다. 이제 에베소를 떠나갈 때가 되었다고 판단한 바울은 마케도니아와 아가야 지방을 거쳐 예루살렘으로 올라가기로 마음먹었다.

'일단 예루살렘에 올라갔다가 그 다음엔 로마에도 꼭 가봐야겠다.'

로마는 당시 세계를 지배하고 있던 로마제국의 수도였다. 바울은 언젠가는 반드시 제국의 심장부에 들어가 거기서 십자가 복음 전하기를 간절히 소망했다.

'우리 주님은 땅끝까지 복음을 전하라 하셨다. 내가 어찌 땅끝까지 두루두루 다닐 수 있나? 세계의 산봉우리인 로마제국에 복음을 전하면 산꼭대기의 물이 사방 아래로 흘러내려가듯이 복음도 로마제국의 속국들을 통해 땅끝까지 전해질 것이 아닌가!'

이것이 바울의 선교관이었다. 이 같은 마음을 먹고 바울은 자기를 항상 도와주는 디모데와 에라스도를 마케도니아로 먼저 보낸 뒤 자신은 얼마 동안 더 아시아 지방에 머물렀다. 여기서 '아시아'란 소아시아의 서쪽 지역에 있는 로마의 행정구역인 아시아 도(道)를 가리킨다.

바울이 마케도니아로 먼저 보낸 디모데와 에라스도는 바울의 에베소 사역을 곁에서 힘껏 도운 신실한 동역자들이었다. 당시 디모데는 고린도에서 건너와서 바울을 도왔고, 고린도 출신인 에라스도는 에베소에서 바울의 동역자가 되어 에베소 인근의 골로새, 라오디게아, 히에라볼리 등지에서 복음을 전했다.

"제길, 예수의 도를 전하는 자들 때문에 도무지 살 수가 없네! 우리가 이대로 당할 수만은 없는 노릇 아닌가! 저들을 그냥 둘 수 없다!"

바울의 에베소 사역이 큰 성공을 거둔 채 마무리될 무렵, 에베소에서는 사도들이 전한 주님의 말씀으로 인해 큰 소동이 일어났다. 때에 아데미 여신을 섬기는 신전을 본떠 모형 신전을 만들어 파는 '데메드리오'라는 은(銀)세공업자가 있었는데, 그는 직공들에게 적잖은 돈벌이를 하게 해주는 사람이었다. 하루는 그가 직공들과 그 일에 관련된 모든 사람들을 한 자리에 불러놓고 자극적인 말로 선동한다.

"여러분, 잘 아시다시피 우리는 이 사업으로 돈벌이가 꽤 괜찮았었습니다. 그런데 여러분이 작금에 듣고 보시는 바와 같이 저 '바울'이란 작자가 사람의 손으로 만든 것들은 결코 신일 수가 없다고 말하고 다니는 통에 우리 장사가 큰 타격을 받게 되었습니다. 여기 에베소뿐만 아니라 아시아 지방의 거의 대부분이 이런 실정입니다."

"맞습니다! 그자 때문에 매출이 급격히 떨어져 굶어죽을 판국입니다! 무슨 대책을 세워야 합니다."

직공들이 모두 맞장구를 쳤다. 고대 에베소 성읍에 있는 아데미 신전은 에베소의 자랑거리였다. 새로 130m, 가로 67m의 건물에 19m 높이의 백석 대리석 기둥 127개가 1.2m 정도의 간격으로 배열되어 있었다. 아데미 신전의 내소에는 하늘로부터 내려왔다는 가슴이 많이

아데미 여신을 섬긴 에베소 신전의 유적과 아데미 여신상

달린 여신상 '아데미'가 있었다. 아데미 신전은 고대 세계의 7대 불가사의 중 하나였다. 화려하게 장식된 신전의 기둥들과 풋볼 경기장 하나를 수용할 수 있을 정도로 충분히 넓은 웅장한 규모의 건축물은 무척 인상적이었기 때문에 로마제국 전역에서 구경꾼들이 몰려들었다.

그런 여행객들을 대상으로 하는 여러 사업도 번창했는데, 그중에서도 아데미 여신상과 아데미 신전을 모델로 삼은 축소 모형이 인기가 좋았다. 그래서 그런 것들을 만들어 파는 에베소의 은장색들과 직공들은 그동안 많은 수익을 챙겼다. 그런 참에 바울 일행이 출현하여 이방의 우상을 버리라고 가르치고, 많은 사람들이 그 가르침을 따르니, 그들은 바울의 복음 전도가 아주 싫을 수밖에 없었다. 데메드리오가 계속 말한다.

"이 일을 방치해 두어선 안 됩니다! 만일 이대로 두면, 우리 사업의 평판이 크게 나빠지게 될 뿐만 아니라 위대한 아데미 여신의 신전이 그 영향력을 잃게 됩니다. 아시아 지방은 물론이고, 전 세계에 걸쳐 숭배되었던 아데미 여신의 위신이 땅에 떨어질 심각한 위기에 처해 있습니다."

아데미(헬, 아르테미도스)는 우상의 도시 에베소의 대표적인 여신으로, 소아시아 지역에서 풍요와 다산을 상징하는 모신(母神)으로 숭배되었다. 이 우상은 여러 개의 유방을 지닌 여자의 모습을 지녔는데, 당시 사람들은 이 우상이 하늘에서 내려왔다고 믿고 있었다. 아마도 이 우상은 본래 하늘에서 떨어진 운석이었을 것으로 추정되는데, 그 모양이 많은 유방을 가진 여자의 모습과 닮았기에 잘 다듬어서 경배의 대상으로 삼았던 것으로 추정된다.

은세공업자인 데메드리오의 말을 듣고, 그 자리에 모인 사람들은 크게 분노를 표출하면서 흥분된 목소리로 크게 외치기 시작한다.

"에베소 사람의 위대한 여신, 아데미 만세! 아데미 만세!"

큰 소요가 일어났고, 그런 소동과 혼란은 순식간에 도시 전체로 번졌다. 흥분한 군중은 우르르 몰려다니다가 바울과 동행했던 마케도니아 출신의 가이오와 아리스다고를 발견하고는 그들을 붙잡은 뒤 일제히 연극장으로 몰려갔다. 이 연극장은 에베소 성읍의 동편에 있는 노천극장으로, 당시 에베소 사람들의 공중집회 장소로 사용되었다.

이스라엘은 일찍부터 욥기와 아가서 같은 드라마틱한 문학 대본이 있음에도 불구하고 연극을 만들지 않았고 극장도 없었다. 이에 비해 헬라 문화에서는 연극이 다양한 꽃들을 피워냈다. 그리스의 극장과 이를 모방한 로마의 극장들은 극적 연출을 보여주는 가장 좋은 위치에 관객석을 설치하였다. 경사면을 따라 돌 좌석을 배치하였고 대략 5천 명 이상을 수용할 수 있었다. 좌석들은 무대를 중심으로 동심원을 이루도록 배치하였고, 관람석 어귀에 있는 반원 모양의 평평한 포장 면을 오케스트라 무대로 삼았다.

극장은 도시에서 가장 넓은 장소였다. 당시 아데미 신전은 대략

2만 5천여 명을 수용할 수 있는 아주 큰 규모의 원형극장이었다.

"뭐요? 가이오와 아리스다고가 군중에게 붙잡혀 연극장으로 끌려갔다고요? 안 되겠소, 내가 직접 가서 군중을 설득해야겠소."

"사도님, 안 됩니다! 지금 군중은 극도로 분노하고 흥분된 상태인지라 그들 앞에 무작정 나타났다간 무슨 변고를 당할는지 모릅니다. 부디 몸을 건사하셔야 합니다."

소식을 듣고 바울이 군중 앞에 나서려 했지만, 제자들이 바울의 신변을 염려하여 극구 말렸다. 또 바울의 친구들인 그 지방의 관리들 몇몇 사람들도 바울에게 급히 전갈을 보내어 연극장 안으로는 제발 들어가지 말라고 간곡히 만류했다.

에베소의 연극장 안은 아수라장이었다. 여기저기서 사람들이 중구난방으로 떠들어댔다. 사실 대부분의 사람들은 자신들이 왜 그 자리에 오게 되었는지조차 알지 못했다. 많은 사람들이 우르르 연극장으로 몰려가기에 아무 영문도 모른 채 무슨 재밌는 구경거리가 있는가 싶어 뒤따라온 사람들도 많았다.

"자, 당신이 군중 앞에 나가서 우리 유대인들의 입장을 변호해주시오."

그때에 유대인들이 '알렉산더'라는 사람을 떠밀어 군중 앞에 세웠다. 그 까닭은 유대인들의 입장을 변호하기 위해서였다. 그들은 신자들에 대한 군중의 적대감이 유대인들에게까지 미칠까봐 우려해서, 자신들은 예수 그리스도를 믿는 신자들과는 다르다는 사실을 군중에게 설명하길 원했던 것이다.

유대인 알렉산더가 군중 앞에 서자, 군중 가운데 몇 사람은 그가 군중의 대표자인 줄 알고 그에게 이래라, 저래라 갖가지 요구사항을 외쳐댔다. 연극장 안은 무실서와 혼란의 극치를 이루고 있었다. 알렉산더는 그런 군중을 향해 손짓으로 조용히 좀 해달라고 하고는 사람들 앞에서 유대인을 변호하는 발언을 시작하려 했다.

"저 사람은 대체 뭐야? 저 사람은 유대인이 아닌가?"

"망할 유대인! 우리 눈에 얼쩡거리지 말고 썩 꺼져라!"

알렉산더가 유대인이라는 사실을 알아챈 군중은 그의 변호를 아예 들으려 하지 않고 그를 배척했다. 우상을 섬기는 자들의 입장에서는 예수를 믿는 그리스도인들이나 야훼(여호와)를 믿는 유대인들이나 모두 우상숭배를 금지하는 사람들이었기 때문에 양자 모두가 배척의 대상이었다.

"에베소 사람의 위대한 여신, 아데미 만세!"

"에베소 사람의 위대한 여신, 아데미 만세!"

알렉산더를 쫓아낸 군중은 모두가 한목소리로 거의 두 시간 동안이나 미친 듯이 아데미 여신을 외쳐댔다. 무언가에 중독된 듯 모두가 극도로 흥분하여 이성을 상실한 상태였다. 얼마 후에 결국 에베소 시청의 서기장이 나서서 군중을 애써 진정시킨다.

에베소 시청의 서기장은 로마정부에서 파견된 관료는 아니지만 자유도시의 의회에서 선출된 최고 행정관리였다. 그는 담당지역 내에서 일어나는 소요 사태에 대해 책임을 지닌 자였으므로, 에베소 시민의 긍지를 한껏 세워주면서 모범 시민답게 사태를 이성적으로 해결해야 할 것을 권면한다.

"에베소 시민 여러분, 에베소가 위대한 여신 아데미를 숭배하고 또 하늘에서 내려온 그 신상을 수호하는 일에 최선을 다하는 것은 온 세상이 다 아는 일입니다. 이런 사실은 아무도 부인할 수 없습니다. 그러하기에 모두들 진정하시고 경솔한 행동을 삼가시기 바랍니다. 오늘 여러분이 이리로 끌고 온 이 두 사람은 아데미 여신의 신전에서 무엇을 훔친 것도 아니고, 또 아데미 여신을 모독한 일도 없습니다."

두 시간 동안이나 미친 듯이 '아데미 여신'을 외쳐댔던 자들이 이젠 흥분도 가라앉고 기운도 빠졌는지 순순히 서기장의 말을 경청하고 있었다.

"그러므로 어떤 불만이나 피해가 있다면, 데메드리오와 그의 동료 직공들은 그 사람들을 정식으로 고소하도록 하십시오. 에베소의 법정은 항상 열려 있고 거기에는 재판관들도 있습니다. 그 밖에 여러분이 제기하고 싶은 사안들이 더 있거든 그런 것들은 공적인 정식 집회에서 안건으로 다루어야 할 것입니다."

에베소 시청의 서기장은 어떤 물질적인 피해가 있거나 개인적인 불만사항이 있으면 정식 고소를 통해 합법적으로 해결하라고 설득했다. 흥분이 사라지고 어느 정도 이성을 되찾은 군중은 서기장의 말에 수긍하는 분위기였다. 그런 분위기를 감지하고 서기장은 은근한 압박으로 쐐기를 박는다.

"사실, 오늘의 이 사건은 소요죄로 고발될 수도 있습니다. 그럴 경우, 우리에겐 이런 소란과 소동을 벌일 만한 뚜렷한 이유와 정당한 근거가 없습니다. 따라서 로마정부로부터 문책을 당할 때 해명할 길이 없어 징벌을 당할 수도 있습니다. 그러니 이쯤 해서 모두 해산하시길 바랍니다. 자, 자, 모두 집으로 돌아가십시오!"

이렇게 말한 다음, 에베소 시청의 서기장은 수하의 직원들을 총동원하여 연극장에 몰려든 군중을 부지런히 해산시켰다. 한바탕 크게 떠들어대던 군중도 더는 저항하지 않고 각자 흩어져 자기네들 집으로 순순히 돌아갔다. 에베소 시민들의 자부심을 한껏 치켜세우면서 논리적으로 차근차근 타이른 서기장의 행동은 흥분한 군중에게 적절한 조치가 되었고, 데메드리오같이 간사한 자들의 악한 계획을 백지화시키기에 충분했다. 그리하여 한차례 거센 폭풍이 몰아치고 난 후처럼 에베소 연극장에는 이내 적막이 깃들었다.

20

바울의 에베소 고별 설교

바울이 밤늦도록 설교할 때,
창문에 걸터앉아 있던 유두고란 청년이
졸다가 떨어져 죽는 사고가 발생하지만
바울이 기적적으로 소생시키네

제3차 전도여행: 마케도니아 지방과 헬라에서 전도하다 (20:1-6)

소요가 진정되자, 바울은 에베소를 떠나 미게도니아로 향했다. 마케도니아(한글성경의 '마게도냐')는 아드리아해(海)에서 에게해에 걸쳐 위치한 지역이다. 당시 로마의 속주였던 이 지역의 주요 도시로는 빌립보, 데살로니가, 베뢰아, 암비볼리, 네압볼리 등이 있었다. 오늘날의 이름도 '마케도니아'다(세르비아 남쪽에 있는 공화국으로, 수도는 '스코페'이고 면적은 2만 5,714 km^2).

마케도니아에 도착한 바울은 그 지방의 여기저기를 두루 돌아다니며 믿음의 형제들에게 여러 모로 격려와 위로의 말을 해주었다. 제2차 전도여행 때의 여러 선교지역을 방문하여 신자들을 붙들어주고 교회를 굳게 세운 것이다.

그런 다음, 남쪽으로 쭉 내려가 마침내 바울은 헬라에 이르렀다. 여기서 '헬라'는 '아가야 지방'을 가리키는 헬라식 이름인데, 바울이 방문한 곳은 제2차 전도여행 때 복음을 전하고 교회를 세운 고린도와 겐그레아 성읍이다. 이곳 헬라(아가야 지방)에서 바울은 석 달을 지내며 복음을 전했다.

석 달 후, 바울은 고린도에서 배를 타고 수리아로 건너가려 했다. 하지만 여러 경로를 통해 극렬 유대인들이 자기를 해치려는 음모를 꾸미고 있다는 사실을 알아차렸다. 고린도 항구에서 유대의 최대 명절인 유월절을 예루살렘에서 보내려는 유대인 순례자들이 타고 가는 배를 이용하려고 했지만, 바울이 그 배를 탈 것이라고 예상한 극렬 유대인들이 바울을 죽이려고 음모를 꾸미고 있다는 정보를 입수한 것이다. 부득이 여행 경로를 변경해야 했다. 해상보다 훨씬 늦고 먼 거리이지만 육로를 통해 고린도에서 다시 위쪽으로 올라가 마케도니아 지방을 거쳐 수리아로 돌아가기로 마음먹었다.

이때 바울과 동행한 사람들이 여럿 있었다. 그들은 베뢰아 사람인 부로의 아들 소바더, 데살로니가 사람인 아리스다고와 세군도, 더베 사람인 가이오와 디모데, 그리고 아시아 지방 출신인 두기고와 드로비모였다.

이들은 바울이 그리스와 마케도니아 지역에서 세운 여러 교회를 대표하는 자들이었다. 당시 그들은 큰 기근을 만나 궁핍에 처한 예루살렘 교회의 신도들을 돕기 위해 각자의 교회에서 모금한 연보를 갖고 있었다(고후 8:1-5). 그들의 풍성한 연보는 초대교회에서 유대인 신자들과 이방인 신자들을 그리스도의 사랑 안에서 하나로 묶어주는 친교와 화목의 표시였다.

"형제들, 여러분은 우리보다 먼저 드로아에 가서, 거기서 우리를 기다리도록 하세요. 드로아에서 만납시다."

고린도를 떠나 마케도니아 지방으로 들어간 바울은 거기서 일행의 대부분(소바더, 아리스다고, 세군도, 가이오, 디모데, 두기고, 드로비모)

을 드로아에 먼저 보냈다. 아마도 여럿이 함께 움직이면 극렬 유대인들의 눈에 잘 띄어 박해를 받을 수 있을 것이기 때문인 듯하다. 그래서 마케도니아 지방에는 바울과 누가만 더 머물러 있었고, 다른 일행은 드로아에 먼저 가서 바울과 누가를 기다리고 있었다.

드로아는 소아시아의 서북 해안인 무시아 지역에 위치한 항구도시로, 바울은 제2차 전도여행 때(주후 50-52년) 이곳에서 마케도니아로 가라는 환상을 보았다. 현재 터키의 영토로 '에스키 스탄불'로 불린다.

마케도니아 지역에 얼마 동안 더 머문 바울과 누가는 무교절(유월절)이 끝난 후에 헬라(아가야 지방) 북쪽의 빌립보 인근 항구에서 드로아로 떠나는 배를 탔다. 그리고 닷새 만에 드로아에 도착하여 다른 일행과 합류한 후, 거기에서 일주일을 지냈다.

본래 바울은 예루살렘에서 유월절(무교절)을 보내려 했지만 부득이 빌립보에서 보냈다. 이처럼 바울을 포함하여 초대교회의 신자들은 유대인의 절기를 준수하려고 애썼다. 이는 율법을 좇아 의롭게 되기 위함이 아니라, 다만 유대의 전통을 존중함으로써 유대인들이 복음의 문으로 들어오는 데 거리낌이 없도록 하기 위함이었다.

제3차 전도여행: 드로아에서 설교하고 유두고를 살리다(20:7-12)

안식일 다음날, 바울 일행은 식사를 하려고 다 함께 모였다. 초대교회의 관습에 따라 모임에서 애찬식을 가지려 한 것이다. 유대인들에게 안식일은 '토요일'이었다. 따라서 교회가 모임을 갖고 애찬식을 갖는 '안식일 다음날'은 '일요일'을 가리킨다.

이처럼 초대교회는 언제부터인가 '안식일 후 첫날'에 일어난 예수님의 부활을 기념하기 위해 그날(일요일)을 '주일'로 삼아 집회를 갖기 시작했고, 그런 습관은 이후의 모든 교회로 퍼져나갔다(일부 학자들은 유대인의 시간 계산에 따라 하루는 전날 저녁 6시에 시작되므로 초대교회는 토요일 저녁에 모였을 것이라고 주장하기도 한다. 하지만 누가가 어떤 사람인가? 그는 자료를 세밀하게 살피는 의사 출신이다. 헬라화된 도시에서 누가가 하루를 계산하여 시간을 기록한 방식은 유대식이 아니라 당연히 로마식이었을 것이다. 로마인들은 오늘날처럼 자정부터 자정까지를 하루로 계산하였다).

"여러분, 우리 주님께서 믿는 자들에게 가르치시기를…."

드로아 집회에서 바울은 모인 자들에게 설교를 했다. 이튿날 떠나기로 되어 있어서 밤늦게까지 하나님의 말씀을 풀어주며 이야기를 계속했다. 때에 사람들이 모인 위층 다락방에는 등불이 많이 켜져 있었다. 날이 밝으면 드로아를 떠나야 하는 바울은 믿음의 형제들에게 하나라도 더 가르쳐주고 싶은 절박한 심정으로 시간 가는 줄 모르고 말씀을 풀어주고 있었다. 그런데….

"으악, 아아악!"

비명에 이어 '쿵' 소리가 났다. 위층 다락방의 창문에 걸터앉아 바울의 설교를 듣고 있던 '유두고'라는 청년이 바울의 긴 설교에 졸음을 이기지 못하고 자신도 모르게 깊이 잠들었다가 그만 위층에서 떨어지고 말았던 것이다. 그러자 주변 사람들이 우르르 달려 내려가 그를 급히 일으켜 세웠다. 하지만 유두고는 이미 숨이 끊어진 상태였다.

바울이 죽은 유두고를 다시 살리다

은혜로운 말씀의 강론 장소

에서 일어난 예기치 못한 대형 사고였다. 사람들은 모두가 크게 놀라고 당황하여 어찌할 바를 몰랐다. 그때 바울이 급히 내려가서 그 죽은 청년 위에 엎드려 그의 몸을 팔로 껴안고는 크게 말한다.

"여러분, 걱정하지 마십시오! 이 사람이 다시 살아났습니다!"

"오, 주님, 할렐루야!"

사람들은 죽은 자의 소생에 크게 놀라며 하나님을 찬양했다. 드로아 교회의 청년 유두고, 바울을 통한 하나님의 크신 능력으로 다시 살아난 그의 소생은 부활에 대한 산 증거가 되어 많은 신자들에게 큰 감명과 위로를 주었다.

"자, 여러분! 이제 모두 모여 빵을 떼도록 합시다."

바울은 아무 일도 없었다는 듯 태연하고 침착하게 다시 위층 다락방으로 올라가서 신자들과 더불어 빵을 떼어 함께 나누어 먹는 애찬식을 가졌다. 날이 새도록 이야기를 나누다가 바울은 새벽이 되어서야 길을 떠났다. 바울을 배웅한 후, 드로아 교회의 신자들은 살아난 그 청년을 데리고 집으로 돌아가면서 모두가 큰 위로를 받았다.

제3차 전도여행: 드로아에서 밀레도까지의 여정 (20:13-16)

"나는 걸어서 앗소로 갈 테니, 형제들은 배를 타고 먼저 앗소로 가세요. 거기서 우리 다시 만나도록 합시다."

바울은 동행하는 일행에게 배편을 주선해 준 뒤에 자신은 걸어서 앗소로 갔다. 앗소는 무시아도(道)의 항구도시다. 그리하여 바울을 제외한 다른 일행은 드로아에서 배를 타고 바울보다 먼저 앗소로 가서, 거기서 바울을 기다렸다.

얼마 후에 바울은 무사히 앗소에 이르렀고, 앗소에서 바울과 합류한 일행은 다 함께 배를 타고 미둘레네로 갔다. 이곳은 소아시아 본토에서 서쪽으로 17km 정도 떨어진 에게해의 한 섬인 레스보스의 수도다.

"형제님들, 예루살렘까지는 먼 길이니 서둘러 길을 떠나도록 합시다."

이튿날 바울 일행은 미둘레네를 출발하여 기오 맞은편에 이르렀고, 그 다음날에는 사모에 이르렀다. 또 그 다음날에는 사모를 떠나 밀레도에 도착했다. 이때 바울은 극렬 유대인들의 박해를 피하고자 해로를 택하여 이동했는데, 가능한 한 오순절까지는 예루살렘에 도착하려고 급히 서두르고 있었다. 그래서 에베소에도 들르지 않을 작정이었다.

에베소, 이곳은 사도 바울이 제2차 전도여행 때(주후 50-52년경) 무려 3년 가까이 머물면서 복음화에 전력을 다한 곳으로 그의 피땀과 애정이 듬뿍 깃든 곳이었다. 그런 에베소까지도 그냥 통과하여 예루살렘으로 곧장 가려고 빡빡하게 여행 일정을 잡은 이유는 이러하다.

첫째, 마케도니아 지방에서 모금한 구제 연보를 궁핍에 처한 예루살렘 교회에 속히 전달해 주기 위함이었다. 둘째, 오순절을 지키려고 세계 각처에서 몰려드는 유대인들에게 예수 그리스도의 복음을 전파할 기회를 얻기 위함이었다. 셋째, 오랜 기간에 걸친 제3차 전도여행(주후 53-58년)을 마무리 짓고 파송 교회에 선교 보고를 하기 위함이었다.

제3차 전도여행: 바울이 에베소 교회의 장로들과 작별하다(20:17-38)

배가 밀레도 항구에 닿자마자 바울은 사람을 보내어 에베소 교회의 장로들로 하여금 자기에게 오도록 전갈을 보냈다. 밀레도에서 에베소까지는 직선거리로 대략 50km 떨어졌는데, 당시로는 3일 정도 걸리는 거리다. 빡빡한 여행 일정상 바울이 에베소에 직접 방문하지는 못하지만 어떡하든지 에베소 교회의 대표자들을 만나려 했던 것이다. 그만큼 바울은 에베소 교회에 깊은 관심과 뜨거운 사랑을 품고 있었다.

"사도님, 그간 별고 없으셨는지요? 이렇게 만나 뵈니, 얼마나 좋은지 모르겠습니다."

"네, 이 몸은 주님의 은혜로 무사하고 건강합니다. 장로님들은 모두

별고 없으시며 에베소 교회는 평강한지요?"

바울의 전갈을 받은 에베소 교회의 장로들은 만사를 제쳐두고 한걸음에 밀레도로 달려왔고, 오랜만에 상봉한 양자는 피차간에 격한 기쁨을 나누었다. 어느 정도 격한 감정이 가라앉자 바울이 그들에게 말한다. 이른바 밀레도에서 에베소 교회의 장로들에게 행한 바울의 고별설교다.

"여러분, 여러분은 내가 아시아에 첫발을 들여놓은 그날부터 오늘까지 여러분과 함께 어떻게 지내왔는지, 잘 알고 계십니다. 나는 모든 겸손과 많은 눈물로 주님을 섬기며 일해 왔습니다. 유대인들이 나를 해치려고 사악한 음모를 꾸민 일이 한두 번이 아니었습니다."

극렬 유대인들은 바울이 가는 곳마다 따라다니며 복음 전도를 훼방하였고, 온갖 악한 말로 군중을 선동하여 바울을 돌로 쳐 죽이려 했다. 바울은 그들의 박해와 살해 음모를 피해 자주 여행경로를 바꾸어야만 했다. 고별설교는 이어진다.

"그럼에도 불구하고 나는 여러분에게 도움이 될 만한 것이라면, 어떤 것이든 조금도 주저하지 않고 대중 앞에서나 여러분의 가정에서 진리의 말씀을 가르쳐 왔습니다. 나는 유대인이든 헬라인이든 구별하거나 차별하지 아니하고 모두가 회개하고 오직 우리 주 예수 그리스도를 믿어야 한다는 한 가지 사실만을 강조했습니다."

여기서 '헬라인'은 단지 헬라(그리스) 사람들만을 가리키지 않고, 그들을 포함하여 '(유대인이 아닌) 모든 이방인들'을 가리키는 말이다. 예수 그리스도의 십자가 복음을 전함에 있어 바울은 나라, 민족, 혈통, 세대, 남녀노소, 빈부귀천 등을 조금도 따지지 않고 누구에게든지 열성적으로 최선을 다했다. 바울의 고별설교가 이어진다.

"이제 나는 거역할 수 없는 성령의 강한 힘에 이끌려 예루살렘으로 올라갑니다. 거기서 무슨 험한 일이 나를 기다리고 있을지 나는 잘 모릅니다. 한 가지 확실하게 아는 것은, 내가 가는 성읍마다 투옥과 고난이

나를 기다리고 있다는 것을 성령께서 내게 알려주신다는 사실입니다."

유대교의 본산지인 예루살렘에는 수많은 유대교 극단주의자들이 득실대고 있었다. 그들은 바울이 기독교 탄압에 앞장서다가 갑자기 기독교의 복음 전도자로 변신하자 그를 변절자로 간주하고, 그를 죽임으로써 교회와 기독교에 심각한 타격을 가하려 했다. 그래서 바울이 예루살렘으로 들어오기만을 단단히 벼르고 있었다. 바울은 이 같은 상황을 잘 알고 있었지만, 예루살렘으로 올라가려는 그의 의지는 확고했다.

"그럴지라도 주 예수께서 내게 맡기신 이 일, 곧 하나님의 은혜와 사랑의 복음을 다른 사람들에게 전하는 이 일을 완수할 수만 있다면, 나는 내 목숨이 조금도 아깝지 않습니다. 지금까지 나는 여러분을 찾아다니면서 하나님의 나라를 전파하고 가르쳐 왔습니다. 그러나 이제 여러분은 내 얼굴을 다시는 보지 못하게 될 것입니다."

이후로는 바울 자신이 소아시아, 마케도니아, 아가야 지방 등에 있는 각 교회와 신자들을 찾아다니면서 복음을 전하는 '전도여행'을 할 수 없을 것이라는 말이다. 바울이 이런 말을 한 것은, 성령의 계속된 증언으로 이번 예루살렘 여행이 자신의 순교 여행이 될 것임을 감지했기 때문이다. 실제로 그리했다. 예루살렘에 도착한 바울은 거기서 체포되어 로마로 송환되어 투옥되었고, 나중에 일시적으로 풀려나긴 했지만 결국에는 그곳 로마에서 순교하였다(주후 67년경). 그래서 바울의 고별설교는 비장감으로 가득했다.

"그러므로 나는 이 자리에서 여러분에게 분명히 말해둡니다. 앞으로 여러분 가운데 누가 복음에서 떠나 멸망에 빠진다고 해도 그 사람의 피에 대해서 나는 깨끗합니다. 왜냐하면 나는 조금도 망설이지 않고 여러분에게 하나님의 모든 말씀을 남김없이 모두 선포했기 때문입니다."

어떤 사람의 피에 대하여 깨끗하다는 말은 그 사람의 잘못, 타락, 멸망 등에 대하여 아무런 책임이 없다는 의미다. 바울이 이처럼 당당하게 말할 수 있었던 것은, 복음 전도자로서 최선을 다해 맡은바 전도의 사명을 열심히 감당했기 때문이다. 이제 바울은 에베소 교회의 장로들을 따뜻한 사랑의 눈으로 바라보며 그들에게 특별히 당부한다.

"이제 여러분은 항상 깨어 있으면서 성령께서 여러분에게 맡겨주신 양떼를 잘 돌보십시오. 성령께서는 여러분을 감독자로 세우셔서 하나님께서 자기 독생자의 피로 값을 치르고 사신 교회를 돌보게 하셨습니다."

여기서 '감독자'(헬, 에피스코포스) 혹은 '감독'은, 앞서 언급한 '장로'(헬, 프레스뷔테로스)와 교회 내에서 똑같은 직무를 설명하는 단어다. 이처럼 초대교회에서는 장로와 감독의 직무에 별다른 구별이 없었다. 장로, 목사, 감독 등의 직무가 제도적으로 구분되기 시작한 것은 주후 2세기 이후였다. 바울의 신신당부는 이어진다.

"내가 떠난 후에 사나운 이리 떼와 같은 거짓 교사들이 나타나서 양 떼들을 마구 해칠 것이고, 여러분 중에서도 진리를 왜곡시키는 자들이 나타나서 자기를 따르라고 할 것입니다. 그러므로 정신을 바짝 차리십시오! 내가 여러분과 함께 보낸 그 3년을 잊지 마십시오. 내가 밤낮으로 여러분을 보살피고 또 여러분을 위해 흘린 나의 많은 눈물을 꼭 기억하십시오."

제2차 전도여행(주후 50-52년경) 때 바울의 에베소 사역 3년은 피땀과 눈물 흘린 각고의 사역이었음을 알 수 있다. 그렇게 힘들게 개척하여 세운 에베소 교회가 진리를 왜곡시키는 이리 떼 같은 거짓 교사들에 의해 무너지고 훼손당할까봐 적이 염려한 것이다. 그렇다면 어떻게 양 떼 중의 사나운 이리를 분간할 수 있을까?

양의 탈을 쓴 이리가 멀리서 보면 양처럼 보이듯, 영적인 이리도 얼핏 양처럼 행동하기에 즉시 분간하지 못할 수 있다. 그렇지만 다음 두 가지 사실로 분간이 가능하다. 첫째, 무엇보다 그들의 가르침은 하나님의 말씀과 어그러진다. 둘째, 스스로 높아지려고 자기 주변에 제자들을 끌어 모아 파당을 짓는다.

"여러분, 이제 나는 하나님과 그분의 은혜로운 말씀에 여러분을 온전히 맡깁니다. 그 말씀이 여러분의 신앙을 올바로 세워줄 것이고, 또한 그 말씀이 거룩하게 구별된 자들이 상속받도록 되어 있는 그 유산을 여러분도 받을 수 있게 해줄 것입니다. 지금까지 나는 다른 사람의 금이나 은이나 의복을 탐낸 적이 한 번도 없습니다. 여러분이 아시는 대로, 나는 나의 두 손으로 열심히 일을 해가면서 생활에 필요한 것들과 동료들에게 필요한 것들을 손수 마련해 왔습니다."

바울의 전도 사역은 청렴 가운데 이루어진 자비량 전도였다. 복음 전도자가 되기 이전에 바울은 천막 만드는 기술을 익혔다. 고대 세계에서 천막은 여러 모로 쓰임새가 많았기 때문에 바울은 이 기술로 인해 자신의 생계와 쓸 것들을 해결할 수 있었다.

"여러분, 나는 또한 가난하고 연약한 자들을 돕는 일에 늘 본보기가 되려고 애써 왔습니다. 할 수 있는 한, 힘껏 일해서 그런 자들을 도우려고 애썼습니다. 이처럼 내가 본을 보였으니, 여러분도 '주는 것이 받는 것보다 복이 있도다.'라고 하신 주님의 말씀을 늘 기억하면서 마땅히 가난하고 연약한 자들을 힘껏 도와야 할 것입니다."

바울이 자신의 고별설교에서 인용한 예수님의 말씀, 곧 '주는 것이 받는 것보다 복이 있도다.'란 말씀은 복음서에 나오지 않는다. 그렇다면 바울은 어떤 근거로 그렇게 인용을 한 것일까? 두 가지로 생각해볼 수 있다.

첫째, 바울 당시에 예수님의 어록은 문서나 구전으로 널리 유통되고 있었다. 복음서 저자들은 그 모든 것을 기록하지 않고 그중에서 필요한 부분을 채택하여 기록했다(요 21:25). 따라서 바울이 인용한 예수님의 이 말씀은 성경엔 기록되지 않았지만 구전으로 널리 알려진 말씀이었을 것이다.

둘째, 바울은 축자적인 인용이 아니라 예수님의 사상과 가르침에 근거해서 폭넓게 해석하여 그런 명제를 예수님의 말씀으로 인용했을 수 있다. 누가복음 6장 38절은 '주는 것이 받는 것보다 복되다'는 베풂의 미덕과 이로움을 충분히 끌어낼 수 있는 말씀이다.

바울의 은혜롭고도 비장한 고별 설교에 에베소 교회의 장로들은 모두가 큰 감동을 받고 아멘으로 화답했다. 모든 말을 마친 바울은 무릎을 꿇고 마음을 모아 장로들과 함께 기도를 드렸다.

"장로님들, 주님의 은혜가 항상 장로님들과 장로님들의 가정과 일터, 그리고 교회에 충만히 임하기를 기도합니다."

바울이 작별인사를 하자, 에베소 교회의 장로들은 바울과의 아쉬운 작별을 슬퍼하면서 모두가 크게 소리 내어 엉엉 울었다. 한 사람, 한 사람 나아가 바울의 목을 끌어안고 입을 맞추었다.

목을 끌어안고 볼이나 수염 등에 입을 맞추는 행위는 당시 유대인들의 일반적인 인사법이었다. 다시는 자기 얼굴을 보지 못할지도 모른다는 바울의 말에 에베소 교회의 장로들은 몹시 가슴이 아팠다. 그들은 큰 슬픔에 겨워 저마다 소리 죽여 흐느끼면서 배 타는 곳까지 따라와 손을 흔들며 바울을 전송하였다. 그날따라 갈매기들도 구슬픈 소리로 울면서 밀레도 항구를 날아다녔다.

에베소 교회의 장로들이 바울을 배웅하다

21

바울의 예루살렘 여행

예언자 아가보가 예언하기를
바울이 로마에 끌려가리라고 하지만
바울은 죽을 각오로 예루살렘으로 가고
거기에서 로마 군사들에게 체포당하네

바울의 마지막 예루살렘 여행 (21:1-16)

에베소 교회의 장로들과 눈물로 작별을 나눈 후, 바울은 일행을 재촉하여 밀레도에서 배를 타고 곧장 고스로 갔다. 이튿날엔 고스를 떠나 로도에 이르렀고, 거기서 또 바다라로 갔다.

'고스'와 '로도'는 바울 일행이 밀레도를 떠나 예루살렘으로 귀환할 때 잠시 들렀던 에게해의 두 섬이다. 고스는 밀레도 남쪽 70km 지점에 위치했고, 로도는 소아시아 대륙에서 20km 떨어져 있었다. 그리고 '바다라'는 소아시아 대륙의 남서쪽 해안에 위치한 항구도시로 당시 수리아, 팔레스타인, 이집트 동쪽 연안의 지중해 항구들, 아시아, 마케도니아, 아가야 지방의 항구들을 왕복하던 큰 배들의 정박지였다.

바울 일행은 바다라에서 팔레스타인 북부의 지중해 연안지역인 페니키아(베니게)로 가는 큰 무역선을 만나 그 배로 바꾸어 탔다.

바울 일행이 탄 배는 순항했다. 멀리 키프로스(구브로) 섬을 왼편에 끼고 수리아를 향해 계속 항해하다가 마침내 두로에 닿았다. 두로는 고대 페니키아의 가장 유명한 도시 가운데 하나로, 지중해 동안 곧 시돈 남쪽 40km 지점에 위치했다. 원래는 암석으로 이루어진 작은 섬으로 그 남쪽에 항구가 있었으나, 주전 333년경에 알렉산더 대왕이 난공불락의 두로를 침공하기 위해 방파제를 쌓음으로써 본토와 연결되어 반도가 되었다. 두로는 이스라엘과도 아주 가까워 구약시대에는 아셀 지파의 북쪽 지경과 접해 있었다(수 19:29).

두로 항구에 무사히 도착한 바울 일행은 배에서 내려 각자 짐을 풀었다. 그런 뒤 두로에 있는 제자들을 찾아가 그들과 함께 일주일을 지냈다. 그동안에 성령께서는 두로의 제자들에게 바울의 결박과 수난을 알려주셨다.

"바울 사도님, 성령께서 우리에게 알려주시기를, 사도님이 예루살렘에 올라가면 결박을 당하고 많은 수난을 겪을 것이라 하셨습니다. 그러니 예루살렘에 올라가지 말고 다른 데로 몸을 피신하도록 하십시오."

두로의 제자들은 바울에게 결박과 수난이 기다리고 있는 예루살렘으로 올라가지 말라고 간곡하게 만류했다. 그러나 바울의 결심은 확고했다. 두로의 제자들이 아무리 만류해도 바울은 뜻을 꺾지 않았다.

이때 바울은 성령의 지시에 불순종한 게 아니다. 지금 바울은 성령에 사로잡혀 예루살렘으로 올라가는 것이다(행 20:22). 물론 예루살렘으로 올라가지 말라는 제자들의 말도 성령의 감동으로 말미암은 것이다. 하지만 바울도 이미 성령을 통해 예루살렘 여행이 극히 위험하다는 사실을 잘 알고 있었다. 바울은 위험을 알지 못하고 예루살렘으로 올라가는 것이 아니라, 누구보다도 그 위험을 충분히 알면서도 더욱 큰 선을 이루기 위해 성령에 매인바 되어 올라가고 있는 것이다.

"그럼, 모쪼록 매사에 몸조심하시고, 주님의 보살핌이 항상 사도님과 함께 하시기를 기도하겠습니다."

두로를 떠날 때가 되자, 제자들은 물론이고 그들의 부인들과 아이들까지 모두 성문 밖까지 나와서 바울 일행을 뜨겁게 전송해주었다. 그들 중 일부는 작별이 너무나 아쉬워 배가 정박해 있는 바닷가까지 따라 나왔다. 두로 항구에서 바울 일행과 두로의 제자들은 다 같이 무릎을 꿇고 주님께 간절하게 기도드린 후 작별 인사를 나누었다.

"이제 우리는 배에 오르도록 하겠습니다. 우리 걱정은 하지 마시고, 부디 두로 교회와 신자들을 잘 보살피도록 하십시오. 그럼 이만…."

마침내 바울 일행이 배에 오르자, 두로의 제자들도 각자 자신들의 집으로 돌아갔다. 그들은 석별의 정이 못내 아쉬워 저마다 흐느끼며 무거운 발걸음을 옮겼다.

바울 일행은 두로를 떠나 돌레마이로 갔다. '돌레마이'는 페니키아의 지중해 연안에 있는 항구도시로 두로 남쪽 35km 지점에 있다. 구약시대의 이름은 '악고'인데, 오늘날에는 일반적으로 '프톨레마이스'로 불린다. 돌레마이에 도착한 바울 일행은 그 성읍에 살고 있는 믿음의 형제들에게 안부를 전하고 그들과 함께 하루를 지냈다.

이튿날, 바울 일행은 돌레마이를 떠나 배를 타고 남쪽으로 여행하여 가이사랴로 갔다. 이곳은 팔레스타인의 지중해 연안에 있는 항구도시로 예루살렘에서 북서쪽으로 105km가량, 욥바에서 북쪽으로 48km가량 떨어져 있다. 본래는 '스트라톤'이라고 불렸으나, 헤롯 대왕 때(주전 37년~주후4년) 로마 황제인 가이사 아구스도의 이름을 본떠 '가이사랴'로 불리게 되었다.

"사도님들, 비록 누추하지만 저의 집에서 원하는 기간만큼 맘 편히 쉬십시오."

전도자 빌립은 가이사랴에 도착한 바울 일행을 정성껏 맞아들였다. 전도자 빌립은 일찍이 예루살렘 교회에서 일곱 집사 가운데 한 사람으로 뽑힌 사람이었는데, 때에 가이사랴에서 복음 전도자로 활동하고 있었다.

이 사람에게는 예언의 은사를 받은 딸이 넷이나 있었는데 모두 처녀였다.

예언의 은사는 성령의 은사 가운데 하나로, 아직 신약성경이 없었던 초대교회의 상황에서 집중적으로 주어졌다. 예언의 은사를 받은 자는 교회와 신자들을 위해 그 은사를 사용해야 했다.

바울 일행이 전도자 빌립의 집에 머물고 있던 어느 날, '아가보'라는 선지자가 유대 땅에서 가이사랴로 내려왔다. 그는 일전에 온 천하에 큰 흉년이 들 것임을 예언하기도 했다(행 11:28). 가이사랴에 온 그는 바울 일행을 찾아와 바울에 대하여 예언을 했다. 그는 바울의 허리띠로 자기 손발을 묶고서 말한다. 상징적인 동작을 취하면서 예언을 발하는 이른바 '행위 예언'을 한 것이다.

"성령께서 제게 말씀하시기를, 이 허리띠의 주인이 예루살렘에서 유대인들에게 이렇게 묶여 로마로 끌려갈 것이라고 하십니다."

"네엣? 그게 사실입니까? 아, 바울 사도님…."

아가보의 예언을 듣고 모두들 탄식을 했다. 그러자 빌립의 집에

아가보 선지자가 자신의 손발을 묶으며 바울의 구금을 예언하다

모여 있던 모든 사람들이 바울에게 예루살렘으로 올라가지 말 것을 간곡히 권했다. 더러는 바울의 손을 꼭 부여잡고 엉엉 울면서 말한다.

"바울 사도님, 사도님은 앞으로도 감당하셔야 할 중요한 일들이 아주 많습니다. 그러니 제발 예루살렘에 올라가지 마십시오."

그러나 오래전부터 예루살렘 행을 작정한 바울의 의지는 아주 확고했다. 바울은 사람들을 향해 타이르듯 말한다.

"왜 다들 이렇게 울면서 내 마음을 아프게 하십니까? 나는 주 예수님을 위해서라면 예루살렘에서 결박을 당하는 일뿐만 아니라 죽을 각오까지도 이미 되어 있습니다. 그러니 더는 만류하지 마십시오."

아무리 권해도 바울의 결심을 꺾지 못한다는 사실을 알게 된 사람들은 단념하면서 바울에게 말한다.

"그렇다면…, 부디 사도님을 통해 행하시려는 주님의 뜻이 온전히 이루어지기 바랍니다."

이런 일이 있은 후, 여러 날이 지나 바울 일행은 짐을 꾸려 마침내 예루살렘으로 올라갔다. 가이사랴에서 예루살렘까지의 거리는 남동쪽으로 105km가량이었다. 바울은 예루살렘 여행 도중에 신자들을 돌보기 위해 유대인들의 위협에도 불구하고 육로를 택했다.

가이사랴 성읍의 몇몇 제자들이 바울 일행과 함께 여행했는데, 그들은 바울 일행이 예루살렘에서 묵기로 되어 있는 나손의 집으로 바울 일행을 안내해 주었다. 나손은 키프로스 섬 출신으로 일찍부터 그리스도의 제자가 된 사람이었다. 그는 오순절 성령 강림 때에 마가의 다락방에 있었던 120명의 제자들 가운데 하나로 추정된다

마침내 바울이 예루살렘에 도착하다 (21:17-26)

"사도님들, 어서 오세요. 먼 길 오시느라 고생하셨습니다."

여러 날을 여행하여 마침내 바울 일행이 예루살렘에 도착하자(주후

58년 5-6월 무렵), 그곳에 살고 있는 믿음의 형제들이 바울 일행을 따뜻하게 맞아주었다. 다음날, 바울은 다른 일행과 함께 예루살렘 교회의 지도자로 사역하고 있던 야고보를 만나러 갔다.

이 야고보는 요셉과 마리아의 아들로 예수님의 육신의 친동생인 야고보다. 예수님의 주요 제자로 요한의 친형인 사도 야고보는 헤롯 아그립바에 의해 초대교회 초창기에 일찍 순교를 당했다. 예수님의 동생 야고보는 예수님의 공생애 기간 동안에는 형을 그리스도(메시아)로 믿지 않았지만, 예수님의 부활과 오순절 성령 강림을 체험한 이후로 독실한 신자가 되어, 당시 예루살렘 교회의 지도자로 활동하였다(갈 2:9).

"모두 자리를 함께 하셨군요. 샬롬! 반갑습니다. 주님 안에서 장로님들께 문안인사를 드립니다."

"샬롬! 낯선 이방 땅에서 복음을 전하느라 고생 많았습니다."

바울 일행이 야고보를 방문한 자리에는 예루살렘 교회의 장로들이 모두 모여 있었다. 피차간에 서로 문안인사가 끝나자, 바울은 이번 자신의 전도여행을 통하여 하나님께서 이방 사람들에게 행하신 크고 놀라운 많은 일들을 자초지종 자세히 보고하였다. 이른바 제3차 전도여행에 대한 보고다. 그렇다면 바울이 수행한 '제3차 전도여행'을 개괄적으로 살펴보도록 하자.

■ **관련 성경**: 사도행전 18:23-21:19

■ **전도여행 기간**: 주후 53년경 ~ 58년경(대략 5년)

■ **전도 팀**: 바울, 누가, 디모데, 에라스도, 브리스길라와 아굴라 부부

■ **전도여행 거리**: 대략 4,500~5,600km

■ **전도여행 경로**: (수리아 지방의) 안디옥 → 갈라디아 지방과 브루기아 지방 → 에베소 → 마케도니아 지방 → 고린도 →

빌립보 → 드로아 → 앗소 → 미둘레네 → 기오 → 사모 → 밀레도 → 고스 → 로도 → 바다라 → 두로 → 돌레마이 → 가이사랴 → 예루살렘.

"참으로 크고도 놀라운 사역을 행하셨군요! 우리 주님께서 이방 땅에도 풍성한 은혜를 베풀어주신 데 대하여 감사와 찬송을 드립니다."

바울의 제3차 전도여행에 관한 보고를 듣고서, 예루살렘 교회의 장로들은 바울과 그 일행의 노고를 크게 치하하면서 하나님께 찬양과 영광을 돌렸다. 그런 뒤에 바울에게 말한다.

"사랑하는 형제여, 당신도 아시다시피 우리들의 복음 전도로 수만 명의 유대인들이 예수 그리스도를 믿게 되었는데, 그들 모두가 율법을 지키는 데에 열성적인 사람들입니다."

그랬다. 유대인들은 복음을 받아들인 후에도 여전히 율법에 열성적이었다. 유대인들에게 있어 모세 율법은 모든 생활의 규범이며 지침서였다. 그것은 어릴 적부터 몸에 배인 익숙한 문화였기에, 복음을 받아들여 기독교의 신자가 된 이후에도 그들은 율법적인 전통과 관습에서 쉽게 벗어날 수 없었다.

"그런데 그들이 그대를 두고 하는 말을 우리가 듣기로는, 그대가 이방인들 가운데 섞여 살고 있는 유대인들에게 가르치기를, 아이들에게 할례를 시킬 필요가 없으며 또 우리 유대 관습도 따를 필요가 없다고 한다 합니다. 그러니 우리가 그렇게 말하는 유대인 형제들에 대하여 어떻게 하면 좋겠습니까?"

사실, 바울은 그렇게 가르치지 않았다. 모세 율법을 배척하면서 할례를 금하고 유대의 관습을 지키지 말라고 가르친 적이 없었다. 당시 예루살렘의 유대인 신자들은 바울을 오해한 것이다.

바울은 예수 그리스도의 가르침에 근거하여 마음이 없는 형식적인 율법 준수는 무의미하다고 가르쳤고, 몸의 할례보다 마음의 할례를 강조했으며, 궁극적으로 율법의 행위로는 구원을 얻을 수 없다고 가르쳤을 뿐이다. 실제로 바울은 디모데에게 할례를 시행하기도 했다(행 16:2-3). 그래서 유대인 신자들의 오해를 풀어줄 필요가 있었다. 예루살렘 교회의 장로들이 그 방안을 제시한다.

"바울 형제여, 머잖아 유대인 형제들은 그대가 여기 왔다는 것을 틀림없이 알게 될 것입니다. 그러므로 그대는 우리가 말하는 대로 따르도록 하십시오. 우리 가운데 하나님께 서원한 네 사람이 있습니다. 그대는 그들을 데리고 예루살렘 성전에 함께 올라가서 그들로 하여금 결례를 행하게 하여 머리를 깎게 한 뒤에 그 비용을 치러주십시오. 그렇게 하면, 그대에 관한 소문이 사실이 아님을 모두가 분명히 알게 될 것입니다. 또한 그대가 율법을 지키면서 살아가고 있다는 것을 아무도 의심하지 않을 것입니다."

여기서 '결례'는 모세 율법에 따라 나실인의 서원을 한 자들이 서원 기간 동안에 혹시라도 더럽혔을지 모를 몸을 정결하게 하는 의식을 말한다. 서원 기간이 끝나면, 머리를 깎고 율법에 규정된 희생제물을 바침으로써 나실인의 서원에서 풀려나는 의식을 행해야 했다(민 6:1-21). 여기에 등장하는 서원자 네 사람도 아마 정한 기간 동안 나실인으로 살기를 서원했다가 기한이 차기 전에 죽은 시체를 만졌든지, 혹은 다른 어떤 일로 부정함을 입었던 것 같다.

"네, 그리 하도록 하겠습니다. 저에 관한 형제들의 오해를 풀어줄 수만 있다면야 무슨 일이든 못하겠습니까. 당장 그리 하도록 하지요."

"잘 생각하셨습니다. 참으로 고맙습니다. 이방인으로서 믿게 된 사람들에 대해서는 우상에게 바쳐진 음식과 피와 목매어 죽인 짐승의 고기를 먹지 말아야 하며, 또 음행을 삼가야 한다는 것을 우리가 이미 편지로써 보냈습니다."

예루살렘 교회의 장로들이 이방인 신자들에게 써 보낸 편지의 내용은 일전에 예루살렘 총회에서 가결된 사항들이다. 다음날, 바울은 하나님께 서원한 네 사람을 데리고 가서 그들로 결례를 치르게 한 뒤에 함께 예루살렘 성전으로 올라갔다. 그리고 결례가 끝나는 날짜와 그들 각자가 하나님께 제물을 바칠 날짜를 성전 측에 신고하였다.

이렇게 바울이 율법의 의식을 충실히 따른 것은 바울의 전도 원칙과 일치했다. 그는 십자가 복음의 원칙과 진리를 거스르지 않는 한, 한 사람의 신자라도 더 얻기 위해, 한 사람의 신자라도 실족하는 것을 방지하기 위해 자신을 모든 데에 기꺼이 적응시켰다(고전 9:19-23).

바울이 예루살렘 성전에서 붙잡힌 뒤 병영으로 연행되다 (21:27-36)

"아니, 저자는 바울?"

"그래, 맞다! 바울이다! 저자를 당장 붙잡아랏!"

바울이 네 명의 서원자들을 데리고 가서 치른 7일 동안의 결례 의식이 거의 끝나갈 무렵, 아시아에서부터 예루살렘에 올라온 몇몇 유대인들이 성전에 있는 바울을 보고는 군중을 선동해서 그를 붙잡았다. 이때 바울을 붙잡은 사람들은 아시아 지방의 에베소에서 오순절을 지키기 위해 예루살렘에 올라온 디아스포라 유대인들이었다. 제3차 전도여행 때 바울은 에베소에 3년 가까이 머물면서 전도 활동을 펼쳤기 때문에 에베소의 유대인들은 바울을 보는 즉시 알아보았던 것이다.

"이스라엘 동포 여러분, 여길 보십시오! 저 사람 바울은 사방천지를 싸돌아다니면서 우리 유대인 민족과 율법, 그리고 거룩한 성전을 거역하는 가르침을 퍼뜨리고 다닙니다. 더구나 이 사람은 지금 헬라인까지 성전에 데리고 와서 거룩한 이곳을 더럽히고 있습니다."

에베소에서 올라온 유대인들은 바울이 예전에 에베소 사람인 '드로비모'와 같이 있는 것을 보았기 때문에, 이번에도 바울이 으레 그를 성전에 데리고 온 줄로 착각했던 것이다. 당시 유대인들은 성전에 이방인이 들어가는 것을 엄격히 금지했다. 특히 이방인이 성전 내 이방인의 뜰을 넘어 성전 안쪽의 유대인 구역으로 들어가는 행위는 성전모독의 행위로 간주하여 돌로 쳐 죽이는 처벌을 가했다.

"뭐라고? 감히 그런 짓을 했다고? 그렇다면 도무지 용서할 수 없다!"

"저자를 당장 돌로 쳐 죽여라!"

에베소에서 올라온 유대인들의 사악한 선동에 군중은 크게 흥분하여 떠들어댔고, 그래서 온 도시가 시끄러워졌다. 사방에서 사람들이 우르르 몰려들어 바울을 붙잡아 성전에서 끌고 나갔다. 그러자 성전 문들이 곧 닫혔다. 이 성전 문들은 이방인의 뜰과 유대인의 뜰 사이에 있는 문들인데, 바울의 피 흘림이 성전을 더럽히게 될까봐 급히 바울을 밖으로 끌고 나간 뒤에 즉시 모든 문들을 닫은 것이다.

"뭣이라? 예루살렘 성전 부근에서 큰 소요가 일어났다고? 아니, 무슨 일로? 감히 어떤 자들이 그런 짓을?"

유대인들이 성전 밖에서 바울을 죽이려고 큰 소동을 벌이는 동안, 로마군대의 천부장은 예루살렘에 소요와 폭동이 일어났다는 보고를 받았다. 천부장은 즉시 수하의 백부장들과 군사들을 인솔하여 달려왔다. 로마 군사들이 달려오는 것을 보자, 폭도들은 흠칫 놀라며 바울을 때리는 것을 멈추었다.

천부장과 백부장은 로마 군대의 지휘관들이다. 로마 군대는 용병의 성격을 지녔는데, 그 특성에 따라 황제 근위대와 로마시(市) 주둔군, 군단, 보조대, 민병대, 함대 등 5개 집단으로 구분되었다. 로마 군대의 중추를 이루는 것은 군단(Legions)인데, 대략 6천 명으로 구성되었다.

1개 군단에는 10개의 보병대가 있었고, 각 보병대에는 3개의 보병 중대, 그리고 각 보병 중대에는 2개의 백인대(百人隊)가 있었다. 각 군단의 최고 사령관은 총독이었고, 총독 밑에 천부장 격인 호민관이

6명 있었다. 그리고 중간 장교로서 백인대를 지휘하는 백부장이 있었다. 그리고 백부장과 일반 군사들 사이에는 일종의 하사관 격인 부관들이 상당수 있었다.

"당장 멈춰랏! 여봐랏, 일단 저자부터 체포하도록 하라!"

천부장은 군중의 소요를 멈추게 한 뒤 군중에게 매를 맞고 있는 바울을 체포하도록 명령했다. 바울이 무슨 큰 잘못을 저질러 사람들에게 매를 맞고 있는 줄 판단했던 것이다. 로마 군사들은 천부장의 명령에 따라 두 개의 쇠사슬로 바울을 결박했다.

"무슨 일이냐? 저자는 누구이며, 그가 무슨 잘못을 저질렀느냐?"

바울을 결박한 다음, 천부장은 군중을 향해 바울이 어떤 사람이며, 그가 무슨 잘못을 저질렀느냐고 물었다. 그러자 군중은 제각기 바울에 대하여 이러쿵저러쿵 다른 소리로 떠들어댔다.

"대체 무슨 말들을 하고 있는 게냐? 도무지 알아들을 수가 없구나! 자, 모두 그만들 하라! 여봐랏, 저자를 병영으로 연행하라!"

군중이 중구난방으로 떠들어내는 바람에 천부장은 사실을 제대로 파악할 수 없었다. 그래서 천부장은 일단 바울을 병영으로 연행하라고 부하들에게 명령했다. 로마 군사들이 바울을 연행하여 안토니아 성채의 층계에 이르렀을 때, 뒤따르던 군중이 더욱 난폭해져서 바

바울이 붙잡혀 로마 병영으로 연행되다

울에게 해를 가하려고 했다. 그러자 군사들은 달려드는 군중을 피해 바울을 메고 층계를 올라가야 했다. 그래도 군중은 계속 뒤따르면서 고래고래 소리를 질러댔다.

"그자를 죽여라!"

"그자를 없애버리자!"

바울이 천부장의 허락을 받고 연설하기 시작하다 (21:37-40)

"잠깐만요! 제가 한 말씀 드려도 되겠습니까?"

로마 군대의 병영 앞에 이르렀을 때, 바울이 천부장에게 부탁했다. 그러자 천부장은 흠칫 놀라면서 되묻는다.

"엇? 네가 헬라 말을 할 줄 아느냐?"

회심 이전에 유대의 큰 랍비인 가말리엘의 문하에서 열심히 수학했던 바울은 충분히 헬라 말을 할 수 있었다. 초기 신약시대의 식자층 유대인들은 최소한 세 가지 언어를 사용할 줄 알았다. 아람어와 헬라어와 히브리어였다. 아람어는 유대인들이 가장 일상적으로 사용하는 언어였다. 그리스 방언이었던 '코이네' 헬라어는 로마제국에서 무역 거래를 할 때 사용되는 언어였다. 그리고 히브리어는 구약성경의 언어였다. 종교 예식을 집행하는 제사장들이나 구약성경을 연구하는 학자들은 이 언어를 사용했다. 천부장은 바울에게 또 묻는다.

"그러면 네가 얼마 전에 폭동을 일으킨 뒤 자객 4천 명과 함께 광야로 도망친 그 이집트 사람이냐?"

바울이 헬라어로 말하는 것을 듣는 순간, 천부장은 바울이 일전에 반란을 일으켰다가 도망친 그 이집트 사람인 줄 생각하고 질문한 것이다.

주후 1세기의 유대 역사가 요세푸스의 기록에 의하면, 주후 54년에 스스로를 위대한 선지자로 자처하던 한 이집트 사람이 자신을 추종하는 3만여 명의 무리를 이끌고 예루살렘에서 로마정부에 거역하여 반란을 일으켰다고 한다.

이 반란은 로마 총독 벨릭스(주후 52-58년 재위)의 군대에 의해 진압되었는데, 이때 무리를 이끌던 그 이집트 사람은 일단의 무리와 함께 감쪽같이 광야로 도망하였다. 그 이집트 사람과 함께 사라진 일단의 무리를 천부장은 여기서 '자객 4천 명'으로 언급했는데, 그들은 무리들 가운데 선별된 자들로 보인다. 천부장의 물음에 바울이 단호한 태도로 대답한다.

"결코 아닙니다! 저는 길리기아 지방의 다소에서 태어난 유대인으로, 그 유명한 도시의 시민입니다. 지금 나를 없애려고 하는 저 사람들에게 제가 잠시 한마디 할 수 있도록 허락해 주십시오."

"좋다! 그리 하라."

천부장이 허락하자, 바울은 병영의 층계 위에 서서 한창 소란을 피우고 있는 군중에게 조용히 해달라고 손짓했다. 그러자 떠드는 소리가 점차 줄어들더니 이내 잠잠해졌다. 이에 바울이 히브리 방언으로 연설하기 시작한다.

이때 '히브리 방언'은 구약시대의 히브리어와는 다른 것으로, 바벨로니아 포로시대 이후에 아람어로 변화된 언어를 가리킨다. 당시에는 이 아람어가 팔레스타인의 유대인들이 일상적으로 사용하는 언어였기에 그들과의 원활한 소통을 위해 바울이 이 언어로 말한 것이다. 천부장에게서 반란자의 혐의를 벗은 바울은 군중을 향한 자기변호를 이유로 그들에게 복음을 선포하기 시작한 것이다.

22

바울의 변론

체포된 바울은 변론할 기회를 얻고는
스데반을 죽일 때 증인으로 나섰던 자신이
다메섹 도상에서 빛 가운데 예수를 만나
그리스도로 개종하게 된 과정을 증언하네

바울이 유대인 군중 앞에서 자신을 변호하다 (22:1-5)

"형제 여러분, 또 어르신 되시는 동포 여러분, 저의 해명을 잘 들어주시기 바랍니다."

바울이 히브리 방언인 아람어로 말하기 시작하자 유대인 군중은 더욱 조용해졌다. 유대인 군중은 바울을 민족의 배반자라고 생각했다가, 그가 유대인들의 언어인 아람어로 말하자 너무도 뜻밖이라 놀라서 잠잠했던 것이다. 바울이 말을 잇는다.

"저는 유대 사람입니다. 길리기아 지방에 있는 다소에서 태어나 여기 예루살렘에서 자랐습니다. 저는 일찍이 가말리엘 스승 밑에서 유대의 율법과 관습에 대해 철저하게 교육을 받았고, 오늘 여러분이 보여주신 것과 똑같이 저도 하나님을 열성적으로 믿어 왔습니다."

바울은 유대인 군중에게 자신의 이력부터 먼저 언급하고 있다. 그 까닭은, 정통 유대인으로서 누구보다도 율법에 충실했던 자신이 왜 예수님을 믿게 되었는지를 보다 설득력 있게 간증하기 위해서였다. 특히 바울이 당대에 유대인들에게 크게 존경받던 율법선생인 가말리엘의 문하에서 율법 교육을 받았다는 사실은 바울의 간증에 한층 무게감을 더해 주었다.

"지난날 저는 '예수의 도'를 따르는 자들을 핍박하여 죽이기까지 하였고, 그 도를 믿는 자들은 남녀노소 가리지 않고 모두 붙잡아 감옥에 가두었습니다. 이런 사실은 대제사장과 공회 의원들 모두가 입증할 수 있는 일입니다. 하루는 제가 그들에게 부탁해서 다마스쿠스에 있는 유대인들에게 보내는 공문을 받아가지고 길을 떠났는데, 그 까닭은 거기 다마스쿠스에 있는 '예수의 도'를 따르는 자들을 모조리 붙잡아서 예루살렘으로 연행하여 처벌하고자 했기 때문입니다."

회심 이전에 바울은 그리스도인들을 핍박하는 데 앞장선 인물이었다. 초대 예루살렘 교회의 신실한 집사요 성령 충만한 인물인 스데반을 돌로 쳐 죽이는 데 앞장섰고(행 8:58), 각 사람의 집을 수색하여 그리스도인을 찾아내어 그를 붙잡은 뒤 투옥시킴으로써 교회를 진멸시키는 데 앞장섰다(행 8:3).

회심 이후에 바울은 각처의 교회들에게 보내는 자신의 편지에서 지난날의 사신을 가리켜 교회와 신자들에 대해 비방자, 박해자, 폭행자, 죄인 중의 괴수 등으로 표현하였다(딤전 1:13, 15).

바울이 유대인 군중 앞에서 자신의 개종을 설명하다 (22:6-16)

"동포 여러분, 그날에 저는 예수의 도를 믿는 자들을 체포할 임무를 띠고 다마스쿠스로 향하고 있었습니다. 정오 무렵, 제가 다마스쿠스에 거의 이르렀을 때였습니다. 갑자기 하늘에서 아주 밝은 큰 빛이 임하여 저와 제 주변을 눈부시게 비추었습니다. 저는 그 눈부신 빛에 휩싸여 그만 땅에 엎어지고 말았습니다. 그때 하늘에서 음성이 들려왔습니다."

바울의 회심 (니콜라 베르나르 리피시에 작)

유대인 군중은 바울이 대체 무슨 말을 하는지 한 번 들어보기나 하자는 심산으로 모두가 숨죽인 채 바울의 회심 간증을 주의 깊게 듣고 있었다.

"하늘에서 제게 들려온 음성은 '사울아, 사울아, 네가 어찌하여 나를 박해하느냐?' 하는 말이었습니다. 그래서 저는 '제게 말씀하시는 당신은 누구십니까?' 하고 물었고, 그랬더니 '나는 네가 박해하는 나사렛 예수니라.' 하는 대답이 들려왔습니다. 그때 저와 함께 가던 다른 사람들은 환한 빛은 보았지만 제게 말씀하시는 그분의 음성은 듣지 못했습니다."

바울(회심 이전의 '사울')이 다마스쿠스 도상에서 부활의 주님을 만나는 극적인 장면이다. 여기서 세 가지 사실을 알 수 있다.

첫째, 예수님은 교회와 신자들에 대한 바울의 핍박을 자신에 대한 핍박으로 간주하고 있다. 이는 주님께서 교회와 신자들이 당하고 있는 모든 일에 함께하신다는 사실을 보여준다. 이런 의미에서 예수님은 교회의 머리요 신자들은 지체가 된다.

둘째, 바울이 만난 분은 '나사렛 예수'다. 당시 유대 사회에는 '예수'라는 이름을 가진 사람들이 많았는데, 바울이 다마스쿠스 도상에서 환한 빛 가운데 만난 분은 다른 누구도 아닌 유대인들이 십자가에 못 박아 죽인 갈릴리 나사렛 출신의 그분 예수였다.

셋째, 다마스쿠스 도상에서 부활의 예수님을 만나는 극적인 신앙 체험을 겪은 자는 오직 바울(사울) 혼자뿐이었다. 바울과 함께했던 다른 일행은 아무도 예수님을 만나는 경험에 참여하지 못했다.

바울의 간증은 계속 이어진다.

"그래서 제가 그분께 묻기를 '주여, 그러면 제가 어떻게 해야 합니까?' 했더니, 주께서 제게 말씀하시기를 '일어나, 다마스쿠스로 들어가라. 거기에 가면, 앞으로 네가 해야 할 일을 일러줄 사람을 만나게 될 것이다.' 하셨습니다. 그때 저는 그 강렬한 하늘의 빛 때문에 앞을 볼 수 없게 되었기에 저와 함께 가던 사람들이 제 손을 붙들고 다마스쿠스로 들어가야만 했습니다."

바울은 자신에게 집중적으로 강력하게 비췬 하늘의 빛 때문에 앞을 볼 수 없는 상태가 되었다. 잠깐 동안 앞을 보지 못한 게 아니고 사흘 동안이나 앞을 보지 못했다.

바울은 계속해서 간증을 이어간다.

"제가 일행의 손에 이끌려 다마스쿠스에 들어가니, 과연 '아나니아'라는 사람이 저를 찾아왔습니다. 그는 신실하게 율법을 지키며 살아가는 경건한 신자로서 다마스쿠스의 모든 유대인들로부터 존경받는 사람이었습니다. 그가 저를 찾아와 제 곁에 서서 말하기를 '사울 형제여, 눈을 뜨시오!' 했습니다. 그러자 그 순간에 저는 즉시 앞을 볼 수 있게 되었습니다."

바울이 '아나니아'라는 신자를 만나 눈을 뜨게 되는 과정이다. 맨 처음 바울이 겪었던 실제 과정(행 9:10-18)에 비해 간략하게 언급되었는데, 이는 당시의 여건상 시간과 분위기가 무척 촉박했기 때문이다. 때에 바울은 로마군대의 병영 앞 층계에 서서 로마총독의 허락을 겨우 받아내 성난 유대인 군중들에게 자신의 회심 과정을 설명하는 중이었다.

"그때 아나니아란 사람이 제게 말하기를 '우리 조상들의 하나님께서 당신을 택하셨습니다. 당신에게 하나님의 뜻을 알게 하시고 의인을 만나게 하시며 또 그분의 입에서 나오는 모든 말씀을 듣게 하시려고 당신을 택하신 것입니다. 그러므로 이제부터 당신은 당신이 보고 들은 것을 많은 사람들에게 증언하게 될 것입니다. 그러니 이제 주저할 까닭이 어디 있겠습니까. 일어나서, 즉시 주님의 이름으로 세례를 받도록 하십시오. 그리고 당신의 죄를 씻도록 하십시오.' 하였습니다."

아나니아는 안수를 통해 바울의 눈을 뜨게 해준 뒤 그에게 복음 전도자의 사명감을 일깨워주었다. 바울이 하나님께 선택받은 자라는 것, 그래서 다마스쿠스 도상에서 의인(부활의 예수님)을 만나게 해주셨다는 것, 그러므로 이제부터는 예수 그리스도의 증언자로 살아가야 한다는 것을 일깨워주었다.

이 같은 일은, 아나니아가 자기 임의대로 말한 게 결코 아니다. 바울(사울)을 만나기 전에 아나니아는 환상을 통해 주님께로부터 모든 말씀을 지시받았다(행 9:10-16). 그래서 아나니아는 주님께 지시받은바 그 말씀을 그대로 바울에게 전해주었을 뿐이다.

이방인의 사도가 된 바울(22:17-21)

"동포 여러분, 다마스쿠스에서 그런 놀라운 경험을 겪은 후에 저는 예루살렘으로 돌아왔고, 하루는 성전에 올라가 기도를 드리고 있을 때였습니다. 어느 순간, 저는 황홀경에 빠졌는데, 그때 저는 주님을 다시 뵙게 되었고 그분께서 제게 말씀하시는 것을 들었습니다. 제게 이르시기를 '어서 예루살렘을 떠나라. 네가 나를 증언하더라도 이곳 사람들은 네 증언을 받아들이지 않을 것이다.' 하셨습니다."

바울은 회심 후에 가장 먼저 예루살렘으로 올라왔는데, 유대교의 심장부인 예루살렘에서 복음을 증언하기 위해서였다. 그러나 주님은 바울의 그런 인간적인 열망을 꺾으시고, 그를 이방인을 위한 사도로 삼으셨다. 그래서 바울은 주님의 뜻에 따라 예루살렘과 유대 땅을 떠나 수리아, 소아시아, 마케도니아, 아가야 등 이방인 지역을 두루 다니면서 복음을 전했던 것이다. 바울의 간증은 이어지는데, 유대인 군중은 점차 인내심을 잃고 짜증을 내기 시작했다. 하지만 바울은 더욱 힘찬 목소리로 간증한다.

"그때 저는 주님께 아뢰기를 '주여, 사람들은 제가 회당을 돌아다니면서 주님을 믿는 사람들을 잡아다가 감옥에 가두고 매질한 것을 잘 알고 있습니다. 게다가 주님의 증인 된 스데반이 피를 흘리며 죽임당할 때 저는 그 자리에서 그 일을 승인했고, 뿐만 아니라 스데반을 돌로 치는 사람들의 겉옷을 지켜주기까지 했습니다.'라고 대답했습니다. 그러나 주님께서는 제게 말씀하시기를 '가라, 너는 예루살렘을 떠나라. 나는 너를 멀리 이방 사람들에게로 보낼 것이다.'라고 하였습니다."

바울 자신이 주님께로부터 이방인의 사도로 밝히 사명을 받는 장면을 간증하였다. 이때뿐 아니라 이후에도 바울은 복음 증거의 기회가 있을 때마다 자신의 회심 경험을 자주 언급하였다. 로마 총독 벨릭스에게도(행 24:10-21), 헤롯 아그립바 왕에게도(행 26:1-23) 회심의 경험을 증언했다. 그 이유는 분명하다. 바울에게 있어 다마스쿠스 도상의 회심 사건은 일생일대의 대전환점인바, 그것은 바울의 사도 직분을 인증해줌으로써 바울이 증언하는 메시지가 참되고 바르다는 진정성의 권위를 부여해주기 때문이다.

바울이 로마 시민권자임을 밝히다 (22:22-30)

"뭐라? 하나님이 너를 이방인에게로 보내? 할례 없는 이방인에게로?"

예로부터 이방인을 개, 돼지 취급하면서 하나님은 오직 유대인들만의 하나님이라는 종교적 특권의식과 민족적 선민의식에 빠진 유대인들, 그들은 바울의 간증을 듣고는 화가 치밀어 올라 일제히 소리를 질러댔다.

바울의 말은, 유대인의 율법을 통하지 않고도 이방인들이 하나님께 직접 나아갈 수 있다는 사실을 뜻했다. 유대인들은 그것을 이스라엘의 선민사상에 대한 부정과 모세 율법에 대한 심각한 도전으로 간주했던 것이다.

"에잇, 몹쓸 놈! 저런 자를 그냥 살려두어선 안 된다!"

로마군대의 병영 앞 층계 앞에 모인 유대인 군중은 미친 듯이 고함을 질러대면서 옷을 벗어 던지고 흙을 움켜쥐고 공중에 흩날렸다. 이것은 바울에 대해 격분을 나타내는 살벌한 행동이다. 옷을 벗어 던진 것은 이제부터는 무슨 짓이라도 할 준비를 갖췄다는 것을, 티끌을 공중에 흩날린 것은 상대방을 경멸하고 저주한다는 뜻이다.

"여봐랏, 어서 저자를 병영 안으로 데려가라!"

유대인 군중이 바울의 말로 인해 폭동을 일으킬 조짐을 보이자, 로마군대의 천부장은 바울을 병영 안으로 빨리 데리고 들어가라고 부하들에게 명령했다. 그런 뒤, 바울을 채찍으로 심문하여 유대인들이 왜 저렇게 소동을 벌이는지 그 이유를 밝혀내라고 지시했다.

당시 로마 군사들의 채찍질은 가혹하기로 유명했다. 여러 갈래로 갈려 있고, 그 끝에 날카로운 뼈나 금속 조각이 달려 있는 가죽 채찍으로 사람의 등짝을 사정없이 내리치는 행위는 무자비한 형벌이었다. 채찍질로 인해 목숨을 잃은 경우도 있었다.

"네 이놈, 움직이지 말고 순순히 포박을 받아라!"

천부장의 명을 받은 로마 군사들은 채찍질을 가하여 심문하려고 바울을 가죽 끈으로 결박했다. 그런 뒤 채찍질을 막 하려고 할 때 바울이 곁에 서 있는 백부장에게 급히 말한다.

"보시오. 로마 시민 된 사람을 재판도 하지 않은 채 채찍질부터 가하는 법이 세상에 어디 있단 말이오?"

"뭐, 뭣이? 그럼, 네가 로마 시민이란 말이냐?"

"그렇소!"

바울의 말을 듣고 백부장이 흠칫 놀란 표정을 지었다. 그는 수하의 군사들이 채찍질하지 못하게 한 뒤 얼른 천부장에게로 달려가 사실을 보고했다. 백부장과 천부장은 로마군대의 장교들이다.

로마 군인들이 바울을 채찍질하려 하다

"천부장님, 저자를 어찌할까요? 저 사람이 로마 시민이랍니다."

백부장의 보고를 받은 천부장이 크게 놀라워하며 바울에게로 곧장 와서 묻는다.

"그대가 정말 로마 시민이란 말이오?"

"그렇습니다. 나는 로마 시민권을 가진 사람입니다."

"나도 로마 시민권을 가지고 있지만 그걸 얻느라 꽤나 많은 돈이 들었소. 아무나 그걸 가질 수 없건만 그대는 어떻게 그걸 가지게 되었소?"

로마 시민권을 취득하는 방법은 세 가지였다. 첫째는, 로마 시민의 가정에서 태어나는 것이다. 둘째는, 로마 정부를 위해 탁월한 공을 세울 경우다. 셋째는, 엄청난 돈을 들여 시민권을 사는 경우다. 그런 만큼 노예나 일반인(이방 민족의 사람들)이 대다수를 이뤘던 로마제국에서 로마 시민권을 지닌 사람은 상당한 명예와 권리를 누렸다.

그런데 시간이 지나면서 로마 시민권은 상당한 뇌물에 의해 주어지기도 했고, 로마 황제들이 국고를 충당하기 위해 보다 저렴한 금액에 공개적으로 시민권을 팔기도 했다. 하지만 어떤 방식으로든 상당한 돈을 지불해야 로마 시민권을 얻을 수 있었다. 천부장 자신은 많은 돈을 들여 어렵사리 시민권을 샀는데, 초라한 행색의 바울에게는 전혀 돈이 많이 있을 것으로 보이지 않았기 때문에 아주 의아해서 질문한 것이다. 천부장이 난감한 표정을 지으며 묻자, 바울이 당당하게 대답한다.

"천부장님, 저는 태어날 때부터 로마 시민권을 가졌습니다."

"뭣이? 태어날 때부터? 그, 그게 정말이오?"

로마 시민권은 자녀에게로 계승되었다. 따라서 바울의 말은, 바울의 부친이 로마 시민권자라는 의미다. 그렇다면 바울의 가문이 언제, 어떻게 로마 시민권을 소유하게 되었을까? 이에 대해서는 성경에 알려진 바가 없으므로 확실하게 말할 수 없다. 다만 그 가능한 방법을 몇 가지로 추측해볼 수 있을 뿐이다.

첫째, 주전 171년경에 길리기아 지방의 다소가 헬라시(市)로 편입될 때 그 도시의 몇몇 유력한 인물들에게 로마 시민권을 주었는데, 바울의 선조가 그 인물들 중에 포함되었을 가능성이 있다. 둘째, 바울의 선조들 가운데 누군가가 로마정부에 큰 공을 세워 그 대가로 로마 시민권을 부여받았을 가능성이 있다. 셋째, 바울의 선조들 가운데 누군가가 많은 돈을 지불하고 로마 시민권을 취득했을 가능성이 있다.

어찌 되었건, 모든 가능성은 바울의 가문이 부유했거나 유력했음을 보여준다(그래서 바울이 길리기아 지방의 다소에서 멀리 유대 땅 예루살렘까지 유학을 왔고, 게다가 당대의 큰 랍비인 가말리엘의 문하에서 수학했을 것이다).

"여봐랏, 당장 물러가도록 하라!"

바울의 말을 듣고, 천부장은 바울을 결박한 뒤 채찍질로 심문하려고 했던 수하의 군사들을 즉각 물러가게 했다.

'난처하게 됐군! 그자가 이 일을 문제 삼으면 정말 곤란한데….'

천부장은 바울이 로마 시민권자라는 사실을 알고는 그를 함부로 다루면서 채찍질하려고 결박한 일 때문에 덜컥 겁이 났다.

로마제국에서 로마 시민은 특별한 법적 권리를 지녔다. 로마 시민은 잔인하거나 수치스러운 형태의 모든 형벌에서 면제받았다. 심문을 받더라도 채찍질은 당하지 않았다. 극형을 받을 때도 그들은 십자가형을 받지 않고 그보다 인간적인 방법으로 간주된 참수형을 받았다(그래서 후일 바울은 참수형을 당해 순교했다).

무엇보다 로마 시민은 본인이 원하면 지방의 분봉왕이나 총독의 재판을 거부하고, 로마 황제(가이사)에게 직접 상소할 수도 있었다. 나중에 바울은 로마에 가려고 일부러 이 방법을 선택했다(행 25:12). 이런 상황인지라, 예루살렘의 천부장은 로마 시민권자인 바울을 죄도 정함 없이 결박하고 채찍질하려 함으로써 로마법을 위반했다. 물론 모르고 한 일이지만, 로마 시민권자인 바울이 그 일을 문제 삼을까봐 천부장은 속으로 크게 두려워했던 것이다.

'흐흠, 그렇다면 그자가 가이사에게 상소하기 전에 내가 직접 이번 사건을 맡아 처리해야겠다.'

바울이 일을 더 크게 벌이기 전에, 천부장은 자기 선에서 이번 사건을 마무리지어야겠다고 마음먹었다. 그래서 천부장은 다음날에 바울이 왜 유대인들에게 고발을 당했는지 그 이유를 직접 알아보려 했다. 그는 바울을 묶었던 사슬을 풀어주게 한 뒤, 유대인 대제사장들과 온 공회(산헤드린) 의원들을 모이게 했다. 그런 다음, 천부장은 병영에서 바울을 데리고 나가 그들 앞에 세웠다.

바울이 공회에 모인 유대의 종교 지도자들 앞에 섰을 때, 바울은 그들에게서 살의와 증오심으로 무장된 무시무시한 표정들을 보았다. 바울은 문득 지난날을 떠올리며 몸서리를 쳤다. 자신의 표정도 그러했으리라 생각했기 때문이다. 온몸에 식은땀이 흘러내렸다. 바울은 속으로 기도하며 마음을 가다듬었다.

23

가이사랴로 호송되는 바울

로마 군대의 병영에 갇혀 있는데
주님이 환상 가운데 나타나
바울 곁에 서서 말씀하신다.
"바울아, 담대하여라! 두려워하지 마라!"

바울이 유대 공회 앞에서 변호하다 (23:1-11)

바울은 또다시 복음을 증언할 기회를 얻었다. 그래서 주님께 감사하면서 공회(산헤드린) 의원들의 얼굴을 똑바로 바라보며 말하기 시작한다.

"저는 오늘날까지 모든 일에 올바른 양심을 가지고 하나님을 섬기며 살아왔습니다."

"뭣이라고? 신성한 공회에서 거짓을 내뱉는 저자의 입을 쳐라!"

바울의 말을 듣자마자, 공회 의장인 대제사장 아나니아가 바울 곁에서 있는 사람들에게 바울의 입을 치라고 명령했다. 당시 유대의 대제사장은 네데베우스의 아들인 아나니아(주후 48-58년 재임)였는데, 유대 역사가 요세푸스의 기록에 따르면 그는 친(親)로마적인 인물로, 술수에 능하고 탐욕적인 사람이었다. 일반 제사장들에게서 십일조를 받아 자기 재산을 축적했고, 기득권 유지와 출세를 위해 로마 고관들에게 아낌없이 뇌물을 바쳤다고 한다. 아나니아의 당치 않는 말을 듣고, 바울이 그를 향해 담대하게 말한다.

"이 겉만 번지르르한 위선자여, 하나님께서 당신을 치실 것이오. 당신은 그 자리에 앉아 율법에 따라 나를 재판한다고 하면서도 나의 참된 증언에 대해 나의 입을 치라고 명령하다니, 도리어 당신 스스로가 율법을 어긴 것이오!"

바울이 공회 의원들 앞에서 복음을 전하다

바울은 정당한 재판을 받기 위해 공회 앞에 선 것인데, 제대로 재판을 받기도 전에 자신의 입을 치라고 명한 아나니아의 불법성을 과감하게 지적한 것이다. 바울의 담대함에 공회원들은 모두 크게 놀랐을 터인데, 이때 바울이 대제사장 아나니아에게 한 말은 오래지 않아 현실이 되었다.

주후 66년, 유대주의자들이 로마정부에 거역하여 반란을 일으켰을 때 평소 친로마정책으로 일관했던 아나니아는 그들의 표적이 되었다. 그의 집은 유대주의자들에 의해 방화되었고, 이때 아나니아는 헤롯 궁전으로 급히 피하여 뜰에 있는 하수구 속에 숨어 있다가 결국 발각되어 죽임을 당했다. 바울의 말을 듣고, 바울 곁에 서 있던 사람들이 크게 화를 내며 바울에게 말한다.

"아니, 이자가? 어디 그런 해괴한 말로 감히 하나님의 대제사장을 모욕하는 게냐?"

그 말에 바울이 감정을 가라앉히며 부드러운 어조로 대답한다.

"형제들이여, 저는 그 사람이 대제사장인 줄 몰랐습니다. 성경에 기록되기를 '네 백성의 지도자들을 비방하지 말라'고 한 것을 저도 잘 알고 있습니다."

아무리 타락한 대제사장이라 할지라도 아나니아는 엄연히 대제사장 직분을 가진 자였으므로, 바울은 성경의 가르침에 따라 백성의 지도자인 대제사장을 알아보지 못하고 거친 말로 대응한 것에 대해 진심으로 사과했다. 그러고 나서 바울은 공회원들 중 일부는 사두개파 사람들이요 또 일부는 바리새파 사람들인 것을 알고서 큰 소리로 말한다.

바리새파와 사두개파, 이들은 신약시대에 유대교의 여러 종교적 분파들 중에서 대표적인 두 집단으로 사상, 교리, 정치 성향 등에서 완전히 대조적인 입장을 취했다. 그래서 그들은 서로 주도권을 잡기 위해 항상 갈등과 배척과 알력 관계에 있었다.

특히 사두개파는 바리새파보다 초대교회에 대한 적개심이 강했고, 사도시대 내내 교회에 대한 그들의 적대적 태도는 변하지 않았다. 바리새파 사람들은 기독교로 개종하는 일이 더러 있었지만 사두개파 사람들이 교회 안으로 들어왔다는 기록은 없다. 나중에 예수님의 형제 야고보를 죽인 것도 사두개파 사람들로 추정된다. 사두개파는 주후 70년 예루살렘이 망하면서 역사에서 사라졌다.

"형제 여러분, 나는 조상 대대로 바리새파 사람입니다. 제가 오늘 여기서 재판을 받는 것은 죽은 자의 부활을 믿는다는 이유에서입니다."

"죽은 자의 부활? 그런 게 어디 있다고! 허튼 소리!"

사두개파 사람들이 코웃음을 치자, 바리새파 사람들이 그들의 말을 반박한다.

"무슨 소리! 죽은 자의 부활이 없긴 왜 없어! 그건 확실한 거야!"

이처럼 바울의 말을 듣고 공회원들은 둘로 갈라져 바리새파와 사두개파 사이에 큰 다툼이 벌어졌다. 사두개파 사람들은 부활이 없다고 말하면서 천사나 영(靈)도 존재하지 않는다고 주장한 반면, 바리새파 사람들은 그런 것들을 모두 인정했기 때문이었다. 두 집단이 서로 갈라져 자기들의 교리를 마구 주장하는 바람에 공회가 크게 소란해졌다. 그러던 중 바리새파 율법학자들 가운데 몇 사람이 나서서 바울을 옹호한다.

"우리는 이 사람에게서 아무런 잘못을 찾을 수 없소이다. 혹 천사나 영이 그 사람에게 말해주었을 수도 있지 않겠소?"

"그게 가당키나 하오? 무슨 말도 안 되는 소릴 하는 것이오?"

두 집단이 서로를 향해 삿대질하고 고함치면서 다툼과 논쟁이 더욱 격렬해졌다. 공회는 그야말로 아수라장이 되었다. 그런 모습을 한심한 듯 한동안 바라보다가 천부장이 수하의 군사들에게 명한다.

"너희는 즉시 바울을 빼내어 병영 안으로 다시 데리고 가라!"

두 집단의 격렬한 다툼과 싸움에 휘말려 바울이 그들에게 찢겨 죽을까 염려되었기 때문이다. 천부장의 명을 받은 로마 군사들은 바울을 공회에서 이끌어내어 로마 군대의 병영 안으로 다시 데리고 갔다. 그날 밤, 주님이 환상 가운데 나타나 바울 곁에 서서 말씀하신다.

"바울아, 담대하여라! 두려워하지 마라! 네가 예루살렘에서 나에 대해 증언한 것처럼 후일 로마에서도 나를 증언해야 하리라."

바울은 오래전부터 로마제국의 심장부인 로마에 들어가 십자가 복음을 널리 전하고 싶은 뜨거운 열망을 지니고 있었다. 그런 바울의 열망이 환난 가운데서 주님께로부터 확실한 약속을 받았다. 그 약속을 받고, 복음 전도자 바울의 심장이 뜨겁게 뛰기 시작했다.

'그래, 로마! 언젠가 반드시 로마에 들어가 복음을 전하리라!'

바울을 죽이려는 유대인들의 음모와 맹세 (23:12-22)

"아, 아깝다! 바울을 없앨 좋은 기회였는데!"

"에잇, 바보들같이! 좋은 기회를 그리 허무하게 날려버리다니!"

이튿날 아침, 극렬 유대인들이 한데 뭉쳐 당을 짓고는 서로 머리를 맞대고 바울을 죽일 방법을 모의했다. 그런 뒤에, 그들은 바울을 죽이기 전에는 먹지도 않고 마시지도 않겠다고 여호와의 이름을 걸고 굳게 맹세했다. 바울을 죽이려는 이 모의와 맹세에 가담한 사람은 무려 40명이 넘었다. 그들은 대제사장과 장로들에게로 가서 말한다.

"우리는 바울을 죽이기 전에는 아무것도 먹지 않기로 굳게 다짐하고 맹세했습니다."

"그래요? 잘한 일이오. 주께서 그대들에게 복 내려주실 것이오."

"그러니 이제 여러분은 공회원들과 함께 천부장에게 나가서 바울에 대해 더 자세하게 조사할 일이 있다면서 그자를 여러분들 앞에 데려오도록 요청하십시오. 그러면 우리는 은밀한 데 매복하고 있다가 바울이 이리로 오는 도중에 갑자기 덮쳐 감쪽같이 그자를 죽여 없앨 것입니다. 우리는 그렇게 할 수 있는 만반의 준비를 다 해놓았습니다."

"오호, 그래요? 그대들만 믿겠소! 이번엔 어떤 일이 있어도 그자를 반드시 없애야 합니다."

"아무 걱정하지 마십시오! 이번엔 틀림없습니다! 이제 그자는 죽은 목숨이나 마찬가집니다."

그러니까 40명의 유대인 결사대의 작전은 이런 것이었다. 전날 소란과 난동으로 도중에 끝난 바울의 재판 건에 대해 공회가 재심을 청구하면 천부장은 어쩔 수 없이 바울을 공회에 다시 내보내야 할 것이다. 바울이 공회로 인도될 때, 40명의 결사대가 이동하는 길목에서 매복하고 있다가 일순간에 바울을 덮쳐 암살한다는 치밀한 작전이었다.

일생일대의 위기였다! 바울을 죽이기 전에는 먹지도 마시지도 않겠다고 굳게 맹세한 40명의 유대인 광신도들. 과연 바울은 그들의 무시무시한 살해 음모에서 벗어날 수 있을까?

여하간 바울이 지금 그들에게 붙잡혀 죽을 수는 없다. 바울에겐 완수해야 할 사명이 아직 남아 있기 때문이다. 바울은 로마에 가서 십자가 복음을 전해야 하고, 주께서는 반드시 그렇게 될 것이라고 약속해 주셨다(행 23:11). 그렇다면 바울은 어떻게 이 위기상황을 극복했을까?

주께서 숨겨놓은 카드가 있었다. 바울의 조카였다! 바울의 조카? 성경에서 바울에 대한 친척 관계가 구체적으로 언급된 것은 이곳이 유일하다. 여기서 우리는 최소한 바울에게 출가한 누이가 있었음을 알 수 있다. 바울의 집안이 정통 바리새인 가문이었으므로 바울의 누이는 바리새인과 결혼했을 가능성이 크고, 그녀의 남편이 예루살렘 사람이었다면 그들 부부는 당연히 예루살렘에 자리 잡고 살았을 것이다.

이렇게 본다면, 바울이 다소를 떠나 예루살렘에서 가말리엘의 문하에서 율법을 공부할 때 그 누이의 집에서 머물렀을 가능성이 있고, 이때 바울과 조카는 상호 살가운 친분을 쌓았을 것이다. 세월이 흘러, 현재 상황에서 바울의 조카가 어떤 경로를 통해 삼촌 바울을 해하려는 유대인 광신도들의 음모에 관한 정보를 입수했는지는 알 수 없다. 아마도 어떤 바리새인이 바울의 목숨을 구하려고 그의 조카에게 살짝 귀띔해주었을 것이다.

바울이 구금되어 있는 로마 군대의 병영으로 급히 달려간 바울의 조카, 그는 거기서 삼촌 바울을 만나 유대인 광신도들의 살해 음모에 대해 알려주었다.

"그래? 그게 확실한 거야?"

"네, 삼촌! 틀림없어요. 어서 대책을 세워야 해요."

조카의 말을 듣고, 바울이 백부장 한 사람을 급히 불러 그에게 말한다.

"백부장님, 이 청년을 지금 즉시 천부장에게 데려다주십시오. 긴히 전할 말이 있다고 합니다."

백부장이 바울의 말을 믿고 바울의 조카 된 그 청년을 천부장에게 데려다주며 보고한다.

"천부장님, 죄수 바울이 저를 부르더니 이 청년을 천부장님께 즉시 데려다주라고 했습니다. 천부장님께 긴히 드릴 말씀이 있다고 합니다."

천부장이 약간 의아해하며 백부장이 데리고 온 그 청년의 손을 잡고 한쪽으로 가더니 묻는다.

"그래, 내게 긴히 전하겠다는 말이 무엇인가? 말해보게."

"네, 천부장님. 유대인들이 천부장님을 찾아와서 내일 바울을 한 번 더 공회 앞에 데리고 나와 달라고 요구할 것입니다. 그들은 그렇게 요구하기로 공모했습니다. 그러나 천부장님께서 그것을 허락하시면 절대로 안 됩니다!"

"어째서?"

"40여 명의 유대인 결사대가 공회로 가는 길가에 매복해 있다가 일순간에 바울을 덮쳐 죽이기로 계략을 꾸몄기 때문입니다. 그자들은 하나로 똘똘 뭉쳐 바울을 죽이기 전에는 먹지도 않고 마시지도 않겠다고 서약을 한 자들입니다. 지금 그자들은 바울을 죽일 만반의 준비를 다 갖춰놓고 천부장님의 허락만 기다리고 있습니다."

"그게 사실인가?"

"네, 틀림없습니다. 믿을 만한 사람에게서 정보를 입수한 것입니다."

"그래, 알았다! 내가 알아서 대처할 테니, 이 사실을 내게 알렸다는 말을 아무에게도 하지 말아라."

천부장은 바울의 조카 되는 그 청년에게 방금 말한 그 정보를 자신에게 알려준 사실을 비밀에 부쳐줄 것을 당부한 뒤 그 청년을 돌려보냈다.

바울이 벨릭스 총독에게 호송되다 (23:23-35)

바울의 조카를 돌려보낸 뒤, 천부장은 즉시 백부장 두 사람을 불러 명령한다.

"너희는 오늘 밤 9시에 예루살렘을 떠나 가이사랴로 출발할 수 있도록 보병 200명과 마병 70명, 그리고 창병 200명을 대기시켜 놓도록 하라!

또 바울을 벨릭스 총독에게 무사히 호송할 수 있도록 그를 태울 말도 준비하라!"

그 청년(바울의 조카)의 말을 듣고, 천부장은 바울을 보다 안전하게 관리하기 위해 그를 가이사랴에 호송하려 했다. 예루살렘은 유대 공회가 있는 유대교의 본산지인 반면, 가이사랴는 로마 군단이 주둔하고 있는 로마의 본부였기 때문이다. 따라서 예루살렘에서 110km가량 떨어져 있는 지중해 연안의 가이사랴는 유대인들에게 목숨의 위협까지 받고 있는 바울에게 예루살렘보다 훨씬 안전한 장소였다. 바울의 호송에 관한 명령을 내린 뒤, 천부장은 곧이어 벨릭스 총독에게 보내는 편지를 쓴다.

> 천부장 글라우디오 루시아가 로마총독 벨릭스 각하께 문안을 드립니다. 지금 제가 각하께 보내는 이 사람은 유대인들에게 붙잡혀 살해당할 위험에 처했으나 제가 군사들을 보내어 구출해냈습니다. 그가 로마 시민이라는 것을 알았기 때문입니다.

바울은 로마 시민이었기 때문에 특별히 보호받을 수 있었다는 것을 알 수 있다. 그렇지 않았다면, 천부장은 분명 바울에 대한 유대인들의 살해 음모를 가볍게 여겼을 것이다. 천부장의 편지는 이어진다.

> 저는 유대인들이 왜 이 사람을 고발했는지, 그 이유를 알고자 그를 유대 공회로 데리고 갔습니다. 그 결과, 저는 그가 유대인들의 율법 문제로 고발당했다는 것을 알게 되었지만, 그를 감옥에 가두거나 혹은 사형을 시킬 만한 죄는 발견할 수 없었습니다. 그런데도 그를 암살하려는 유대인들의 음모가 있다는 유력한 정보를 입수하게 되어 곧바로 그를 각하께로 보냅니다. 그리고 그를 고발한 자들에게도 앞으로는 그에

대한 사건을 각하 앞에 제소하도록 일러두었습니다. 각하의 현명한 처결을 바랍니다.

"자, 출발하자!"

천부장에게서 명령을 받은 대로, 두 명의 백부장은 수하의 군사들을 이끌고 그날 밤 9시에 예루살렘을 떠나 가이사랴로 출발했다. 먼저 그들은 바울을 안디바드리까지 호송했다. '안디바드리'는 예루살렘과 가이사랴의 중간쯤에 있는 도시로, 헤롯 대왕이 자기 부친 '안티파테르'의 이름을 따서 명명한 곳이다. 예루살렘에서 대략 56km 떨어진 이곳까지 로마 군사들이 밤새 바울을 호송하여 걸었다면 상당한 강행군을 한 셈이다.

이튿날, 날이 밝자 로마 군사들은 바울을 가이사랴까지 호송하는 일을 마병들에게 맡기고 나머지는 예루살렘 병영으로 돌아갔다. 그리하여 마병 70명이 바울을 호송하여 가이사랴에 무사히 도착하자, 그들은 천부장이 보낸 편지와 함께 바울을 벨릭스 총독에게 넘겨주었다.

바울이 가이사랴로 호송되다

벨릭스는 노예 신분에서 자유인이 되고, 그 후에 총독으로까지 초고속 출세를 한 사람이다. 거기에는 그만한 까닭이 있다. 그에게는 '팔라스'라는 형이 있었는데, 그가 네로 황제의 총애를 받았다. 그 덕분에 벨릭스는 노예로서는 특혜 중의 특혜인 자유인이 되고, 나중에는 지방장관(총독)이 되어 유대로 왔다. 이처럼 노예 신분에서 로마의 지방장관이 된 사람은 로마 역사상 처음이었다. 그래서 로마의 역사가 타키투스는 '노예 정신으로 왕의 특권을 행사한 사람'이라고 기록했다. 왕권은 행사하지만, 그가 하는 짓은 노예 수준이었다는 말이다. 그는 세 여인을 데리고 살았다.

총독은 천부장이 보낸 편지를 꺼내어 읽은 다음, 자기 앞에 서 있는 바울을 향해 묻는다.

"그대는 어디 출신인가?"

총독 벨릭스가 바울을 향해 그의 출신을 가장 먼저 묻는 까닭은 바울의 출신지에 따라 재판 관할권이 달라지기 때문이다. 당시 로마제국의 각 주(州)는 황제의 직할지가 있었고, 지방 총독이나 분봉왕의 속주일 수도 있었다.

"길리기아 출신입니다."

바울은 로마제국 내의 길리기아주(州) 다소 출신이었다. 길리기아는 소아시아 남동부에 위치한 주로서, 남쪽으로는 지중해, 동쪽으로는 아마누스 산맥, 북쪽과 서쪽에는 타우루스 산맥에 둘러싸여 있었다. 산맥과 고원과 계곡이 어우러져 풍광은 수려했지만 교통이 불편했다. 주요 교통로는 해안선을 따라 발달했으며, 질이 좋은 목재와 양모로 유명하다. 본래 바사(페르시아) 제국의 네 번째 주였으나, 헬라시대에는 셀류코스 왕조의 지배를 받았고, 신약시대에는 로마제국의 속령이 되었다.

"길리기아 출신이라…. 알았다! 그대를 고발한 자들이 이리로 오게 되면, 그때 그대의 말을 듣기로 하겠다."

이렇게 말한 뒤, 벨릭스 총독은 바울을 헤롯 궁 안에 가둬놓고 잘 지키라고 명령했다. '헤롯 궁'은 본래 헤롯 대왕(주전 37-4년)이 자신의 권세를 과시하기 위해 지중해 연안도시인 가이사랴에 크게 지은 궁전이었다. 그런데 헤롯 대왕이 죽은 후에는 로마총독의 관저 및 로마군대의 본영으로 사용되었다. 고대의 궁전들이 대개 그렇듯, 헤롯 궁도 요새의 역할을 했고, 재판정으로도 사용되었으며, 지하에는 죄수들을 가두는 감옥도 갖추어져 있었다.

자, 이쯤에서 궁금해지는 게 하나 있다. 바울을 죽이기 전에는 아무것도 먹지 않겠노라고 '여호와의 이름으로' 굳게 맹세한 40명의 유대인 결사대의 운명이다. 그 후 그들은 어찌 되었을까? 바울을 죽이지 못했으니, 맹세한 대로 전부 굶어 죽었을까?

아니다. 유대인 사회에서는 '여호와의 이름으로' 행해지는 맹세가 무척 신성한 것으로 여겨졌지만, 유대 전통은 맹세에 관한 여러 예외 규정을 두고서 그럴 듯한 구실을 대면 얼마든지 맹세에서 풀려날 수 있도록 했다. 따라서 그들도 마치 아무 일도 없었다는 듯 예외 규정을 적용해 분명 자기들의 맹세에서 손쉽게 벗어났을 것이다.

그들은 '여호와의 이름으로' 맹세하면서 바울을 기필코 죽이겠다고 결심했지만, 그 맹세 때문에 기꺼이 죽으려는 각오는 처음부터 추호도 없었다. 이런 점이 유대교의 위선이고 유대주의자들의 한계였다. 그들의 율법과 전통에는 아무런 생명력이 없었다. 하지만 바울이 전하는 십자가 복음은 힘 있고 생명력 넘치는 뜨거운 능력이 있었다.

24

총독 벨릭스 앞에서

유대인들은 변호사 더둘로를 고용하여
유대인을 꾀어 반란을 일으킨 죄로
바울을 벨릭스 총독에게 고소하니
벨릭스가 재판을 열어 바울의 변론을 듣네

유대인 지도자들이 바울을 고발하다 (24:1-9)

"지금부터 법정을 열고 재판을 시작하겠소."

바울이 가이사랴로 호송된 지 닷새 후(주후 58년경), 대제사장 아나니아가 장로들 몇 사람과 '더둘로'라는 변호사를 데리고 예루살렘에서 가이사랴로 내려와 벨릭스 총독에게 바울을 고발했다. 유대인들의 고발로 총독은 법정을 열고 재판을 개시했고, 헤롯 궁의 감옥에 감금되어 있던 바울이 재판정에 불려나왔다. 그러자 유대인 측의 변호사인 더둘로가 바울에 대하여 고발하기 시작한다.

"존경하는 벨릭스 각하, 우리 유대인들은 각하 덕분에 오랜 동안 평화로운 세월을 누려 왔습니다. 각하의 선견지명 덕분에 이 민족의 많은 것들이 크게 개선되었으므로, 우리는 모든 면에서 탁월하신 총독 각하께 항상 깊이 감사드리고 있습니다. 이제 각하를 오래 괴롭히지 않고자 이 사람에 대한 고발의 대강만을 간략하게 말씀드리고자 하오니

유대인들이 변호사 더둘로를 선임하여 바울을 고발하다

잠시 제 말을 들어주시기 바랍니다."

유대인 측 변호사 더둘로가 바울을 본격적으로 고발하기에 앞서 총독에게 한껏 아첨을 떠는 발언이다. 사실, 벨릭스 총독은 그의 탐욕과 폭정으로 인해 유대 최악의 총독 가운데 하나였다. 더둘로는 참석자들이 듣기 민망할 만큼 아부를 한 후, 바울을 본격적으로 고발한다.

"각하, 우리가 고발하는 이 사람은 마치 전염병 같은 자로서, 온 세상을 두루 돌아다니며 유대인들을 충동질하여 소요를 일으키는 자입니다. 이 사람은 나사렛 이단의 두목으로서, 우리의 거룩한 성전까지 더럽히려고 했습니다. 우리가 그를 체포했던 것도 바로 그 일 때문입니다. 우리는 이 사람을 우리의 율법에 따라 재판하려고 했지만, 천부장 루시아가 와서 강제로 그를 빼앗아갔습니다. 그러면서 앞으로는 각하께 직접 그를 고발하라고 지시했습니다. 그러므로 각하께서 친히 이 사람을 심문해 보신다면 우리의 고발이 정당하다는 것을 아시게 될 것입니다."

더둘로는 바울을 '전염병'에 비유하여 벨릭스가 그에 대해 혐오감을 느끼도록 유도했다. 또한 그는 바울을 '나사렛 이단의 두목'이라고 칭함으로써 로마법에 의해 십자가에 못 박혀 죽은 나사렛 출신의 예수를 따르는 바울과 그의 무리들을 로마제국의 질서와 평화를 어지럽히는 불순한 도당으로 몰아갔다.

"맞습니다! 바울이란 자는 로마에 해를 끼치는 불순한 자입니다!"

"옳소! 나사렛 도당을 깡그리 없애야 합니다!"

더둘로의 고발이 끝나자, 법정에 있던 다른 유대인들이 입을 모아 바울과 그의 무리들을 없애야 한다고 목소리를 높였다.

바울이 벨릭스 총독 앞에서 해명하다 (24:10-23)

"잘 들었소. 그러면 이번에는 원고 측의 고발 건에 대하여 피고 측인 바울이 변호해 보시오."

원고 측의 고발이 끝나자, 벨릭스는 피고 측인 바울에게 그의 입장을 변호할 기회를 주었고, 이에 바울은 자기 입장을 개진한다(행 24:10-21). 양측의 진술을 다 들은 지방 총독 벨릭스는 판결을 내릴 수 있었는데, 만일 이 판결에 불복하면 원고나 피고는 상소할 수 있었다. 로마 시민권자인 경우, 최종 상소는 로마 황제(가이사)에게 할 수 있었다.

총독 벨릭스가 고갯짓으로 바울에게 말할 기회를 주자, 바울이 고개 숙여 감사를 표한 후, 자기 입장을 개진하기 시작한다.

"벨릭스 각하, 저는 각하께서 여러 해 동안 이 민족의 재판관으로 계셨던 것을 잘 알고 있습니다. 그러므로 저는 기꺼이 저 자신에 대해 변호하고자 합니다."

벨릭스는 로마에서 파견된 제11대 유대 총독으로(주후 52-60년 재임), 현재 진행되고 있는 바울의 재판이 주후 58년경에 있었으므로 그의 재위 7년차의 사건이다. 바울은 이 점을 강조함으로써 벨릭스가 유대 민족의 관습에 대해 충분히 이해할 수 있을 것이라고 말한 것이다.

"각하, 모든 사실을 조사해보시면 곧 아실 수 있겠습니다만, 제가 예배드리기 위해 예루살렘에 올라간 지가 고작 열이틀밖에 되지 않습니다. 그러므로 저를 고발한 사람들은 제가 성전에서 누군가와 논쟁하는 것을 본 적도 없고, 회당이나 도시의 다른 어느 곳에서도 군중을 선동하는 것을 본 적이 없습니다. 그러므로 이 사람들은 저를 고발한 내용에 대해서 각하께 아무것도 입증할 수가 없을 것입니다."

앞서 유대인 측 변호사인 더둘로는 바울에 대하여 고발하기를, 그가 예루살렘에 올라와서 소요를 일으키고 성전을 더럽혔다고 주장했다. 이에 대해 바울은 자신이 예루살렘에 올라간 지가 고작 며칠밖에 되지 않았으므로 소요를 일으키거나 성전을 더럽힐 만한 기간이 되지 못했음을 변호한 것이다. 사실, 바울은 유대인들의 비난과 트집을 의식하여 성전에서 종교적 결례의식을 행하다가 도리어 유대인들의 소요로 체포되었다. 바울의 변론은 이어진다.

"그러나 각하, 저는 각하 앞에서 이것만은 분명히 인정합니다. 저는 이 사람들이 이단이라 부르는 '도'를 따르고 있습니다. 그 도에 따라, 저는 우리 조상들의 하나님을 섬깁니다. 저는 유대의 율법과 예언서에 기록된 모든 것들을 전부 믿습니다."

여기서 '도(道)'는 '예수 그리스도의 가르침'을 가리킨다. 초창기 예수 그리스도의 제자들은 '도를 따르는 자'로 알려졌다. 그러다가 수리아의 안디옥에서 '그리스도인'이라는 명칭이 생긴 이후로(행 11:26), 그 말이 예수 그리스도의 도를 따르고 믿는 신자들을 가리키는 일반적인 명칭이 되었다.

"저를 고발한 이 사람들과 마찬가지로, 저 역시 의인과 악인의 부활을 믿습니다. 이런 까닭에, 저는 하나님 앞에서나 사람들 앞에서 언제나 양심에 부끄러움 없는 생활을 하려고 애쓰고 있습니다."

유대인들 가운데 사두개파 사람들은 천사나 영의 존재, 그리고 죽은 자의 부활을 믿지 않았지만, 바리새파 사람들을 비롯하여 대부분의 유대인들은 천사, 영, 그리고 죽은 자의 부활을 믿고 소망하였다. 이런 점을 들어 바울은 자신이 전하는 것이나 유대인들이 소망하는 것이 크게 다름없음을 개진하였다. 바울의 변호는 이어진다.

"각하, 저는 몇 해 동안 고국을 떠나 있다가 제 민족을 위한 구호금과 하나님께 바칠 제물을 가지고 예루살렘으로 돌아왔습니다. 저들은 제가 성전에서 정결 의식을 시행하는 것을 보았습니다. 당시 그 자리에는 제가 선동할 만한 군중이 없었습니다. 그러니 제가 어떠한 소요에도 참여했을 수가 없습니다. 거기에는 단지 아시아 지방에서 올라온 몇몇 유대인들만 있었을 뿐입니다. 만에 하나 제가 소요를 일으켜 저를 고발할 일이 뚜렷하게 있었다면, 그 사람들은 각하께 와서 저를 고발했어야 마땅합니다."

유대인 측 변호사인 더둘로의 고발과는 달리, 바울은 자신이 예루살렘에 올라간 동기가 아주 순수했다는 사실을 개진하고 있다. 그러면서 자신을 아무런 혐의 없이 부당하게 체포하고 고발한 유대인들의 불법성을 피력하고 있다.

바울의 진술대로, 당시 바울은 예루살렘 교회를 도울 구제 헌금을 가지고 예루살렘에 올라왔다. 때에 예루살렘 교회는 극심한 흉년으로 경제적인 궁핍을 겪고 있었기 때문이다. 그래서 제3차 전도여행 중이던 바울은 마케도니아 지방과 헬라 지방의 신자들을 권면하여 예루살렘 교회를 도울 연보를 모금했다(고후 8-9장). 그런 후에 바울은 도처의 각 교회에서 연보를 모금한 다른 형제들과 함께 예루살렘 교회를 돕기 위해 근 5년 만에 예루살렘으로 돌아온 것이다(롬 15:25-28).

"뿐만 아닙니다. 제가 예루살렘에서 이 사람들에게 체포되어 공회에 불려나갔을 때, 저들은 그 자리에서 제가 무슨 죄를 지었는지 밝히 진술했어야 합니다. 그런데 저들은 그렇게 하지 못했고, 그때 저는 공회에서 주장하기를 '내가 오늘 여기서 재판을 받는 것은, 죽은 자의 부활을 믿는다는 이유에서입니다'라고, 단 한마디를 외쳤을 뿐입니다."

바울의 변론을 들은 총독 벨릭스는 바울을 자신에게 보낸 천부장 루시아가 예루살렘에서 내려온 다음에 본 사건을 계속 심의하기로 마음먹었다.

"자, 오늘은 이만 재판을 끝내도록 하겠다. 이후의 재판은 내게 바울을 보낸 천부장이 이곳에 내려오는 대로 재개토록 하겠다."

그 날의 재판은 그렇게 마무리되었고, 판결 또한 추후로 연기되었다.

당시 로마 총독 벨릭스는 예수의 도 곧 기독교에 관해 잘 알고 있었다. 유대 민족을 통치하는 총독으로 오래 재임했기 때문만은 아니었을 것이다. 그의 유대인 아내인 '드루실라'에게서 유대교의 메시아 사상과 기독교의 예수에 관해 전해 들었을 가능성이 충분히 있다. 드루실라의 오라비인 '헤롯 아그립바 2세'에게서도 기독교에 관한 여러 정보를 얻었을 수 있다. 이런저런 이유로 당시 로마 정부는 벨릭스를 유대 문제의 조언자로 간주하고 있었다.

"바울을 다시 데려가 헤롯 궁에 감금토록 하라!"

벨릭스 총독은 수하의 백부장에게 바울을 데려가서 다시 헤롯 궁에 감금한 뒤 잘 지키라고 명령하면서, 그를 지나치게 구속하지 말 것이며 또 바울의 친지들이 자유롭게 면회하거나 그를 뒷바라지해줄 수 있도록 편의를 봐주라고 일렀다. 이런 조치를 취한 것은, 양자의 진술을 들은 결과 바울에게 별다른 죄가 없다고 나름대로 판단했기 때문이다.

그리하여 바울은 상당히 자유로운 상태에서 이후로 2년 동안이나 헤롯 궁에 갇히는 구금 생활을 했는데(주후 58-60년경), 이 기간 동안 바울은 벨릭스의 가정을 비롯하여 가이사랴의 친구들을 통해 사람들에게 복음을 꾸준히 전할 수 있었다. 누가(Luke)는 바로 이 시기에 바울의 도움을 얻어 '누가복음'을 기록했던 것으로 보인다.

벨릭스 총독의 방치로 바울이 감옥에 오래 갇혀 지내다(24:24-27)

"여봐라, 감옥에 갇혀 있는 바울을 내게로 데려오라!"

재판을 연기한 지 며칠 후, 총독 벨릭스는 유대 사람인 자기 아내 드루실라와 함께 와서 바울을 감옥에서 불러냈다. 그러고는 그리스도 예수를 믿는 기독교 신앙에 대해서 바울의 이야기를 들었다. 바울은 벨릭스 총독에게 복음을 전할 좋은 기회라고 생각하고, 예수 그리스도의 도에 관해 말하면서 정의와 절제, 그리고 장차 올 심판 등에 대해 열심히 설교했다. 그러자 벨릭스가 손사래를 치며 잔뜩 두려워하는 표정을 지으며 말한다.

"그만하면 되었소. 이제 가 보시오. 기회를 봐서 다시 부르도록 하겠소."

벨릭스가 두려운 표정으로 바울의 말을 제지한 것은 바울의 설교에 양심의 가책을 받았기 때문이다.

이후에도 벨릭스 총독은 바울을 자주 불러내어 이런저런 대화를 나누었는데, 그렇게 한 데에는 바울이 자신에게 뇌물 바치기를 은근히 바랐기 때문이다. 제11대 유대 총독으로 판결권을 가진 그는 바울을

벨릭스 총독이 아내 드루실라와 함께 바울을 불러 예수의 도를 듣다

재판하는 과정에서 공정하게 판결을 내리지 않고 은근히 피고인(바울)에게 뇌물을 바라면서 무려 2년 동안이나 재판을 질질 끌었다.

본래 노예 출신으로 온갖 권모술수를 통해 총독의 자리에까지 오른 벨릭스는 유대 총독으로 재임하는 동안 제사장 요나단을 비롯하여 많은 사람들을 무자비하게 처형하는 공포정치를 자행하다가, 주후 60년경에 가이사랴 주민들의 탄원으로 로마에 소환되었고, 그의 후임으로 베스도가 부임하게 된다.

그랬다. 바울의 재판을 처음 시작한 이후로 어느덧 두 해가 흘렀고, 벨릭스 총독의 후임으로 보르기오 베스도가 새로운 유대 총독으로 가이사랴에 부임하게 되었다. 벨릭스 총독은 바울에게 죄가 없다는 것을 잘 알면서도 바울에게서는 뇌물을 바라고, 유대인들에게서는 환심을 사려고 바울을 헤롯 궁의 감옥에 그대로 가두어둔 채 무책임하게 로마로 그냥 돌아갔다.

벨릭스의 후임으로 새로이 부임한 제12대 유대 총독 베스도(주후 60-62년 재임), 유대 역사가 요세푸스의 평가에 따르면 다행스럽게도 그는 온순한 성품의 소유자로 업무 능력이 뛰어나며 인간관계가 원만한 행정관이었다. 그래서 그는 유대인들에게 고발당한 바울이 가이사(로마 황제)에게 상소할 수 있도록 배려하기도 했다.

뜨거운 태양의 열기가 먼지 가득한 땅으로 쏟아져 내렸다. 가이사랴의 병영도 뜨겁기는 마찬가지였다. 베스도는 가이사랴의 무더운 열기에 짜증이 났다. 가이사랴에서 무탈하게 시간을 보내다가 더 쾌적한 임지로 영전하고 싶은데 바울이라는 사람이 자꾸만 마음에 걸렸다. 무슨 특별한 죄목도 없으면서 그를 처형하라고 시도 때도 없이 선동하고 다니는 유대 교권주의자들의 얼굴을 보는 것도 이젠 지겨울 지경이었다.

25

바울이 황제에게 상소하다

가이사랴에서 재판을 받는 바울은
율법 어긴 일, 성전 더럽힌 일,
황제에게 반역한 일이 전혀 없다며
황제에게 상소하겠다 하네

바울이 로마 황제에게 상소하다 (25:1–12)

벨릭스의 후임으로 새로이 유대 총독으로 부임한 베스도, 그는 총독으로 부임한 지 사흘 뒤에 가이사랴에서 예루살렘으로 올라갔다. 당시 팔레스타인 내에 팽배해 있던 여러 문제점에 대해 대책을 세우고자 유대인 지도자들과 논의하고 그들의 협조를 구하기 위해서였다. 그런데 당시 유대인 지도자들의 관심은 정작 다른 데 있었다.

"각하, 헤롯 궁에 감금된 바울이란 자에 대해 알고 계십니까? 그자는 나사렛 이단의 도를 전하면서 유대인들에게 심각한 해를 끼치는 자입니다. 그자를 우리에게 당장 넘겨주십시오. 우리가 그자에 대해 심문할 게 있습니다."

베스도 총독이 예루살렘에 올라오자, 때에 대제사장들과 유대 지도자들은 총독에게로 우르르 몰려와서 바울을 여러 가지 악한 말로 고발하면서 그를 당장 예루살렘으로 보내달라고 줄기차게 요구했다. 그렇게 요구한 것은, 바울을 심문하기 위해서가 아니었다. 바울이 가이사랴를 떠나 예루살렘으로 올라올 때 도중에 잠복해 있다가 바울을 일순간에 덮쳐 죽일 계획이었다. 그러나 베스도 총독은 유대인 지도자들의 요구에 응하지 않았다.

"바울이란 사람은 지금 가이사랴에 감금되어 있소. 당신들의 요구대로 그 사람을 무작정 넘겨줄 순 없소. 나는 조만간 가이사랴로 다시 돌아갈 것이오. 그러니 그 사람에게 무슨 잘못이 있거든, 여러분들 가운데 몇 사람이 나와 함께 가이사랴에 내려가서 거기에서 그 사람을 고발하도록 하시오."

총독 베스도는 여드레인가 열흘인가를 예루살렘에서 지낸 뒤에 다시 총독 본부가 있는 가이사랴로 돌아갔다. 이때 베스도와 함께 유대인 몇 사람이 바울을 고발하려고 함께 갔다. 예루살렘에서 가이사랴까지는 대략 110km, 사나흘 정도 걸리는 거리였다. 마침내 가이사랴에 도착한 베스도는 다음날 즉시 바울을 불러내어 그에 대한 재판을 개시했다.

"자, 원고 측은 피고인 바울에 대하여 고발하도록 하시오."

바울이 법정에 나타나자, 예루살렘에서 내려온 유대인들은 크게 화를 내며 바울을 둘러싸고 여러 가지 무거운 죄목을 들어 그를 고발했다. 모세 율법을 비방하는 자, 하나님의 성전을 모독한 자, 로마 황제(가이사)에 대해 반역을 도모하는 자라는 죄목이었다. 그러나 잔뜩 흥분하여 목소리만 클 뿐, 그들은 어느 죄목 하나에 대해서도 그럴 듯한 증거를 대지 못했다. 그러자 베스도는 바울에게 항변할 기회를 주었다. 이에 바울이 항변한다.

"저는 지금껏 유대인의 율법을 어긴 일도 없고, 성전을 더럽힌 일도 없습니다. 또한 황제를 거슬러 반역한 일도 결단코 없습니다!"

바울은 자신의 무죄를 당당하게 주장하였다. 그러자 총독 베스도가 유대인들의 환심을 사려고 바울에게 넌지시 묻는다.

“그대는 이 고발 사건에 대해 예루살렘에 올라가서 재판받을 생각은 없소?”

유대인들이 줄기차게 바울을 예루살렘에 올려 보내줄 것을 요구했기 때문이다. 총독의 말을 듣고 바울이 단호한 태도로 대답한다.

“각하, 저는 지금 황제의 법정에 서 있으니 여기에서 재판을 받아야 마땅합니다. 총독 각하도 잘 아시다시피, 저는 유대인들에 대해 아무런 잘못도 저지르지 않았습니다. 만일 내가 사형 받을 만한 죄를 지었다면 나는 죽음을 피하지 않겠습니다. 그러나 유대인들이 저에 대해 고발한 내용이 사실이 아니라면, 어느 누구도 저를 이 사람들에게 넘겨주어서는 안 됩니다!”

“그것은 나도 잘 알고 있소. 그대의 의향을 한번 물어본 것이니 괘념치 마시오.”

베스도가 멋쩍은 표정으로 발뺌을 하자, 바울이 다시금 당당하게 자신의 입장을 밝힌다.

“저는 황제에게 상소합니다!”

“황제께 상소를…? 그게 진심이오?”

바울이 로마 황제(가이사)에게 상소하자, 총독 베스도는 배심원들과 협의한 후에 대답한다.

“좋소! 그대가 황제께 상소했으니, 그대를 황제께 보내도록 하겠소!”

이때 바울은 로마 시민권자로서의 특권을 십분 활용한 것이다. 아무나 로마 황제에게 상소할 수 없었다. 오직 로마 시민권자만이 가능했다. 그렇지만 로마 여행의 경비는 본인이 부담해야 했다. 또한 그 상소의 건은 목숨이 달린 중대 사건이어야 했다. 당시 바울이 그런 경우에 해당되었다. 유대인들이 바울에게 사형을 요구했기 때문이다.

로마 황제에 대한 상소는 지방 총독의 일차적인 재판을 치른 다음에야 가능했고, 또한 지방 총독의 인허를 받아야 했다. 지금, 베스도 총독이 바울의 상소를 인허하였으므로 이제 바울은 로마에 가서 황제 앞에서 재판을 받을 수 있게 되었다.

이때 바울이 굳이 로마 황제에게 상소한 이유는, 제국의 심장부인 로마에 들어가서 예수 그리스도의 복음을 전파하고자 했기 때문이다. 사실 그것은 바울의 오랜 열망이었고 기도제목이었다. 비록 자유인의 신분으로서가 아니라 고발당한 피의자의 신분으로 들어가게 되지만, 어쨌든 바울은 로마 황제에게 상소함으로써 그토록 소원했던 로마에 들어갈 수 있게 되었다.

베스도 총독이 아그립바 왕 앞에 바울을 세우다 (25:13-27)

그로부터 며칠 후, 아그립바 왕이 자신의 누이 버니게와 함께 유대 총독 베스도에게 인사를 하려고 가이사랴에 내려왔다. 여기서 아그립바 왕은 '헤롯 아그립바 2세'(주후 53-70년 재위)를 가리킨다. 그는 교회를 핍박하여 사도 야고보를 처형한 헤롯 아그립바 1세의 아들이며(행 12:1), 메시아의 탄생을 저지하려고 유아학살 사건을 주도한 헤롯 대왕의 손자였다(마 2:3). 그는 철저하게 친(親)로마적인 인물로, 로마 황제 네로의 신임을 받아 당시 갈릴리와 베뢰아 및 인근의 많은 영토를 통치하고 있었다.

버니게는 헤롯 아그립바 1세의 딸로 헤롯 아그립바 2세의 한 살 아래 누이다. 그녀는 숙부인 헤롯 칼키스와 결혼했다가 남편이 죽자(주후 48년경) 오빠인 아그립바 2세의 집에서 살았다. 그 후 그녀는 길리기아 왕인 폴레몬과 두 번째 결혼을 했지만 얼마 못 가 이혼하고 다시 오빠(헤롯 아그립바 2세)의 집으로 돌아왔다. 그 후 그녀와 그녀의 오빠 사이에 근친상간의 불륜이 저질러졌다는 소문이 파다하게 퍼지게 된다.

그녀가 자기 오빠와 함께 베스도 총독에게 문안하러 가이사랴에 내려온 당시는, 아마도 첫 번째 결혼에서 남편이 죽은 후 오빠 집에 머물던 시기인 듯하다. 후일에 그녀는 로마 황제 베스파시아누스(주후 69-79년) 및 티투스(주후 79-81년)의 첩이 되었다. 이 같은 버니게의 편력 때문에 유대 역사가 요세푸스는 그녀를 가리켜 '요염할 뿐만 아니라 추문으로 가득 찬 여자'라고 평했다.

어느 날, 베스도는 바울의 사건에 대해 아그립바 왕에게 털어놓으며 의견을 물었다. 유대 땅의 통치자이며 대제사장 임명권까지 가진 아그립바가 바울의 문제를 해결할 수 있을지도 모른다는 기대감을 갖고 말을 꺼낸 것이다.

"벨릭스 총독이 내게 넘겨주고 간 죄수가 있소. 얼마 전에 내가 예루살렘에 갔을 때 유대의 대제사장들과 장로들이 그 사람을 고발하면서 그를 처형해달라고 강력하게 요구하더이다."

"오호, 그래서 어찌 하셨소?"

아그립바 왕이 관심을 갖고 물어본다. 베스도가 계속 말한다.

"그때 나는 그들에게 고발하는 사람들 앞에서 자기를 변호할 기회도 주지 않은 채 유죄 판결을 내리는 것은 로마인의 법이 아니라고 대답해 주었소. 그러자 유대인들 가운데 몇몇이 바울을 고발하려고 이곳 가이사랴까지 나를 따라왔고, 그래서 나는 그 다음날로 재판을 열고 바울을 법정으로 불러냈소. 그러나 그 사람에 대한 유대인들의 고발 내용은 내 예상과는 많이 달랐는데, 내가 짐작했던 죄는 그들이 하나도 들춰내지 못했소이다."

유대인들의 고발을 듣고 바울을 심문한 결과, 베스도는 자신이 관심을 가질 만한 반란죄나 소요죄 같은 것들을 하나도 찾을 수 없었다.

"그런데 유대인들은 왜 그자를 고발한 것이오?"

"그러게 말입니다. 내가 쭉 들어보니, 유대인들의 고발 내용은 그들의 종교적인 문제와 '예수'라는 죽은 사람에 대한 일이었소."

"예수요?"

"그렇소. 유대인들에게 고발당한 바울이란 사람은 죽은 예수가 다시 살아났다고 주장하였소. 나는 그런 유대의 종교적인 문제를 어떻게 처리해야 할지 몰라 몹시 난처하였고, 그래서 바울더러 예루살렘에 올라가서 재판을 받을 생각이 없느냐고 물었소."

유대 종교나 기독교 사상에 대해 전혀 알지 못하는 베스도로서는 바울 사건을 어떻게 다루어야 할지 그 방향을 종잡을 수 없었다.

"그랬더니, 바울 그 사람은 무어라 답하였소?"

"로마 황제에게 상소하였소."

"그러면, 그 사람이 로마 시민권자란 말입니까?"

"그렇소. 그 사람은 로마 시민권자였소. 그래서 나는 황제에게 바울을 보낼 준비가 될 때까지 그를 다시 감옥에 가두어 두라고 일단 명령했소."

"그래요? 그렇다면 그 사람은 지금 헤롯 궁의 감옥에 갇혀 있겠구려. 내가 직접 그 사람의 말을 들어보고 싶소. 그래도 되겠소?"

당시 팔레스타인의 갈릴리와 베뢰아, 그리고 그 인근 지역을 통치하고 있던 아그립바 왕은 '예수'에 관해서 이런저런 이야기들을 많이 들어왔다. 그래서 그 예수의 도를 전한다는 무리의 우두머리 격인 바울에 대해 호기심을 보인 것이다.

이는 예수님 생전에 예수에 관한 여러 놀라운 소문을 전해 듣고 예수를 만나보기 원했던 '헤롯 안티파스'를 연상시킨다(눅 23:8). 이들은 진리를 추구하려 한 것이 아니라 단지 자기 호기심을 만족시키려 한 것이다. 그래서 그들은 예수 그리스도와 사도 바울이라는 가장 위대한 진리의 사람을 직접 만나보고서도 진리를 얻지 못했다.

"그럼요, 좋습니다! 그럼 내일이라도 당장 그 사람을 만나, 그 사람의 말을 직접 들어보도록 하십시오."

이튿날, 아그립바 왕과 그의 누이인 버니게가 화려한 의상을 갖춘 채 로마군대의 고급 장교들과 그 도시의 유지들과 함께 법정으로 들어섰

바울이 베스도 총독, 아그립바 왕, 버니게 앞에서 복음을 변호하다

다. 이어 베스도 총독의 명령으로 바울이 감옥에서 끌려나와 법정에 섰다. 그러자 베스도가 자리에서 일어나 법정에 모인 사람들을 향해 말한다.

"아그립바 왕이여, 그리고 이 자리에 참석하신 여러분, 지금 내 앞에 서 있는 이 사람은 이 지역의 유대인들과 예루살렘에 사는 유대인들에 의해 사형에 처해야 마땅하다고 고발당한 사람입니다. 그러나 내가 조사해보니, 그 사람에게서 사형을 언도할 만한 죄를 찾을 수 없었습니다."

그랬다. 바울에게는 죄가 없었다. 로마군대의 천부장 루시아와 전임 총독 벨릭스에 이어 신임 총독 베스도까지 모두가 바울에게서 아무런 죄를 찾을 수 없었다. 그러니 이들은 죄 없는 바울을 방면했어야 옳았다. 그러나 유대인들의 환심을 사고 싶었던 그들은 자신들의 정치적 이해관계에 따라 바울을 풀어주지 않았다. 베스도는 계속 말을 잇는다.

"그런데 지금 이 사람이 이 사건을 로마 황제에게 상소했기 때문에 나는 이 사람을 황제에게 보내기로 결정했습니다. 하지만 황제에게 어떤 내용을 써 보내야 좋을지 모르겠습니다. 그래서 오늘 이 사람을 여러분 앞에, 특히 아그립바 왕 앞에 데리고 나온 것입니다."

바울이 베스도 총독 앞에서 재판을 받고 있던 때는 주후 59년경으로, 당시의 로마 황제는 로마제국의 제5대 황제인 네로(Nero, 주후 54-68년경)였다. 그는 아우구스투스로부터 시작된 로마 율리우스-클라우디우스 왕조의 마지막 왕으로, 16세에 황제가 되어 초기에는 개혁적인 정책을 추진하는 등 선정을 베풀었으나, 차츰 측근의 유능한 인재를 살해하고 기독교도를 학살하는 등 공포정치를 자행하다가 로마시의 화재, 군부의 반란 등으로 폐위되어 결국 자살로 생을 마감한다.

"그러므로 이제 여러분이 이 사람을 심문하시게 되면, 내가 황제 앞에 써 올릴 확실한 자료를 얻을 수 있을 것이라고 사료됩니다. 죄수를 황제에게 보내면서 죄목조차 구체적으로 명기하지 않는다는 것은 상식과 이치에 맞지 않는 일이기 때문입니다."

베스도 총독은 로마 시민권자인 바울의 요청대로 그를 황제에게 보내어 황제의 판결에 맡기기로 마음을 정했다. 하지만 그의 고민은 황제에게 보고해야 하는 바울의 죄목이었다. 유대의 율법이나 풍속과 관련된 항목으로는 황제에게까지 죄수를 올려 보낼 필요가 없기 때문이다. 하지만 아무리 살펴도 바울에게서 뚜렷한 죄목을 발견할 수 없었다. 그러니, 만일 바울이 황제에게 상소하지 않았더라면 그는 베스도 총독의 판결 하에 무죄 석방될 수도 있었을 것이다(행 26:32).

바울이 이런 점을 모를 리 없었지만, 바울은 자신의 재판을 유리하게 만드는 게 목적이 아니고 제국의 심장부인 로마에 들어가 십자가 복음을 전하는 것이 목적이었기 때문에 굳이 황제에게 상소하는 길을 택한 것이다.

26

바울의 변론과 복음 증거

다메섹 도상에서 부활한 예수를 만나
회개하고 돌이켜 복음 전하기 시작합니다
오늘 제 말을 듣는 모든 이가 십자가 복음
받아들여 저 같은 사람이 되기를 원합니다

바울이 아그립바 왕의 허락 하에 자신을 변호하다 (26:1-11)

"네 자신을 위해 변호할 것을 허하노라."

베스도 총독과 함께 법정의 상석에 앉은 아그립바 왕, 그가 아래 법정에 서 있는 바울에게 말하자 바울은 왕에게 경의를 표한 후 입을 열어 자기변호를 시작한다.

"아그립바 왕이시여, 유대인들이 저를 두고 고발한 일에 대해 오늘 제가 전하 앞에서 해명하게 된 것을 아주 다행스럽게 생각합니다. 전하께서는 유대인의 관습과 쟁점이 되는 사안들에 대해 밝히 알고 계시기 때문입니다. 아무쪼록 끝까지 제 말을 들어주시기 바랍니다."

대대로 팔레스타인을 통치해오던 헤롯 가문의 일원인 아그립바 왕은 유대인으로서 유대의 독특한 풍속과 여러 문제들에 관해 잘 알고 있었다. 당시에 그는 유대의 종교 지도자들과 로마정부 사이를 잇는 다리 역할을 했다. 그에게는 성전을 관리하고 대제사장을 지명할 권리가 주어졌다.

또한 그는 유대 공회(산헤드린)의 회원들과 상당한 친분을 유지하고 있었다. 사정이 이러했기에, 바울은 아그립바 왕 앞에서 변론하게 된 것을 다행스럽게 생각한 것이다.

"왕이시여, 유대인들은 모두가 저 자신이 어릴 때부터 저의 고국에서, 그리고 예루살렘에서 어떻게 살아왔는지, 잘 알고 있습니다. 그들은 제가 오랫동안 우리 종교의 가장 엄격한 파인 바리새파 사람으로 살아왔다는 것을 잘 알고 있고, 그들이 마음만 먹으면 이 자리에서도 제가 과거에 그러했다는 것을 밝히 증언할 수 있을 것입니다."

바울은 자기변호를 하면서 가장 먼저 자신이 정통 유대인임을 강조했다. 그 까닭은, 바리새인 같은 정통 유대인들이 그러하듯 정통 유대인인 바울 자신도 역시 부활에 관한 하나님의 약속을 믿고, 그 부활에 관해서 전파한 일 때문에 부당하게 고발당했다는 사실을 아그립바 왕에게 깨우쳐주려 했기 때문이다. 변론은 이어진다.

"제가 오늘 이 법정에 서게 된 것은, 제가 우리 조상들에게 주신 하나님의 약속에 소망을 두고 있다는 이유에서입니다. 사실, 이스라엘 열두 지파는 밤낮으로 하나님을 섬기면서 하나님의 약속이 이루어지기를 소망하고 있습니다. 왕이시여, 유대인들이 저를 고발한 이유가 다른 그 무엇 때문이 아니라 저의 이런 소망 때문입니다."

이스라엘의 조상들에게 주신 하나님의 약속은 곧 '메시아(그리스도)'에 관한 약속을 가리킨다. 모든 유대인들은 언젠가는 그 메시아 약속이 이루어질 것이라는 소망을 갖고 살았다. 바울도 다른 유대인들과 똑같이 그런 소망을 가졌는데, 바로 그것 때문에 자신이 고발당했음을 피력한 것이다.

핵심은 이것이다. 하나님께서 약속하신바 메시아에 관한 소망을 가진 것은 다른 유대인들이나 바울이나 똑같은데, 바울은 그 메시아가 골고다 언덕에서 십자가에 못 박혀 죽으신 예수님이라고 주장하는 것이고, 다른 유대인들은 절대로 그자일 수가 없다는 것이었다. 계속해서 들어보자.

"여러분은 어찌하여 하나님께서 죽은 자를 다시 살리신다는 것을 믿지 못할 일로 생각하십니까! 사실, 저도 한때는 나사렛 예수의 이름을 대적하기 위해서라면 제가 할 수 있는 모든 일을 다 해야 한다고 확신했던 사람으로서, 실제로 예루살렘에서 그렇게 행동했습니다. 그때 저는 대제사장들에게서 권한을 위임받아 예수의 도를 따르는 많은 신자들을 감옥에 가두었고, 그들을 처형시키려고 할 때 찬성하는 표를 던졌습니다."

일례로, 초대교회의 신실한 집사였던 스데반을 신성 모독죄로 몰아 예루살렘 성문 밖에서 돌로 쳐 죽일 때, 바울(그때 이름은 '사울')은 그 일에 앞장서서 무리들을 선동했고, 또한 돌 던지는 증인들의 겉옷을 맡아 보관하기도 했다(행 7:58).

"그뿐만 아닙니다. 저는 또한 각 지역의 회당을 돌아다니면서 신자들을 찾아서 처벌하고, 그들로 하여금 자신들의 신앙을 버리도록 강제로 예수를 모독하는 말을 하게 했습니다. 당시에 나는 예수의 도를 따르는 자들에 대한 분노로 가득 차서 심지어 그자들을 박해하려고 예루살렘과 유대 땅을 넘어 외국의 여러 도시들까지 그들을 찾아다녔습니다."

바울은 자신이 과거에 기독교의 대단한 박해자였음을 강조하였다. 바울 자신도 현재 자신을 핍박하는 유대인들보다 더욱 더 복음의 박해자였음을 밝힘으로써 자신의 극적인 회심 과정을 부각시키고, 그로써 많은 이들이 참 진리를 깨닫고 회심하기를 바랐기 때문이다.

바울이 자신의 회심 과정을 설명하다 (26:12-18)

"하루는 제가 대제사장들에게서 지령을 받고 권한을 위임받아, 예수의 도를 따르는 무리를 체포하러 수리아의 다마스쿠스로 가는 도중이었습니다."

바울은 자신의 회심 과정을 설명하기 시작한다.

"왕이시여, 거의 다마스쿠스에 도달한 정오 무렵이었습니다. 태양보다 더 눈부신 빛이 하늘에서 쫘악 내려오더니 저와 제 일행을 환하게 비추었습니다. 저희는 크게 놀라 모두 땅에 엎어지고 말았습니다. 바로 그때, 하늘에서 히브리 말로 저를 향해 말씀하시는 음성이 들렸습니다. '사울아, 사울아, 어찌하여 네가 나를 핍박하느냐? 가시채에 뒷발질을 하면 너만 다칠 뿐이니라.' 했습니다."

'가시채에 뒷발질하면 스스로만 다칠 뿐이다'란 말은 당시 헬라-로마 세계에서 잘 알려진 속담으로, 본래는 '신에게 대적하는 행위는 스스로를 망치는 어리석고 무모한 짓'이라는 의미다. 농경문화의 배경 하에서 생겨난 이 속담에서 '가시채'란 철이나 뼈 조각으로 끝을 마무리한 막대기로 가축을 이끌 때 사용되었다. 농부가 땅을 경작할 때 가축들이 느리게 움직이거나 뒤로 버티면 이 가시채로 쿡 찔러 자극을 줌으로써 말을 잘 듣게 하거나 속도를 높였다. 가시채를 싫어하는 가축이 때로 그 가시채를 뒷발질하기도 했는데, 그럴 경우엔 스스로 상처를 입곤 했다.

"그때 제가 묻기를 '주여, 당신은 누구십니까?' 하자, 주께서 제게 대답하시기를 '나는 네가 핍박하는 예수다. 자, 이제 일어나 네 발로 똑바로 서라. 내가 네게 이처럼 나타난 것은, 이제 너를 내 종으로 삼아 네가 나를 본 것과 또 내가 장차 네게 보여줄 일들에 관해 내 증인으로 삼기 위해서다.' 하셨습니다."

바울은 자신의 회심 과정을 설명하면서 자신에게 '빛'으로 다가오신 예수님과 자신을 일꾼으로 택하신 뒤 예수님의 증인으로 삼으신 일을 간증하고 있다. 바울이 생전의 예수님을 직접 뵌 적은 없지만, 다마스쿠스 도상에서 이처럼 환한 빛 가운데 부활의 주님을 만난 일로 인해 바울은 12사도가 아니면서도 '특별 사도'가 되었다. 이제 바울은 예수님이 자신에게 부여하신 사명에 대하여 간증한다.

"주께서 계속 말씀하시기를 '이제 내가 너를 네 동족 유대인들과 이방 사람들 가운데서 구원하여 너를 그들에게 도로 보낼 것이다. 그러므로 너는 그들의 눈을 열어 밝히 뜨게 하고, 그들을 어둠에서 빛으로, 사탄의 권세에서 하나님께로 돌아오게 하여라. 또한 그들로 하여금 나를 믿음으로써 죄 용서를 받게 하고, 그래서 장차 거룩한 백성들이 받는 천국의 유업을 받게 하여라.' 하셨습니다."

바울이 왜 지난날 복음의 박해자에서 오늘날 복음의 전도자가 되었는지, 그 이유를 분명하게 밝힌 부분이다. 바울은 빛 가운데서 부활의 주님을 직접 만나, 그분에게서 복음 전도자의 사명을 부여받았다. 사람들의 영안을 뜨게 하여 참된 진리를 보게 하고, 죄악의 어둠에서 이끌어내어 구원과 생명의 빛 가운데로 인도하며, 주님께 대한 믿음을 갖게 하여 그들로 죄 사함을 받아 하나님의 거룩한 백성이 되게 하여 마침내 '천국'이라는 유업을 받게 하는 위대한 사명을 갖게 된 것이다. 그리하여 바울은 '복음에 관한 한, 모든 이들에게 빚진 자'라는 절박한 심정으로 부지런히 복음을 전하게 된다(롬 1:14).

바울이 아그립바 왕에게 복음을 전하다 (26:19-32)

"아그립바 왕이시여, 그러므로 저는 하늘로부터 받은 그 계시를 거스를 수 없었습니다. 이후로 저는 다마스쿠스에서부터 시작해서 예루살렘과 유대 온 땅과 이방인들에게까지 나아가서 복음을 전했습니다. 회개하고 하나님께 돌아올 것과 회개에 합당한 일을 하라고 설교했습니다. 바로 이런 이유로, 유대인들은 저를 성전에서 붙잡아 죽이려고 했습니다."

바울은 자신이 전하는 도(道)가 '하늘로부터 받은 것'이라고 말함으로써 복음의 신적인 기원을 밝혔다. 이렇듯 예수 그리스도의 십자가 복음은 사람이 지어낸 설(說)이 아니라 하늘로부터 임한 진리인 것이다. 그렇다면 왜 유대인들은 바울을 그토록 미워하고 그를 잡아 죽이려고 혈안이 되었을까?

무엇보다 바울이 열렬한 유대교 신봉자에서 하루아침에 개종하여 기독교의 우두머리가 되었기 때문이다. 또한 자신들이 십자가에 못 박아 죽인 나사렛 예수를 하나님께서 보내신 '메시아'로 전하면서 예수 그리스도의 부활을 전하고 있기 때문이었다. 뿐만 아니라 이방인들에게도 하나님의 구원을 전하면서 할례의 절대 필요성을 인정하지 않는 등 선민의 자존심을 해쳤다고 생각했기 때문이다. 하지만 바울에 관한 이 모든 사항들은 유대인들의 오해, 잘못, 편협한 생각 등에서 비롯되었을 뿐이다.

"왕이시여, 유대인들의 핍박에도 불구하고 이날까지 저는 하나님의 도우심을 힘입어 지금 이 자리에 서서 신분이 높거나 낮은 사람을 가리지 않고 모두에게 말씀을 증언하고 있습니다. 저는 일찍이 선지자들과 모세가 성경에서 말한 것들이 모두 이루어질 것이라고 증언한 것밖에는 다른 말을 한 적이 없습니다. 장차 그리스도께서 고난당할 것이며, 그가 죽은 자들 가운데서 가장 먼저 부활하셔서 자기 백성과 이방인들에게 빛을 선포하실 것이라는 사실을 전했을 뿐입니다."

당시 바울이 힘써 전한 복음의 주제는 '예수 그리스도의 부활'이었다. 예수님의 부활이야말로 기독교 복음의 핵심이기 때문이다. 만일 예수님이 부활하지 않으셨다면, 그것은 무엇보다도 죽은 지 사흘 만에 부활할 것이라는 예수님의 거듭된 약속을 거짓말로 만들어 버린다. 그것은 또한 평소에 예수님이 가르치신 모든 교훈과 천국 복음을 믿을 수 없게 만들고, 나아가 예수님이 자신에 대해 주장하신 것, 곧 자신이 하나님의 아들이고 인류를 구원하기 위해 이 땅에 오신 메시아라는 사실도 꾸며낸 말로 의심하게 하기에 충분하다.

하지만 예수님의 부활은 그분의 모든 말씀이 사실이고 진리라는 것을 믿게 해준다. 또한 예수님의 부활은 그분을 믿는 자들도 언젠가는 예수님처럼 죽음에서 다시 살아나 영생을 누릴 수 있다는 확신을 심어준다. 그래서 바울은 고린도 교회에 보내는 자신의 첫 번째 편지(고린도전서) 중에서 긴 지면을 할애하여 예수 그리스도의 부활을 다방면에서 거듭 증거하고 강조하였다(고전 15장).

"그만! 이제 그만 변론을 그치도록 하라!"

바울이 예수 그리스도의 부활에 관해 말하자, 가만히 듣고 있던 총독 베스도가 갑자기 바울의 변호를 가로막으며 소리친다.

"바울아, 네가 정녕 미쳤구나! 배운 것이 너무 많다 보니, 정신이 아예 돌아 버렸구나!"

베스도는 바울의 풍부한 지식과 능변에 감탄하다가 바울이 죽은 자의 부활에 대해 이야기하자, 너무나 터무니없게 여겨져서 더 이상 들어줄 수가 없었다. 베스도의 말에 바울이 정색을 하며 대답한다.

"그렇지 않습니다! 저는 절대로 미친 게 아닙니다. 베스도 총독 각하, 저는 맑은 정신으로 참되고 온전한 말을 하고 있을 뿐입니다. 지금 총독 곁에 계신 아그립바 왕께서도 이 같은 일들을 잘 알고 계시므로 제가 왕께 아무런 거리낌 없이 말씀드리고 있는 것입니다. 이 같은 일은 어느 한구석에서 몰래 일어난 일이 아니기 때문에 왕께서 모르실 리가 없다고 생각합니다."

바울은 자신의 말을 도무지 알아듣지 못하는 베스도 총독에게서 방향을 바꾸어 총독 곁에 앉아 있는 아그립바 왕을 향해 계속해서 말한다. 유대인인 아그립바 왕은 구약의 메시아 소망과 죽은 자의 부활 사상에 관해 잘 알고 있을 것이라고 판단했기 때문이다. 방관자의 입장에서 호기심을 갖고 느긋하게 재판을 지켜보던 아그립바 왕은 바울이 갑자기 자신을 향해 말하자, 자리를 고쳐 앉으며 적잖이 당황한 표정을 지었다. 그런 왕을 향해 바울이 더욱 직접적으로 질문을 던진다.

"아그립바 왕이시여, 왕께서는 선지자를 믿으십니까?"

아그립바 왕은 헤롯 대왕의 손자로, 유대의 풍습 및 구약성경에 대해 충분히 숙지하고 있었음에 틀림없다. 아그립바 왕이 선지자를 믿는다면 구약의 선지자들이 예언한 메시아를 믿을 것이고, 나아가 그 메시아가 바로 '예수님'을 가리키고 있다는 사실도 믿을 수밖에 없을 것이다. 바울은 그렇게 생각했다. 바울에게서 도전적인 질문을 받은 아그립바 왕이 크게 당혹해하며 대답한다.

"어허, 바울! 네가 이렇게 짧은 시간에 나를 설득하여 그리스도인이 되게 할 수 있을 것이라고 생각하느냐? 어림도 없는 일!"

가소롭다는 왕의 말에 바울은 조금도 물러서지 않는다.

"왕이시여, 짧은 시간이든 긴 시간이든 그게 중요한 게 아닙니다. 저는 왕뿐만 아니라 오늘 제 말을 듣고 있는 분들이 지금 포승줄에

"아그립바 왕이여, 나와 같이 되기를 하나님께 원하나이다."

묶인 처지인 것만 제외하고 모두가 저와 같은 사람이 되기를 하나님께 빕니다."

"자, 자, 그만! 바울, 이제 그만 말하라! 오늘 심문은 여기서 마치고 이제 법정을 닫도록 하겠다. 모두 퇴장하라!"

베스도 총독이 손을 휘저으며 당일 심문을 마무리하자, 왕과 버니게를 비롯하여 그들과 함께 앉아 있던 모든 사람이 자리에서 일어났다. 그들은 법정 밖으로 나가면서 서로에게 말한다.

"바울의 말을 들어 보니, 그 사람이 엉뚱하고 이상한 말을 하긴 해도 뭐 사형을 당하거나 감옥에 갇힐 만한 죄를 저지른 건 아니더군."

법정을 나가면서 아그립바 왕도 베스도 총독에게 말한다.

"이 사건을 보아하니, 바울 그자가 황제에게 상소하지만 않았더라면 충분히 석방될 수 있었을 것이오."

"누가 아니랍니까. 나도 그리 생각하는 바요."

로마법에 따르면, 바울 사건처럼 각 나라와 민족의 종교문제인 경우에는 지방 법정에서 총독의 재량으로 얼마든지 기각시킬 수 있었다. 하지만 바울은 로마 시민의 특권을 활용하여 황제(가이사)에게 재판을 청구한 상태였다(행 25:11-12). 그런 경우에는 지방 법정에서 그 소송을 폐기할 수 없었다. 그렇다면 바울은 뭣도 모르고 황제에게 상소한 것인가?

그게 아니다! 바울이 로마 황제에게 상소한 것은 무얼 모르고 행한 실수가 아니었다. 바울은 자신의 재판을 발판 삼아 로마시(市)에 들어가 당시 최고의 권력자인 로마 황제 앞에서 직접 복음을 전하려고 일부러 황제에게 상소한 것이다.

당시 세계를 지배하고 있던 로마제국, 그 제국의 심장부인 로마, 그 로마에 들어가 로마 황제를 비롯하여 로마 시민들에게 예수 그리스도의 십자가 복음의 씨앗을 뿌리는 것! 그것은 바울의 오랜 기도제목이었고, 가슴속 깊은 데서 언제나 활활 불타오르던 뜨거운 열망이었다.

27

풍랑과 파선

바울은 항해가 위험하다고 하지만
선원들은 계속 항해하려고 하네
하지만 결국 배는 태풍 유라굴로를 만나
바람이 휘몰아치는 대로 떠밀려 가네

바울이 로마 황제에게 재판받기 위해 로마로 호송되다 (27:1-12)

"백부장, 그대는 이자들을 로마까지 호송토록 하라!"

배를 타고 이탈리아까지 항해하는 바울의 로마행 날짜가 구체적으로 결정되었다. 그리하여 바울과 몇몇 다른 죄수들이 황제(아우구스투스) 부대에 소속된 '율리오'라는 백부장에게 넘겨졌다.

"자, 모두 배에 오르도록 하라!"

백부장 율리오의 지휘 아래 바울 일행은 '아드라뭇데노'라는 항구도시에서 온 배를 탔다. 이제 로마를 향한 긴 여행이 시작된 것이다(주후 60년경 가을). 가이사랴에서 바울 일행이 탄 배는 아시아 지방의 해안을 따라 여러 항구를 들러 항해할 예정이었다.

바울이 로마로 올라갈 때, 이름을 밝히지 않은 사람들이 동행했다. 사도행전에 따르면, 바울은 혼자서 선교여행을 다닌 적이 없다. 1차 전도여행 때에는 바나바, 2차 전도여행 때에는 실라가 동행했다. 3차

바울의 로마 여행 (행 27:1-28:16, 주후 60년 가을 ~ 61년 봄, 대략 6개월)

전도여행과 로마여행 때에는 '우리'라는 일행이 있었다. 그 일행 안에는 당연히 사도행전을 기록한 누가가 포함되어 있을 것이다. 누가는 저자 이름을 숨기는 미덕을 발휘하고 있는 것이다.

당시 로마로 가는 바울 일행 중에는 데살로니가에서부터 내려온 마케도니아 사람 '아리스다고'도 있었다. 이 사람은 유대교에서 개종한 데살로니가 출신의 유대인으로, 에베소의 아데미 여신 숭배자인 데메드리오의 소요 때 바울과 함께 연행되기도 했다. 이후로 그는 바울의 동역자가 되어 이번 바울의 로마행에 동행하기로 한 것이다.

가이사랴를 떠난 다음날, 바울 일행은 팔레스타인 북쪽에 위치한 지중해 연안지역인 페니키아의 항구도시 시돈에 닿았다. 여기서 백부장 율리오는 바울에게 특별히 친절을 베풀어, 바울로 하여금 배에서 내려 친구들을 찾아가 필요한 것들을 공급받을 수 있게 허락해 주었다.

"자, 모두 배에 올라타도록 하라!"

시돈에서 잠시 머문 뒤 로마행이 다시 계속되었다. 시돈 항구를 떠난 바울 일행은 맞바람을 만났다. 그래서 항로를 벗어나 키프로스(구브로) 섬을 바람막이 삼아 그 섬의 해안을 끼고 항해를 계속했다. 그렇게 바울 일행은 소아시아의 길리기아 지방과 밤빌리아 지방의 앞바다를 가로질러 계속 앞으로 항해하여 루기아 지방의 무라 항구에 닿았다.

"모두 저기 보이는 큰 배에 옮겨 타도록 하라!"

무라 항구에서 백부장 율리오는 이탈리아로 가는 알렉산드리아 배를 만나자 바울 일행을 그 배에 옮겨 태웠다. '알렉산드리아 배'는 이집트의 알렉산드리아 항구에서 곡물을 싣고 로마로 항해하던 무역선인데, 때에 무라 항구에 정박하고 있었다. 당시 이집트의 곡창지대인 나일 삼각주 지방에서 생산한 곡물을 로마로 실어 나르기 위해 큰 무역선들의 왕래가 잦았다. 바울 일행은 무라 항구에 정박해 있던 이 무역선들 가운데 하나를 얻어 탄 것이다.

마침내 알렉산드리아 배가 무라 항구를 떠났다. 그 배는 여러 날 동안 아주 느리게 항해하여 간신히 니도 앞바다까지 이르렀다. 그러나 거기서 심한 바람 때문에 앞으로 더 나아가지 못하고 크레타(그레데) 섬을 바람막이 삼아 살모네 쪽으로 돌아서 항해했다. 그렇게 크레타 남쪽 해안을 따라 힘들게 천천히 항해하여 라새아 성읍에서 그리 멀지 않은 '아름다운 항구' 곧 '미항(美港)'이라는 곳에 이르렀다.

바울 일행은 미항에서 여러 날을 머물러야 했다. '금식하는 절기'가 이미 지났으므로 지중해를 항해하기엔 위태로운 시기였기 때문이다. '금식하는 절기'란 유대 종교력으로 티스리 월(7월) 10일에 지켜졌던 속죄일의 금식을 가리킨다(레 16:29-31). 오늘날 태양력으로 계산하면

9월 중순쯤에서 10월 중순쯤 사이에 해당한다. 이 시기가 지나게 되면, 지중해 항해가 위험했다. 지중해에서는 겨울에 자주 불어닥치는 해상 폭풍으로 인해 11월 중순부터 다음해 3월 초순까지는 모든 항해를 폐쇄했다. 그리고 9월 중순경부터는 항해 경고를 발하여 날씨를 주의 깊게 살펴야 했다. 따라서 이 시기에 출항한다면 위험을 감수해야 했다. 이런 사정을 알고서, 바울이 사람들에게 말한다.

"여러분, 이대로 항해를 계속하다가는 분명 큰 재난을 당하게 될 것이오. 배와 화물뿐만 아니라 우리의 목숨까지도 위태로울 것입니다. 그러니 출항하지 말고 이곳 미항에서 겨울을 나는 게 좋을 듯싶습니다."

하지만 선장과 선주는 바울의 견해를 묵살하고 자신들의 견해를 내세웠다.

"안 됩니다. 항해를 계속해야 합니다. 날이 더 추워지기 전에 한시라도 바삐 이곳을 얼른 떠나야 합니다."

선장은 배의 총지휘권자이고, 선주는 배와 화물의 주인이다. 이들은 항해의 위험보다는 개인의 이익을 먼저 생각했기에 겨울 항해를 고집했다.

'어쩐다? 아무래도 항해에 관한 한 선장과 선주의 경험이 많겠지….'

백부장 율리오는 잠시 고민하다가 선장과 선주의 견해에 따르기로 했다. 백부장도 자신의 임무를 빨리 마치기를 바랐기 때문이다. 게다가 미항은 겨울을 나기에 적합하지 않다고 판단했다. 그 항구는 크레타 섬의 중간쯤에 위치한 남해안의 자그마한 만(灣)으로, 많은 사람들이 묵을 만한 숙소가 부족했고, 잠시 바람을 피할 수는 있어도 겨울철의 거센 폭풍을 견디기엔 적합하지 않았기 때문이다.

"모두 배에 올라타라! 이곳을 떠난다!"

백부장과 선장과 선주는 미항을 떠나기로 작정하고 배를 움직였다. 이때 선원들 대부분은 뵈닉스 항구까지 가서 거기에서 겨울을 나자고 주장했다. 뵈닉스는 미항에서 북서쪽으로 65km 정도 떨어진 곳에 위치한 크레타 섬에 있는 항구로, 다른 곳은 막혔고 서남쪽과 서북쪽만 틔어 있어 겨울을 나기에 적합한 곳이었다.

바울이 탄 배가 지중해에서 '유라굴로' 태풍을 만나다(27:13-26)

"보라, 때마침 남풍이 순하게 불어오고 있지 않는가! 출항하기에 아주 좋은 날씨다. 바다의 신이 우릴 돕고 있어!"

미항을 떠나는 날, 때마침 남풍이 순하게 불어와 항해하기에 좋은 날씨로 보였다. 지중해 항해에서 남풍은 북서쪽으로 항해하려는 배에게 최적의 순풍이었다. 백부장과 선장과 선주는 자기들의 결정이 옳았다고 생각하며 흐뭇한 미소를 지었고, 선원들 역시 자신들의 바람대로 모든 게 잘 되었다고 생각하고는, 뵈닉스를 향해 항해하기 시작했다.

그런데 출항한 지 얼마 지나지 않아 남풍이 그치고 갑자기 바람의 방향이 바뀌면서 점차 강해지기 시작했다. 그러자 선장, 선주, 선원들은 뭔가 모를 강력한 불안감에 휩싸이기 시작했다. 경험으로 비추어볼 때 그 바람은 그냥 단순한 강풍이 아니었다. 선원들이 가장 두려워하는 '유라굴로' 태풍이 갑작스레 불어닥친 것이다. 그 '유라굴로' 태풍은 바울 일행이 탄 배를 지중해의 한가운데로 몰고 갔다.

유라굴로(Euroclydon)! 이 말은 라틴어 '동풍'(Euros)과 '북풍'(Aquilo)의 합성어로 '북동풍'이란 뜻이다. 순조롭게 불던 남풍이 크레타 섬의 중앙에 우뚝 솟아 있는 해발 2,100m 높이의 이다(Ida) 산맥에 부딪히면 두 반대 기류의 충돌로 인해 강력한 '북동풍'(유라굴로)으로 돌변하게 된다.

"아, 바울의 말을 들었어야 했는데…."

거세게 불어닥치는 태풍 앞에서 선장과 선원들은 속수무책이었다. 배는 태풍에 휘말려 도저히 방향을 잡고 제대로 나아갈 수 없었다. 태풍이 부는 대로 배를 맡겨둘 수밖에 없었다. 이 순간, 배에 탄 사람들은 바울의 경고를 듣지 않은 것을 후회하고 있었다.

"모두 힘을 합해 거룻배를 끌어올려라! 힘을 내라, 힘을 내!"

바울이 탄 배가 지중해에서 유라굴로 태풍을 만나다

선장과 선주는 고래고래 소리치며 선원들과 배에 탄 사람들을 독려했다. 태풍에 이리저리 휩쓸리던 배가 '가우다'라는 조그마한 섬 뒤로 밀려들자, 선원들과 바울 일행은 간신히 거룻배를 갑판 위로 끌어올릴 수 있었다.

배가 순조롭게 항해할 때에는 비상용 구조보트인 거룻배를 배의 후미에 매달고 항해하였다. 그런데 갑작스럽게 태풍을 만났으므로 이 거룻배를 끌어올릴 겨를조차 없었다. 그러다가 가우다 섬 근처에서 풍랑이 조금 약해지자 모두가 달려들어 이 거룻배를 갑판 위로 끌어올린 것이다.

거룻배를 갑판 위로 끌어올리자, 선원들은 밧줄로 거룻배를 선체에 단단히 동여맸다. 그런데 이런 상태로 계속 나아가다가는 배가 스르디스에 처박힐지도 몰랐다. '스르디스'는 강이나 바다를 끼고 모래가 쌓여 있는 모래톱을 가리킨다.

"스르디스에 걸리면 안 된다! 돛을 내려라!"

선장이 지시하자 선원들이 배의 돛을 급히 내렸다. 그러자 바람이 부는 대로 배는 이리저리 떠내려갔다. 그렇게 배가 바다에서 표류했지만 '스르디스'를 피하기 위해선 배를 그냥 내버려둘 수밖에 없었다.

"아무래도 안 되겠다! 배에 실은 짐을 바다에 버려라!"

이튿날, 파도가 더욱 높아져서 배에 탄 사람들이 몹시 시달리게 되자, 선원들은 선장의 지시에 따라 짐들을 바다에 던지기 시작했다. 배를 되도록 가볍게 만들어야만 배가 물 위에 더 높이 떠서 바다 밑의 암초나 모래톱 같은 데에 걸릴 가능성이 줄어들기 때문이다. 그리하여 식량만 남겨둔 채 다른 화물들을 모두 바다에 던져버렸다.

뵈닉스를 향해 미항을 떠난 지 사흘째 되는 날, 이제 선원들은 배의 파선을 우려하여 배의 장비들마저 전부 바다에 내던졌다. 무겁고 커다란 돛과 돛대를 비롯하여 배의 여러 부품들과 필요한 도구들(침구, 책상, 의자)까지 생명처럼 소중한 배의 장비들을 전부 바다에 내던졌다.

"아, 아, 우리에겐 소망이 없다! 애당초 살긴 글렀어!"

유라굴로 태풍은 좀체 그칠 줄 몰랐다. 며칠 동안 계속해서 시커먼 먹구름에 가려 해와 별도 보이지 않은 채 사나운 태풍만 드넓은 바다 위에 거세게 휘몰아쳤다. 배에 탄 사람들은 도무지 살아날 가망이 없다고 생각하고 완전히 소망을 잃었다.

게다가 그들은 여러 날 동안 아무것도 먹지 못하여 기진맥진한 상태에 있었다. 크게 흔들리는 배에서 멀미나 두통, 두려움 등으로 식욕을 잃은 채 음식을 아예 먹으려 하지도 않았던 것이다. 사람들이 저마다 절망에 빠져 있을 때, 바울이 일어나서 선원들에게 말한다.

"여러분, 내 말대로 우리는 크레타 섬의 미항에서 떠나지 않았어야 했소. 그랬더라면, 여러분이 이렇게 상처 입고 극한 고통을 겪지 않았을 것입니다. 그러나 이제라도 여러분에게 당부합니다. 절대로 포기하지 마십시오! 모두 기운을 내십시오! 비록 배는 파괴되겠지만, 여러분 가운데 누구도 목숨을 잃지는 않을 것입니다."

"쳇, 다 죽게 생겼는데 그런 말을 어떻게 믿어?"

워낙 절망적인 상황인지라, 사람들의 반응은 시큰둥했다. 이에 바울은 더욱 힘차게 말한다.

"어젯밤에 내가 믿고 섬기는 하나님, 바로 그분의 천사가 내 곁에 나타나서 내게 말해 주기를 '바울아, 두려워하지 말아라. 너는 틀림없이 황제 앞에 서서 재판받게 될 것이다. 하나님은 또 너와 함께 항해하는 모든 사람들의 생명을 너에게 맡겨주셨다.' 했습니다."

바울을 제외한 모든 사람들이 강렬한 태풍 속에서 낙담하고 있을 때, 하나님은 천사를 통해 바울에게 구원을 약속해주셨다.

"하나님의 천사가 그리 말해주었다고? 정말?"

지푸라기라도 잡는 심정이었던 사람들은 바울의 말에 일말의 기대감을 가졌다. 절망에 빠져 생기를 잃어가던 눈망울들이 다시 반짝거렸다. 이에 바울이 더욱 확신에 찬 목소리로 말한다.

"그러므로 여러분, 안심하고 용기를 내십시오! 나는 하나님을 믿습니다. 하나님께서 내게 일러주신 대로 다 이루어질 것입니다. 이제 우리는 어떻게든 어느 섬에 닿게 될 것입니다."

바울이 그저 막연하게 살 수 있다고 말하는 게 아니라 보다 구체적으로 조만간 어느 섬에 닿아 목숨을 건질 것이라고 말하자, 배에 탄 사람들은 더욱 안도감을 느꼈다. 거센 태풍 속에서 자포자기의 상태에 빠졌던 사람들에게 바울의 말은 한 줄기 소망의 빛이 되었다.

바울이 탄 배가 태풍으로 표류하다 (27:27-38)

유라굴로 태풍에 떠밀려 지중해의 아드리아 바다 위에서 이리저리 표류한 지 14일째 되던 날 한밤중이었다. 선원들은 배가 어느 육지에 가까이 다가간 것을 느꼈다. 여기에서 '아드리아 바다'는 오늘날 지도에 표기된 '아드리아 해'가 아니다. 오늘날에는 이탈리아와 크로아티아 사이의 좁은 바다를 그렇게 부르지만, 여기에 언급된 '아드리아 바다'는 거기서 남쪽으로 더 멀리 뻗어나간 큰 바다를 가리킨다. 그리스와 이탈리아와 아프리카 사이에 있는 지중해 중심부의 바다를 가리킨다.

"빨리 물 깊이를 재어보아라!"

선장이 지시하자, 선원들이 서둘러 물 깊이를 재어보았다. 스무 길 정도였다. 좀 더 가서 다시 재어보니 열다섯 길 정도였다. 여기서 '길'(헬, 오르귀이아)이란 말은 '쭉 뻗치다'란 뜻의 헬라어 동사 '오레고'에서 파생된 말로, 양쪽 팔을 벌려서 쭉 폈을 때 한쪽 손의 중지 끝에서부터 다른 손의 중지 끝까지의 길이를 말한다. 대략 1.8m 정도다.

이렇게 볼 때 '스무 길'(20길)은 36m 정도이고, '열다섯 길'(15길)은 27m 정도이다. 이는 수심이 빠른 속도로 얕아지고 있다는 것을 의미하며, 따라서 자칫하면 배가 암초에 부딪힐 수 있는 가능성이 많아졌다는 것을 뜻한다.

"수심이 급격히 얕아지고 있다! 암초를 조심하라!"

선장은 다급한 목소리로 외쳤고, 선원들은 배가 암초에 걸릴까 두려워 고물(배의 뒷부분)에서 4개의 닻을 내려놓고 날이 밝기를 기다렸다. '닻'은 배를 한 곳에 머물러 있게 하기 위해 밧줄이나 쇠줄로 묶어 물속에 던지는 무거운 쇳덩이다. 본래 닻은 이물(배의 앞부분)에서 내리는 것이 정상인데, 당시는 배가 해변 가까이에 접근해 있고 태풍이 강하게 불어대는 특수한 상황이기 때문에 고물에서 내린 것이다.

만약 이물에서 닻을 내려 배의 앞부분이 고정되어 있는 상황에서 강한 바람과 거센 파도가 배를 해변 쪽으로 밀어붙이면 배의 뒷부분이 앞으로 홱 돌아가고, 그 과정에서 배가 암초에 부딪히는 일이 발생할 수 있기 때문이다. 따라서 당시 상황에서 선원들이 고물에서 닻을 내린 것은 적절한 조처였다고 볼 수 있는데, 닻을 4개나 내린 것은 배가 바람과 파도에 떠밀리지 않도록 단단히 고정시켜 놓기 위해서였다.

"이보게, 우리가 저 죄수들과 함께 여기서 개죽음 당할 필요가 있겠는가? 우린 뱃사람들이니 저들과는 달리 살 소망이 있어. 그러니 지금 혼란스런 상황을 틈타 도망가는 게 어때?"

"그게 좋겠네! 어차피 이판사판이니, 어쩌면 지금이 우리에겐 좋은 기회 아닌가!"

바울의 말을 믿지 못한 몇몇 선원들이 자기들의 목숨만 건질 요량으로 이기적인 행동을 하기로 계획하였다. 그들은 닻을 내리는 과정에서 배를 버려둔 채 거룻배를 타고 도망치려고 배의 앞부분에서 닻을 내리는 척하면서 거룻배를 풀어 내렸다.

"엇? 저들이 지금 무슨 짓을?"

거룻배를 몰래 풀어 내리려고 하는 몇몇 선원들의 이기적인 행동을 바울이 알아차렸다. 그래서 바울이 백부장과 군사들에게 급히 말한다.

"보시오, 지금 저 선원들이 거룻배를 타고 도망쳐 버리면 당신들은 구조되지 못할 것입니다. 선원들이 도망가지 못하도록 해야 합니다!"

"뭣이? 여봐랏, 너희는 당장 가서 거룻줄을 끊어버리도록 하라!"

백부장이 명령하자, 군사들이 거룻배를 묶고 있던 거룻줄을 끊어서 거룻배를 바다에 떨어뜨렸다. 거룻줄은 거룻배를 매단 줄이다. 거룻줄을 끊어버렸다는 것은 생명이 달린 구명보트를 포기했다는 것을 뜻한다. 백부장이 이런 조처를 취한 것은, 배를 다룰 줄 아는 사공들을 잃는 것보다 차라리 구명보트를 포기하는 것이 낫다고 판단했기 때문이다.

그렇게 거센 바람과 높은 파도에 시달리면서 거룻줄을 끊어 선원들의 탈출을 막고 고물에서 닻을 내리는 등 태풍 속에서 살아남기 위해 사투를 벌이는 동안, 어느덧 밤이 지나고 먼동이 트기 시작했다. 바울은 밤새 녹초가 된 사람들을 위로하고 격려하면서 여러 사람들에게 음식을 먹으라고 권한다.

"여러분은 태풍을 만나 긴장 속에서 마음을 졸이느라 음식을 제대로 입에 대지 않은 지가 열나흘이나 됩니다. 하지만 이제는 음식을 좀 드시도록 하십시오. 그래야 기운을 차리고 살아남을 수 있습니다. 두려워하지 말고 안심하십시오. 여러분 가운데 어느 누구도 머리카락 하나라도 잃지 않을 것입니다."

바울은 빵을 들어 모든 사람들 앞에서 하나님께 감사기도를 드린 다음에 빵을 떼어 먹기 시작했다. 그런 모습을 보고, 다른 사람들도 일어나 용기를 내어 음식을 먹기 시작했다. 어느새 배에 탄 사람들은 바울을 크게 신임하게 되었다.

바울은 일개 죄수의 신분이었지만 그의 말은 영향력이 있었다. 예루살렘과 가이사랴 법정에서 보여준 바울의 모습은 여느 죄수들의 모습과는 달리 힘과 감화력이 있었고, 태풍 속에서도 자신이 믿는 신(여호와 하나님)을 굳게 의지하면서 다른 사람들에게까지 위로와 용기를 북돋워 주는 그의 태도가 그를 신실한 사람으로 보이게 만들었기 때문이다. 또한 크레타 섬의 미항에서 항해를 만류한 바울의 충고까지 딱 맞아떨어지자, 항해를 할수록 배에 탄 사람들은 바울을 더욱 신임하기에 이른 것이다.

당시 배에 탄 사람들은 바울을 포함하여 모두 276명이었다. 바울의 권고에 따라 모두가 배부르게 음식을 먹고 나자, 선원들은 다시 힘을 내어 움직이기 시작했다. 그들은 배의 무게를 최대한 줄이기 위해 실었던 곡물마저 전부 바다에 내던졌다.

바울이 탄 배가 모래톱에 걸려 파선하다 (27:39-44)

"앗, 보라! 저기에 항만이 있다! 저곳에 배를 대자!"

어느새 날이 완전히 밝자, 가까이에 있는 육지가 어느 땅인지는 알 수 없었지만 모래사장이 있는 항만이 보였다. 항만은 바닷가가 굽어 들어가서 선박이 안전하게 머물 수 있고 화물 및 사람이 배로부터 육지에 오르내리기에 편리한 곳, 또는 그렇게 만든 해역을 말한다.

나중에 밝혀지지만, 이때 선원들이 본 땅은 '멜리데'라는 섬으로, 이탈리아의 시실리 섬에서 남쪽으로 98km 지점에 위치한 지중해상의 작은 섬이었다. 악몽 같은 14일 동안의 밤낮이 지나고 날이 새자 마침내 구원의 소망이 비친 것이다. 선장과 선원들은 서로 의논한 후에 어떻게 해서든 배를 거기에 대기로 결정했다. 선원들은 눈에 보이는 항만에 배를 대기 위해 닻을 끊어 바다에 버리고 키를 묶었던 밧줄을 늦추었다. 그리고 앞 돛을 올려서 바람을 타고 해안 쪽으로 나아갔다.

"아앗! 모래톱이다! 배가 모래톱에 걸렸다! 아, 큰일이다!"

항만을 향해 천천히 나아가던 중 배가 두 물살이 합치는 곳에 끼어들면서 모래톱에 그만 얹혀버리고 말았다. 바울이 탄 배의 앞부분(이물)은 모래 속에 박혀 움직이지 않았고, 배의 뒷부분(고물)은 심한 파도로 인해 점차 깨어지기 시작했다.

"백부장님, 상황을 보니 죄수들이 파선을 틈타 도망칠 듯합니다! 그들을 놓치게 되면, 그들 대신 우리가 목숨을 잃게 되니, 아예 저들을 모조리 죽이는 게 어떻겠습니까?"

군사들은 죄수들이 혼란한 상황을 틈타 혹시라도 헤엄쳐서 도망할까 봐 그들을 아예 죽여 버리려고 계획했다. 만일 죄수를 호송하다가 놓치게 되면 호송 군사가 대신 형벌을 받아 목숨을 잃게 되지만, 도망치려는 죄수를 아예 죽이게 되면 책임을 면하기 때문이다.

"안 된다! 죄수들을 하나도 죽이지 마라! 그들을 끝까지 호송한다!"

백부장 율리오는 단호한 태도로 군사들의 계획을 적극 말렸다. 그리 명한 것은 무엇보다 바울을 꼭 살리고 싶었기 때문이다. 바울을 호송하는 사이에 백부장은 어느덧 바울에게 큰 감화를 받고 그를 굳게 신임하고 있었다. 군사들의 계획을 말린 후, 백부장은 헤엄칠 수 있는 사람들은 먼저 바다에 뛰어내려 뭍으로 헤엄쳐 올라가라고 명령했다.

"헤엄칠 수 없는 사람은 무엇이라도 붙잡고 뭍으로 올라가라!"

백부장 율리오의 명령에 따라 헤엄칠 수 있는 사람은 바다에 뛰어들어 헤엄쳐서 뭍으로 올라갔고, 헤엄칠 수 없는 사람은 널빤지나 부서진

배에 탄 일행 276명 모두가 무사히 육지로 올라오다

배의 조각을 붙잡고 뭍으로 올라갔다. 그렇게 해서 배에 탄 276명의 사람들이 하나도 죽지 않고 모두가 무사히 뭍으로 올라갔다. 바울이 앞서 배에 탄 사람들에게 말한 것처럼 하나님의 약속대로 이루어진 것이다.

28

마침내 로마로

멜리데 섬에 상륙해 불을 쬐네
바울이 마른 가지를 불에 넣자
손에 독사가 매달려 있네
하지만 바울은 아무런 해를 받지 않네

바울 일행이 멜리데 섬에 오르다 (28:1-6)

배에 탄 사람들(276명)은 한 명도 물에 빠져 죽지 않고 모두가 무사히 해변에 상륙했다. 섬에 상륙한 후, 사람들은 그곳 섬에 사는 원주민들에게 물어 그 섬이 '멜리데'라는 것을 알게 되었다. 바울 일행을 태운 배는 크레타 섬의 미항에서 이곳 멜리데 섬까지 800km가량 되는 먼 거리를 태풍을 만나 14일 동안 표류하며 정처 없이 떠밀려온 것이다.

멜리데는 '피신'이라는 뜻인데, 지중해의 잦은 풍랑 속에서 선박들이 이 섬에 종종 피신했기 때문에 붙여진 이름이다. 이 섬은 이탈리아의 시실리 섬에서 남쪽으로 대략 98km, 아프리카 북동쪽에서 대략 320km 지점에 위치한 섬으로, 섬의 전체 길이가 29km가량, 너비가 15km가량 되는 작은 섬이다. 오늘날의 몰타 공화국이다.

"고생들 많았겠구려. 이젠 불을 쬐면서 몸을 추스르도록 하시구려."

섬사람들은 태풍을 만나고 파선을 당해 가까스로 뭍에 올라온 바울 일행을 동정하면서 매우 친절하게 대해주었다. 때마침 비가 내리고 날이 추웠기 때문에 섬사람들은 불을 피워 주면서 몸을 녹이도록 배려해 주었다. 이때 바울은 마른 나뭇가지를 한 아름 안아다가 불 속에 던져 넣었다. 바로 그때였다.

"앗, 뱀! 저건 독사닷!"

섬사람들이 크게 소리쳤다. 나뭇가지 속에 있던 독사 한 마리가 뜨거운 불기운에 놀라 밖으로 튀어나오면서 바울의 손에 착 달라붙어 물고 있었기 때문이다. 섬사람들은 독사가 바울의 손에 달라붙은 것을 보고는 서로 수군거린다.

"저 사람은 이제 죽은 목숨이다. 그러고 보니, 저 사람은 살인자가 틀림없다."

"그러게 말이야, 바다에선 살아났지만 정의의 신이 그 사람을 그대로 살려두지 않는구먼. 쯧쯧."

그러나 바울은 손에 달라붙은 그 뱀을 탈탈 털어내어 불 속에 떨어뜨렸고 아무런 해를 입지 않았다.

섬의 원주민들은 뱀에 물린 바울이 당장 쓰러져 죽을 것이라고 생각했다. 하지만 아무리 기다려도 그런 일은 벌어지지 않았다. 그렇다면 바울을 문 뱀은 독사가 아니라 독 없는 뱀이었을까?

혹자는 오늘날 멜리데(몰타) 섬에 독사가 없다는 조사에 근거하여 바울을 문 뱀도 독 없는 뱀이었을 것이라고 말한다. 그렇지만 이 사건은 2천여 년 전의 일이다. 지금 없다고 오랜 과거에도 없었다고 주장하는 것은 억지다. 분명 여기 기록된 '독사'(헬, 에키드나)는 독 있는 종류를 가리키는 단어로서, 섬의 원주민들이 독 있는 뱀과 독 없는 뱀을 구별하지 못했을 리 없다.

'독사에 물리고도 죽지 않는 걸 보니, 저 사람은 신임에 틀림없어. 사람이 아니야.'

바울이 독사에 물리고도 조금도 해를 입지 않고 멀쩡한 것을 보고는 섬사람들이 생각을 바꾸어 바울을 신이라고 생각했다. 사람이라면 절대로 그럴 수 없다고 생각했기 때문이다. 멜리데 원주민들의 단순하고 저급한 사고방식을 보여준다. 그들은 바울이 독사에 물리자 '살인자'라고 즉각 판단했고, 독사에 물리고서도 죽지 않자 곧바로 생각을 바꾸어 '신'이라고 판단한 것이다. 그렇다면 바울은 어째서 독사에 물리고서도 조금도 해를 입지 않았을까?

독사에게 물린 바울

바울을 문 뱀이 독 없는 뱀이었기 때문이 아니라 독사의 독에서 바울의 생명을 지켜주신 하나님의 기적적인 능력 때문이었다. 하나님은 앞서 바울이 로마 황제(가이사) 앞에 서서 증언하게 될 것이라고 약속하셨다(행 27:23-24). 따라서 바울을 위한 하나님의 계획이 완료되기까지는 그 무엇도, 그러니까 바다의 태풍이나 독사의 독일지라도 바울의 생명을 해칠 수 없었다.

이 사건은 특별히 부활의 예수님이 승천하시기 직전에 제자들에게 약속하신 표적의 능력이 '문자 그대로' 성취되었다는 점에서 그 의의가 크다고 볼 수 있다. 그때 예수님은 제자들에게 이렇게 약속하셨다.

"보라, 믿는 사람에게는 이런 표적이 따를 것이다. 내 이름으로 귀신을 쫓아내고, 새 방언으로 말하며, 손으로 뱀을 만지거나 입으로 독을 마시더라도 전혀 해를 입지 않을 것이며, 또 병자에게 손을 얹으면 병이 나을 것이다"(막 16:17-18).

바울이 멜리데 섬에서 병자들을 고쳐주다(28:7-10)

멜리데 섬의 해안 가까운 곳에는 그 섬의 추장인 '보블리오'가 소유하고 있는 농장이 있었다. 당시 멜리데 섬은 시칠리아 총독의 관할 하에 있었는데, 섬의 직접적인 통치 책임자는 추장이었다. 그 추장이 바울 일행을 자기 농장으로 초대해서 사흘 동안이나 친절하게 대접해 주었다. 그 기간 동안에 추장은 바울 일행과 이런저런 이야기를 나누는 중에 자기 부친 이야기를 한다.

"내 부친께서는 지금 중병에 걸려 병상에 누워 계십니다. 여러 처방을 써보았지만 차도가 없어 걱정이 이만저만이 아닙니다."

그 말을 듣고 바울이 말한다.

"그래요? 그렇다면 제가 한번 부친의 병을 살펴봐도 될까요?"

"그렇게 해주신다면 저로선 정말로 고맙고 감사한 일이지요."

추장도 바울의 독사 사건에 관해 잘 알고 있었다. 그래서 큰 기대감을 갖고 바울을 부친의 병상으로 인도하였다. 때에 보블리오의 부친은 열병과 이질에 걸려 병상에 누워 있었다. 열병(헬, 퓌레토이스)은 지중해 섬들에 널리 퍼져 있는 말라리아를 가리키고, 이질(헬, 뒤센테리아)은 열병에 수반되는 설사병을 가리킨다. 열병은 고통이 주기적으로 찾아오는데 보통 4개월 이상 통증에 시달렸다고 한다. 본서를 기록한 누가는 의사였으므로 보블리오 부친의 병명을 정확하게 기록하였다.

"주님, 병상에 누워 있는 이 사람을 불쌍히 보시고 지금 이 시간 치유의 은총을 베푸셔서 주님의 크신 능력을 모든 이들에게 나타내 보여주소서. 그리하여…."

바울이 병상에 다가가서 보블리오 부친의 머리에 손을 얹고 주님께 기도하자, 그가 즉시로 고침을 받아 병상에서 일어났다.

"세상에, 이런 일이! 참으로 놀라운 기적이다!"

중병을 앓던 보블리오 추장의 부친이 바울의 안수기도로 거뜬히 낫게 되자, 멜리데 섬 안에 있는 병자들이 앞다투어 바울을 찾아왔고, 바울의 안수기도로 병자들이 모두 고침을 받았다.

이런 일이 있고 보니, 섬사람들은 고마운 마음에 바울을 비롯하여 그의 일행을 더욱 극진하게 대접해주었다. 바울 일행은 섬사람들에게 후한 대접을 받으며 멜리데에서 편히 겨울을 보낼 수 있게 되었다. 뿐만 아니라, 바울 일행이 그 섬을 떠날 때는 섬사람들이 기꺼운 마음으로 여행하는 데 필요한 온갖 물건들을 배에 잔뜩 실어주기까지 했다.

바울 일행이 마침내 로마에 도착하다 (28:11-16)

"출항할 때가 이르렀다! 자, 모두 배에 올라타라!"

유라굴로 태풍을 만나 결국 배가 부서졌지만 하늘의 도움으로 가까스로 멜리데 섬에 오른 지 석 달 후, 바울 일행은 알렉산드리아 배를 타고 다시 로마행 항해 길에 올랐다(주후 61년 2월경).

지금까지 바울이 탄 배를 정리해보자. 바울의 로마행에는 두 종류의 배가 사용되었다. 처음 배는 아드라뭇데노에서 루기아 지방의 무라 항구까지 바울 일행을 호송한 배로, 규모가 작은 해변 항해용 배였다. 이후 무라 항구에서 바울 일행의 로마 호송을 책임진 백부장은 이탈리아로 가려는 알렉산드리아 호(號)로 갈아탔다. 이 배는 처음 배보다는 훨씬 규모가 큰 중간급 이상의 배로서, 사람과 화물과 곡물 등을 운반하는 장거리 수송용 배였다. 본서 저자인 누가는 당시 이 배에 탄 인원이 모두 276명이라고 구체적으로 언급하였다.

바울 일행이 갈아탄 알렉산드리아 호는 유라굴로 태풍을 만나 멜리데 섬 연안의 모래톱에서 파선되었다. 이제 바울 일행은 세 번째 배를 타고 로마행 항해를 계속하였는데, 이 배 역시 두 번째로 탔던 배인 알렉산드리아 호와 같은 종류의 배였다. 아마도 이 배는 진즉에 멜리데 섬에 도착하여 그 섬의 발레타 항구에서 겨울을 지내고 있던 배로 추정되는데, 배의 구체적인 이름은 '디오스구로'였다.

'디오스구로'는 '쌍둥이 형제'란 뜻인데, 제우스의 쌍둥이 아들인 '카스토르'와 '폴룩스'를 가리킨다. 이들 쌍둥이 형제의 별자리인 '제미니'는 태풍 가운데서도 사공을 도와 항해를 안전하게 해주는 '항해의 수호자'로 여겨졌다. 이 배의 앞머리 양편에는 쌍둥이 형제의 형상이 그려져 있고, 그 아래에 '디오스구로'라는 명칭이 쓰여 있었다.

"와, 마침내 이탈리아의 시칠리아 섬이다!"

항해는 순조로웠다. 멜리데 섬을 출항한 디오스구로 호는 150km가량을 순조롭게 항해하여 시칠리아 섬의 수라구사(시라쿠사) 항구에 이르렀다. 시칠리아 섬의 수도인 '수라구사'는 섬의 동해안 남쪽에 위치한 번창한 항구도시였다. 이 도시는 일찍이 기독교가 전해져 유명한 카타콤(지하 무덤교회)이 있었고, 유명한 수학자 아르키메데스의 고향이기도 했다. 바울 일행은 이 항구도시에서 사흘을 머물렀다.

사흘 후, 바울 일행은 수라구사 항구를 떠나 이탈리아 반도로 항해하여 마침내 '레기온'에 닿았다. 수라구사에서 레기온까지는 대략 130km 거리였다. '레기온'은 오늘날에는 폐항이 된 '레기오 디 칼라브리아'를 가리키는데, 이탈리아 반도 남쪽의 메사나 해협에 있는 항구도시다. 바울 일행은 이곳에서 남풍이 불기를 기다리며 하루를 묵었다.

"남풍이 분다! 모두 배에 올라타라! 로마를 향해 계속 항해한다!"

레기온에서 하루를 묵은 바울 일행은 그 다음날 남풍이 불어오자 로마행 항해를 계속했다. 남풍에 실려 배는 빠르게 순항했고, 레기온을 떠난 다음날에 바울 일행은 보디올에 도착했다. 남풍이 계속 불어주었기 때문에 레기온에서 340km가량 떨어진 보디올까지 하루 만에 닿을 수 있었다.

'보디올'은 '샘물'이란 뜻인데, 오늘날 '포추올리'라는 어촌이다. 나폴리만(灣)에 위치한 네압볼리의 외항으로, 이집트의 알렉산드리아에서 수송해 온 곡물들이 이곳에서 내려져 내륙으로 운반되었다. 이처럼 바울 일행이 탄 배가 보디올 항구에 닿음으로써 바울의 긴 지중해 해상 여행은 마무리되고 이제부터는 로마로 걸어서 갈 수 있게 되었다. 보디올에서 로마까지는 220km가량 떨어진 거리인데, 그 정도 거리는 건강한 장정이라면 간선도로인 압비아 가도를 통해 걸으면 5일이면 도달할 수 있었다.

"바울 사도님, 먼 뱃길에 참으로 고생 많으셨습니다. 우리 형제들에게로 와서 푹 쉬었다 가십시오!"

바울을 비롯해서 바울과 동행한 동역자들은 보디올에서 믿음의 형제들을 만나게 되었고, 그들의 초청을 받아 이레를 함께 머물면서 후한 대접을 받았다. 그런 후에야 바울 일행은 로마로 갔다.

보디올에는 주전 4년경부터 유대인들이 이주하여 공동체를 이루어 살고 있었고, 이집트의 알렉산드리아에서 그곳까지는 피차 왕래가 잦았으므로, 알렉산드리아의 기독교인들이 보디올의 유대인들에게 복음을 전하여, 바울이 그곳에 도착했을 때는 이미 기독교 공동체가 형성되어 있었던 것이다.

또한 죄수의 신분인 바울이 보디올에서 형제들의 초청을 받아 7일 동안 그들과 함께 자유로운 시간을 보낸 것은 당시 죄수들의 호송 책임자인 로마 백부장이 바울을 전적으로 신임했다는 것을 의미한다. 백부장은 파선의 위기 상황에서 바울로 인해 목숨을 건진 상태인지라 바울을 생명의 은인으로 여겼고, 또한 멜리데 섬에서 바울이 행하는 여러 기적을 직접 목도한 터라 바울을 존경하기까지 했기에 그의 자유를 전혀 제한하지 않았던 것이다. 아마도 이 일주일 기간 동안에 백부장은 그동안의 호송 경위에 대해 보고서를 작성하고 있었을 것이다.

"바울 사도님! 그동안 얼마나 힘드셨는지요? 로마에 잘 오셨습니다. 주님의 이름으로 환영합니다. 재판은 잘 될 터이니 염려하지 마십시오. 분명 우리 주님께서 크신 은총을 베풀어주실 것입니다."

로마에 있는 믿음의 형제들은 바울 일행이 로마에 들어온다는 소식을 듣고 압비오 광장까지 마중을 나왔다. 압비오 광장은 로마에서부터 65km가량 떨어진 지점에 있는 압비아 대로(Via Appia) 상에 있었다. 주전 312년경, 로마의 감찰관 압비우스 글라우디오가 이 도로의 건설을 시작했기 때문에 그의 이름을 따서 명명하였다.

이 대로는 로마로 향하는 길 가운데 가장 오래되고 견고한 도로로, 로마의 장군들이 전쟁에서 승리하고 개선할 때 군중들이 열렬하게 환영하며 맞이하던 길이었다. 지금 바울은 죄수의 몸으로 이 대로를 터벅터벅 걷고 있고 그를 맞이하는 사람들도 비록 소수의 신자들밖에 없지만, 사실은 예수 그리스도의 십자가 복음으로 로마제국의 심장부인 로마를 정복하러 가는 위대한 영광의 길이었다.

바울 일행이 압비오 광장을 지나 '트레스 타베르네'라는 곳에 이르니, 거기서도 바울 일행을 기다리고 있던 믿음의 형제들이 있었다. '트레스 타베르네'는 '세 개의 숙소'란 뜻으로 압비오 광장에서는 50km가량 떨어진 곳에 있었고, 로마에서는 15km가량 떨어진 곳에 있었던 교통의 요지였다. 로마에 살고 있던 믿음의 형제들은 압비오 광장에 이어 이곳에서도 바울 일행을 반갑게 맞이했고, 바울은 그들을 보고 큰 용기를 얻었고 하나님께 감사를 드렸다.

로마! 마침내 바울 일행은 로마에 도착했다. 비록 죄수의 몸이었지만 바울의 오랜 열망이 성취되는 순간이었다. 당시 제국의 수도인 로마는 영원한 불멸의 도시로 간주되었다. 그만큼 정치, 군사, 문화, 문명의 중심지로서 제국의 모든 사람들이 로마 여행을 소망했다. 회심 이후에 복음 전도자가 된 바울은 제국의 수도요 심장부인 이곳 로마에 예수 그리스도의 십자가 복음의 씨앗을 뿌리겠다는 뜨거운 열망을 오래도록 간직했고, 마침내 그 기회를 잡은 것이다.

"바울, 그대는 이곳에 머물면서 황제의 재판을 기다리도록 하시오."

로마에 당도한 바울은 백부장의 호의와 배려 하에 경비병 한 사람의 감시를 받으면서 따로 셋집에 머물러도 좋다는 허락을 받았다. 그래서 바울은 느슨하고 자유로운 가택 연금의 상태로 있으면서 황제에게 재판받을 차례를 기다리게 되었다. 바울이 이 같은 특별 혜택을 받은 데에는 그럴 만한 이유가 있었다.

바울이 로마에 도착했을 무렵, 그는 이미 신뢰받고 존중받는 죄수가 되어 있었다. 로마 여행의 과정에서 바울은 호송 책임자에게 적절한 충고를 하였고, 선원들의 반란을 저지하였으며, 승선객들을 위로하고 격려했으며, 독사에 물리고도 무사했을 뿐만 아니라 멜리데 섬 추장의 부친을 치료해주었다.

말하자면 바울은 영웅적인 죄수가 되어 로마에 입성한 것이다. 그 결과로, 바울은 죄수의 신분으로서는 파격적인 대우를 받았는데 오로지 자신을 지키는 군사 한 명과 함께 따로 특별히 미련해준 셋집에서 별 간섭을 받지 않으면서 자유롭게 거처할 수 있었던 것이다.

바울이 로마에서 유대인 지도자들에게 전도하다 (28:17-29)

"잘 오셨습니다. 제 초청에 응해 이렇게 와주시니 참으로 고맙습니다."

로마에 도착한 지 사흘 후(주후 61년 3월경), 바울은 그곳에 사는 유대인 지도자들을 자신의 셋집으로 초청하여 불러 모았다. 당시 바울은 고발된 죄인의 몸으로 가택에 연금된 상태였지만 자신을 시중드는 사람을 비롯하여 많은 사람들의 왕래가 가능했다.

바울은 유대인들 가운데 지도층 인사들을 초청했는데, 이들은 주로 유대인 회당의 지도자들이었다. 때에 로마에는 디아스포라(Diaspora, 세계 도처에 흩어진 유대인들) 유대인들이 제법 많이 살고 있었다.

디아스포라 유대인들은 그들이 거주하는 도시에서 선량하고 부지런한 시민으로 살았다. 그러면서도 그들만의 독특한 민족성과 종교적 정체성을 잃지 않기 위해 독하게 마음먹으며 여러 차별을 견뎌냈다. 그들은 또 예루살렘 성전을 위해 성전세 반 세겔을 바치고, 절기 때마다 여호와 하나님께 예배하러 예루살렘에 올라가곤 했다. 유대인 지도자들이 모이자, 바울이 먼저 감사인사를 전한 후에 입을 열어 말한다.

"동포 여러분, 나는 우리 민족이나 우리 조상들의 관습을 거스르는 일을 한 적이 없습니다. 그런데도 동족인 유대인들에 의해 예루살렘에서 체포되어 이렇게 로마 사람들의 손에 넘겨졌습니다. 로마 사람들은 나를 심문한 후 나를 풀어주려고 했는데, 그것은 내게서 사형에 처해질 만한 아무런 범죄 행위를 찾아낼 수 없었기 때문입니다."

그랬다. 바울은 로마군대의 천부장 루시아, 벨릭스 총독, 그리고 베스도 총독에게서 여러 차례 심문을 받았지만, 그들은 하나같이 바울에게서 죄를 찾지 못했다. 그럼에도 그들이 바울을 방면하지 않고 계속 구금해둔 것은 순전히 유대인들의 민심을 의식한 정치적인 판단 때문이었다. 바울의 말은 이어진다.

"하지만 유대인들이 로마 사람들의 무죄 결정에 반대하고 나섰습니다. 그러는 바람에, 나는 어쩔 수 없이 황제에게 상소를 냈을 뿐, 내 동족을 고발할 생각은 처음부터 추호도 없었습니다."

바울의 동족(유대인) 사랑은 유명하다. 그가 로마 교회의 신자들에게 보낸 편지를 보면, 심지어 자기 자신이 저주를 받아 예수 그리스도에게서 끊어지는 저주를 받는다고 할지라도 자기 형제요 골육친척 된 유대인 동포들이 복음을 받아들인다면 기꺼이 원하는 바라고 고백했다(롬 9:3). 자기 목숨보다도, 아니 자기 영혼보다도 더욱 유대인 동포들을 사랑하여 그들이 어떡하든지 복음을 받아들여 구원과 영생 얻기를 간절히 소망했던 것이다. 그런 바울이기에, 지금 바울의 말은 한 점 거짓 없이 진실하여 가슴 속으로 파고든다.

"오늘 내가 여러분을 여기에 오시라고 한 것은, 이런 사정을 여러분과 더불어 이야기하고 싶었기 때문입니다. 내가 이렇게 쇠사슬에 매인 바 된 것은 오직 이스라엘의 소망 때문입니다."

이스라엘의 소망은 모세의 율법과 구약의 예언자들이 장차 도래하실 분으로 계속 언급한 '메시아(그리스도)'에 관한 소망이다. 유대인들은 그 메시아를 정치적이고 현세적인 메시아로 소망하고 있었지만, 바울은 그 메시아가 인류의 죄악을 대신 짊어지시고 십자가에 못 박혀 죽으신 '예수님'이라고 외쳤던 것이다. 이런 차이 때문에 유대인들의 박해를 받아 바울이 지금 쇠사슬에 매인 바 되었던 것이다. 이 같은 바울의 말을 듣고, 유대인 지도자들이 바울에게 대답한다.

"무슨 말인지 알겠소. 사실, 우리는 당신을 고소한 일에 대해 아직은 아무것도 들은 바가 없소. 유대에서 편지를 받은 일도 없고, 또 예루살렘에서 내려온 형제들 가운데 누구도 그런 일을 우리에게 보고한 적도 없으며, 당신에 대해 나쁘게 이야기한 사람도 없었소. 그래서 우리는 당신의 견해에 대해 직접 듣고 싶은 것이오. 다만 우리가 아는 것은, 어디에서나 당신의 종파에 대해 반대하는 목소리가 높다는 것입니다."

당시 예수의 도를 따르는 종파 곧 기독교를 믿는 그리스도인들은 유대인들에 의해 심각한 반대에 부딪혔는데, 그것은 유대교 율법주의자들에 의해 형성된 반대였다. 그들은 그리스도인들을 향해 나사렛 예수를 따르는 '나사렛 이단'이라고 칭하면서, 모세 율법과 유대 풍습을 파괴하고, 할례를 금하며, 성전을 모독하고, 천하의 유대인들을 소요케 하는 전염병 같은 존재라고 비방했다.

물론, 모두 헛소문이고 거짓 소문이었다. 하지만 회심 이전에 바울(사울)이 그랬던 것처럼, 세상 도처의 유대인들은 그런 소문을 전해 듣고 예수의 도를 따르는 그리스도인들을 무작정 반대하고 있었다.

"아, 그런 반대는 모두 오해에서 비롯된 것입니다. 예수의 도가 무엇인지 제대로 알지 못한 채 겉모습만 보고서 무작정 반대하는 것입니다. 내가 예수의 도에 대해 제대로 알려드리겠습니다."

"잘 알겠소. 하지만 오늘은 이만하고, 다음에 다시 만나 자세히 듣도록 하겠소."

유대인 지도자들은 날짜를 정해 바울을 다시 만나기로 했고, 약속한 날이 되자 많은 사람들이 바울의 숙소로 찾아왔다. 바울은 반갑게 그들을 맞이한 후 그들에게 하나님의 나라에 관해 자세히 설명하고, 또 모세의 율법과 선지자들의 글을 인용하면서 예수 그리스도에 대해 부지런히 가르치고 열정적으로 설득했다.

바울의 강해와 설교는 아침부터 시작해서 저녁까지 계속되었다. 그 결과, 더러는 바울이 하는 말을 믿고 고개를 끄덕였지만 더러는 여전히 믿지 않고 고개를 저었다. 복음에 대한 사람들의 두 가지 반응으로, 복음이 전해지는 곳마다 일어나는 당연한 현상이다.

"오늘은 이쯤에서 그만 일어날까 합니다. 기회가 되면 다음에 또 듣도록 하지요."

복음에 대하여 유대인들 간에 의견의 일치를 보지 못한 채 그만 모임을 폐하고 헤어지려 할 때, 바울이 마지막으로 그들에게 말한다.

"여러분, 성령께서 선지자 이사야를 통해 여러분의 조상들에게 선포하신 말씀이 참으로 옳습니다."

"그래요? 이사야 선지자가 뭐라고 예언하였소?"

"잘 들어보세요. 일찍이 이사야 선지자가 말하기를 '너희가 듣기는 들어도 깨닫지 못하고 보기는 보아도 알지 못할 것이다. 그것은 이 백성의 마음이 무디어졌기 때문이고, 그들은 귀가 먹고 눈이 감겨져 있기 때문이다. 그렇지 않았다면, 그들이 눈으로 보고 귀로 듣고 마음으로 깨달아 내게로 돌아섰을 것이고, 그러면 내가 그들을 고쳐주었을 것이다.' 하였습니다."

이사야 6장 9-10절의 인용으로, 하나님의 말씀을 듣지 않고 계속 불순종의 길을 걷다가는 결국 바빌로니아의 포로가 되어 그 땅으로 끌려갈 것이라는, 타락한 이스라엘 백성들에 대한 이사야 선지자의 경고의 메시지다.

바울이 이 예언을 인용한 것은, 그들의 후손인 작금의 유대인들도 또다시 완악한 마음으로 메시아의 복음을 배척하는 잘못을 범하고 있음을 깨우쳐주기 위해서였다. 이에 근거하여 바울은 계속 말한다.

"그러므로 이제 여러분이 알아야 할 사실이 있습니다. 그것은, 하나님의 구원이 여러분을 떠나 이방 사람들에게로 향했고, 그들은 그 말씀을 적극적으로 받아들이게 될 것이라는 것입니다."

바울은, 예수 그리스도의 십자가 복음이 왜 유대인들을 떠나 이방 사람들에게로 향했는지를 알려주었다. 본래는 유대인들에게로 먼저 복음이 향했지만, 유대인들은 그 복음을 싫어하고 강렬하게 배척하였다. 그래서 부득불 복음이 유대인들을 떠나 이방 사람들에게로 향한 것인데, 이방 사람들은 유대인들과는 달리 복음을 기뻐하고 적극적으로 받아들였기 때문에 구원과 영생의 자리를 먼저 차지하게 되었던 것이다.

"바울의 말을 듣고 보니, 그럴 수도 있겠다는 생각이 듭니다. 사실, 우리 유대인들이 예수를 크게 미워하고 배척한 것은 사실이지 않소?"

"아무리 그래도 그렇지, 어찌 구원이 우리를 떠나 이방 사람들에게로 먼저 갈 수 있단 말이오? 우리는 조상 대대로 하나님께 선택받은 선민이란 말이오."

"맞소! 아브라함에게 약속하신 할례도 우리에게 있는데, 어찌 그런 일이 있을 수 있겠소. 아니 그렇소?"

하나님의 구원이 유대인들을 떠나 이방 사람들에게 향했다는 바울의 말을 듣고, 유대인 지도자들은 서로 간에 심한 논쟁을 벌였다. 절대로 그럴 수는 없다는 사람들과 어쩌면 그럴 수도 있겠다는 사람들 간에 크게 다툼을 벌이면서 각자 자기들의 집으로 돌아갔다.

바울이 로마에서 힘껏 복음을 전파하다 (28:30-31)

바울은 자신이 구금된 셋집에서 만 2년을 머물면서 자신에게로 나아오는 사람들을 남녀노소 구별 없이 모두 친절하게 맞아주었다. 그는 자신을 찾아오는 사람들에게 아무런 방해도 받지 않고 담대하게 하나님의 나라를 전파하고 주 예수 그리스도의 십자가 복음에 대해 힘껏 가르쳤다.

이렇게 바울이 만 2년 동안이나 재판을 받기 위해 계속 기다려야 했던 것은 바울을 고발한 유대인들이 재판에 승산이 없음을 알고는 로마법이 정한 고발 유효 기간인 18개월 안에 로마에 도착하지 않았기 때문이다.

바울이 가택연금된 상태에서 복음을 전하다

이후에 바울은 대략 6개월에 걸쳐 고발인이 결석한 상태에서 로마 황제 앞에서 재판을 받고, 결국 무죄판결을 받아 석방된다. 이 기간은 바울이 로마에 도착한 주후 61년 중순경부터 63년 중순경까지다. 로마에서 석방된 후, 바울은 제4차 전도여행에 나서 멀리 서바나(스페인)까지 십자가 복음을 전하던 중에 로마 황제 네로의 기독교 대박해 시기에 다시 붙잡혀 투옥되었다가 마침내 순교를 당했다(주후 67년경).

사도행전은 바울이 구금된 자기 셋집에서 자신에게로 나아오는 모든 사람들에게 담대하게 하나님의 말씀을 가르치고 기탄없이 예수 그리스도의 십자가 복음을 전하는 것으로 갑작스럽게 그 막을 내린다. 복음이 한창 전파되고 있는 현재진행형(~ing)으로 막을 내린 것이다.

사도행전은 예수 그리스도의 십자가 복음이 어떻게 예루살렘과 유대와 사마리아를 거쳐 전 세계로 땅끝까지 퍼져나갔는지를 보여주는 책이다. 그래서 다소 갑자기 끝나는 이 책의 결말은, 주후 1세기부터 시작된 복음 전도가 예수 그리스도의 재림 때까지 누구도 막을 자 없이 계속 지속될 것임을 강력하게 암시해준다. 그렇다면 오늘날에는 누가 예수 그리스도의 피 묻은 십자가 복음을 전할 것인가?

바로 바울의 후예 된 우리 믿는 자들이다. 오늘날에는 우리 크리스천들이 갑작스럽게 막을 내린 사도행전 28장의 뒤를 이어 사도행전 29장을 계속 써나가야 한다.

다마스쿠스 도상에서 부활의 주님을 만나 회심한 이후로 모든 이들에 대하여 '복음에 빚진 자'라는 절박한 심정으로 자신의 전체 삶을 고스란히 다 바쳐 뜨겁게 열정적으로 로마제국 내 구석구석 도처를 쉼 없이 두루 여행하면서 구원과 생명의 복음을 전하고 전한 바울, 우리 믿음의 선진 된 바울 사도를 본받아 오늘날에는 우리가 그 발자취를 힘써 따라가야 한다. 주님의 크신 은혜로 먼저 구원받고 먼저 주님의 제자 된 우리 믿는 자들이 바울처럼 뜨거운 심장을 갖고 세상을 향해 땅끝까지 나아가, 담대하게 예수 그리스도의 십자가 복음을 외쳐야 한다.

데오빌로 각하,
사도행전은 앞으로도 계속 쓰여야 할 책입니다

데오빌로 각하, 이제 초대교회의 긴 역사를 마무리하려 합니다. 소인의 이름 누가는 '빛을 준다'는 뜻입니다. 빛을 준다…. 제가 처음 이름의 뜻을 알았을 때 기쁘면서도 막막한 심정이었습니다. 과연 내가 누군가에게 빛을 줄 수 있을까, 하는 마음이 들었기 때문입니다.

저는 수리아의 안디옥 출신이며 그리스(헬라) 사람으로 예수 그리스도의 복음을 알게 되었습니다. 수리아 안디옥 출신이기에 사도행전에서 그 지역에 관해 상세하게 묘사할 수 있었고, 기사도 유난히 많습니다.

각하께서 아시다시피, 저는 의사입니다(골 4:14). 사도 바울의 제2차 선교여행 때부터 바울의 주치의 역할을 맡게 되었습니다. 드로아에서 환상을 본 사도 바울이 유럽(빌립보)에 첫발을 내딛게 된 데에는 어느 정도 제 역할도 있었다고 혹자는 말하고 있더군요. 그 부분에 대해서는 굳이 제가 첨가할 이야기가 없습니다.

바울의 동역자로 나선 저는 사도님이 빌립보를 떠나 타지에서 복음 사역을 할 때도 계속해서 빌립보에 머물며 사역했습니다. 복음을 전하고 병자들에게는 간단하게 치료를 하기도 했습니다. 후에 제3차 선교여행에 나선 바울 사도님이 다시 빌립보를 방문할 때 저도 합류했습니다(행 20:5-6).

그 후 바울의 1차 로마 투옥 때에도 함께하여 거의 2년 정도를 곁에 있었습니다. 사도행전 후반부에서 바울의 로마여행 기록이 아주 자세하고도 생생하게 묘사된 것은 바로 제가 밀착 동행을 했기 때문입니다.

각하, 제가 우리 주 예수 그리스도의 복음을 알게 된 것은 제 인생에 하나님께서 주신 가장 크고도 고귀한 선물입니다. 두 번째 선물은, 바울 사도님을 알고 그의 개인 주치의가 된 것입니다. 그 덕분에 가장 가까운 거리에서 그분의 복음 사역에 동행했고, 그분의 육체적으로 약한 부분을 제가 성심껏 돌보아줄 수 있었습니다. 사실, 그분은 육신적으로 많이 나약했고, 가시처럼 아픈 부분이 있었으며, 탈진 상태가 심했습니다. 그런 몸으로 그토록 장거리, 장시간을 복음 증거를 위해 계속 걷고 또 걷고 이동하고 또 이동했으니 왜 안 그러겠습니까. 그래서 사도님은 '사랑을 받는 의사'(골 4:14)라고 이 몸을 소개하면서, 저를 곁에 두고 계속적으로 돌봄을 받았습니다. 그분을 보살핀 순간들은 제게 있어 참으로 행복했던 시간들입니다.

데오빌로 각하, 제가 쓴 이 기록의 마지막 부분을 읽으셨을 텐데, 마치 중간에 끊겨버린 듯한 내용에 맥이 빠질 수도 있을 것입니다. 제가 그런 심정을 왜 모르겠습니까. 그럼에도 이런 결말로 이 책의 막을 내리는 것은 바울 사도님의 순교에 대해 그것을 기록으로 남겨두고 싶지 않았기 때문입니다. 그분은 참으로 의연하게 순교의 길을 가셨지만, 그분을 보내드리는 우리에게는 너무도 가슴 아픈 죽음이었습니다. 그런 사연을 각하나 독자들에게 알리고 싶지 않았습니다.

그보다 더욱 중요한 까닭은, 사도행전의 역사는 사도들만의 역사가 아니고 바울 전도 팀만의 역사도 아니기 때문입니다. 초대교회의 역사는 오직 성령의 역사입니다. 그러기에 사람들은 오고 가되, 성령님은 언제나 영원토록 교회와 함께 할 것입니다. 그리고 이후의 교회 역사 속에서 수없이 많은 또 다른 베드로, 수없이 많은 또 다른 바울, 수없이 많은 또 다른 사도들과 제자들과 신자들이 등장하여 교회의 역사를 기록해 나갈 것입니다.

소인은 바로 그런 여백을 남기려고 결론 없는 사도행전으로 급히 마감한 것입니다. 그러므로 사도행전은 우리 주님의 재림 때까지는 끝이 없는 책입니다. 지금도 어디에선가 누군가에 의해 계속적으로 기록되고 있는 책입니다. 온 세상에서 가장 오래 쓰이고 가장 많이 쓰여 수많은 기적적인 역사들을 만들어낼 것입니다. 훗날, 주님의 재림 때에 천국에서 읽게 될 사도행전의 최종 완성품이 무척 기대됩니다.

데오빌로 각하, 언제라도 몸이 아프시거든 사람을 보내 제게 연락을 주십시오! 바울 사도님을 진료하던 이 손으로 정성껏 각하를 보살펴드리겠습니다. 바라옵건대, 제국의 각처에서 활동하고 있는 복음 사역자들과 그 복음을 받아들인 신자님들을 성심껏 잘 돌봐주시기를 부탁드립니다. 하나님의 은혜 가운데서 평강을 기원합니다. 주님 안에서 늘 샬롬!

마음속 사랑과 존경을 가득 담아

누가(Luke) 올림

성령의 역사와 여신도의 역할이 돋보이는 세계 선교의 이야기

민영진
감리교신학대학교 교수 역임
대한성서공회 번역실장, 총무 역임
세계성서공회연합회 번역컨설턴트 역임

사도행전은 몇 가지 면에서 독특하다.

첫째, 사도행전은 한 민족 종교가 세계적인 종교로 탈바꿈하는 모습을 보여준다. 사도행전은 "예루살렘에서 시작된 기독교 운동이 이스라엘 안에서 '온 유대와 사마리아' 지역으로까지, 그리고 더 멀리 '땅끝까지'(행 1:8) 곧 로마와 같은 지중해 연안의 여러 곳까지 널리 확산해가는 과정"(굿뉴스 스터디바이블, 사도행전)을 보여주고 있다.

기독교의 복음이 "이스라엘의 중심부요 메시아의 도성이요 최초의 그리스도교의 발생지인 예루살렘에서부터 시작하여 당시 세계의 심장부인 로마에까지 이르는 선교의 행로"(독일성서공회 해설성경, 사도행전)를 통한 기독교의 확장을 보여주고 있다. 신약전서에서만 나오는

'로마'[로마인 포함]라는 말이 신약 전체에서 23개 절에 23회밖에 나오지 않는다. 그것도 사도행전에서만 18개 절에 18회 나온다. 세계의 모든 길이 다 로마로 통하던 시절이었던 점을 고려한다면, 당시 로마는 곧 세계였던 셈이다. 스토리텔링성경 사도행전에서 우리의 스토리텔러들은 '로마'라는 말을 무려 344회나 언급하면서 기독교가 세계로 확산한 것을 증언하고 있다.

둘째, 사도행전이라는 책 이름이 '사도(使徒)들의 행적(行蹟)'[The Acts of the Apostles]을 말하는 것이기에 독자들이 탈 유대교적 기독교 선교의 주역이 어쩌면 우리 주님의 '열두 사도'[The Twelves]일 것 같은 인상을 받는다. 하지만 실제 선교의 주역들은 바울을 포함한 일반 신도(信徒)들이었다. 열두 사도는 선교의 주역 대열에서 살짝 곁으로 비켜 서 있다. "기독교 신앙이 온 세계 사람들을 위한 것임을 진정으로 깨달은 사람은 예루살렘 교회가 뽑은 일곱 집사 중 하나였던 스데반이었다(행 6:8-8:2)"(굿뉴스 스터디바이블).

스데반은 열두 사도에는 속하지 않는 헬라파 유대인이었다. 그런데 그가 석살형(石殺刑) 순교를 당한 후 교회가 큰 핍박을 받게 되었을 때, 믿는 사람들이 "다 유대와 사마리아 모든 땅으로 흩어"졌고(행 8:1), 흩어진 그들은 흩어진 그곳에서 비유대인들에게 복음을 전했는데, 그때 열두 사도는 모두 예루살렘에 머물러 있었다는 것이 사도행전에 기록되어 있다(행 8:1). 그때 [사도 빌립이 아닌] 일곱 집사 중 하나였던 빌립이 사마리아로 가서 복음을 전한다. 이때까지만 해도 사도들은 이방인에게 복음 전하는 것에 대해 확고한 견해를 가지고 있지 못했다. 빌립이 사마리아인들에게 복음을 전한다는 소식을 들은 예루살렘의 사도들은 사도 중에서 베드로와 요한을 현지로 보내어 진상을 조사하게 할 정도였다(행 8:14). 그러나 사마리아인들에게도 하나님이 보내신 성령이 임하는 것을 확인하고서 비유대인들에게 복음을 전하는 것도 하나님이 허락하신 것으로 생각하게 되었다.

빌립은 계속하여 에티오피아 내시에게도 복음을 전하여 예수 그리스도를 주님으로 받아들이게 하였다(행 8:5-40). 사도 베드로를 통한 비유대인 고넬료의 개종과 고넬료 자신의 기독교 복음 전파(행 10-11장), 이스라엘 바깥, 소위 이방 땅 안디옥에도 복음이 선포되고, 최초의 비유대인 신도들이 처음으로 '그리스도인'이라는 칭호를 얻는 것 역시 사도들의 선교 활동 결과였다기보다 예루살렘 바깥으로 흩어졌던 신도들과 소위 '이방인' 개종자의 선교 활동 결과였다. 우리의 스토리텔러들은 사도행전에 10회 언급된 '고넬료'를 그들의 이야기에서 43회나 언급하며 그의 선교적 공헌을 말해주고 있다. '안디옥'[수리아, 시리아 지역] 역시 신약에서만 17개 절에서 18회 출현하는 낱말이지만, 스토리텔링 성경의 사도행전 스토리텔러들은 이곳을 무려 114회나 언급하면서 이스라엘 밖에서 기독교가 어떻게 뿌리를 내리는지를 이야기한다.

셋째, 사도행전은 기독교의 세계적 확산에 큰 공헌한 여성들을 상세히 밝히고 있다. 우리의 스토리텔러들도 이 사실을 밝히고 있다(스토리텔러들이 사도행전 1:14; 5:1-2, 14; 8:3, 12; 9:2, 36-41; 12:12; 16:9-15; 17:4, 12, 34; 18:2, 18, 26, 21:5, 9 등을 다룬 이야기 부분을 볼 것). 성령 강림 현장에는 '여자들'이 예수님의 어머니 마리아와 함께 합심하여 기도하고 있었고(행 1:14), 기독교인이 된 다비다[그리스어 이름, 도르가]는 평소에 구제를 통하여 복음을 확산시켰다. 그 여성은 죽은 상태에서 베드로가 살려낸 여인이었다. 다비다는 특히 평소에 과부들을 위한 헌신으로 복음 전파에 큰 역할을 했다(행 9:36-41).

루디아는 유럽의 첫 기독교인으로서 유럽 선교의 선구자 역할을 하였다(행 16:9, 14-15). 인명 '루디아'는 사도행전에서만 2회 출현한다. 사도행전의 스토리텔러들은 루디아를 9회나 언급하면서 그 여자가 기독교 선교에서 어떤 공헌을 했는지를 밝힌다. 바울의 동역자 중에 천막제조업을 하는 부부 아굴라(남편)와 브리스길라(아내)의 경우는, 부부가 함께 언급될 때는 아내가 남편보다 먼저 언급되는 예외를 보이고 있다(행 18:2-3, 18, 26). 우리의 스토리텔러들은 사도행전에 겨우 두세 번밖에 등장하지 않는 이 세 여성을 30회 이상 언급하면서 그들의 선교 활동을 소상하게 밝힌다. 브리스길라와 아굴라에 관해서도 사도행전에는 겨우 2회밖에 언급되지 않지만, 9회나 '브리스길라와 아굴라' 부부를, 아내 이름부터 먼저 부르면서 그 부부를 소개하고 있다.

넷째, 기독교의 세계적 확산이 성령께서 직접 활동하시는 역사(役事)의 결과임을 강조하는 점에 있어서 사도행전을 능가하는 책이 성경 안에는 없다. 개역성경전서 전체에서 '성령'이라는 낱말이 191개 절에 205회 출현한다. 그중에 사도행전에서만 '성령'이 51회로 가장 빈번하게 출현하고, 누가복음서에 18회, 고린도전서에 18회, 갈라디아서에 14회, 요한복음서에 13회, 요한계시록에 13회, 로마서에 12회, 에베소서에 11회, 마태복음서에 10회, 신약의 나머지 책들에서 1-7회 정도 출현한다.

이러한 경향을 두고서, 주석에 따라서는 사도행전(使徒行傳)을 달리 성령행전(聖靈行傳)이라고 일컫는 것이 더 적절할 것이라고 하기도 한다(굿뉴스 스터디바이블). 우리의 스토리텔링성경 사도행전의 스토리텔러들은 사도행전의 이러한 특징을 강조하다가 마침내 '성령'이라는 낱말을 스토리텔링성경 사도행전 안에서만 무려 275회나 사용한다. 독자들은 사도행전 6:3, 5; 7:55; 8:15, 17; 9:17, 31; 11:24, 28; 13:52; 214:11 등에서 우리의 스토리텔러들이 성령의 역사를 어떻게 다양하게 이야기하고 있는지를 확인할 수 있을 것이다.